Brent Irvin 龙卫球◎名誉顾问

The Governance and Liability of Internet Intermediary

网络平台治理与法律责任

周学峰 李 平◎主 编

中国法制出版社
CHINA LEGAL PUBLISHING HOUSE

名誉顾问：Brent Irvin　龙卫球

顾　　问：王琪全　谢兰芳　司　晓　冯明杰

主　　编：周学峰　李　平

副 主 编：裴　炜　王　喆

撰 稿 人：（按姓氏笔画）

丁海俊　王　喆　付　强　朱晓婷

刘　颖　杜志浩　李　平　李　昊

周学峰　杨　乐　杨登杰　杨　静

张钦坤　泮伟江　孟春婷　查云飞

徐　实　黄　河　黄嘉慧　董新义

傅　宇　蔡雄山　裴　炜

走进网络平台责任时代

——《网络平台治理与法律责任》代序

龙卫球[*]

周学峰教授和李平研究员主持的“网络平台治理与法律责任”研究课题成果即将面世，这对于网络信息法学界和实务界来说，可以说是一件大幸事！互联网发展到了平台阶段可以说是互联网的一个重大提升，但是由此也使得互联网组织生产生活的方式发生了重要转型，即进入到了一个平台时代——这场平台化之大潮，浩浩荡荡，席卷方方面面，经济、社会、文化与政治，无一不置身于平台化之中。近十年，我们已经见证了国内外各领域网络平台的巨无霸式的成长和扩张，像商业意义的“eBay”、“Uber”，淘宝、京东、携程、滴滴，社交通讯意义的“facebook”、微信，信息搜索意义的“google”、百度，文化传媒意义的“今日头条”，等等，这些正在深刻改变着我们的生产生活关系，影响着我们的交往和利益关系，当然这更对我们的治理带来极大挑战，而且这种挑战随着平台科技和应用的不断迭代，本身还在动态发展。那么，从“希冀善治”的原则而言，平台化的实践和现实，对于当代治理来说提出了何种转型要求呢？从法律治理特别是到法律责任这一复杂问题来说，正在呈现什么样的趋势呢？

目前，我国有关网络平台的研究和法律实践正在迅速开展，学者从中不断提出大量的法律课题，形成了许多有益的研究成果，其中也出现了不少特殊的值得研究的新型案例。立法在平台治理和法律责任问题上已经取得不少进展。但是，总的来说，我国关于网络平台治理和法律责任问题的理论和对策研究，还处于极为不成熟和不系统的阶段。相关立法也因此严重滞后，平台运营与经营多为依靠自律，实践做法往往十分任性，常被业界形容为“新

* 北京航空航天大学法学院教授、院长。

丛林规则”。现行法律中尽管存在可以资用的一些规定，例如《侵权责任法》第36条确立了网络服务提供者的侵权责任规定，可以扩及适用于网络平台的侵权责任；《网络安全法》多处规定，对于网络运营者建立了具体的网络安全义务和责任，也同样应当推及于网络平台，但是这往往都不是量体裁衣的结果，因此并不是令人满意的方案。国外网络发达国家在网络平台治理上也处于新法形成的时期，但是比较起来，关于网络平台的规范体系已经在许多方面展开，并且在一些重要的方面逐渐成型。考虑到在国际大环境下，互联网的竞争，更多的时候是制度和法律的竞争，从这个意义上说，我国急需加强网络平台治理的法律研究，以备网络事业大发展之需。

众所周知，网络平台治理和法律责任的全面研究非常困难，是当今网络法学界众多高难课题中的难关。究其原因，不仅在于这种研究的综合性要求极高，网络平台法律治理涉及多个法律部门，从民商法、经济法到刑法、行政法、程序法乃至宪法，可谓不一而足，在法学二级学科分立如此泾渭分明的现状下，很难有学者愿意或敢于组织这种跨学科的研究；而且还在于这种研究在平台本身还面临类型不断分化、应用不断区分的现实和趋势，因此存在细分研究的必要性，而这种网络平台分类和应用细分本身是前所未有的全新的实践，需要强大的创造性研究能力，因此具有极大的挑战性。

所幸，有北航法学院的周学峰教授、腾讯公司的李平研究员二位携手勇挑大梁，他们作为我国目前活跃在网络法研究锋线上的出色专家，年富力强，知识扎实，视野开阔，又极具有平台实践和平台管理的业态敏感性，因此以高度的学术责任心组织了此项宏大研究。他们以开放组织和产学合作的方式，在北京航空航天大学法学院网络法研究团队和腾讯公司特别是腾讯公司法务团队的合力支持下，组织数十人克难攻坚。整个研究团队通过历时近两年的紧密合作，充分发挥各自的背景优势和研究经验，以网络平台法律责任为侧重，做出了全面、精细的研究。

在他们组织研究过程中，我也有机会受邀出席多次内部的研讨活动，亲历了整个的研究过程，在最终成稿之后，又做了先睹为快的阅读，受益匪浅。全书搭建了非常合理而实用的研究框架，进行充分的比较研究，做出了相应的理论、规则、实践的梳理和分析，厘清了与许多网络平台相关的法律问题，提出了大量的法律政策建议。本书关于美国、德国、英国、日本、韩国五国的网络平台相关问题典型研究，最为可圈可点，这些比较研究做得系统、深入、精准、凝练，充分揭示和对比了这些国家关于网络平台治理和法律责任的法律依据、法律体系理解和相关机理，重点就平台民事责任（含侵权责任、知识产权责任等）、行政责任、刑事责任等方面，有效归纳相关规则、分析相关实践，对蕴含理论要点进行趋势预测。

例如，关于美国的网络平台具体研究：研究者精准揭示，《美国通信正派法案》在平台民事责任问题上发挥基本规范的意义，构建了独立的网络平台责任基本准则，特别是其中的第230条的适用和适用限制问题。在知识产权保护问题上，通过就平台间接责任的细分研究，展示了具体实践的复杂差异，并且呈现其严格化的趋势。在行政责任上，显示在营业自由、职业自由的基础上，网络平台是通过经济行政法特别是交易公平法的方式受到联邦和州的双重监管，其中特别注重对于提升自律的引导，同时在色情、淫秽内容和对儿童保护方面存在复杂性和特殊性。在刑事上则存在侵犯知识产权犯罪，身份证件、鉴真标识或信息诈骗及相关行为犯罪，与计算机相关的诈骗犯罪，对电信、电子或口头通讯的监听和泄露犯罪，非法获取通讯记录犯罪，主动泄露用户通讯或相关记录犯罪等。这些使得美国网络平台法在整体上达到了相当的成熟性，保持了治理上巨大的领先优势。

又比如，对于德国网络平台的具体研究：研究者在民事责任问题上，准确地将《欧盟电子商务指令》和《德国电信媒体法》（TMG））在体系上结合起来，并就TMG作为基础规范的基本架构规定，特别是通过对TMG第7条承担责任的一般原则，第8条纯粹信息传播义务，第8条第2款、第9条信息系缓存义务，第10条信息托管义务进行解读，以及对欧洲法院和欧洲人权法院相关判例分析，准确归纳出网络平台就用户信息在发布前无一般监管义务、发布后基于妨害者责任承担间接责任、在特殊情况下用户信息发布后负有监管义务的一般原理。在知识产权保护问题上，则以TMG的一般适用、《信息社会版权指令》和《德国著作权法》中的数字化复制权、向公众再现权、信息网络传播权等体系结合为基础，进行了梳理和分析，归纳出网络平台对于用户行为的责任区分。首先是行为人或参与人责任与间接责任的区分；其次是在间接责任承担的情况下，其重点仍然是妨害者责任，但到了反不正当竞争法领域则转为违反安全注意义务的责任。在行政责任上，注重《基本法》保障职业自由、表达自由与第5条“一般法律和保护青少年或个人”的限制之间的平衡，网络平台行政责任规定主要依托于传统的行政法秩序、《广播电视国家协议》、《青少年媒体保护国家协议》、《赌博国家协议》、欧盟《一般数据保护条例》等特别法；最近，为了解决社交网络空间治理难题，出台

《网络执行法》，引入行政监管和处罚措施，明确、强化大型一般社交网络平台对违法内容的监管义务。在刑事责任上，除应用于网络治理的《刑法典》相关规定，还要注意2001年《网络犯罪公约》的适用，但是《德国电信媒体法》第7条到第10条的规定，为网络平台责任过滤机制起到了相应的作用，在探讨对用户行为承担刑事责任时，理论上还涉及“中立的帮助行为”问题。其他相关国家的比较研究大抵也是如此。

上面这些研究结果，是以往既有的研究难以达到的，不仅极为系统，而且材料丰富、归纳精准，在分析深度上也存在明显的进展。全书绝大多数资料都是来自第一手，研究者们做出了巨量的资料爬梳和缜密的整理思考，并且在重点国别研究基础上还进行了系统的比较和总结。我个人以为，仅就比较法研究这一部分而言，该研究成果就可以说是目前国内这一领域可见的最为完整、最为系统也最为权威的成果。本书研究建立在充分扎实的比较研究的基础上，但其贡献又不限于这些比较成果，它以比较材料为支持，还研究了网络平台的基础理论、治理机制、我国平台法律责任的现状与检视、我国网络平台法律责任制度完善等重大理论和实践问题。通过研究，廓清了现存的关于网络平台事物性质、相关治理和法律责任的基本理论、存在的问题和发展趋势的许多模糊认识，对于网络平台的相关理论根源、治理必要性、我国平台立法和实践问题、未来的制度改进设计，可谓做出了深化理解，特别是提出了许多有益建议。

总之，本书大大提升了我国在网络平台治理和法律责任研究课题的整体研究水平，可喜可贺，不仅是一顿新知识的的大餐，也是一场新思想的盛宴。当然，可能是限于时间的原因，也有不少遗珠之憾，例如关于网络平台治理机制的研究，用墨不多，显得比较单薄，留下继续研究的余地。我想，也许本书的组织者是希望下一个阶段再组织攻关吧。是为序。

2018年6月14日

前　　言

网络平台的兴起是当今互联网发展最为突出的特征之一。目前，Facebook的全球用户数量已超过20亿，比世界上任何一个国家的人口数量都要多，已逾世界人口总数的四分之一，而微信的用户数量也超过了10亿关口，成为中国手机用户最为常用的APP之一。互联网是我们获取信息与商品、进行社会交往、经济往来、生活娱乐、发表公共言论、参与公共事务的重要途径，网络平台处于这些路径的重要关口处，与此同时，它也成为各种利益、矛盾、冲突的汇集之所在，在一些社会事件中常常被推到风口浪尖。放眼全球，无论是打击假冒伪劣商品、防范电信诈骗、集资诈骗、交友诈骗，还是治理谣言、假新闻，或反对低俗言论、仇恨言论、恐怖主义言论，都可能与网络平台息息相关。如何看待形形色色的“平台现象”，如何认识网络平台在网络空间治理中的地位、作用与责任，已成为当今社会无法回避的现实问题。

呈现在读者面前的这本书系“网络平台治理与法律责任”研究课题的成果。该项课题系由北京航空航天大学法学院发起的，联合了中国政法大学、中南财经政法大学、中央财经大学、腾讯公司法务平台部、腾讯研究院等机构二十余位从事网络法研究和实务的专家学者，共同组成课题组，对网络平台问题展开专题研究。

本书主体部分共分为十章。第一章系从多视角对网络平台的基础理论进行阐述。网络平台是一个含义非常宽泛、多变的概念，其在计算机科学、经济学、社会学和法学中的含义不尽相同，因此，从多学科的不同视角出发对网络平台进行比较研究是非常有意义的，其不仅可以开阔视野，而且也有助于更好地把握网络平台在法学中的含义。值得注意的是，近年来，“网络平台”这一概念已开始越来越多地进入各类法规和规章中，成为正式的法律用语，因此，准确地把握其含义是非常重要的，而类型化研究则是法学研究的重要方法，所以，我们在本章中对网络平台进行了初步的分类。

第二章是关于网络平台治理机制的论述，包括网络平台治理的含义、原则与规则体系。网络平台的治理与网络平台的法律责任是两个密切相关的问题，透过网络平台治理的制度安排，我们可以更好地理解网络平台法律责任的功能、定位与边界问题。网络平台治理是一个内容非常宽泛的主题，人们可以从不同的视角出发来对其进行分析，我们选取的角度是与网络平台相关的各种规则的制定与实施中的权力分配，以及与之相伴而生的权利、义务与责任的分配。

第三章至第八章系对网络平台法律责任的国别研究。我们选取了美国法、德国法、英国法、日本法和韩国法作为研究对象。之所以选取以上五国，一是考虑到上述五国是当今世界上网络产业比较发达的国家，二是考虑到上述五国的法律各具特色，其分别具有一定的代表性。在进行国别研究时，我们将网络平台的法律责任区分为三大类，即网络平台的民事责任、网络监管与网络平台的行政责任，以及网络平台刑事责任。在进行了国别的平行研究之后，在第七章进行了对上述国别的比较研究，对上述国家的法律的异同点进行了比较，并区分网络平台的类型而进行了纵向的比较研究，旨在探索各国网络法律制度在发展中形成的规律，从而为完善我国相关法律制度提供借鉴经验。

第九章对我国网络平台法律责任的现状进行了描述、分析和评论，并指出我国现行网络法律制度所存在的可进一步完善之处 。第十章则在前述对外国法的国别研究和对中国法问题的分析的基础之上，就如何完善我国网络平台法律责任制度提出了一些建议。

最后一部分是本书的结语。在这一部分，我们与读者分享了对于网络平台治理与法律责任的相关的一些观点。

网络平台的治理与法律责任，是一个内含丰富、外延宽阔的宏大话题，本书所做的关于网络平台的研究仅仅是初步的，仍有许多问题需要进一步的深入研究与探讨，特别是伴随着信息技术的不断迭代更新，新的商业模式不断出现，网络平台所呈现出来的“面貌”，其在社会政治、经济、人际交往中所扮演的角色，所引发的争议与问题，也在不断地发生变化，这些都需要我们进行持续的跟踪研究。

站在今天的角度去看未来，关于网络平台，有许多待解的谜题，如未来的网络世界是更加中心化，还是趋于去中心化，网络平台是走向集中还是离散？虚拟社会中的网络平台治理模式的演变方向，是与现实世界中的国家、社会、企业的治理模式更加趋同，还是越离越远？网络平台法律责任的分担模式是否会随着新技术或新商业模式的出现而呈现出我们今天所无法预料到的新走向？我们期待着与感兴趣的读者们共同分享预言，并在未来共同揭开谜底。

目 录

第一章

网络平台的基础理论

网络平台治理
与法律责任
The Governance and Liability of
Internet Intermediary

第一节　网络平台的含义与类型

一、网络平台含义的界定

（一）“平台”的原义

平台，英文称 Platform，其原义是指生产和施工过程中为进行某种操作而设置的工作台。[①] 平台原本是一个很形象的语词，人们能够站立在平台上面进行工作，或者在其上面进行手工操作，因而有“平台之上”之类的用语表达。

（二）计算机技术背景下的“平台”

在计算机技术领域，所谓平台通常是指“操作系统”之类的技术平台，用户可以在操作系统的基础之上开发各种应用软件。平台存在的前提和意义在于纵向分层架构的存在，所谓平台，通常是处于基础层的那部分，在其之上有各种应用层。例如，美国国家标准与技术研究院（NIST）将云服务分为三类，其中就包括平台服务（Platform as a Service），具体是指供用户在其之上进行应用开发；而提供存储服务的云服务类型则被称为“基础设施服务”（Infrastructure as a Service）。

（三）经济学背景下的“平台”

在商业领域，所谓“平台商业”（Platform Business）的概念，有的学者认为，其最早产生于日本。早在 20 世纪 90 年代初，日本就有一些关于平台商业的著作出版，其较之欧美国家提出平台经济的概念要早好几年。[②] “平台经济学”是近些年兴起的一个新的经济学分支。经济学中的平台是建立在双

---

① 参见《现代汉语词典》关于“平台”的释义。中国社会科学院语言研究所词典编辑室编：《现代汉语词典》（第 6 版），商务印书馆 2012 年版，第 1002 页。

② Marc Steinberg, The Genesis of the Platform Concept：iMode and “Platform Business” in Japan.

边市场理论的基础之上的。[①] 所谓双边市场，是指存在两类相互依赖的客户群体，如果交易平台可以通过向市场一边收取更高价格而向另一边降低价格的方式来影响交易成交额，这样的市场就是双边的。[②] 例如，舞会举办者可以只向男性收费而向女性免费。从经济学的视角出发，属于双边交易平台的有：各类交易所，也包括 Ebay、淘宝之类的电商平台[③]；广告支撑型媒体，包括杂志、报纸、免费电视和门户网站；[④] 支付系统，如信用卡、支付宝、微信支付等；[⑤] 为应用程序开发者提供服务的平台服务。[⑥] 后来，又有学者在双边平台的基础之上提出了多边平台的概念。[⑦] 因此，经济学上的交易平台既包括网络交易平台，亦包括非网络环境下的交易平台，其共同性在于双边市场的存在，交易平台在其中扮演的是中介的角色，同时满足双方的需求，通过为双方提供信息和交易机会，为双方降低交易成本。平台经济学的研究有助于人们理解平台的商业模式运作、商品或服务的定价机制，以及平台的竞争策略，其相关研究结论对于竞争法执法（包括反不正当竞争和反垄断）具有参考意义。

（四）法律背景下的“平台”

1. 中国法律背景下的“平台”

在法律领域，不仅从事法学研究的人员因受到了经济学上的平台概念的影响并因对互联网企业的平台商业模式的关注而开始使用网络平台这一概念，立法者也开始在相关法律和规章中使用这一概念，从而使其成为一个正式的法律概念。

在国内法学研究领域，著名网络法学者周汉华在《论互联网法》一文中使用了“互联网中间平台”这一概念，从该文的论述可以看出，其提出这一概念受到了经济学上的双边市场理论的影响，但是，从其关于互联网中间平台的法律责任的具体论述来看，其实际上指的是网络法上的网络中间服务提

---

① Jean - Charles Rochet & Jean Tirole, “Platform Competition in Two - Sided Markets”, Journal of the European Economic Association 1, No. 4 (2003): 990 - 1209.

② ［美］戴维·S. 埃文斯：《平台经济学：多边平台产业论文集》，周勤等译，经济科学出版社2016年版，第5页。

③ 例如，有些电商平台对卖家收费，而对买家免费。

④ 例如，互联网门户网站通常从广告商处获得收入，而对用户免费。

⑤ 支付系统亦存在两类客户群体，即商家和持卡者或消费者。

⑥ 例如，在操作系统之上存在两类客户群体，即应用程序的开发者和用户。

⑦ 参见［美］戴维·S. 埃文斯：《平台经济学：多边平台产业论文集》，周勤等译，经济科学出版社2016年版，第28页。

供者。①

在中国的网络法领域，在正式的法律文本中，最早使用“平台”这一概念的是2007年商务部发布的《关于网上交易的指导意见（暂行）》，其使用了“网上交易平台”这一概念，并将“网上交易平台”界定为“平台服务提供者为开展网上交易提供的计算机信息系统，该系统包括互联网、计算机、相关硬件和软件等”。②

2010年国家工商行政管理总局制定的《网络商品交易及有关服务行为管理暂行办法》使用了“网络交易平台”这一概念，并以专章的形式对“提供网络交易平台服务的经营者”的义务做出了规定。后来，该暂行办法被2014年制定的《网络交易管理办法》所替代，“网络交易平台”的概念亦被“第三方交易平台”的概念所替代。

网络平台这一用语真正进入全国人大常委会制定的法律或国务院制定的行政法规层面，始于2013年修订后的《消费者权益保护法》，而在此以前，无论是国务院制定的《信息网络传播权保护条例》，还是全国人大常委会制定的《侵权责任法》，都使用的是“网络服务提供者”这一概念。《消费者权益保护法》（2013）使用了“网络交易平台”这一概念，但是，其并未对这一概念进行界定。③

2015年修订后的《食品安全法》采用了“网络食品交易第三方平台提供者”的概念，亦未作界定，因此，其含义是否与《消费者权益保护法》中的“网络交易平台”概念相一致，尚无法得出确切的结论。④

2015年修订后的《广告法》中也出现了“平台”的概念，其主要是指互联网“信息传输、发布平台”。⑤ 2016年7月，国家工商行政管理总局发布的

---

① 参见周汉华：《论互联网法》，载《中国法学》2015年第3期。

② 参见《关于网上交易的指导意见（暂行）》（商务部公告2007年第19号）。值得注意的是，其区分了网上交易平台服务提供者和网上交易辅助服务提供者，并将后者界定为：“为优化网上交易环境和促进网上交易，为买卖双方提供身份认证、信用评估、网络广告发布、网络营销、网上支付、物流配送、交易保险等辅助服务。”

③ 参见《消费者权益保护法》第44条。

④ 《食品安全法》第62条：“网络食品交易第三方平台提供者应当对入网食品经营者进行实名登记，明确其食品安全管理责任；依法应当取得许可证的，还应当审查其许可证。

网络食品交易第三方平台提供者发现入网食品经营者有违反本法规定行为的，应当及时制止并立即报告所在地县级人民政府食品药品监督管理部门；发现严重违法行为的，应当立即停止提供网络交易平台服务。”

⑤ 《广告法》第45条：“公共场所的管理者或者电信业务经营者、互联网信息服务提供者对其明知或者应知的利用其场所或者信息传输、发布平台发送、发布违法广告的，应当予以制止。”

《互联网广告管理暂行办法》则对广告平台的概念进行扩展，将其共分为了三类：即广告需求方平台、媒介方平台和广告信息交换平台。①

2016 年颁布的《慈善法》中也使用了“平台”这一概念，其主要指的是信息发布平台，且不限于网络平台，亦包括广播、电视等非网络平台。②

工信部于 2016 年制定的《移动智能终端应用软件预置和分发管理暂行规定》明确提出以“移动应用分发平台”为规制对象，并将其界定为“网站、应用商店等提供移动智能终端应用软件下载、安装、升级的应用软件平台。”国家网信办在 2016 年发布的《移动互联网应用程序信息服务管理规定》则是以“互联网应用商店”为规制对象，亦将其界定为一种“平台”。

在国家网信办于 2017 年制定的一系列规章中，“平台”这一用语频繁出现。例如，《互联网新闻信息服务管理规定》提到了“互联网新闻信息传播平台服务”的概念。③《互联网论坛社区服务管理规定》将互联网论坛社区称之为一种“社区平台”。④《互联网用户公众账号信息服务管理规定》则使用了

---

① 《互联网广告管理暂行办法》第 14 条：“广告需求方平台是指整合广告主需求，为广告主提供发布服务的广告主服务平台。广告需求方平台的经营者是互联网广告发布者、广告经营者。

媒介方平台是指整合媒介方资源，为媒介所有者或者管理者提供程序化的广告分配和筛选的媒介服务平台。

广告信息交换平台是提供数据交换、分析匹配、交易结算等服务的数据处理平台。”

② 《慈善法》第 23 条第 3 款：“慈善组织通过互联网开展公开募捐的，应当在国务院民政部门统一或者指定的慈善信息平台发布募捐信息，并可以同时在其网站发布募捐信息。”

第 27 条：“广播、电视、报刊以及网络服务提供者、电信运营商，应当对利用其平台开展公开募捐的慈善组织的登记证书、公开募捐资格证书进行验证。”

第 69 条：“县级以上人民政府建立健全慈善信息统计和发布制度。

县级以上人民政府民政部门应当在统一的信息平台，及时向社会公开慈善信息，并免费提供慈善信息发布服务。

慈善组织和慈善信托的受托人应当在前款规定的平台发布慈善信息，并对信息的真实性负责。”

③ 《互联网新闻信息服务管理规定》第 5 条：“通过互联网站、应用程序、论坛、博客、微博客、公众账号、即时通信工具、网络直播等形式向社会公众提供互联网新闻信息服务，应当取得互联网新闻信息服务许可，禁止未经许可或超越许可范围开展互联网新闻信息服务活动。

前款所称互联网新闻信息服务，包括互联网新闻信息采编发布服务、转载服务、传播平台服务。”

另外，该规定的第 13 条、第 14 条亦有关于“提供互联网新闻信息传播平台服务”的规定。

④ 《互联网论坛社区服务管理规定》第 2 条：“在中华人民共和国境内从事互联网论坛社区服务，适用本规定。

本规定所称互联网论坛社区服务，是指在互联网上以论坛、贴吧、社区等形式，为用户提供互动式信息发布社区平台的服务。”

互联网站、应用程序等“网络平台”的表述，并提到了“平台公约”的概念。[①]《互联网群组信息服务管理规定》将互联网群组信息服务提供者界定为提供互联网群组信息服务的“平台”，而对“平台”本身却未作任何的界定。[②]《互联网跟帖评论服务管理规定》把提供跟帖评论服务界定为一种“传播平台”服务。[③]

另外，值得注意的是，在2016年12月公布的《电子商务法（草案）》中使用了“电子商务第三方平台”这一概念，并将其界定为：“本法所称电子商务第三方平台，是指在电子商务活动中为交易双方或者多方提供网页空间、虚拟经营场所、交易撮合、信息发布等服务，供交易双方或者多方独立开展交易活动的法人或者其他组织。”[④] 而在2017年11月全国人大常委会公布的“二次审议稿”中，“电子商务第三方平台”被更名为“电子商务平台经营者”。[⑤]

2. 欧美国家法律背景下的“平台”

在欧美国家的正式立法中，很少使用“平台（Platform）”一词，在网络法的相关研究中，人们更多地使用“Internet Intermediary”一词，即“网络中介”或“网络中间商”。在经济合作组织（OECD）于2010年发布的研究报

---

① 《互联网用户公众账号信息服务管理规定》第2条：“在中华人民共和国境内提供、使用互联网用户公众账号从事信息发布服务，应当遵守本规定。

本规定所称互联网用户公众账号信息服务，是指通过互联网站、应用程序等网络平台以注册用户公众账号形式，向社会公众发布文字、图片、音视频等信息的服务。

本规定所称互联网用户公众账号信息服务提供者，是指提供互联网用户公众账号注册使用服务的网络平台。本规定所称互联网用户公众账号信息服务使用者，是指注册使用或运营互联网用户公众账号提供信息发布服务的机构或个人。”

第5条第2款：“互联网用户公众账号信息服务提供者应当制定和公开管理规则和平台公约，与使用者签订服务协议，明确双方权利义务。”

另外，在该规定的第7条、第11条、第13条亦提到了“平台”。

② 《互联网群组信息服务管理规定》第2条：“在中华人民共和国境内提供、使用互联网群组信息服务，应当遵守本规定。

本规定所称互联网群组，是指互联网用户通过互联网站、移动互联网应用程序等建立的，用于群体在线交流信息的网络空间。本规定所称互联网群组信息服务提供者，是指提供互联网群组信息服务的平台。本规定所称互联网群组信息服务使用者，包括群组建立者、管理者和成员。”

③ 《互联网跟帖评论服务管理规定》第2条：“在中华人民共和国境内提供跟帖评论服务，应当遵守本规定。

本规定所称跟帖评论服务，是指互联网站、应用程序、互动传播平台以及其他具有新闻舆论属性和社会动员功能的传播平台，以发帖、回复、留言、‘弹幕’等方式，为用户提供发表文字、符号、表情、图片、音视频等信息的服务。”

④ 《电子商务法（草案）》第11条。

⑤ 参见《电子商务法（草案）》（二次审议稿）第10条。

告《网络中介的经济与社会作用》中，网络中介被界定为“将网络上的双方或多方聚合在一起或为其交易提供便利服务的主体，其可以对第三方制作的内容、产品和服务提供接入、主机服务、传输和检索服务。”其包括：互联网接入服务提供者（ISPs）、数据处理和网页驻存提供者（包括域名登记机构）、互联网搜索引擎和门户、电子商务中介、网络支付系统、参与型网络平台（包括自身不创造或拥有内容的网络出版、广播平台）。① 中国语境下的网络平台责任在欧美法学研究文献中的对应概念为“Internet Intermediary Liability”，即网络中介责任。② 但是，近些年来，也有一些美国的法学研究学者开始使用“Platform”（平台）这一概念，但其并未对平台这一概念进行界定，而是直接从平台经济学理论中借用了这一概念。③

值得注意的是，在德国2017年刚颁布的《改善社交网络中法律执行的法案》中亦出现了“网络平台”（Plattformen im internet）这一用语。该法将“社交网络”界定为“以营利为目的而进行运营的旨在为其用户与其他用户分享内容或向社会公众提供内容服务的网络平台”。同时，该法将提供新闻内容或编辑内容的平台，以及提供通信服务的平台排除在外。④

3. 小结

从上述介绍中我们可以看出，在不同的语境下，平台有着不同的含义。首先，“平台”一词并非网络环境下特有的概念，在非网络环境下，我们亦经常使用“平台”的概念，如“个人发展需要有一个好的平台”之类的表述。其次，在网络环境下，平台一词首先在计算机技术领域使用，其有特定的含义，主要是指承载各种应用软件的操作系统，而网络平台有时指互联网站。再次，近年来，随着经济学上的双边市场理论的提出，“平台”概念开始与双边市场或多边市场挂钩，网络平台的概念随着平台经济模式被追捧而被迅速传播至各个领域，从而日趋成为一个泛化的概念，其含义日渐因使用领域的扩张而膨胀、模糊化。最后，在法学研究领域，有时为了说明某一问题或现象，有学者会直接从经济学上借用网络平台这一概念，而在我国正式的立法

① Organization for Economic Cooperation and Development The Economic and Social Role of Internet Intermediaries (Paris: OECD, April 2010).

② 例如，Nicolo Zingales, Internet Intermediary Liability: Identifying Best Practices for Africa, Association for Progressive Communication. 又如，斯坦福大学开展的相关研究，其亦是称之为Intermediary Liability。

③ 例如，Orly Lobel , The Law of the Platform, 101 Minn. L. Rev. 87 (2016)。

④ 德国《网络执行法》第1条。

文本中出现的网络“平台”，其相当于欧美国家网络法研究中的“网络中介”或“网络中间商”。

我国现行法中的网络平台最初主要是指电子商务中的第三方交易平台，后来，这一概念又扩展至网络社交领域、内容聚合领域、应用程序分发领域等。在笔者看来，所谓网络平台，就是指网络中介，即网络中间服务提供商，但通常将网络接入服务提供商排除在外。网络平台具有以下特征：

第一，网络平台服务应是一种网络服务，网络平台服务提供者应是网络服务提供者的一种，其依托于网络环境和信息技术为用户提供服务，因此，类似于快递之类的业务平台应被排除在网络平台的含义之外，尽管其亦有可能借助“互联网 +”实现网上办理某些快递手续。

第二，在网络平台之上构建的、存储的或传输的信息、商品或服务都不是平台服务提供者制作的，而是由平台上的用户或第三方提供的。实践中，有一些平台服务提供者，即网络平台的经营企业，其既为用户发布信息提供服务，又提供自己制作的信息或商品，对于其从事的后一类行为，应当认为其不属于网络平台服务。因此，不宜将网络平台企业的一切经营行为均看作提供网络平台服务。

第三，网络平台最本质的特征在于其中介性质，为双方或多方用户提供中介服务，充当商事交易、社会交往或信息传播的媒介。法学上的网络平台的概念虽然受经济学上的平台的概念的影响，但是，其含义有所不同。例如，自己提供信息内容的门户网站，在经济学上被看作双边市场，因为其连接了广告商和网络客户两类群体，但是，在本文研究框架下，我们将其排除在外。

二、网络平台的类型划分及其意义

网络平台是信息技术应用于商业社会之后的产物。新的信息技术的应用，新的商业模式的发明，新的应用领域的出现，都有可能造就与以往不同的新型网络平台。因此，我们对于网络平台类型划分的研究，不可能穷尽所有的平台类型，而只能是对目前已具典型意义的平台类型进行划分，而不能排除未来会有新平台类型出现而无法落入现有的分类。

我们可以从不同的角度出发，基于不同的标准对网络平台进行类型划分，例如，可基于其技术特征进行划分，将云服务平台与其他网络平台类型区分开来，然后，再将云服务平台划分为提供基础设施服务的云平台、提供应用程序开发服务的云平台、提供软件服务的云平台。我们也可以从技术架构的角度将网络平台区分为存在中心化组织功能的平台与去中心化的平台。同样，我们也可以基于商业模式的不同或其所提供的服务内容的不同而对网络平台进行分类。例如，电子商务平台、互联网金融平台和社交平台就是基于服务内容而进行的划分。

类型化研究是一项基本的研究方法。任何一种类型划分都是基于一定的目的而做出的。本文的主要目的在于研究网络平台治理与法律责任，各种网络平台之间在技术特征、商业模式和服务内容上的差异，有些有可能对其法律责任有显著影响，有些差异则有可能在法律评价方面是可忽略的。

美国的《数字千年版权法案》（DMCA）将网络服务提供商分为了四类，并分别为其设置免责条件，即临时性数字网络传输服务的提供者，系统缓存服务的提供者，信息存储服务提供者和信息搜索、定位服务提供者，但是，这种分类仅适用于版权法领域。欧盟的《电子商务指令》将网络服务提供者区分为作为纯粹的传输通道的服务提供者、缓存服务提供者和主机服务提供者，但未提及搜索服务提供者。我国的《信息网络传播权保护条例》基本上是借鉴的美国 DMCA 法案，将网络服务提供者区分为四类，即网络自动接入或自动传输服务提供者，系统缓存服务提供者，信息存储空间服务提供者和搜索、链接服务提供者，但是，《侵权责任法》和其他相关法律、法规未作类似的分类。

从国内外的司法判例来看，在认定网络平台的法律责任时，法院有时会将网络平台的类型作为一项考虑因素。根据最高人民法院在《关于审理利用信息网络侵害人身权益民事纠纷案件适用法律若干问题的规定》第 9 条和《关于审理侵害信息网络传播权民事纠纷案件适用法律若干问题的规定》第 9 条的规定，法院在认定网络平台对于用户实施的侵权行为是否知情时所考虑的因素之一为：网络服务提供者提供服务的性质、方式及其引发侵权的可能性大小、应当具备的管理信息的能力。另外，在我国，国家网信办等监管机构亦通过一系列的规章针对一些特定类型的网络平台采取了特别的规制措施。

基于以上因素，我们认为，在研究网络平台治理与法律责任时，应注意以下平台类型，但是，需要说明的是，以下分类是对平台服务的分类，而不是对平台企业的分类，因为，在实践中，同一平台企业有可能同时提供多种类型的平台服务。

第一，从信息传播的角度可以将网络平台分为：纯粹的信息传输平台，信息自动缓存服务平台，信息存储平台，信息搜索、链接平台，以及去中心化的 P2P 平台。前四种分类基本上沿用了现行《信息网络传播权保护条例》的分类，但是，需要说明的是，专门提供自动缓存服务的平台在实践中较少，自动缓存服务往往附着于其他服务，如在进行信息传输时亦会涉及自动缓存。第五种类型即 P2P 平台出现的时间较晚，其与前四种平台最大的差别在于其采取了去中心化的架构。此种分类对于界定网络平台服务提供者的著作权保护责任是有现实法律意义的。

第二，从平台所提供的服务内容角度可将网络平台分为：应用程序分发平台和信息提供平台。这种分类的意义在于，前者并不直接向用户提供信息，而是提供应用程序，用户在安装应用程序之后可以获取相关信息或服务，因此，从监管的角度来看，对两类平台的规制方式应有所差异。

第三，对于信息提供平台，可基于其开放程度不同，将其区分为开放类平台、非开放类平台和私密平台。开放类平台，是指向社会公众公开提供信息的平台，其对用户没有任何门槛限制，如电子商务平台、微博、论坛等。非开放类平台，是指只面向符合特定条件或选定的用户提供信息的平台，如社交平台。用户可以在 Facebook 上面建立主页，组建群组，并可自主设定对外开放程度。私密平台，则是为特定主体提供点对点网络信息通信交流的平台，如 Whatsapp、微信的通信功能等。这种分类的意义在于，因为其开放程度的不同，信息的传播范围亦不同，其所产生的社会影响亦有所差异，网络平台服务提供者对平台用户发布的信息或从事的行为的管理义务和注意程度亦应有所不同。例如，电子商务平台上的商户在法律上属于“商人”，其通常应当进行商事登记，且登记信息具有公开性；社交平台具有非公开性和匿名性的特点，因此，当被侵权人请求网络平台披露用户信息时，电子商务平台负有披露义务而社交平台则需对此进行权衡后谨慎对待。

另外，对于不同的平台类型，其所涉的法律上关切的利益类型、考量因素有所不同。另外，相比较而言，在处理社交平台的案件中，司法机关更注重对于表达自由和个人隐私的维护，商务平台中的商业性言论虽亦涉表达自由的问题，但其受保护程度并不及社交平台的个人用户言论，而通信平台则会涉及对通信秘密的保护问题。

第四，基于是否会受到特别法的监管，可将网络平台区分为普通网络平台和特殊网络平台。所谓特殊网络平台，如互联网金融平台、互联网医疗平台，以及涉及行业管制的分享经济平台，其不但遵守一般意义上的网络信息监管，还需要接受特殊行业监管，如分享出行平台会涉及对于出租车和运输业的管制；分享住宿平台会涉及对旅馆业和房屋建筑用途的管制；餐饮平台会涉及对食品安全的监管。对于分享经济平台而言，其特殊性还体现在，其将线上服务和线下服务联合在一起，对于消费者而言，线上服务仅是手段，获取相应的线下服务才是目的。消费者所遭受的损害有可能是发生在线上，亦有可能是发生在线下。

第二节　经济学视角下的网络平台

一、经济组织形式的发展阶段

从经济学的视角来看，在当今社会，平台开始逐渐成为与企业（公司法人）并列（也许最终会取代企业）的经济组织形态。经济组织形态经历了从宗族、家族、家庭、个人、企业到平台的演进过程，每个经济时代的主导组织形态并不相同。自然经济时代，主要的经济组织形态是家族和家庭；工业经济时代，主要的经济组织形态是个人和企业；后工业经济时代，主要的经济组织形态将主要是个人和平台。当然，这种演进是一个渐进的过程，会存在混合存在的时期。目前的经济组织形态是个人、企业和平台并存的时期。

按照这个演进路径，平台的具体形式也会存在一个从交易型平台到分享型平台过渡过程，前者是工业经济下组织形态的变形，而后者则是分享经济的组织形态，具有启蒙性和革命性的意义。交易型平台的作用或者其根本目的，仍然是以价值交易为中心的组织形态，只是其效率比单纯的企业形态更高而已。但分享型平台经济却是以使用价值交易为中心的组织形态，具有革命性的意义，因为其使得经济活动向生活世界的回归，彰显了被价值（货币）所遮蔽了的人类经济活动的本质，使得人得以回归其本质。

二、网络平台兴起的经济背景——从交易到分享

（一）经济发展与互联网技术的融合

互联网的兴起，打碎了原有的层级制组织结构，让社会变得更加“去中心化”了。而与此同时，人与人之间的联系和交互变得空前的紧密，即使身处地球两端，人们也可以进行交流、合作。从这个意义上讲，社会正在以新的形式重新“中心化”，而让“去中心化”的社会实现重新“中心化”的组结就是平台。

从传统的视角看，平台是一件很奇怪的事物——自科斯以来，人们往往持有一种市场与企业二分的观点，认为两者是对立的（Coase，1937）。而平台却偏偏同时兼具了这两者的属性：从作用上看，它扮演的是市场的角色，主要用来沟通和实现人们的交互；而从表现形式上看，它往往以一个企业的形式呈现。平台的兴起，可能是新世纪以来重要的商业事件。它以空前的力量把人和人连接在了一起，给人们带来了无限的便利。通过平台，远隔千里的人们可以相互沟通、相互交易，一起进行分工、合作。与此同时，平台也以前所未有的速度积累着财富。对于传统企业来讲，完成从创建到市值百亿、千亿恐怕需要几十、上百年的时间，而对于平台企业而言，这一过程可能只需短短几年。

平台实践的蓬勃发展，呼唤着相关理论研究的进行。近十多年来，平台已成为了经济学、管理学、法学、社会学和政治学等多个领域共同关注的话题，大批来自不同领域的学者都从各自角度对其发表了观点。但到目前为止，我们对平台的认识还远远赶不上实践的发展，在很多问题上，分歧也远远多于共识。

（二）网络平台的基本经济原理

网络平台主要是通过降低交易成本的方式提高市场的效率。而根据制度经济学的理论，交易成本包括寻找交易者和交易物的搜寻和信息成本，就交易条款进行谈判并达成双方接受的价格和起草合同的谈判成本，以及完全按

照合同条款进行履行的监督和履行成本。① 根据交易的不同阶段，交易成本又可以被划分为三种：搜寻成本、谈判成本和履行成本。② 每个阶段都依靠信息来降低交易成本。而互联网平台因为增加了信息的连接与获取，并在交易的每个侧面都加入了高科技因素，从而影响了所有这三个阶段的交易成本。随着平台的增长，效率也随之提高。

具体而言，互联网平台提高效率的表现，主要体现为以下 10 个方面：

（1）经济规模：(Economies of Scale)③，工业时代，公司结构决定着市场交易的规模，而信息交易规模，可以很小并且还可以不规则。平台公司进入了成熟的工业化市场，正在日益侵蚀他们反工业化的份额。原来由公司生产所决定的交易规模，变成了由平台来决定交易规模。

（2）不再浪费：平台经济的一个主要原理就是激活了闲置生产力。平台可以使得私人资源更加有效率地进行配置。人们所拥有的大多数资产在绝大多数时间都是闲置的。汽车每天行驶的时间不超过 8 小时，割草机每 2 周用一次，空闲房间每一年中会因亲戚朋友的到访而被占用 2 次。平台经济可以使得这些闲置资源进行合理配置，换句话说，平台将原来不能交易的东西纳入交易平台，从而增加供给，降低了成本。

（3）裁剪交易单元：平台可以通过把时间或空间切割成很小的单位给使用者，从而使得闲置生产力被释放出来。平台打破了原来的交易单元，而是把其分割成更小的商品，同时在供给端和需求端都有了量的增加。短期租赁、按分钟计算的协助、按小时计算的家具安装和一个在私人家里进行的周末晚餐等。数字技术使得这些小单元交易成为可能，Yochai Benkler 称这些小的交易单元为“粒度”（Granularity），④ 这些在以前是不可交易的。而平台的加入使得服务和产品可以按照分钟为单位进行交易，从而产生了这些极小的交易单元。

（4）人人都是资本家：平台使得我们每个人都可以成为供给方，我们的空闲时间、友谊关系和私人住所都可以变成商品，在平台上进行交易，从而

---

① R. H. Coarse, The Problem of Social Cost, 3 J. L. & ECON. 1, 15 (1960) . Oliver E. Williamson, *The Economics of Organization*: *The Transaction Cost Approach*, 87 AM. J. SOC. 548, 549 (1981).

② Carl J. Dahlman, *The Problem of Externality*, 22 J. L. & ECON. 141, 148 (1979).

③ Economies of Scale，经济规模，很多词典翻译为“规模经济”，此处应用不是这个含义，而是指经济规模或比例的变化。

④ Youchai Benkler, The Wealth of Networks: How Social Production Transforms Markets and Freedom 100 (2006).

使得我们都可以通过投资这些成为资本家。

（5）从标准化到定制：工业时代的供给是标准化的供给，消费者无从拥有更多的选择。而分享经济时代，因为平台的加入，交易成本的降低，使得定制化的生产与消费成为可能。预订一间无烟、可携带宠物的房间都变得很容易，而成本和价格又不会太高。

（6）使用优于拥有：消费文化从通过购买的使用转变为合理获得的使用，使得不再浪费和沉淀资本的复活成为可能。拥有一辆汽车不再重要，重要的是我们需要的时候可以使用它。消费者不再感到有必要买一台割草机，当他可以清楚地知道谁有割草机并且可以给他使用的话。这种从拥有到使用的转变，还因为减少了买卖而降低了交易成本。消费者购买共享汽车使用费的价格不会比买一辆车贵，而购买一个小时的汽车使用肯定不会比购买一天的使用贵。

（7）减少运营费用：平台通过减少中间环节而推进了分散交易。除了平台之外，不再有中间人。直接的私人交易，不是今天才有的，但是却因为高科技的加入，变得频繁。在线公司比线下同行的费用要低得多：因为他们并不需要拥有那些交易所必需的劳动力资产。并且，如我们将要看到，成本问题不可避免地与规制问题相关联。例如，对于 Uber 来说，如果其被看作所有运送乘客司机的雇主的话，成本会必然增加。

（8）降低门槛：平台经济鼓励那些在现行市场机制下有障碍的交易提供者进入市场。因为平台大幅降低了日常费用，使得数字化竞争创业的成本很低。你所需要的，无非是一个域名和网址而已。通过为程序员提供市场，平台也降低或者最小化了创业成本。

（9）精准定价：Airbnb 和 Uber 都通过一套复杂算法给出定价，如根据温度或是季节进行定价，或者是 Uber 的“动态”或者“激增”定价模式会调整定价，以提供司机的效率，在需求较高的时候增加供给。这些复杂算法，都能更准确地计算商品和服务的估值，从而减少谈判和不确定成本。

（10）动态信息：信息不对称增加了交易成本。而互联网平台则通过提供动态的评级、评价和其他信息，减少了不确定性，增加了消费者的信心。还同时降低了监督成本，因为如果你将会收到一个差评的机制，就会产生前向激励，使得你会遵守交易条款。

三、网络平台的经济学理论框架

（一）问题所在

理论经济学的问题意识，按照其重心在资源配置或利益互相作用的不同可分为两类。前者可称为斯密问题，后者可称为李嘉图问题。以斯密问题为出发点形成的是马歇尔以后的新古典经济学，以李嘉图问题为出发点形成的是古典经济学类型的政治经济学（包括马克思主义政治经济学、旧制度经济学和新制度经济学）。

姜奇平教授指出，理论经济学的根部有两个重大分叉，一是新古典主义的生产要素分配论，二是古典经济学包括政治经济学的利益互相作用（社会关系）。但是，这两个角度忽略了内生社会关系，在理论经济学的范式基础上一开始就有所偏颇。① 所以，提出了“回到李嘉图”的议题设置。② 认为，分享经济的基础理论需要发展为内生技术的新垄断竞争政治经济学（或者简称垄断竞争政治经济学）。③

就分享经济而言，闲置资源利用，主要是一个斯密问题（资源配置问题，即主体与客体关系问题），其最关心的是资源如何能够实现最优配置，通过利用闲置资源，在不改变生产关系条件下做大蛋糕；然而，使用而非拥有，主要是一个李嘉图问题（利益问题，即主体与主体问题），最关心的则是谁能从分享中得到最大利益，通过使用而非拥有这种生产关系的调整，分好蛋糕。总体而言，分享经济表现为闲置资源的利用，本来是一个斯密问题，而其实质却是涉及生产关系的调整，演化为了一个李嘉图问题。而一个非常现实的问题是，“使用而非拥有”与工业化时代的所有权存在相当大的差异。按照海洋法系的财产观，资源不使用就是浪费；但按照大陆法系的财产观，拥有者具有可以合法浪费的权利。拥有者与使用者之间的关系，主要还是一个生产关系问题。

从利益关系角度认识分享经济，首先应回到这个问题的理论出发点，即

---

① 姜奇平：《分享经济：垄断竞争政治经济学》，清华大学出版社 2017 年版，第 4、5 页。

② “回到李嘉图”，姜奇平教授的意思是，回到李嘉图问题，但是有别于李嘉图的传统政治经济学，即答案不同。

③ 姜奇平：《分享经济：垄断竞争政治经济学》，清华大学出版社 2017 年版，第 5 页。

李嘉图问题。李嘉图认为，利益分配是政治经济学（有别于斯密）的核心问题。工业化时代，利益互相作用表现为利益在土地所有者、资本所有者和劳动者“这三个阶级之间”的分配。他说：“确定支配这种分配的法则是政治经济学的首要问题。”

（二）分享经济价值论中的技术因素：网络平台

工业经济是以价值为中心的均衡论，而分享经济是以使用价值为中心的均衡论。而单就价值论而言，与逻辑的正反合是对应的。历史上的“正”是农业经济，以使用为中心（物物交换的经济），在逻辑上对应的是使用价值；历史上的“反”是工业经济，以价值为中心（货币经济），在逻辑上对应的是价值（交换价值、效用）；历史上的“合”是分享经济，以更高的使用价值为中心（信息经济）。分享经济独特的价值论，就体现在合题中。

而使用价值的实现无法依靠原来的买卖（即商业）途径实现，而是只能依靠互联网平台来实现使用和拥有的连接。分享经济价值论中，也就当然地包含了技术因素。Orly Lobel 指出：“网络是终极媒介、资本化者和经济化者，新的数字技术将所有的东西都变成了可获得的资源：服务、产品、空间、联系和知识，所有的这些都变成可收集的碎片。”① 滴滴出行的创始人程维在一篇文章中指出：互联网平台是分享经济发展的先决条件。②

（三）分享经济均衡论中的双层规划

分享经济是关于租的经济。租是“进入壁垒的垄断程度”，在利益上，对应的是使用者的权利。分享经济之前的经济（包括农业经济和工业经济），都是专有经济，拥有决定使用。支配权一旦滥用，一定会造成产能过剩的经济危机。权利的滥用可能会表现为两种情形：一是对供给能力的过度使用，而有效需求不足；二是支配权滥用造成的资源闲置。

分享经济中，稀缺要素从资本转向劳动，使得使用者的权利开始在分成中具有越来越大的权重。这是生产力的作用，而不是生产关系主动调整的结果。技术的发展使得使用可以借助技术平台脱离所有，在生产和服务转向个性化和差异化之后，劳动者作为人力资本，会广泛地出现稀缺，从而改变了经济学原来预设的生产条件，需要在所有者与使用者，以及资本家与劳动者

---

① Orly Lobelt, *The Law of the Platform*, 101 Minn. L. Rev. 87 2016 - 2017.

② 马化腾等：《分享经济：供给侧改革的新经济方案》，中信出版社 2016 年版，序言。

之间形成一种新的均衡。姜奇平教授的建议是，用双层规划来解释或推演这种均衡，即新垄断竞争市场结构下的均衡。此种市场结构分为平台和增值应用上下两层，垄断竞争的差异化效果主要通过多元化的增值应用服务实现，平台在其中承担分享、分推、固定成本的作用。

（四）平台拥有与人人自由（可得使用）

自然权利是使用的权利，而法律权利是拥有的权利。工业经济时代，由于交易的单位是按照拥有即所有权展开的，从而导致了生产与消费的分离，使用与拥有的分离。而平台的加入，可以将二者结合起来，基本解决拥有者不使用，而使用者不拥有的分离情形。

四、经济学视角下的网络平台的治理

从前面的讨论，可以得出结论，我们可以从网络平台的经济属性出发，将其区分为两种不同性质的平台，即交易型平台与分享型平台。

交易型平台通常是依靠互联网技术搭建起来的众多企业的集合体，其既不同于原来自由市场中的单个企业，同时又不同于一个完全自由竞争的市场，而是一个介于企业与市场之间的中间组织。但是，这些平台有一个基本特征，那就是它们都有一个起主导作用的企业，可以被看作一个平台实际控制人。这个平台的实际控制人，通常是一个企业，其负责该平台的技术搭建，同时又制定和主导了平台的交易规则，并且技术搭建与规则制定之间还存在着密不可分的关系。所以，此类平台的治理，一方面，应当参照市场治理规则，建立以公平竞争为目的导向的平台规则，赋予平台以制定规则和实施规则的权利，从而让平台承担起市场组织功能；另一方面，平台本身亦是一个营利性企业，应给予其一定的自治的权利，但是，平台的自律行为应当受到政府的监管。

交易型平台是典型的双边市场，其所采取的定价模式与传统企业的定价模式有着显著的不同。在传统经济模式下，企业向交易对方收取低于市场水平的价格，有可能构成不正当竞争，而收取过高的价格，则有垄断的嫌疑。在双边市场下，平台有可能向一方收取非常低的价格，甚至无偿提供服务，但其未必构成不正当竞争，因为，其有可能同时向另一方收取非常高的价格，从而存在交叉补贴的效应。因此，平台经济学的兴起对于建构在传统经济学基础上的竞争法理论产生了冲击，而竞争法的规则对于平台治理而言是至关重要的。

分享型平台是依靠互联网技术搭建起来的以分享为目的的平台，可以依据分享内容的不同，又区分为两类，一类是信息分享型平台，一类是实物分享型平台。信息分享型平台，因为分享的内容纷繁复杂，既有传统媒体的互联网化平台，又有应用程序分发平台，还有搜索平台等。典型的实物分享型平台包括分享住房的 Airbnb、途家，分享汽车的 Uber、滴滴，分享自行车的摩拜和 ofo 等。这些平台不同于此前的交易型平台，因为交易型平台是以实现价值交换为目的而组织起来的平台，其主要作用是实现商品从所有到所有的经济过程，而分享型平台的主要目的是以实现物品的使用价值而组织起来的，其主要作用是实现物品使用价值到使用价值的经济过程，并且还有解决产能过剩节约资源的作用，实质是把一方或多方拥有的使用价值与用户之间进行匹配的组织形式，虽然是以企业体现出来，但是这种企业却与传统的私人企业性质不同，很难用商品的价值进行衡量，其估值方法也应有所不同，其治理模式也应有所不同。

以分享型平台为代表的新一代网络平台的出现，对于现有法律制度产生了多方位的冲击，迫切需要对现行法律制度进行改革以做出回应。

第一，它使得经营者的概念变得模糊。传统意义上的经营者是指从事经营活动并以此为业的人，而在网络平台经济模式下，人人皆可参与经营，人人皆可成为经营者，从而使得经营者的概念边界变得模糊。

第二，它使得独立缔约者与劳动者之间的界限变得模糊。参与网络平台经营的个体往往都依附于某一个平台，然而，其自身又具有较强的自主性，与传统的企业雇员存在较大的差异，因此，在平台经济背景下，劳动关系亦需要重新界定。

第三，平台经济的兴起对传统制度最大的冲击在于其打破了传统的管制框架和形形色色的特许制度，如分享住房的平台经济模式突破了对建筑物用途的管制、旅馆业经营许可的管制；分享出行的平台经济模式打破了传统出租车行业所享有的特许经营权。在打破传统制度的同时，如何为平台经济量身打造一套契合的新型监管模式成为摆在立法者面前的新课题。

第三节　社会系统理论视角下的网络平台

一、导论

纵观人类社会的演化过程，技术的创新与突破，在其中发挥了重要的作用。首先，学习制造和使用工具，使我们的祖先得以从猿猴进化成人类。灌溉技术的发明和推广，使得建立在农业技术基础上的人类文明成为可能。语言和文字的发明，则使得人类形成了复杂的社会组织形式。印刷术、火药、蒸汽机和远洋航海技术的发明，则带来了文艺复兴与近代资本主义社会。人类社会演化中每一次突破性进展，技术的进步都扮演了非常重要的角色。技术的发明与创造不但极大地促进了人类社会的发展与演化，同时也为我们观察人类社会提供了全新的经验与观察角度。因此，每一次技术的飞跃与更新，也大大地更新了我们观察人类社会的眼光。

互联网技术的产生，最先起源于英国数学家 A. M. Turing 于 1936 年发明的图灵机，随后从 20 世纪 50 年代开始，计算机技术开始高度发展，随后在此基础上发展出了互联网的技术，20 世纪 90 年代以来，互联网技术逐渐成熟，并扩展到全世界，形成了一个真正超越国界，遍布全球的互联网网络。中国互联网发端于 20 世纪 90 年代，在 21 世纪迅速发展，尤其是最近十年，随着智能手机的普及，中国移动互联网勃兴，截至 2015 年 12 月，中国网民规模达 6.88 亿，互联网普及率为 50.3%；手机网民规模 6.20 亿，占比提升至 90.1%。

毫无疑问，互联网技术的普及，已经对中国社会结构产生了深刻、全面和系统的冲击，在某种意义上已经重塑了中国社会的结构。目前，移动互联网对中国社会结构的重塑过程还在加速进行，不断深化。这给中国社会带来了深刻的影响，也给我国国家治理能力带来了深刻的挑战。党和国家也看到了互联网技术的普及对中国社会带来的深刻影响，既认识到这种影响是积极的，是中华民族伟大崛起的重要发展机会，同时也深刻认识到其进一步促进了中国社会的复杂化，给国家治理能力带来了重大的挑战。党的十八届四中全会提出国家治理能力现代化的发展战略，就是对互联网社会所带来的机遇与挑战的重要回应。

中国互联网的产生与迅速发展，虽然从时间的先后来看，略落后于美国等发达国家。但由于我国政府的高瞻远瞩，迅速制定了正确的战略，并在基础设施层面提供了大量的支持，同时由于改革开放以来中国高等教育的发展，培育了一大批优秀的技术人才，以及庞大的网民基础，中国互联网的发展，已经领先于世界大多数国家与地区。这导致的一个结果就是，中国互联网的发展，很多时候并没有先例可循，很多时候，我们遭遇到的问题，同时也是美国等世界上其他互联网发达国家遭遇到的问题，这对我们的互联网基础研究能力提出了挑战。

纵观世界互联网发展的历史，互联网发展的一个突出现象，就是迅速产生了一大批的互联网平台公司。互联网平台公司在互联网发展的过程中，发挥了非常关键和重要的作用。许多互联网技术的发明与推广，都离不开互联网平台公司的身影。例如，美国的微软公司、雅虎公司、谷歌公司、苹果公司、Facebook、Ebay、Uber 等。这些公司迅速成长，并且形成庞大的互联网平台，极大地推动了互联网技术的发展与互联网发展范式的转型。中国互联网在高速发展过程中，也形成了大量的有典型平台产品的公司，如早期以新浪、网易与搜狐为代表的三大门户网站，晚近被人们所津津乐道的 BAT（百度、阿里巴巴、腾讯）等，以及当当网、滴滴打车、摩拜单车等。整个风起云涌的互联网发展的历史，几乎可以用这些互联网平台公司的演化史来代表。

互联网的兴起，对既有的社会科学研究提出了全新的挑战，刺激我们进一步更新知识体系，从全新的角度来观察与理解互联网。例如，互联网平台公司的产生与发展，是此前社会治理过程中所没有经历过的新现象，具有非常重要的理论价值。从社会理论的角度看，新型的互联网沟通平台究竟给社会结构带来了何种深刻的影响，在整个国家治理体系中究竟应该承担何种责任，是本文探讨的重点。本文借助德国社会理论大家卢曼的社会系统理论，观察互联网沟通平台在现代社会治理中的意义与责任问题。

二、沟通作为社会的基本单位

尼克拉斯·卢曼是20世纪与哈贝马斯齐名的社会理论的大家。[①] 与哈贝马斯坚决捍卫欧洲的人文主义传统不同，卢曼从20世纪60年代开始，就广泛吸收了系统论、控制论、信息论、生物学、神经心理学、社会演化理论、时间微积分等新兴学科的知识，通过一种交叉学科的研究，探讨一种后工业社会理论的可能性。[②] 经过长达四十多年的探索，卢曼在广泛借鉴上述学科知识的基础上，形成了一整套完整的现代社会的理论。[③] 因此，卢曼虽然是一个20世纪的社会理论家，但他的研究旨趣是面向未来的，并且具有很高的预见性。例如，早在20世纪90年代，卢曼就预见了互联网作为一种社会媒介对社会结构产生的影响，以及互联网影响下未来社会形态的可能性，同时也预见了人工智能的高速发展，并且事先在社会理论中对此做了许多重要的理论准备。[④] 就此而言，卢曼的社会系统理论对我们观察互联网平台在新的社会结构及其治理中的意义与责任等问题，具有重要的借鉴意义。

从社会系统理论来看，互联网是一种非常特殊的社会沟通媒介。换句话说，互联网是作为一种媒介，对社会产生影响的。因此，我们要搞清楚互联网平台在互联网社会治理中承担的责任与意义，首先就必须了解一点社会系统理论中的媒介理论。

社会学虽是一门关于“社会”的理论，但由于多数人都将社会看成某种人的集合或者关系的总和，多数的社会学理论，都是通过对人的研究，尤其是通过对人的行动的研究来理解社会。其中最典型的就是韦伯的社会行动理论。与所有这些理论家不同，卢曼是少数真正严格地将“社会”作为社会学研究的对象，以社会为本位从事社会学研究的人。得益于智利生物学家与神经心理学家马图拉纳与瓦瑞那“生物自创生”理论的启发，结合他在20世纪

---

① ［德］葛哈德·贝希曼、尼柯·史帕尔：《卢曼的遗产》，纪海龙译，载《北航法学》第2期，中国政法大学出版社2015年版，第62页。

② See Niklas Luhmann, Introduction to System Theory, eds. Dirk Baecker, translated by Peter Gilgen, Polity Press, 2013.

③ See Niklas Luhmann, Die Gesellschaft der Gesellschaft, suhrkamp taschenbuch wissenschaft, 1998.

④ A. a. O. S302 – 311.

60 年代到 80 年代提出的意义理论,① 卢曼提出了社会系统理论。② 如果说，意识是心理系统的基本单位，如同细胞是生命系统的基本单位的话，卢曼则认为沟通（Kommunikation）是社会系统的基本单位。

如前所述，卢曼认为组成社会的基本单位是人与人之间的“沟通”，而不同于人们通常所认为的个人。沟通有三个组成部分，即信息（Imformation）、通知（Mitteilung）、理解（Verstand）。③ 例如，某个人 A 说“我饿了”，另外一个人 B 说“现在才十点”，或者说“我这里有面包”。此时，A 所说的“我饿了”中，就包括了“信息”与“通知”两个要素。但光有这两个要素，还不能构成一个完整的沟通。当另外一个人 B 说“现在才十点”时，另外一个人 B 接收并“理解”A 所发出的信息，并且向 A 发出了新的信息，这个时候，一方面，一个沟通中所包含的“信息”、“通知”和“理解”的三个要素才完整了，同时一个新的沟通中的“信息”和“通知”要素又出现了，并等待着 A 进一步继续接下来的沟通。按照社会系统论的观点，整个社会就是由这样无数的沟通组成，并且一个沟通出现以后，旋即消失，并且连向进一步的后续的沟通。

沟通制造沟通。一个沟通消失了，旋即又关联到下一个沟通。卢曼认为，整个社会就是由无数的沟通所组成的。在此种理论视野中，人，既包含着生理系统，也包含着心理系统，实际上是由结构耦合着的两个系统组成的一个复合体。人的心理系统与生理系统的存在与运行当然是社会沟通存在的必要前提，但从运作的层面来看，社会沟通及其相互的连接，本身又是独立于人的意识系统与心理系统而运作的。例如，虽然人的生理系统的存在构成了沟通的前提，但是生理系统本身并不引起任何沟通。沟通总是由于心理系统所引发的。但即便意识系统具有此种优先地位，但意识系统并不能控制或者指挥沟通。因为沟通总是涉及至少两个意识系统的参与，而沟通是否能够顺利进行，总是取决于已经产生的沟通是否能够制造出下一个新的沟通。就此而

---

① 卢曼的社会系统理论将整个社会理解成一种自创生的意义系统理论。在胡塞尔现象学理论的基础上，卢曼从 20 世纪 60 年开始，逐渐发展出了一种“意义”的理论，将“意义”看作一种形式，即实在与潜在的统一，从而进一步将心理系统与社会系统都进一步统一为意义系统。Niklas Luhmann, Sinn als Grundbegriff der Soziologie, in Jürgen Habermas/Niklas Lhumann, Theorie der Gesellschaft oder Sozialtechnologie – Was Leistet die Systemforschung?, Suhrkamp Verlag, 1971, S25 – 100.

② Niklas Luhmann, Soziale Systeme: Grundriß einer allgemeinen Theorie, Suhrkamp Taschenbuch wissenschaft, 1987。

③ A. a. O., S191 – 241.

言，社会沟通与心理系统之间的关系，是互为对方的环境，但又相互独立的关系。沟通系统能够刺激心理系统，心理系统在沟通系统的刺激下，可以做出回应或者调整，或不做出回应或者调整。心理系统也可以刺激社会沟通，社会沟通也可以在心理系统的刺激下做出或者不做出回应。卢曼用“结构耦合”的概念来描述心理系统与社会系统之间的此种关系。①

三、沟通的难以实现性：沟通媒介理论

沟通与沟通之间不能任意地相联。例如，当A说“我饿了”的时候，B却说“地球是圆的”。由于A与B说的并不在一个意义的脉络之中，就很难说B理解了A所发出的信息。这个时候，沟通就没有发生。所以，虽然全社会中每时每刻发生着无数的各种各样的沟通，但是沟通的产生其实是非常难以实现的。例如，即便A那里有信息，但A未必愿意发表出这个信息。即便A有这个意愿，但是A也未必有这个能力。例如，假如A是一个聋哑人，他就不能很方便地发出信息。同时，即便A能够发出信息，B也未必能够接收得到。例如，A在北京航空航天大学的教室中说“我饿了”，但B却在腾讯深圳的总部，则由于空间的局限，如果不借助特定的通讯媒介，B就不能接收得到A的信息。或者哪怕A与B是面对面地站着，但是A用英语表达出了“我饿了”的信息，但是B却不懂英语，则B也无法接收到A的信息。更不用说，B可能有认知理解方面的障碍，或者B当时心不在焉，也许B对A产生了误解。因此，沟通并非是一个简单的信息从A传递到B的过程，而是一个具有某种封闭性和自我创生性质的东西。同时，沟通虽然非常常见，但某种特定类型的沟通的发生，并不是理所当然的，而往往是高度难以实现的。②

通常而言，沟通的实现，往往有赖于媒介的促进。媒介是由要素组成的，并且各要素之间的关系是一种松散耦合的关系。而形式则是拆散媒介之间的松散耦合关系，重新将它们组成某种紧密耦合的关系。③ 比如，一束光照射出来，在空气中划出了一道光束。其中光照射的空间，就是媒介。这个空间媒

---

① 参见Kneer、Nassehi：《卢曼社会系统理论导引》，鲁贵显译，巨流图书公司1998年版，第87~94页。

② See Niklas Luhmann, Die Gesellschaft der Gesellschaft, suhrkamp taschenbuch wissenschaft, 1998, S190-191.

③ A. a. O., S192-201.

介由空气中各种漂浮的颗粒组成，它们彼此之间是一种非常松散的耦合关系。而光所照射出来的那道光束，就是形式。它使得这些松散的耦合转化成了某种紧密的耦合关系。又例如，小朋友在沙滩上画出了一个图形。沙滩的沙子就是媒介，而所画出的图形，就是形式。沙滩上的沙子之间，是非常松散的耦合关系，但是图形这个形式，则赋予了某些沙子之间非常紧密的耦合关系。

媒介又分成两类，一类是传播媒介，一类是成就型媒介。传播媒介的作用是，它使得各种各样的远距离沟通成为可能。想象在人类社会的早期，各种传播媒介匮乏，从而导致人类的沟通受到时空的巨大约束，从而不得不局限于面对面的互动型沟通。而后，随着文字的产生，一种超越时空距离的沟通类型产生了。人们可以通过书面的文字，远距离的进行沟通，而且文字的沟通还使得沟通不再受"即时回复"的约束，如人们在写作书信时，写信的一方并不存在过于沉重的时间压力，可以字斟句酌，做比较精细与准确的表达，而收信的一方也是如此。这就使得一种远距离的，超越时空局限的沟通成为可能。中世纪后期，随着印刷术的普及，大规模的文字性的沟通出现了，这进一步促进了各种新类型沟通的产生。例如，报纸和新闻的出现，各种各样的小说的出现等。这不但进一步促进了新的沟通类型的产生于普及，同时也使得各种社会性沟通形成了自己的历史与记忆。①

成就型媒介则是另外一种特殊类型的沟通媒介，恰恰是成就型媒介促进了法律、政治、经济、宗教等各种现代社会功能子系统的出现。例如，甲很渴，刚好乙手里拿着一箱可乐。甲要求乙将其中一瓶可乐给他喝。乙未必愿意。但是，通过货币这个媒介，甲支付了乙一些费用，乙把可乐给予甲喝的可能性就大大增强了。在这个过程中，货币就起到了一种象征性的普遍化沟通媒介的作用。之所以说它是象征性的，是因为货币象征着一种购买力，从而使得单靠沟通自身难以实现的事情被实现了；而之所以说货币是普遍性的，是因为它能够买到很多不同的东西，所以是超越于具体情境之上的。通过支付费用，大大强化了乙给予甲可乐喝的动机。当然，卢曼同时也指出，在这个例子中，金钱虽然促进了沟通的实现，但是也带来了新的区分，即有支付能力和无支付能力的区分：有支付能力的人得到了服务，而无支付能力人却得不到此种服务。所以，金钱既是天使，也是魔鬼。

需要指出的是，象征性普遍化的沟通媒介虽然能够强化行为的动机，从

① A. a. O.，S205－315.

而使得沟通的高度从难以实现变成比较容易实现，但它们并不是对心理状态的描述，而是一种社会的建构。所以货币通过支付能力来强化动机，权力通过强制手段来强化动机，法律则通过合法性的评价来强化动机。此外，由于媒介本身具有二值代码的特征，例如权力媒介只能是有权/无权，货币媒介只能是有支付能力/无支付能力，法律媒介只能是合法/非法，象征性普遍化的沟通媒介大大促进了系统的形成，尤其是承担了不同功能的子系统的形成与稳定化运作。①

四、互联网沟通媒介给国家治理带来的挑战

我们时代在沟通媒介方面的一个重大突破，就是出现了电子沟通媒介。例如，20 世纪的电话与电视，21 世纪蓬勃发展起来的互联网。晚近十多年发展出来的互联网即时通信的网络技术，尤其是智能手机的发展，对沟通的影响尤其巨大。对于一般意义的沟通而言，互联网，尤其是移动互联网使得人们能够随时随地，几乎在世界任何地方，都能够用智能手机连接网络，相互沟通。就经济沟通而言，亚马逊、淘宝等互联网平台，使得原先根本难以实现的沟通变得可能：人们可以在地铁上，或者半夜躺在被窝里，动动手指头，就可以购买各种各样的商品，过几天这些被购买的商品就可以通过快递的方式被邮寄到家里。

互联网沟通媒介导致的社会沟通的变化，主要体现在以下几个方面：

第一，互联网媒介使得个人沟通选择的可能性大为增强。在移动互联网时代，个人只要拥有一部智能手机，在互联网注册一个账号，就拥有了更多原先根本不可能的沟通方式。就此而言，个人突破了各种各样的空间与物质的局限，从而能够享受更为充分的表达与沟通的自由。当个人拥有一定的经济基础时，他还可以通过互联网购买各种各样的商品与服务，甚至是他平时想不到的商品和服务。加拿大传播学家 M. 麦克卢汉 1967 年在他的《理解媒介：人的延伸》一书提出的“地球村”的说法，正逐渐变成现实。由此带来的一个变化，就是国家治理正从大规模分散治理的模式日益走向大规模集中治理的模式。例如，在中国传统社会，由于地域广阔，尤其受交通和通信手段的局限，中国多数人口都是分散在一个又一个的地方性的社区和村庄之中，

① 关于成就型媒介，可以参见泮伟江：《卢曼与他的现代社会观察》，载《读书》2016 年第 1 期。

这些地方性社区之间的沟通与联系非常的稀少。而随着交通通信手段的进步，中国国内大量人口之间的沟通日益频繁，人与人之间正在通过各种媒介的促进作用，发生着高频次与高密度的沟通事件。由此给国家治理体系带来了严重的冲击。我国国家治理体系，如何从一个治理大规模分散人口治理的模式，转化成能够有效治理大规模集中的陌生人群的治理模式，是新时代国家治理体系研究的重大课题。

第二，互联网空间的沟通与人际关系，变得更为抽象化。互联网沟通可以分成两个类型，一种类型是真实世界的沟通迁移到互联网，仅仅是借助了互联网的渠道。例如，微信中各种单位群、家庭群。在单位群里，群成员的身份与关系，是在微信群出现之前就已经存在了。只是借助于微信群这种新的互联网沟通媒介而迁移到互联网中。因此，群成员相互之间的关系，并非是因为互联网才建立起来的。另外一种类型就是互联网原生型的，也就是说，此种类型的沟通，只有通过互联网的媒介才有可能产生的。例如，微博、豆瓣、facebook、淘宝等，就是此种类型的互联网沟通。微博这个互联网的公共空间，就是依托于微博这个具体的媒介平台才得以出现的。有一类微信群，也是如此。群主建立一个微信群，而该微信群并不依托于具体的某个现实中的组织而存在，而是群主依据共同的兴趣、共同的目标，根据某种特定而抽象的标准，建立起来的沟通共同体。豆瓣中很多的兴趣小组，都是按照这个模式建立起来的。所以，互联网带来的新型的沟通类型，主要是指第二种类型。或者说，第二种类型更能够体现出互联网这种新型沟通媒介的性质。在第二种沟通类型中，沟通参与者，是通过抽象的标准予以设定与审核的。参与沟通的人并非是先在的，反而被设定为沟通前提的主体标准与类型是先在的。只有符合抽象标准的沟通主体，才被允许进入沟通。而此类抽象的标准与主题，同时也引导着沟通，并对沟通做出种种限制。

此种类型沟通的一个性质，就是沟通主体关系的抽象性。首先，沟通主体本身就是抽象的存在。例如，在淘宝网的沟通中，沟通双方的身份关系是卖家与买家的关系。因此，沟通主体的信息是单维的，他们所透露给对方的信息，基本上是围绕商品与服务的买卖关系产生的。买家与卖家对相互之间信息的掌握，也是比较有限的。

第三，互联网媒介的兴起，进一步促进了沟通主体的自主性。由于互联网沟通的抽象性与便捷性，一方面，导致越来越多的主体参与到互联网媒介所促进的网络空间的沟通之中，另外一方面，沟通主体面临的选择机会也就更为多样化。由此导致的结果就是，沟通主体更有机会、条件与能力，按照自身的喜好、意愿与利益做出选择。一方面，由于现代社会系统分化带来了无限多的选择可能性，与人类个体选择能力的有限性之间产生了突出的矛盾，因此给个体带来了沉重的选择压力，当个体缺乏足够的信息与能力在各种可能性中进行有效选择时，个体就可能会被社会的复杂性压垮，从而产生心理疾病、孤独、意志消沉、焦虑、自杀等“失范”现象。另外一方面，由于个体决策的恣意性增强，这导致个体与个体之间交往的复杂性，也大大增强。一方面，就社会行动而言，个体的社会行动不得不依赖于对方的行动，而对方的行动也往往不得不依赖于己方的行动。由于互动双方意志、喜好与决策的难以预测性与偶联性，因此互联网媒介的兴起进一步促进了社会沟通的“双重偶联性”难题。① 双重偶联性困境的加深，乃是互联网欺诈泛滥的深层基础。互联网虽然增强了个人交往的广度，但同时也使得个人“说不”的能力大大增强。同时，由于缺乏面对面交往的附带的各种约束机制，所以使得个人在互联网空间的言论，更容易偏激，更容易情绪化与极端化。由于在互联网空间，可以更好地隐藏和屏蔽信息，所以个人往往更容易隐藏自己，以某种经过刻意装扮的面目出现，从而发表某些不负责任的言论。有互联网沟通经验的人往往有如下的经验：某个在互联网空间中发言特别活跃和激烈的人，在日常生活中，反而是特别安静与内向的。

五、作为沟通媒介的网络平台的责任

从社会系统理论的角度看，互联网的本质属性乃是社会沟通的媒介，而非社会本身。因此，当我们谈论诸如“互联网社会”的话题时，必须保持头脑清醒：此处并非是在传统社会之外，通过互联网提供的某种虚拟性质的社会，而是指互联网这样一种媒介，促进了某种新类型的社会沟通的产生，从而拓展了社会沟通的类型与领域。我们在讨论互联网平台的责任时，也必须考虑互联网的此种媒介本质，因此将互联网在社会治理中承担的责任界定为一种媒介的责任，而不是任何其他类型的责任。

当然，作为具体的互联网平台，其在社会治理中扮演的角色，与作为媒介的互联网，还是有区别的。但我们在观察互联网平台在社会治理中承担的

① 关于双重偶联性问题，参见泮伟江：《双重偶联性问题与现代法律系统的生成》，载《中外法学》2016 年第 2 期。

角色与责任时，互联网的媒介性质，仍然会产生重要的影响。例如，有一类互联网平台是互联网媒介的提供者。此类媒介就类似于当年中国移动、中国电信、中国联通等通信公司。他们通过提供更为方便快捷的传播媒介，从而促进了大量原本根本不可能发生的沟通。此类扮演新型传播媒介提供者角色的典型者，如QQ、微信。在本质上，此类媒介提供的是某种沟通的通道，从而使得原本受空间和地域局限而难以实现的沟通，变得可以很方便快捷地沟通。就此而言，媒介提供者必须谨守媒介通道的本分，尊重用户的隐私权与通信权，从而使得用户可以平等地享受通信自由的权利。

除了此类媒介提供者的平台之外，还有一些平台不仅是提供促进原本不可能发生沟通的传播媒介，其实也是提供某种类型的成就型媒介，从而促成某种原本难以形成的沟通得以发生。例如，类似于淘宝这样的互联网平台，它不仅借助于互联网的技术，使得某种超越地域与时间的沟通得以形成，同时它也通过特殊机制的设计，使得这些超越地域与时间限制的沟通得以更频繁地发生。所以，对于淘宝网来说，它其实同时包含了两种媒介类型与要素：传播媒介与成就型媒介。传播媒介就是淘宝网所提供的网站的技术架构。销售者与消费者通过淘宝网这个中介，实现了远程沟通的可能性。但由于互联网此种传播媒介导致沟通的抽象化、沟通个体的自主化，因此，欺诈就像牛皮癣一样如影随形，阻碍此种远程沟通长久持续和频繁地发生。为此，支付宝提供的交易担保，消费者给每一次消费、每一个产品与服务进行评价、打分的制度等，都是为了克服这些障碍与困难进行的机制设计。这些制度都增强了这些买卖沟通的透明度，从而促进了此类买卖沟通的产生。另外，人们之所以愿意在诸如淘宝网这样的平台进行交易，不仅是因为这些平台提供的这些机制性的保障，同时也是因为平台本身提供的信用担保。尤其是，很多时候平台通过对商品的归类、选择与推荐，给予了消费者很大的引导。在互联网平台与商家之间，通过建构进入/排斥的区分，尤其是对商家入驻平台设置某种前置的条件，互联网平台对平台上的商家就拥有了一种审核与管理的权力，而权力就意味着责任。但是，这种责任应与网络平台所能实际行使的管理权的范围与技术上的可行性保持一致。例如，在淘宝、微博和微信等网络平台上都有着海量的用户，要求网络平台对每一位用户的行为都进行实时的监控与管理，几乎是不可能的，但这并不意味着，其在防范非法活动或非法信息方面是完全无所作为的，网络平台在给用户提供传播和沟通服务的同时，其亦可借助与用户、索赔人等主体进行沟通的机会来发现非法活动和非法信息，并采取相应的处置措施。

六、结语

德国社会学理论大家卢曼的关于媒介理论的研究，以及卢曼的演化理论、沟通理论（包含信息理论），对于我们理解网络平台在现代社会中的作用与责任提供了一个很好的视角。我们应当将网络平台置于人类社会结构的背景下来进行观察。从卢曼的理论出发，我们可以将网络平台看作一种媒介，基于平台类型的不同，其有可能是一种传播媒介，也可能是一种成就型媒介，亦有可能兼具两种属性。在网络平台对于平台上的用户拥有某种控制权或管理权的情况下，其应当承担某种责任，并且，该责任的大小应当与其所享有的控制权或管理权相一致。

第二章

网络平台的治理机制

一、网络平台治理的含义

（一）治理的含义

“治理”一词在英文中被称为“governance”，该词源自于拉丁语“guberna”，原意为船舵，其衍生词“gubernator”即为“舵手”的意思，后来演变为英文中的“governor”，即统治者、治理者，而“政府”（Government）一词亦是从中演变出来的。因此，“治理”一词就其本义而言含有引导、统领、统治的含义，具有强烈的“自上而下”的色彩。在现代社会中，治理一词被广泛地应用于众多的场合，如国家治理、社区治理、公司治理、社团治理、网络治理等。随着治理场景的多样化和治理主体的多元化，治理一词所固有的“自上而下”的纵向色彩在逐渐淡化，以多方利益主体平等参与、相互合作为核心的横向治理机制越来越受到重视。

美国学者弗朗西斯·福山从政治学的角度将治理定义为“政府制定和实施规则、提供服务的能力”①，有的欧洲学者将治理定义为“将不同公民的偏好意愿转化为有效的政策选择的方法手段，以及将多元社会利益转化为统一行动，并实现社会主体的服从”。② 由此可见，治理的主要内容在于规则的制定与实施。本文将“治理”界定为：为了实现某种公共利益的目标而制定规则和实施规则的过程。治理的核心在于权力和责任的分配，其既体现在规则的制定过程中，亦体现在规则的实施过程中。

（二）网络平台治理的含义

网络平台治理是镶嵌在互联网治理中的一个概念，因此，先行了解互联网治理的含义有助于我们准确把握网络平台治理的含义。美国著名的网络专家劳拉·德拉迪斯认为：“互联网治理的主要内容包括为维持互联网正常运转所必需的技术支持和制度安排，以及围绕此类制度设计和实践的互联网政

① Francis Fukuyama, What Is Governance?

② Beate Kohler - Koch, Rainer Eising. The Transformation of Governance in the European Union, London: Routledge Press, 2006, p. 14. 转引自秦前红、李少文：《网络公共空间治理的法治原理》，载《现代法学》2014 年第 6 期。

策。”① 该定义所涵盖的内容非常宽泛，包括互联网技术标准的制定、基础网络资源的分配、域名系统的管理、对信息代理机构的规制，以及对网络层系统的规制。

在“信息社会世界峰会”结束后，联合国成立了“互联网治理工作组”就互联网治理问题展开专门研究，在互联网治理工作组的报告中，其将“互联网治理”界定为“互联网治理是政府、私营部门和市民社会根据各自的作用制定和实施旨在规范互联网发展和使用的共同原则、准则、规则、决策程序和方案”。②

本文所称的网络平台治理的含义要较上述关于互联网治理的含义窄许多，其主要关注的对象限于对网络平台上信息内容的规制。但是，两者关注的视角是相同的，即关注点在于相关的制度与规则的设计与实践。需要明确指出的是，本文所称的网络平台治理，既不是指政府将网络平台的经营者作为规制对象而进行的治理，也不是指网络平台的经营者作为治理主体对平台上的用户所进行的治理，而是指对以网络平台为核心而构建的网络空间的治理，特别是对网络平台所传输、存储和传播的信息内容与服务的治理，其治理的主体可以是多元的，既包括政府机构，也包括政府以外的民间非营利机构、网络平台企业、互联网行业协会以及网络用户等。

“互联网治理架构即权力分配”③，同理，网络平台治理机制的核心亦在于权力的分配，包括与网络平台相关的各种规则的制定与实施中的权力分配，以及与之相伴而生的义务与责任的分配。

二、网络平台治理的原则

在探讨网络平台治理的原则之前，我们需要先弄清楚一个基本问题，即我们为什么需要探讨网络平台治理的问题，我们要实现何种目标。从本文来看，平台治理需要解决的问题在于如何协调多元价值之间、多方利益主体之间的冲突。互联网自兴起之初便承载了许多群体的不同价值观、梦想和利益，

① ［美］劳拉·德拉迪斯：《互联网治理全球博弈》，覃庆玲、陈慧慧等译，中国人民大学出版社2017年版，第9页。

② Working Group on Internet Governance, “REPORT FROM THE WORKING GROUP ON INTERNET GOVERNANCE”, Document WSIS - II/PC - 3/DOC/5 - E, 3 August 2005.

③ ［美］劳拉·德拉迪斯：《互联网治理全球博弈》，覃庆玲、陈慧慧等译，中国人民大学出版社2017年版，第9页。

从而引发了许多冲突，如表达自由与保护私人名誉权和隐私权之间的冲突；获取信息的自由与维护国家安全、保护个人隐私之间的冲突；获取知识信息的权利与保护知识产权之间的冲突；表达自由与反种族歧视、反恐怖主义、维护国家安全之间的冲突；保护未成年人免受网络不良信息侵害的需要与成年人用户获取信息的自由之间的冲突；政府对网络信息的管制与网络中立性的冲突；互联网的匿名性与身份验证的冲突；保护个人数据与以收集数据为基础的互联网企业的商业模式之间的冲突；主权国家对互联网的控制与互联网的开放性、跨地域性之间的冲突。当网络平台成为互联网的中坚层时，其不仅仅是各种网络信息、服务的汇集之处，亦是各种矛盾冲突的汇集之所在。因此，网络平台治理是网络空间治理中最重要的一环。

本文认为，在网络平台治理方面，建议坚持以下基本原则：多方利益主体协同共治原则，规则治理、技术治理与市场约束互补原则，公开、透明原则，鼓励创新原则。

（一）多方利益主体协同共治原则

网络平台的治理涉及多方利益主体，包括政府、非政府组织、网络平台的经营者、网络平台上的商户与信息发布者、知识产权人、数据收集与分析机构、消费者、普通公民等。不同的利益主体有着不同的利益需求，如何协调这些利益是网络平台治理的主要问题。坚持多方利益主体协同共治原则（以下简称“多方共治原则”），意味着承认多方利益主体的不同利益诉求，在制定和实施网络治理的规则时，给予多方利益主体发表意见的机会并对其所表达的意见赋予一定的权重，并通过一定的参与或协调机制，使得网络平台的治理规则能够体现出多方利益主体的共同利益。

在与网络平台有关的管理规则的制定过程中，多方共治原则的核心在于赋予不同的利益主体以一定的发言权和参与权。该原则与传统的纵向的社会治理模式有着显著的不同。在纵向的社会治理模式中，通常是由一方制定规则，强制另一方予以遵守。例如，政府制定法规，要求民众遵守；企业制定格式合同，要求用户遵守。多方共治原则强调规则不应由单方制定，而应由多方参与制定。互联网环境下的多方共治与传统的民主参与制度亦是有差异的。在传统的民主制度下，在政府制定法律的过程中，民众可以遵循一定的民主政治程序、借助一定的政党或其他组织代表发表意见，并且，当政府就法律草案公开向社会征求意见时，分散的个人往往很难影响规则的制定。然而在网络环境下，分散的个体有可能借助信息网络而非某种固定的组织直接影响规则的制定。例如，2012 年加拿大政府拟制定一部“调查和预防犯罪的电子通信法案”，后又更名为“保护儿童免受网络欺诈法案”，随后又更名为“C30”法案，但该法案遭到了网民的反对，最终政府决定放弃该项法案。① 互联网平台的经营者在制定平台政策时，亦会遇到类似的问题。例如，2017 年 6 月，蚂蚁金服旗下从事消费信贷业务的“花呗”发布了《花呗用户服务合同》条款调整公告，在收集用户的个人信息方面赋予了网络服务商极其广泛的权利，从而引发了广大网络用户的关注，许多用户都在网络上发表了否定性的评价。2017 年 7 月，在网络舆论的压力下，蚂蚁金服修改了《花呗用户服务合同》，限缩了收集个人信息的范围。在上述事例中，虽然也有传统新闻媒体的参与报告，但规则制定者所受到的压力更多是来自网络舆论。在当今网络平台盛行的年代，人人都可以成为自媒体，每一位用户都可以绕开传统媒体，借助网络平台直接发表意见，因此，又被称为“第五权力”主体。②

如果说信息代表着权力，谁拥有信息，谁就拥有权力，那么，在互联网时代，随着信息的生产和传播从集中走向分散，治理的权力也在从集中走向分散。这种新的形势要求无论是政府在制定管控网络平台的法律、法规的时候，还是网络平台的经营者在制定有关平台政策和用户协议的时候，都应当主动地倾听利益相关方的声音，而不是被动应对网络舆论。

多方共治原则意味着承认多方主体的不同利益，并通过设定一定的程序或借助某种网络机制，允许各方相互博弈，最终通过妥协制定出一套网络平台的管理规则。这种博弈的结果未必是零和博弈，有可能达成多方共赢的结果。例如，在政治学领域，关于互联网和新兴信息技术的作用，历来都存在两种不同的声音；一种声音认为，互联网会使得民众参与民主政治更加便利，可以有更多的机会实现直接民主；另一种声音则认为，互联网和信息技术会进一步增强政府对公民的监控能力，会使得政府变得更加专制。其实，正如有的学者所指出的那样，国家与社会力量可以利用网络平台进行互动，相互赋权，相互改造。③

---

① ［美］格雷厄姆·达顿：《另一个地球：互联网＋社会》，胡泳等译，电子工业出版社 2015 年版，第 244～231 页。

② ［美］格雷厄姆·达顿：《另一个地球：互联网＋社会》，胡泳等译，电子工业出版社 2015 年版，第 222 页。

③ 郑永年：《技术赋权：中国的互联网、国家与社会》，东方出版社 2014 年版，第 15～18 页。

不仅在规则的制定过程中应坚持多方利益主体协同共治原则，在规则的实施过程中，亦应坚持。在中国目前的网络平台治理机制中，大致形成了这样一种制度安排：政府监管网络平台，网络平台监管平台上的用户，从而最终实现政府通过网络平台对分散的网络用户进行间接监管的目的。在此制度框架下，网络平台成为规则实施过程中处于中心地位的责任主体，但是，这样一种角色安排往往与网络平台作为一个私营企业所追求的利益目标、所采用的商业模式和技术架构并不完全兼容，因而会影响到治理规则实施的效果。在人类历史上，曾经出现过许多种政府通过某种类型的中介组织来实现对分散个体进行监管的制度安排，但是，这些制度安排的实施并非没有成本的，政府在将一部分公共管理职责转移给私人组织来行使时，后者通常会要求前者给予某种形式的补偿，如特许权或者一般商业机构所无法获得的商业机会。然而，这样一种利益交换往往影响到市场的公平竞争。其实，对于目前的网络平台治理机制而言，亦存在此类的隐忧。在网络平台的义务日趋加重的情况下，如果不能给予其某种激励，单凭法律责任的威慑，难以保证其能积极履行义务，而如果政府机构借助权力机制给予网络平台某种利益机制，如许可证控制，亦会影响市场的公平竞争。在本文看来，在网络平台治理规则的实施过程中，亦应坚持多方利益主体协同共治原则，政府、网络平台、用户和相关利益主体均应各司其职、各担其责，实施侵权的用户不可将自身责任转移给平台，网络平台亦不可将其商业活动所带来的社会治理成本全部转移给政府，政府更不可将本应由其承担的公共管理和服务的职责转移给网络平台。

法国政治家克莱蒙梭曾说过“战争太重要了，不可以把它交给将军们”。今天，我们也可以说，网络平台太重要了，关于网络平台的治理，不可以把它完全交给政府和网络平台经营者来决定，而应坚持多方利益主体协同共治。基于权利与义务的对等原则，多方利益主体在均参与治理规则的制定并享有一定的权利的同时，也应各司其职，各担其责，共同致力于建设健康而有活力的网络空间。

（二）规则治理、技术治理与市场约束互补原则

规则治理、技术治理和市场约束机制是对网络平台进行治理的三种手段，其有着各自的适用空间，共同作用于网络平台治理。其中，规则治理包括法律治理和私人自律两种方式，前者包括政府通过法律、法规、规章各种规范

性文件对网络平台的治理，后者包括网络平台企业和行业协会的各项自律性质的规范。

首先，网络平台治理应当坚持法治原则。在互联网刚刚兴起之时，曾经存在乌托邦主义的幻想。① 有人认为现实物理世界和网络虚拟世界是两个截然分开的世界，现实世界的法律将无法作用于网络世界，网络的开放性、匿名性特征将使得政府无法对其行为进行追踪，无法对其身份进行识别，无法对其进行有效的执法。然而，互联网的现实发展却表明，网络世界是可以被法律所管控的，互联网不是法外之地。现实世界与网络世界并不是割裂的，而是存在交互关系的。现实世界的法律应该也能够适用于网络空间，网络平台的经营者和其用户都无法脱离主权国家法律的管制。人在网络世界中的行为亦需要遵循一定的规则，网络用户与用户之间，用户与网络平台经营者之间时常会发生争议，其对规则的需要是现实存在的，对此，没有必要也不可能另起炉灶去制定一部与现实世界的法律完全脱轨的准则。即使网络平台会制定一些政策或用户行为规范，其亦是在法律的规制下制定的。

坚持法治原则，并不仅仅意味着网络平台和平台上的用户都应接受法律的约束，还意味着政府在对网络平台进行立法和监管时亦应遵循法治原则，不应当侵犯公民依据宪法所享有的言论自由等基本权利，不得损害网络平台的经营企业依照法律所享有的营业自由的权利，政府在对平台企业和用户的权利进行限制时，应当遵循比例原则，并且，其在做出不利于相对人的决定时，应当遵循正当程序的原则。

其次，应将互联网行业和平台经营者自身的自律规则置于前锋的地位。网络平台现象是近些年来新出现的一种社会现象，它不仅涉及新的信息技术的应用，新的商业模式的产生，同时，它也改变了原有的社会关系，从而产生了新的社会矛盾，而网络平台的经营企业则处于各种矛盾冲突的最前沿，他们既是和网络用户直接接触的机构，也是政府的网络监管命令的执行者，

① 在这方面，最具代表性的当属美国著名的网络活跃人物巴洛（Barlow）在1996年参加瑞士达沃斯世界经济认坛时所发表的著名的《网络独立宣言》："工业世界的政府，你们这些由血肉与钢铁组成的令人厌倦的巨人，我来自网络空间，新的精神家园。我代表未来，要求你们这些旧时代的人不要来打扰我们。我们不欢迎你们。你在我们聚集之处没有主权。……你宣称我们之间存在一些需要你来解决的问题。你以此作为入侵我们区域的借口。许多问题根本不存在。即使存在真实的冲突，存在不法行为，我们会发现他们，并用我们的方式来解决这些总是。我们正在形成我们自己的社会契约。这种治理将会根据我们的世界——而不是你们的世界——的状况而产生。我们的世界是不同的。" John Perry Barlow, A Declaration of the Independence of Cyberspace，网址：https：//www. eff. org/cyberspace - independence，访问时间：2017年10月11日。

也是最先接受各类投诉的主体，其最了解各种矛盾冲突的形成原因和具体内容，同时也是网络争议解决方案的最初设计者和执行者，因此，在这一领域，立法者不宜站在最前沿，对于新兴社会矛盾不宜采取匆促立法的形式来进行规制，而应督促网络平台行业采取自律措施，尊重网络平台企业及其行业的经过实践证明的行之有效的治理规则。

再次，应当重视技术规制在网络平台治理中的作用。网络空间是特定的技术架构的产物，物理世界的法律规则只有被转换为代码才能被计算机所识别，代码是网络空间的运行规则，在一定意义上，我们可以将代码（Code）看作网络空间的法律规则。[①] 法律的规制对象是人的行为，而代码规制的对象是机器的运行，因此，有些情况下，代码规制比单纯的法律规制更为直接、更为有效。在实践中，网络平台的经营者运用了大量的信息技术手段对平台上的信息内容和用户行为进行自律监管，如何保障技术治理的内容与法律规则的要求相一致是一个值得关注的问题。

最后，应当充分发挥市场机制对平台的激励与约束作用。目前，多数网络平台的商业模式在于吸引用户的注意力，然后再通过招揽商业广告的方式将用户的注意力予以变现，因此，网络经济模式又被称为注意力经济模式。对于网络平台而言，其用户数量越多，平台的价值就体现得越充分，其吸引到的广告数量就越多。因此，在市场机制的激励下，各网络平台之间会展开吸引用户注意力的竞争，另外，还存在着网络平台与传统行业之间的激烈竞争。[②] 网络平台是依靠平台上的信息内容来吸引用户，然而，此信息内容并不是由平台本身所创造的，而是由平台上的商家、用户等第三方内容提供者来提供的，网络平台的作用就在于营造一种有利于创造优质信息内容的网络环境。在多个网络平台相互竞争的市场环境下，市场这只无形之手会引导网络平台主动采取那些能够提升信息内容质量的治理措施，如果网络平台的经营者实施了有损于网络用户利益的行为，会引发网络用户在网络平台之间的转换，市场的惩罚机制往往比政府机构的处罚更为有效。但是，需要注意的是，市场机制对平台企业起到正面的激励与约束作用是有条件的，即在相关市场

---

① 在英文中，CODE 本身既含有“代码”的含义，也具有“法典”“准则”的含义，美国网络法学者莱思格在著作中明确提出“代码即法律”的论点。参见［美］莱斯格：《代码 2.0：网络空间中的法律》，李旭、沈伟伟译，清华大学出版社 2009 年版。

② 例如，滴滴之类的出行互享平台会面临传统出租车行业的竞争，Airbnb 之类的食宿共享平台会面临传统旅馆业的竞争。

存在充分的竞争状态，并且，有一套保障公平竞争的法制环境。在垄断的状态下，市场的约束机制就会失灵。在市场上充斥着大量不正当竞争的状态下，各网络平台会“向下”竞争而不是“向上”竞争。

上述各种治理手段之间是相互补充、相互制约的。就规则治理与技术治理的关系而言，技术治理应该在规则治理的框架下进行，平台企业所采取的技术措施应当接受有关执法部门的监管，技术措施的选择与应用以不突破法律强制性规定为底线，同时，立法机构在制定有关规则时，应当考虑其在技术上的可行性；就规则治理与市场机制而言，应当坚持凡是市场和网络平台企业自身能够解决的问题，政府机构不宜强行介入，政府的作用在于营造有利于各网络平台企业公平竞争的法制环境；就技术治理与市场机制的关系而言，一方面，应当禁止网络平台企业以技术治理的名义从事不正当竞争，另一方面，也应防止具有市场支配地位的企业滥用其市场优势阻碍技术的革新。

（三）公开、透明的原则

无论是国家机关制定的各类法律规则，还是平台企业制定的自律规范，抑或是政府执法机关或网络平台企业所采取的技术治理措施，都应当做到公开、透明。

在网络空间中，各式各样的网络平台日益发挥着举足轻重的作用，它们不仅掌控着社会公众获取信息的入口，而且还是人与人之间进行网络社会交往不可或缺的媒介，甚至还把持着人们获取各种应用程序的关口。[①] 在许多国家，由于宪法上关于言论自由的保护规定限制了政府对于网络信息进行管制的权力，因此，网络平台的经营者被推到了网络空间治理的最前沿，而政府机构隐藏于幕后。网络平台经营者对网络信息的审查政策和所采用的过滤机制直接决定了人们能够获得和不能够获得何种信息，网络平台制定的用户协议和平台公约直接对网络用户的行为产生约束。因此，网络平台治理规则的公开、透明是非常重要的，这既是网络平台履行社会责任的需要，也是获得用户和社会公众的信任的需要。

---

① 例如，在移动互联时代，人们获取信息一个重要途径是手机中的各种应用程序所提供的信息，苹果手机的用户通常都是在苹果公司的应用商店下载应用程序。在每一个应用程序上线之前，苹果公司的应用商店都会对其进行检查并享有很大的自由裁量空间。苹果公司通过对应用程序的控制，可以对用户获取信息渠道进行控制。

（四）鼓励创新原则

治理本身是一种手段，而不是目的，促进社会的进步才是其根本目的。目前，通过创新来引领社会的发展，已成为全社会的共识。这就要求我们在设计网络平台的治理机制时要包容创新、保护创新、激励创新，从而促进社会的进步。因此，立法机构和政府监管机构在对网络平台进行规制时，应当秉持审慎的态度，减少强制干预，对于新技术的应用或新商业模式的运作不要武断地或轻易地做出否定性评价。正如李克强总理所言，如果不是在微信诞生之初对其采取宽容的政策，面是继续沿用老办法对其进行管制，就不会有今天的微信。①

当今网络世界仍处于不断演进的过程中，新的技术不断出现，商业模式不断变化，网络平台的形态亦处于不断演化中，因此，对于网络平台的治理应保持一定的开放性和自由度，鼓励而不是抑制创新。对于网络时代的立法规制，美国著名的联邦法院的法官伊斯特·布鲁克曾告诫称："立法出现错误是常见的，但是，从来没有像今天技术飞速发展的时代这么多。我们不要试图用不完善的法律体系来生搬硬套我们尚不理解的正处于演进中的世界。我们所应当做的就是，允许那些处于正在演进中的世界的当事人去自主地做出他们自己的决定。那意味着三件事情：使规则清晰明确；在尚没有明确产权的地方创设产权；为人们组建各种讨价还价的机构提供便利。然后，就让网络世界随着它自己的意志去演进，并享受它所带来的好处。"② 以上建议，对于网络平台治理，亦适用。

三、网络平台治理的规则体系

网络平台治理的规则体系包括以下几个层次：

---

① 李克强总理在2017年6月21日的国务院常务会议上称："几年前微信刚出现的时候，相关方面不赞成的声音也很大，但我们还是顶住了这种声音，决定先'看一看'再规范。如果仍沿用老办法去管制，就可能没有今天的微信了！"参见《李克强：如果沿用老办法管制就可能没有今天的微信》，来源于中国政府网，网址：http：//www. gov. cn/xinwen/2017 - 06/21/content_ 5204392. htm，访问时间：2017年10月10日。

② Frank H. Easterbrook, Cyberspace and the Law of the Horse, 1996 U. Chi. Legal F. 207 (1996).

（一）国际条约

网络空间是不受物理世界的地域限制的，在世界的任何一个地方都可以使用计算机或其他终端设备通过接入互联网而在网络空间自由访问，它给人们获取信息带来了前所未有的便捷，但是，它也给主权国家对网络空间的管制带来了麻烦。由于各国在政治体制、文化传统、经济发展水平和价值观方面都存在一定的差异，因此，其在对网络信息内容的管制政策方面亦存在很大差异。例如，世界上多数国家都反对种族仇恨言论，但是，对于种族仇恨言论的界定在各国之间存在较大差异，因此，当欧盟准备将种族仇恨言论写入《网络犯罪公约》时遭到了一些国家的反对。又如，各国对于“淫秽”信息的界定标准不一，导致在一国被认为属于淫秽的信息而在另一国却被认为是合法的。对此，一些国家由于无法对位于外国的服务器实施执法管辖，因而对于依照本国法属于非法的网站或信息内容采取了屏蔽等技术措施，但是，其需要为此付出大量的成本，并且，由于技术条件的限制而无法完全达到执法目的。因此，如果要实现对网络空间的有效治理，必须要实现主权国家之间的合作，通过订立国际条约的方式来协调各国在网络监管方面的政策差异。

（二）国家立法

网络世界的运行离不开物理设施和人的支持，对于技术方案的选择和应用亦是人的选择和行为的产物，因此，主权国家制定的法律规则对于网络平台的运行模式将会起到决定性的塑造作用。例如，目前许多互联网企业的经营模式是建立在对用户的个人数据的分析基础之上的，而欧盟国家对于个人数据的收集、使用和流通都有着严格的限制条件，相比之下，美国的规制政策更为宽松，因此，我们可以看到，世界上最具活力、最有影响力的网络平台企业大多数都集中在美国。

（三）互联网行业的自律规范

互联网行业是一个不断创新的行业，新技术和新商业模式的运用会不断产生新的社会问题，对于此类新问题的规制，立法者往往难把握准确的尺度，过于严格将会抑制创新，而过于宽松则不利于保护消费者的利益，因此，由互联网行业通过制定行业自律规范的方式来进行管理将是一个优于政府直接管制的解决方案。对此，可由互联网企业组建行业协会之类的组织，由其来总结各互联网企业的最佳实践经验，从而制定适用于全行业的自律规范。

（四）用户协议、平台公约

用户协议是网络平台对平台上的用户进行监管的最重要的法律依据，网络平台通常会在用户协议中要求用户允诺遵守网络平台制定的平台公约，该平台公约会为网络用户确立行为准则。当网络用户发布法律所禁止的信息或从事某项违法行为时，网络平台会依据用户协议和网络公约的规定对用户采取平台规制措施，如警告、删除违法信息、限制信息发布，暂停甚至关闭账号。由于各种原因，政府监管机构往往并不愿直接对网络用户采取监管措施，而是经常选择通过网络平台来对网络用户的行为进行管理，因此，对于普通的网络用户而言，其所受到的最直接的行为规范就是来自网络平台制定的用户协议和平台公约。①

① “蔡振文诉淘宝公司网络服务合同纠纷案”，参见广东省佛山市中级人民法院（2016）粤06民终3872号民事判决书。

第三章

美国法上的
网络平台法律责任制度

第一节 网络平台的民事责任

一、美国网络平台在侵害名誉权、隐私权等方面的民事责任

（一）相关法律规则概述

因他人言论而使其名誉、隐私遭受损害的受害人在美国提起损害赔偿之诉时会受到许多限制。首先，其会受到联邦宪法第一修正案的限制，因为，对于公民名誉和隐私的保护会涉及对言论的管制，而联邦宪法第一修正案则明确地给予言论自由以保护；其次，对于公众人物而言，其在提起索赔诉讼时会受到美国法院通过判例所确立起来的“公众人物”规则的限制，这意味着，除非原告能够证明被告系恶意，否则，将很难获得赔偿。总的来说，在名誉权保护与言论自由之间，尤其是原告系公众人物，或者被告系大众传播媒体的时候，美国司法倾向于将言论自由置于优先的地位，这与美国的政治文化和法律传统有着密切的关系。

在名誉权诉讼或隐私权诉讼中，索赔对象并不限于发表诽谤言论和披露他人隐私的直接行为人，而且，通常会包括登载上述言论的传播媒体。在人类社会进入网络时代后，互联网平台成为最重要的传播媒体，因而，其亦有可能成为诉讼的被告。在通常情况下，发表侵权言论往往并不是网络平台而是平台上的用户，然而，网络平台却可能因此而承担间接侵权责任。

1995 年，纽约州最高法院在“Stratton Oakmont 公司诉 Prodigy 服务公司案”① 的判决中，将一家经营电子公告板的企业作为“出版商”（Publisher）来对待，对其施以类似出版机构的法律责任。在该案中，原告是一家美国的投资银行，其指控在被告经营的网络公告版“Money Talk”上有一篇文章对其构成了诽谤，该篇文章系一名身份不明的网络用户所发表的，但原告要求被

① Stratton Oakmont, Inc. v. Prodigy Service Co. , N. Y. S. 2d, 1995 WL 323710.

告对其承担赔偿责任。法院认定被告应像出版商一样对发表在网站上的侵权言论承担法律责任，其理由是被告能够对发表在公告版上的内容行使编辑控制权。

"Stratton Oakmont 案"的判决意见在美国互联网行业产生了很大的震动，其纷纷要求立法机构为其缓解压力。美国国会及时响应了互联网行业的呼声，其在 1996 年借制定《通信正派法案》(Communication Decency Act) 之机，通过嵌入了一个条款，从而为互联网平台提供了庇护的港湾，即《通信正派法案》第 230 条款。美国国会在该法案中明确宣示了以下立法目的："促进互联网和其他互动式计算机服务及其他互动式媒体的持续发展"，以及"保持互联网行业和其他互动式计算机服务不受联邦或州管制的自由发展和自由竞争市场的活力"。因此，该立法旨在促进互联网行业的发展的意图非常明显。

(二)《通信正派法案》第 230 条与相关判例

美国《通信正派法案》第 230 (c) (1) 条规定："互动式计算机服务的提供者或使用者，不应当被看作其他信息内容提供者所提供的信息的出版者或发布者。"[1] 这一条实际上是一项免责条款，免除了网络服务提供者对于第三方发布的违法内容的法律责任，而且，依据第 230 (e) 条的规定，联邦法优于州法，这意味着受害人依据州法提起的诉讼亦要受制于第 230 (c) 条的免责规定。美国的司法实践证明，《通信正派法案》第 230 条的适用范围非常广，不仅可适用于有关名誉权或隐私权诉讼，亦可适用于涉及民权保护和反歧视等案件类型。

作为一家互联网企业，欲在诉讼中基于《通信正派法案》第 230 条而主张免责，其需要满足以下条件：首先，其属于互动式计算机服务的提供者或使用者；其次，其不是违法信息的制造者；最后，原告是将其看作违法内容的出版者或发布者而追究其责任的。

从司法实践来看，《通信正派法案》第 230 条可适用于以下场景：

1. 网络论坛对用户发布的信息的责任

***Zeran* 诉美国在线案**[2]

案情简介：

原告声称有一位身份不明的用户在被告"美国在线"(AOL) 的网络论坛

---

① 47 U. S. C. §230 (c) (1): No provider or user of an interactive computer service shall be treated as the publisher or speaker of any information provided by another information content provider.

② Zeranv. America Online, Inc. , 129 F. 3d 327 (4th Cir. 1997).

上发了一个销售T恤衫的广告，在该T恤衫上印有冒犯俄克拉荷城爆炸案受害者的文字，且在广告上留下原告的联系电话，从而导致原告收到了大量的骚扰和辱骂电话。原告诉称被告未能及时删除该帖子从而给其带来损害，从而要求被告赔偿。

裁判要旨：

法院认定，本案被告可依据《通信正派法案》第230条免责。在该案中，原告并非主张被告系侵权内容的"出版者"，而是主张被告系"散布者"(Distributor)，但是，法院认为，《通信正派法案》第230条不仅主适用于作为出版者的网络服务提供者，亦可适用于所谓的"散布者"。法院认为，《通信正派法案》第230条的立法目的在于打消网络服务商从事自我审查的动机；如果因网站上出现了冒犯他人的言论就要求网站管理者承担责任的话，那么，网站管理者就会为了规避自身责任而将那些有可能属于冒犯性的言论予以删除，而无论其是否真的侵犯了他人的名誉权，从而实质上损害了网络用户的言论自由。

2. 搜索引擎对搜索结果中包含的信息的责任

Getachew 诉谷歌公司案[①]

案情简介：

原告称使用被告的搜索引擎搜索自己的姓名时会在搜索结果出现关于他的负面信息，包括他曾经是一起劳动诉讼的当事人的信息，基于此，其依据美国的《民权法案》向法院起诉，以自己受到歧视和不公正对待并遭受精神损害为由要求被告赔偿。

裁判要旨：

法院认为：本案被告属于《通信正派法案》第230条款所规定的互动式计算机服务的提供者或使用者，可以免责。

3. 网站对于用户评价言论的责任

Consumeraffairs 网站案[②]

案情简介：

原告是一家汽车经销商，被告是一家网站，其允许用户在该网上就有关产品和服务作出评论。原告声称在被告的网站有20多个帖子涉及对其提供的

① Getachew v. Google, Inc., 491 F. App'x 923 (10th Cir. 2012).

② Nemet Chevrolet, Ltd. v. Consumeraffairs. com, Inc., 591 F. 3d 250 (4th Cir. 2009).

商品和服务的不实评价并损害了其声誉，从而对被告提起诉讼。

裁判要旨：

法院认为，从该网站的架构和设计来看，没有证据能够证明被告系原告所指控的言论的提供者，因此，被告有权基于《通信正派法案》第230条而主张免责。

4. 社交平台对于用户交往行为的责任

（1）Doe诉My Space案①

案情简介：

原告是一名13岁女孩，其自称年满18周岁，因而得以进入在年轻人中十分流行的社交网站My Space，其通过网上交流认识了一名19岁的男性，进而受到了该男性实施的性侵害。于是该女孩及其母亲向法院提起诉讼，指控My Space没有采取足够的措施对用户的年龄验证，致使该女孩遭受性侵，对此，My Space应负过失侵权责任。原告还指出被告不应受到《通信正派法案》第230条的庇护，从而主张My Space应对用户之间的信息交流负部分责任。

裁判要旨：

原告的上述主张并未得到法院的认可，法院判决My Space可以基于《通信正派法案》第230条而获免责。

（2）Doe IX诉My Space案②

案情简介：

一位遭受性侵害的女孩的母亲提起的针对My Space的诉讼，该案案情与原告提出的主张、理由与前述Doe诉My Space案非常类似。在该案中，原告提出：被告创造了用户之间相互交流的信息，因此，其应被看作信息内容提供者而非计算机互动服务提供者，从而不应当受《通信正派法案》第230条的保护。

裁判要旨：

法院认为，My Space并没有要求用户提交个人主页信息，它是用户自愿提交的，尽管My Space通过用户群组分类等方式促使用户提交更加详细的个人资料，但这并不足以使其成为信息内容提供者，其仍然有资格享受《通信正派法案》第230条的保护。

---

① Doe v. My Space, *Inc.*, 528 *F. 3d* 413 (*5th Cir.* 2008).

② Doe IX v. My Space, Inc., 629 F. Supp. 2d 663 (E. D. Tex. 2009).

5. 社交平台对用户发布的信息的责任

Klayman 诉 Zuckerberg 案[①]

案情简介：

原告是一个名为"自由守护者"组织的主席和法律顾问，其亦为Facebook 的注册用户，其发现有一个 Facebook 用户建立了一个名为"第三次巴基斯坦起义"网页，其宣扬穆斯林起义，并宣称"只有当穆斯林杀死了所有犹太人时审判日才会到达"，该信息受到了以色列外交部的抗议，其要求Facebook 将该网络信息移除。Facebook 起初表示拒绝，但几天后，最终还是将该网页删除。原告向法院提起诉讼，控告 Facebook 及其创办人 Zuckerberg，其诉因是疏忽（Negligence）和攻击（Assualt），请求法院发布永久性禁令要求被告禁止用户建立类似的网页，并请求被告赔偿 10 亿美元作为惩罚性赔偿金。

裁判要旨：

法院认为，Facebook 不是信息内容提供者，根据《通信正派法案》第230 条，其不需要对用户发布的信息承担法律责任。

6. 婚恋中介网站对用户信息的责任

Carafano 案[②]

案情简介：

本案是一起涉及婚恋中介网站的案例，第三人使用受害人的姓名、照片、地址等个人信息在婚恋中介网站建立了一个用户档案，受害人因不断受到骚扰、威胁电话和邮件才意识到自己的身份被他人窃取和利用，于是，受害人对婚恋中介网站提起诉讼。

裁判要旨：

法院认为，对于本案中网站上公布的用户信息，婚恋中介网站并不是该信息的创造者，其可依据《通信正派法案》第 230 条免责。

7. 广告平台对用户发布的广告内容的责任

（1）Gibson 诉 Craigslist 案[③]

案情简介：

Craigslist 是美国一家著名的分类广告网站，用户可以在该网站上免费发

---

① Klayman v. Zuckerberg, 910 F. Supp. 2d 314 (D. D. C. 2012).

② Carafano v. Metrosplash. com, Inc. , 339 F. 3d 1119.

③ Gibson v. Craigslist, Inc. , No. 08 Civ. 7735 (RMB), 2009 U. S. Dist. LEXIS 53246, (S. D. N. Y. June 15, 2009) .

布广告或其他信息。有人在Craigslist上发布了一则非法销售枪支的广告，有枪手从其手中购买了枪支并枪杀了受害人，于是受害人亲属向法院提起诉讼，以Craigslist未对违法广告尽到审查义务而要求其承担法律责任。

裁判要旨：

法院认为，Craigslist并不是违法广告的提供者，其可依据《通信正派法案》第230条免责。

（2）芝加哥民权律师委员会诉Craigslist案①

案情简介：

芝加哥民权律师委员会起诉称Craigslist上的许多房产出售或出租广告的内容违反了《公平住宅法》有关禁止基于种族、宗教、性别或家庭地位等进行歧视的规定，并提出Craigslist未对用户发布的广告内容进行审查而没有资格主张基于《通信正派法案》第230条免责。

裁判要旨：

伊斯特布鲁克法官在该案的判决中称：网络服务提供者并没有义务对用户发布的内容进行审查，对于Craigslist施加审查或过滤义务是不合理的，因为，如果对用户发布的信息进行事先审查，将会导致信息发布迟延而减损其价值；如果对用户发布的信息进行发布后的审查，那么，相关当事人可能已经基于该信息而成交了，再审查将无益处，并且，Craigslist上面每月会有3000万条广告发布，而被告仅有30多名雇员，即使再增强员工，也难以完成如此大的审核任务。对于原告主张的是由于被告的原因而致使违法广告得以发布，从而要求被告对广告内容负责的观点，伊斯特布鲁克法官认为：这种因果理论是荒谬的，如同说有人存款而导致有人抢劫银行一样，因为如果没有人往银行存钱，就不会有人抢银行。被告既没有制作广告，也没有引诱用户发布含有歧视内容的广告，因此，其可依据《通信正派法案》第230条免责。

8. 应用程序分发平台对其分发的应用程序的民事责任

Evans诉惠普公司案②

案情简介：

惠普公司的应用市场中有一款名为“Chubby Checker”的应用程序（APP），

① Chi. Lawyers´Comm. for Civil Rights Under Law, Inc. v. Craigslist, Inc. , 519 F. 3d 666 (7th Cir. 2008).

② Evans v. Hewlett – Packard Company , C 13 – 02477 WHA (August 15, 2013).

其号称可以通过一个男人所穿的鞋子的号码来估计其阴茎的大小。该款应用程序的名字恰好与原告的艺名相同。原告是一名知名的偶像歌星，其还曾将自己的艺名注册为商标。原告以被告明知未取得其同意而使用其姓名销售低俗的应用程序为由向法院提起诉讼，其诉因包括：（1）侵犯其联邦法上的商标权；（2）联邦法上的商标稀释；（3）联邦法上的不正当竞争；（4）普通法上的不正当竞争；（5）普通法上的商标侵权；（6）宾夕法尼亚州法上的未经授权而使用他人姓名；（7）加利福尼亚州法上的未经授权而使用他人姓名。

裁判要旨：

联邦地区法院认为，提供应用市场的惠普公司属于互动式计算机服务的提供者，该应用市场内的 APP 系第三方提供的，惠普公司并非内容提供者，因此，其受《通信正派法案》第 230 条的保护，除依据联邦知识产权法外，原告既不得基于联邦法，亦不得基于州法，对被告提出任何形式的索赔。法院判决，原告基于州法所提出的四项指控皆被驳回。

此后，原告又修改了起诉状，认为被告惠普公司和应用程序开发者通过利润分享的方式实际上建立了共同经营的方式，因此主张应把被告看作应用程序的“内容提供者”，进而主张被告不应受《通信正派法案》第 230 条的保护。但是，法院认为，原告所指控的“利润分享”实质上是应用市场向应用程序开发者收取佣金，这并不能使被告成为“内容提供者”，因此，被告仍有权依据《通信正派法案》第 230 条主张免责。

该案是美国历史上第一起宣布应用程序分发平台可以适用《通信正派法案》第 230 条免责规定的判例。

（三）《通信正派法案》第 230 条的适用限制

《通信正派法案》第 230 条并不是万能的，而是有着适用条件的，其中最重要的一项是被告自身不是信息内容的提供者。如果被告是被诉的非法信息内容的制作者，那么，其没有资格基于《通信正派法案》第 230 条而免责。对用户在网络平台上发布的信息，在通常情况下，可确定用户而非网络平台是信息内容的提供者，然而，正如下述案例所反映的那样，在特定的情形下，网络平台企业亦有可能在法律上被认定为信息内容的提供者。

Roommates 案①

案情简介：

Roommates. com 是一家帮助用户寻找合租室友的中介网站，其要求用户在发布或搜索合租广告之前需要先注册并建立用户档案资料，为此用户需要回答网站提交的调查表上的问题，披露其性别、性取向等个人信息，除此以外，用户还可以填写“附加评论”。公平住宅委员会认为 Roommates 要求用户披露个人信息会导致住宅领域的歧视，违反了美国的《公平住宅法》和州的禁止住宅歧视的法律，因而对 Roommates. com 网站的管理者提起诉讼。

裁判要旨：

一审法院认为被告可依据《通信正派法案》第 230 条而免责，但二审法院则做出了相反的判决。二审法院认为，立法者创设《通信正派法案》第 230 条的目的并非是要在网上建立一个“无法无天”的世界，免责是有条件的，Roommates. com 属于信息内容的提供者，因而没有资格受《通信正派法案》第 230 条的保护。二审法院的判决理由在于：对于 Roommates 网站要求用户必须提交的信息，是用户基于网站的要求而提交的，如果用户不提交则无法获得网站提供的服务，并且，具体事项是由网站确定的，因此，对于此类信息的提供，被告起到了实质性促进作用，因此，应当将其看作信息内容的提供者。同时，法院判决还指出，对于用户自愿提交的“附加评论”部分的信息，不应将网站看作信息内容的提供者，因为，网站并不要求用户必须披露，并且，亦没有为用户如何披露信息提供指引或分类，也没有任何引导其披露具有歧视性质的信息的行为。

Roommates 案创设了一个规则，即当被告对第三方发布的信息内容起到了“实质性地促进”作用，那么，应当将该被告看作信息内容的提供者而不得适用《通信正派法案》第 230 条。但是，如何认定被告的行为是否构成了对信息内容的“实质性地促进”，在司法实践中往往会产生争议。例如，下述案例就反映了这一点。

Jones 诉 TheDirty 网站案②

案情简介：

被告是 www. TheDirty. com 网站的管理者，该网站允许用户匿名上传评论、

① Fair Hous. Council v. Roommates. com, LLC, Roommates. com, LLC, 521 F. 3d 1157 (9th Cir. 2008) (en banc).

② Jones v. Dirty World Entmt Recordings LLC, 2014 WL 2694184 (2014).

照片、视频等，基本上属于面向普通市民的网络小报。每天用户上传的信息有几千条，被告会对这些消息进行选择，剔除含有淫秽、暴力、种族歧视等信息内容，但不会对消息的真实性进行核查，也不会更改消息的内容，然后在网站上发布其中的第150条至第200条，并且，还会附上不超过一行字的简短评论，用户发表的消息与网站的评论会以明显的方式区分开来。原告认为该网站有几条信息侵犯了其名誉，构成诽谤，从而向法院起诉该网站的设立者和管理者。

裁判要旨：

一审法院认为，该网站鼓励第三人在网站上发表违法的或可诉的言论，并通过增加评论的方式表示对这些言论的批准或认可，从而可以认为该网站系这些言论的创作者或发展者（Developer），因此，被告不受《通信正派法案》第230条的保护。一审法院认定被告的行为构成诽谤，并判决其向原告赔偿。

二审法院推翻了一审判决。在二审法院看来，不能仅仅因为网站对第三方发表的消息进行了选择就认为其行为达到了“实质性地促进”的程度，一审法院所提出的所谓的“鼓励”或“批准”的标准都是含义非常模糊且不合理的，因此，不能将被告看作用户发布的信息内容的提供者。对于网站编辑发表的评论，可以认定网站为其内容提供者，但是，本案中原告起诉的对象并不编辑的评论内容，而是第三方用户发布的信息，因此，应当撤销一审的判决，驳回原告的起诉。

《通信正派法案》第230条的另一项重要适用限制是，其不能适用于依照联邦法律提起的知识产权诉讼和有关刑事责任诉讼，特别是有关淫秽物品和对儿童进行性剥削犯罪，但是，对于依照州法提起的知识产权诉讼和刑事诉讼，网络服务提供者依然可以根据《通信正派法案》第230条主张免责。例如，在前述“Evans诉惠普公司”案中，原告基于联邦法所提出的与商标权有关的指控得到了法院的支持，而其基于州法所提出的侵犯商标权及其他指控皆被驳回。[1]

① Evans v. Hewlett - Packard Company, C 13 - 02477 WHA (August 15, 2013).

二、网络平台在知识产权保护方面的民事责任

（一）著作权

尽管在 1976 年著作权法案中并未规定一个人会因为他人的侵犯著作权行为承担间接侵权责任，但是第 106 条授予了著作权人授权他人开发使用其排他著作权的权利，[①] 因此衍生出了相关被告（Related Defendants）的原则。相关被告原则中包含了由于他人侵权行为而需要承担侵权责任的各种情况，其中包括了替代侵权责任（Vicarious Liability）和协助侵权责任（Contributory Liability）。

替代侵权责任是指如果一方可以对直接侵权人进行监督，或者监督侵权行为，或者能从侵权行为中获得经济利益，那么其应当承担替代侵权责任。协助侵权责任则是指如果一方唆使他人进行侵权行为，或者明知他人侵权的情况下还为侵权提供了手段方法。在最高法院做出了“Grokster 案”判决后，间接侵权责任的类别又增加了单独的引诱（教唆）侵权责任。

一般来说，网络服务提供者提供互联网访问、电子邮件、在线聊天、网页代管、各类网络传输、文件分享等众多服务。当用户通过网站论坛发布侵犯著作权的作品内容时，网站论坛就可能会因此承担著作权侵权责任。“Playboy Enterprise, Inc. v. Frena 案”中，联邦地方法院判决提供网络存储空间的 BBS 运营者需要为其用户上传并下载拥有著作权的图片承担直接侵权责任，即使运营者本身并不知道用户的侵权行为。[②] 但此案后的“Religious Tech. Ctr. v. Netcom On-line Commc’ nServs. , Inc. 案”中，同样是通过被告运营的 BBS 进行上传或下载有著作权的作品，联邦地方法院认为被告不应当因此承担直接侵权责任。法官认为，这样会导致全世界所有的类似网络服务提供者都承担侵权责任。法院在本案中正确地区分了直接侵权责任与协助侵权责任：当被告知道或者有理由应当知道侵权行为，或者教唆侵权时，应当承担的是协助侵权责任。[③] 在随后的“Sega Enterprise, Ltd. v. Maphia 案”件中，联邦地方法院援引了“Netcom 案”的判决，进一步说明了即使被告并不知道被侵

---

① 17 U. S. C. § 106.

② Playboy Enterprises, Inc. v. Frena, 839 F. Supp. 1552 (M. D. Fla. 1993).

③ Religious Tech. Ctr. v. Netcom On-Line Commc’ nServs. , Inc. , 907 F. Supp. 1361, 1382 (N. D. Cal. 1995).

权游戏是何时往其运营的网络论坛上上传或者从论坛下载的，但是如果被告为侵权提供设备、指导和鼓励，也需要承担协助侵权责任。①

但是，如前文所述，网络的特性之一就是允许人们在任何时间、任何地点没有限制地分享各种内容，在面对着不可计数的大量内容时，通过简单的“明知”等行为就认定网络服务提供者需承担间接侵权责任并非合理。因此，为了应对此种情况，美国国会正式通过了《数字千年版权法》②，其中第512条为四种类型的网络服务提供商提供了一些限制间接侵权责任的情况，也就是说只要符合第512条所规定的特殊要求，这四种网络服务提供商就可以成功驶入“避风港”（Safe Harbor），从而免除对著作权人的金钱救济和平等救济。四种类型分别为：暂时数字网络传输（Transitory Digital Network Communication）、系统缓存（System Caching）、根据用户指示在系统或网络中存储信息（Information Residing on System or Networks at Direction of Users）和信息搜索工具（Information Location Tools）。其中后两种，针对提供网络存储功能和信息搜索功能的网络服务商的免责条款又被称为“通知—删除”条款（Notice - and - Take Down）。一般来讲，网络服务提供商是通过符合第512条c款列出的条件，来实现免于赔偿的结果。

要适用避风港原则，根据第512条i款的规定，网络服务商的行为首先需要满足两个条件：第一，其必须已经采取并合理实施了有效的措施，并告知其会员和其他用户，在特定情况下，对实施重复侵权行为的会员或其他用户终止服务；第二，其必须采纳“标准技术措施”，且不与之相抵触。“标准技术措施”是指为版权所有者用来表明或保护其版权作品的措施，这种措施是按照版权所有者和服务商的广泛共识，在公开、公平和自愿的从业过程中发展起来的，在合理的无歧视条件下对任何人都适合，不会给网络服务商施加实质性的费用和负担。其次，需要再考量第512条c款所说明的条件：第一，网络服务商并不知道侵权行为，包括其实际上不知道侵权，没有意识到侵权行为发生的事实或情况，或在得知或意识到的情况下，就立即撤下侵权材料，或封堵了侵权材料的访问入口；第二，如果网络服务商有权利和能力对侵权行为进行控制，其必须没有直接从侵权行为中获得经济利益；第三，在收到合理的侵权通知以后，网络服务商必须迅速撤下侵权内容或阻止对侵权内容的访问。第512条c款3项则对通知中应当包含的要素进行了详细说明，可以

① Sega Enterprises, Ltd. v. Maphia, 857 F. Supp. 679 (N. D. Cal. 1994).

② Digital Millennium Copyright Act, Pub. L. No. 105 - 304, 112 Stat. 2860 (1998).

简单将其分为四项要求：第一，通知必须是真实可靠并且有授权人签字或电子签名的；第二，必须是基于善意的相信其所报告的侵权内容的使用是未经授权的（也就是说是事实侵权行为而非合理使用）；第三，明确识别被指控侵权的作品；第四，明确识别侵权材料并提供能够有效允许网络服务商对侵权材料进行定位的合理信息。

下文将根据法院的相关判例对网络服务提供者的间接侵权责任和避风港原则适用进行详细分析。

1. 协助侵权责任

首先，最为复杂的协助侵权案件莫过于被告仅提供了设备或者材料，但对于这种设备或者材料，既有侵权使用，又有非侵权使用，如复印机、DVD 刻录机、录音机等。这种情形的代表性案件为“Sony Corp. v. Universal City Studios, Inc. 案”。该案中，最高法院判决录像机（VCR）的制造商不需因为个人使用者利用录像机对节目进行录播行为而承担协助侵权责任。[①] 最高法院在本案中适用了专利法的原则，即若通用物能够进行非侵权使用，其制造者不构成协助侵权行为人。[②] 如果将 Sony 原则（非侵权性使用原则）适用到网络服务提供者提供各类网络服务，也就意味着“通用物”变成了网络平台等服务，则网络服务提供者不构成协助侵权行为人。

但是随着网络技术的不断发展，数字文件压缩格式（如 MP3 格式）与在线点对点文件传输（P2P）技术相结合，使得大量用户可以在线上传、下载版权文件。由于侵权用户人数众多且难以定位，导致版权人难以向直接侵权人追责。据此，版权人只好将追责目标转向网络服务提供者，要求其承担协助侵权责任，赔偿损失。不变通的继续适用 Sony 原则显然不符合实际。如前文所述，成立协助侵权责任，需要有两个要件，第一是实际知道或有理由应当知道；第二是做出实际贡献。

（1）知道要件：实际知道或有理由应当知道（Actual Knowledge and Have Reason to Know）

Napster 案[③]

案情简介

在“A&M Records 诉 Napster 案”中，被告发明了一个“Music Share”的

---

① Sony Corp. v. Universal City Studios, Inc. 464 U.S. 417 (1984).

② 35 U.S.C. §271 (a).

③ A&M Records v. Napster, 239 F.3d 1004 (9th Cir. 2001).

P2P 软件，其用户可以通过这个软件向其他用户分享存储在用户自己电脑硬盘中的 MP3 文件。具体来说，用户不仅可以方便自由地搜索其他用户保存在其自己电脑硬盘中的 MP3 音乐文件，还可以通过软件服务下载这些音乐。任何人只要注册成为 Napster 的用户，就可以免费上传下载任何 MP3 文件。与免费提供音乐下载的 MP3. com 不同的是，Napster 的服务器上从未保存过任何一首 MP3 文件。但是，Napster 的软件在商业上取得了巨大成功，截止到 2000 年 9 月，其用户已经共享了大约 14 亿首歌曲。这些 MP3 文件，70% 都属于原告（各大唱片公司），因此，原告以替代侵权、协助侵权和不正当竞争为由提起诉讼。

裁判要旨

联邦第九巡回法院适用了 Sony 原则的两步分析法：如果被告的产品具有实质性非侵权的用途，则能够豁免有理由知道该产品可用于侵权的被告，但是不能豁免知道侵权的被告。法院判定被告需要承担协助侵权责任，因为被告知道使用其软件发生的侵权行为，而且还对于该种侵权行为做出了实质贡献（Material Contribution）。法院认为尽管被告的软件可以进行非侵权使用，但是由于被告“明知”（Actual Knowledge）特定的侵权行为——被告在其起草的文件中明示为了用户之间可以传输盗版音乐，隐匿用户真实姓名和 IP 地址，而后被告又完全无视美国唱片协会发的大量侵权通知。因此本案事实并不符合适用 Sony 案的判决要件——被告在主观上有“足够的了解程度”（the Requisite Level of Knowledge）达到协助侵权的水平，而是属于明知。

Viacom v. Youtube 案①

案情简介

被告 Youtube 是全球最大的视频分享网站，该网站为用户提供上传视频的信息存储空间。原告 Viacom 是大型传媒集团，在全球范围内提供电视、电影网络等业务。原告诉被告未经其允许，在其视频网站上存储了 15 万条原告享有版权的视频片段。

裁判要旨

一审法院（S. D. N. Y.）认为 DMCA 所规定的“明知或有理由应当知道”之对象仅限于对特定作品的特定侵权行为，而被告确已删除原告发出的大量侵权通知中所列明的侵权视频。未删除之侵权视频盖因原告并未发出通知，

---

① Viacom Int' l, Inc. v. Youtube, Inc. 940 F. Supp. 2d 110 (S. D. N. Y. 2013).

被告不知道或没有理由应当意识到该特定侵权视频之存在。因此被告不构成间接侵权。在二审中，联邦第二巡回法院支持了一审法院认定的明知或有理由应当知道之对象应限定于特定侵权行为，仅要求一审法院就被告到底有没有意识到涉诉特定侵权视频进行重审。

在2013年重审判决中，联邦地方法院认定被告Youtube并不实际知道具体的特定侵权行为。被告网站上每分每秒都有大量用户上传新视频，每天的访问量过亿，被告自然无法知道每一个视频的内容。而且，被告的网站没有专门的影视频道或其他分类、榜单等对其网站上存在的视频进行区分，且被告已经为保护版权人权利主动安装了Adible Magic数字识别系统来自动发现并删除侵权视频。因此，在被告已经为保护版权做出了极大努力的情况下，由于原告未提供有效的通知，故被告不能被认为实际知道其网站有涉诉侵权视频。

《数字千年版权法》第512条c款3项B就规定，如果网络服务提供商收到了合理的符合规定的侵权通知，那么网络服务提供商就构成“实际知道”。[①] 在“Perfect 10诉CC Bill案”中，联邦第九巡回法院认为，因为原告Perfect 10并未发出符合要求的侵权通知，因此被告对侵权行为不构成“明知”。[②] 在“UMG诉Shelter Capital案”中，联邦第九巡回法院再次重申了其观点。尽管原告UMG诉称因为被告对其网站被用来传播侵权视频具有一般性总体认知，所以被告符合实际知道的要件，法院仍旧认为因为原告UMG没有提交合理的符合条件的侵权通知，仅仅是对可能发生的侵权行为有一般性总体知道，不符合实际知道的要件。[③]

如前文所述，知道要件是判断网络服务提供者能否驶入避风港的重要条件之一。第512条c款中除了要求网络服务提供者不实际知道用户上传或者被链接的内容是侵权的，还要求在缺乏前文所指的实际知道状态时，没有意识到能够从中明显发现侵权行为的事实或情况，后者又被称之为红旗标准(Red Flag Awareness)，意思是说当有关他人实施侵权行为的事实和情况已经像一面色彩鲜艳的红旗在网络服务者面前公然飘扬，以至于处于相同情况下的理性人都能发现时，如果网络服务提供者采取鸵鸟政策，故意装作看不见侵权事实，则同样能够认定网络服务提供者至少应当知道侵权行为的存在。

---

① 17 U. S. C. §512 (c) (3) (B) (i).

② Perfect 10 v. CC Bill, 488 F. 3d 1102, 1112 - 1113 (9th Cir. 2007).

③ UMG Recordings v. Shelter Capital, 718 F. 3d 1006 (9th Cir. 2013).

美国国会参议院认为红旗标准同时具备主观和客观因素。主观标准被用来判断网络服务提供者是否意识到了侵权行为的相关事实或情况；客观标准则被用来判断一个理性人在面对相同或相似情况时能否发现侵权行为。① 根据法院判决可以看出，红旗标准比推定有理由知道的标准要高，首先应当包含故意视而不见（Willful Blindness）。

在 Aimster 案中，被告也提供类似于 Napster 的在线音乐分享服务，但是区别于 Napster 的是，被告在用户下载了其提供的软件并注册后，就无法控制用户所交换的文件。用户自主选派好友（Buddy），与其同时在线时共享文件。之后被告又辩称其对传输内容采取了加密服务导致其无法知道用户传输的具体内容，因此其缺乏构成协助侵权责任的知道要件。但是，联邦第七巡回法院认为被告在其软件使用指导说明中明确鼓励其用户下载受版权保护的音乐文件，之后利用加密来故意对其提供的服务的侵权性使用视而不见的行为并不能使被告免责。被告应当承担间接侵权责任。②

与 Aimster 案相反，在“Corbis v. Amazon 案”中，原告认为被告 Amazon 贴在 Imbd. com 上的两张图片以及相关商户销售页面使用的图片侵犯了其版权，且原告并未向被告发出侵权通知。联邦地方巡回法院认为，在判断 Amazon 能否适用避风港规则时，知道要件的核心问题不在于一个理性人能从周围情况中推测出什么，而在于其是否已经意识到可能存在侵权时仍然对明显的侵权行为故意视而不见。③ 显然原告无法提供被告对明显侵权行为故意视而不见的证据，因此被告得以免责。

另外，红旗标准中的故意视而不见并不要求被告承担监视义务。法院还认为，仅仅是对存在的广泛的侵权行为具有一般的认识也不能适用红旗标准。④ 红旗标准的知道要件也需要针对具体的特定的侵权行为。在前文提及的“Viacom 诉 Youtube 案”中，联邦地方法院认为根据《数字千年版权法》规定，故意视而不见的规则仅能够在特定情况下被用来证明被告事实上实际知道或者意识到了特定的侵权行为。原告认为其虽然未向被告提供部分特定侵权视频位置，但是被告可以利用站内搜索功能直接定位特定侵权视频，因此属于对特定侵权视频的视而不见。但联邦法院认为故意视而不见的红旗规则

① S. REP. No. 105 - 190, at 44 (1998); H. R. REP. 105 - 551 (II), at 53.

② In re Aimster Copyright Litigation, 334 F. 3d 643 (7th Cir. 2003).

③ Corbis Corp. v. Amazon. com, Inc. 351 F. Supp. 2d (W. D. Wash. 2004).

④ UMG Recordings v. Veoh Networks, 620 F. Supp. 2d 1081, 1109 (C. D. Cal. 2008).

并不能要求被告承担监视、查找义务。本案中原告提交的备忘录只能够显示被告对其网站存在侵权视频具有整体的一般性知道，无法证明被告实际知道了涉诉的特定侵权视频。因此，综合上文提及被告为保护版权而采取的措施等条件，法院认为被告仍能够被避风港保护。①

总而言之，根据相关判例可以得知，如果著作权人或相关权利人发送了合理的侵权通知，那么实际知道要件就可以被满足（要求实际知道特定的侵权事实）。而在没有合理侵权通知的情况下，则需要判断被告是否达到红旗标准，而红旗标准中的对象也需要能被证实是特定的侵权事实。

（2）实际贡献要件（Material Contribution）

总体来说，在适用实际贡献这一要件上，美国法院采用了自由主义原则。比如说，在“Fonovisa, Inc. 诉 Cherry Auction, Inc. 案”中，联邦第九巡回法院认为流动市场运营者为在其市场贩卖侵权录像的零售商提供了场地、公共设施、停车位、广告服务、水暖设备等就构成了为直接侵权行为做出了实际贡献。因为如果没有流动市场运营者提供的这种种条件设施，就不会有直接侵权行为发生。② 其后在涉及网络服务提供者的 Napster 案中，联邦第九巡回法院认为 Napster 在向用户提供了软件之后，还持续与用户保持密切的服务关系，即通过集中服务器持续提供搜索和链接等服务。如果没有被告提供的服务，侵权用户则不能够对版权文件进行定位和下载，因此被告做出了实质贡献。③

2. 替代侵权责任

事实上，美国版权法上的替代侵权责任是基于美国法下的雇主责任制度（Respondent Superior）的扩大解释发展起来的。雇主责任制度是指雇主需要为其雇员的侵权行为承担侵权责任。版权法上，如前文所述，当被告有权利或有能力对直接侵权人进行监督（the Right and Ability to Supervise），且有权利或有能力从侵权行为获得经济利益，即使被告不知道或者没有直接参与侵权行为，被告也应当承担替代侵权责任。

“Shapiro, Bernstein & Co. 诉 H. L. Green Co. 案”最早适用了替代侵权责任。Jalen 娱乐公司在被告 H. L. Green 连锁店中销售侵犯原告著作权的盗版唱片。原告起诉被告 Jalen 娱乐公司未经许可复制其版权唱片并销售的行为得到

① Viacom Int'l, Inc. v. Youtube, Inc. 940 F. Supp. 2d 110 (S. D. N. Y. 2013).
② Fonovisa, Inc. v. Cherry Auction, Inc., 76 F. 3d 259, 264 (9th Cir. 1996).
③ A&M Records v. Napster, 239 F. 3d 1004 (9th Cir. 2001).

法院支持，但是一审法院驳回了对于销售盗版唱片的连锁店的 H. L. Green 的起诉。原告之后向联邦第二巡回法院提起上诉，第二巡回法院驳回一审法院关于被告 H. L. Green 连锁店的判决，认为被告需要为其租户贩卖侵权录音制品的行为承担责任，因为其不但有权利和能力监督直接侵权人（租客），还从中获得了明显的直接经济利益（按租客销售额的一定百分率收取租金），即便被告并不知道有侵权行为发生。①

（1）直接经济利益（Direct Financial Benefits）

Fonovisa 案中，被告作为流动市场的运营者将其市场内摊位出租给众多摊贩，其中一些摊贩销售了原告版权的录音制品，原告起诉构成替代侵权和帮助侵权。一审法院驳回原告主张，认为被告没有从摊贩销售侵权录音制品的行为中直接获利。但是联邦第九巡回法院驳回一审法院的判决，认为流动市场运营者应为其市场内小商贩贩卖盗版录音制品的行为承担替代侵权责任。虽然与 Shapiro 案中被告可以从租户处获得 10% ~12% 的佣金的事实不同，本案中的被告是从侵权的小商贩处收取每日租金、公众入场费和停车费等。但法院认定被告收取的公众入场费也属于从被盗版录音制品吸引而来的公众处直接获取的经济利益，因此被告要承担替代侵权责任。根据最基本的衡平原则（Equitable Principle），由通过侵权行为直接获取经济利益的被告对版权人进行赔偿是非常合理的。这也就是说明替代责任中“从侵权行为直接获得经济利益”这一构成要件并不局限于 Shapiro 案的特定情形。而且法院还特别指出了，摊贩（直接侵权人）的销售盗版录音制品的行为本身就会构成对一些顾客的吸引，与舞厅演奏侵权音乐吸引观众的情形无异。如果舞厅经营者需要为乐队侵权演奏的行为承担替代责任，那么流动市场运营者也应为通过其摊位销售盗版录音制品的行为承担替代侵权责任。

上文提到的 Napster 案中，联邦地方法院则认为尽管被告 Napster 的服务是免费的，但是通过进行侵权不断增加用户数量的行为将会给被告带来直接经济利益、潜在利益，包括链接到特定商业网站的指定邮件、定点广告和委托。② 值得注意的是，法院的这项判决备受争议，大多数专家学者和法律从业者都认为这是对直接经济利益过于扩大的解读，在本案的案件事实中，并未出现能直接证明存在直接经济利益的证据。为了限制 Napster 的解释，美国国会对直接经济利益进行了解释，认为如果网络服务提供者仅对用户一次性的

---

① Shaoiro, Bernstein & Co. v. H. L. Green Co. 316 F. 2d 304 (2d Cir. 1963).

② A&M Records v. Napster, 114 F. Supp. 2d 896 921 -922 (N. D. Cal. 2000).

收取入门费用，或根据使用的时间长短或信息的传输量按照固定的费率进行收费，那么即使其用户实施了侵权行为，网络服务提供者也不承担替代责任。但是，如果网络服务提供者进行收费的行为与侵权内容直接相关，那么他就有可能承担替代侵权责任。①

（2）控制侵权的权利和能力（the Right and Ability to Supervise）

与雇主责任制度不同，Shapiro 和 Fonovisa 案中被告与直接侵权人都不存在雇佣关系或者主从关系，法院强调的是，被告对于直接侵权行为具有控制的权利和能力。控制侵权的权利和能力是传统版权法中判断出版商侵权责任的关键。传统出版商可通过其专业的编辑系统和编辑能力实际上对出版内容进行控制，以维护出版内容的质量，因此可以认定出版商具有控制侵权的权利和能力。但是，在后续相关案例中，美国法院对如何认定网络服务提供者具有“控制侵权的权利和能力”的解释并不统一。

在 Napster 案中，被告 Napster 能够对收集其用户电脑中“共享目录”中的歌曲信息的中央服务器进行管理，而用户交换这些被共享的歌曲是未经版权人许可的，是侵权行为。因此，法院认定被告 Napster 有能力阻止用户访问侵权歌曲，还有能力制止侵权用户使用其 P2P 软件服务，因此被告具有控制通过其服务器发生的侵权的权利和能力。早前关于 P2P 案件的审理中，法院一般认为如果被告能够阻止侵权人使用其服务或者能够移除侵权内容就可以被认为具有控制侵权的权利和能力。

但是，后续案件判决则显示美国法院不赞成 Napster 的观点，认为控制侵权的权利和能力必须不仅仅是停止侵权人账户阻止其访问，或者移除侵权内容。比如在“Hendrickson v. ebay 案”中，用户通过 ebay 网站出售盗版电影，联邦地区法院认为控制侵权行为的权利和能力并不简单意味着网络服务提供者能够删除存储在其网站的侵权材料，或者断开对侵权材料的访问，且 ebay 网站对网站上存在的侵权行为进行的主动地、有限地监控也不能够作为认定其有权利和能力监控侵权的证据。② 在“Costar Group v. Loopnet 案”中，用户通过被告的网站上传了侵权照片，联邦地区法院也认为被告控制其用户进入访问其网站的能力不能够被认定为具有控制侵权的权利和能力。③

“Perfect 公司诉亚马逊公司案”中，原告是一家成人杂志公司，也提供网

① Senate Report 105, at 44.

② Hendrickson v. ebay, 165 F. Supp. 2d. 1082, 1093 – 94 (C. D. Cal. 2001).

③ Costar Group Inc. v. Loopnet, Inc., 164 F. Supp. 2d 688, 702 – 04 (D. Md. 2001).

上订阅浏览内容的服务，但是一些第三方网站将一些受版权保护的内容放在其自己的网站上。被告谷歌为含有侵犯其版权内容的第三方网站提供了链接，并通过这种方式赚取广告费。联邦第九巡回法院同意了一审法院的判决，认为被告有权终止与侵权网站之合作并不等于被告有能力限制或制止第三方网站的侵权行为，被告对侵权行为不具备实际控制的能力。①

之后，法院提出了对用户行为的实质性影响这一标准。联邦第二巡回法院在“Viacom 诉 Youtube 案”中说明，如果认定网络服务提供者具有控制侵权的权利和能力，原告必须证明，网络服务提供者对用户行为施加了实质性影响（Substantial Influence on the Activities of Users）。这种对用户行为的实质性影响，并不是指网络服务商所进行的对内容筛选的各种方法，而是对用户行为进行的强力控制，或者有目的地影响用户行为，而设置专有搜索工具不构成对用户行为施加实质性影响。②

在其后的“UMG 诉 Veoh 案”中，被告 Veoh 是一个类似于 Youtube 的免费视频分享网站，通过视频播放前插入广告进行盈利。原告诉称被告的网站存有其版权音乐视频，应当承担侵权责任。联邦地方法院同样认为仅仅是终止用户访问账户的能力并不足以构成网络服务提供者控制侵权的权利和能力。③ 而之后上诉法院联邦第九巡回法院认同第二巡回法院在 Youtube 案中的观点：被告对直接侵权行为的控制的权利和能力应当比履行“通知—删除”义务多一些，即对用户行为施加实质性影响。并且法院还补充说明，有目的地影响用户行为包括通过有目的、有责地表达和引导来刺激著作权侵权行为。④

在“Columbia et al. 诉 Gary Fung et al. 案”中，被告网站提供 BitTorrent 种子文件搜索服务。原告诉称被告为用户提供建立联系的服务器，并提供可供下载种子文件的索引器服务，而且被告网站上所链接的绝大多数影视作品都是侵权作品。联邦第九巡回法院在上诉判决中指出被告首先可以终止用户侵权使用；其次被告采用了特殊程序来帮助用户通过极可能涉嫌侵权的关键词（如预览版 SCR，付费版 PPV）搜索相关种子文件；再次被告还在用户自行搜索种子文件有困难时提供帮助，并主动剔除假的、含有病毒的或其他有问题的种子文件。这些事实表明被告对侵权行为的控制能力要远高于履行

---

① Perfect 10, Inc. v. Amazon. com, Inc. 487 F. 3d 701 (C. D. Cal. 2007).

② Viacom Int’l, Inc. v. YouTube, Inc., 676 F. 3d 19, 38 (2d Cir. 2012).

③ UMG Recordings v. Veoh Networks, 620 F. Supp. 2d 1081, 1114 (C. D. Cal. 2008).

④ UMG Recordings v. Shelter Capital, 718 F. 3d 1006, 1030 (9th Cir. 2013).

“通知—删除”义务所需的能力，被告应被认定具有控制侵权的权利和能力。①

总体来说，随着技术的不断发展，法院慢慢认为仅仅能够停止侵权人账户，阻止侵权人访问，或者移除侵权内容不足以说明网络服务提供者具有控制侵权的权利和能力。尽管后续法院提出了对用户行为的实质性影响这一标准，但是究竟何种标准才能构成具有控制侵权的权利和能力仍然没有准确的定论，需要进行具体案例具体分析。

3. 引诱侵权责任

在 P2P 技术进一步发展之后，美国最高法院通过 Grokster 案引入了引诱侵权责任的概念。②

Grokster 案

案情简介

在本案中，区别于传统的 P2P 服务提供者 Napster 需要用中央服务器对文件进行编目和检索，被告 Grokster 提供了完全去中心化的 P2P 服务，每个用户都会自行保存其想进行分享的文件的检索目录。一旦用户获得了被告提供的软件，即使被告关闭其服务器，用户仍然能够正常使用 P2P 软件交换侵权作品。由于使用被告软件的用户进行分享的文件大部分属于受版权保护的作品，原告 MGM 公司等美国电影公司和唱片公司对被告提起版权诉讼，要求被告承担间接侵权责任。

裁判要旨

一审判决中，法院依据 Sony 规则，认为被告之软件可以非侵权性使用，既不构成帮助侵权也不构成替代侵权。二审时，联邦第九巡回法院认同了一审法院判决，再次援引了 Sony 案件判决，认为被告的 P2P 具有非侵权用途，如用于搜索和下载免费软件、政府文件等处于公共领域或不受版权保护的作品，而且被告对于发生的特定的侵权行为不构成“明知”，且没有对用户的侵权行为提供实质性帮助，因此被告不应当承担协助侵权责任。③

但是，最高法院认为第九巡回法院错误地将 Sony 案的实质性非侵权使用解读为“只要一种产品具有实质性的非侵权用途，那么其制造者和销售者则

① Columbia Picture Industries Inc. , et al. , v. Gary Fung &IsoHunt Web Technologies, Inc, Case No. 10 - 55946 (9th Cir. 2013).

② Metro - Goldwyn - Mayer Studios, Inc v. Grokster, Ltd. 125 S. Ct. 2764 (2005) or 545 U. S. 913 (2005).

③ Metro - Goldwyn - Mayer Studios, Inc v. Grokster, Ltd. F. 3d 1154, 1036 - 39 (9th Cir. 2004).

永远不会为第三方对该产品的侵权性使用承担侵权责任”。最高法院认为，这一解读完全没考量技术发展对于商业模式的影响。最高法院在其终审判决中写到，如果一方提供产品服务的意图是促进侵犯著作权的使用，且该意图已经可以通过产品服务提供方明显地表达或其他引诱侵权的切实手段来证明，那么该方应当承担由于第三方使用其产品服务而进行的侵权行为所产生的责任，而不是适用 Sony 案的实质性非侵权使用原则。① 最高法院认为以下三个证据足以证明被告具有引诱用户使用其软件进行侵权的意图：第一，被告试图争取 Napster 的原来的用户，抢占 Napster 留下的市场；第二，被告并没有尝试开发过滤工具或其他方式，来限制其用户通过其软件实施的侵权行为；第三，被告虽然不对其提供的 P2P 软件收费，但是通过在软件中嵌入广告的方式收取广告费，用户越多，被告的广告收入也就越多。②

最高法院还指出，通过广告宣传某产品服务的侵权用途，并且说明如何对产品进行侵权性使用，或者采取其他措施引诱、鼓励他人进行侵权行为，都表明了服务提供者希望其产品服务被用于侵权。如果一方基于意图而提供产品服务，则构成引诱侵权。

在最高法院正式将引诱侵权责任引入网络环境后，权利人开始将引诱侵权单独列为诉由。比如在“Arista v. Usenet. com 案”中，被告 Usenet 经营的 BBS 网站提供收费服务，网站中的音乐模块提供大量用户上传的音乐文件下载服务。联邦地区法院认为，由于被告公开积极吸引 Napster 等侵权软件的原用户，其音乐模块中超过 94% 的内容是侵权或极有可能侵权的，且其从未试图使用过滤软件限制侵权行为等，因此被告明显具有引诱侵权的意图，因此被告不能驶入避风港，需要承担侵权责任。③

4. 适用避风港规则新规定——阻止重复侵权人的有效措施

2016 年年底，联邦第二巡回法院在“EMI Christian Music, Inc. v. MP3tunes, LLC 案”④ 中认同了“BMG Rights Management et al v. Cox Communications 案”⑤ 的判决结果，进一步强调了法院希望网络服务提供者和网站平

---

① Grokster, 125 S. Ct. at 2770.

② Grokster, 125 S. Ct, at 2781 - 82.

③ Arista v. Usenet. com 633 F. Supp. 2d 124 142 (S. D. N. Y. 2009).

④ EMI Christian Music, Inc. v. MP3tunes, LLC, 2016 WL 6211836 (2d Cir. Oct. 25, 2016).

⑤ BMG Rights Management et al. v. Cox Communications, 2016 WL 4224964 (E. D. Va. Aug. 8, 2016).

台开发并实施有力的侵权处理应对措施，否则他们可能不再受避风港规则的保护。EMI 案的判决结果为全体网络服务提供商敲响了警钟，尤其是对 P2P 服务提供者和用户原创内容共享平台提供者，他们需要更审慎、全面、慎重地处理侵权行为。

如前文所述，《数字千年版权法》规定的适用避风港规则的大前提之一是网络服务提供商需要已经采取并且合理地实施了内部措施以阻止其用户的重复侵权行为。美国法院近来一直在强调这一法定要求的重要性。在具有关键意义的 BMG 和 EMI 案件中，这已然成了争议焦点。

在 BMG 案中，被告主张其拥有处理重复侵权人的响应系统（Response System），因此可以适用避风港免责。但是法院认为被告的响应系统对重复侵权人过度宽容，重复侵权人要进行 13 次侵权才会被封锁账户，而且封号后还能够迅速恢复。法院认为："理性的陪审团认为，有足够的证据表明被告应当对基于其网络服务而产生的侵权行为承担责任……被告不应当对基于其服务而产生的侵权行为视而不见。"同时，法院也承认，要求网络服务提供者揭露其使用者的行为可能会带来其他不良的后果，但是法院希望 BMG 案能够引起对类似问题的思考。本案提出了在适用避风港原则问题上，需要考虑网络服务提供者具体采取了何种措施以应对重复侵权。

在之后的 EMI 案中，被告运营一家允许用户上传、存储音乐的网站，联邦第二巡回法院认同了 BMG 案中法院的观点：如果网络服务提供者消极地允许其网站或者服务的使用者实施侵权行为，且没有采取切实可行的措施来防止滥用的话，网络服务提供者将不能驶入避风港获得保护。法院认为，《数字千年版权法》中并未要求重复侵权人需要故意进行侵权行为，也就是说，一般情况下即使他们不知道自己的行为是侵权行为，他们仍然是重复侵权人。这种规定就使得网络服务提供者需要自行将用户和侵权行为相联系，审查用户的行为模式并且通知重复侵权用户。但是，本案中的被告既没有调查是谁下载了侵权内容，也没有试图对用户使用模式进行持续监控。因此，被告无法驶入避风港获得保护。

BMG 和 EMI 两个案例都表明美国司法界正在逐步强调网络服务提供者必须采取切实的措施来阻止重复侵权行为，否则将会危及保护他们的避风港原则的适用。这实际上突破了避风港原则中不要求网络服务提供者承担监控、搜寻侵权行为的规定，着重强调了网络服务提供者需要采用能够实际上终止对重复侵权者的服务的响应机制，也意味着其需要采取更多更实际的手段对其网站进行有效监控。

5. 著作权小结

综上所述，网络平台在面对由于用户通过其提供的各类服务所导致的直接侵犯著作权行为时，一般存在三种类型责任：协助侵权责任、替代侵权责任和引诱侵权责任。DMCA 的第 512 条 c 款同时也为网络平台规定了抗辩免责理由。

如果法院要判决网络平台承担协助侵权责任，需要证明网络平台对于直接侵权行为具有明知或有理由应当知道的情节，以及为直接侵权行为作出了实质性贡献。根据相关判例可以得知，如果著作权人或相关权利人发送了合理的侵权通知，那么实际知道要件就可以被满足（要求实际知道特定的侵权事实）。而在没有合理侵权通知的情况下，则需要判断被告是否达到红旗标准，而红旗标准中的对象也需要能被证实是特定的侵权事实。而对于实际贡献要件，法院则更倾向于通过网络平台与用户之间持续稳定密切的服务关系来证实。

在判断网络平台是否承担替代侵权责任时，法院需要考虑网络平台是否从侵权行为直接获得经济利益，以及其控制直接侵权行为的权利和能力。根据美国国会对于 Napster 判决的限制可知，只有当网络平台收费行为与侵权内容直接相关时，才可能承担替代侵权责任。关于控制直接侵权行为的权利和能力的要件，美国法院提出了要比网络平台完成“通知—删除”义务多一点控制，要对用户行为具有实质性影响的标准。但是具体何种标准才是实质性影响，才能构成具有控制侵权的权利和能力仍然没有准确的定论，需要进行具体案例具体分析。

对于引诱侵权责任，美国最高法院的判决实际上标明 Sony 规则不能够使法院无视网路平台主观意图方面的证据。也就是说，网络平台将其服务用于侵权的非法目的时，Sony 规则将不能排除其责任，网络平台之服务会引起版权侵权，需要承担间接责任。

（二）商标权

除了利用网络平台销售仿冒伪造他人商标商品的侵权者应承担商标侵权的直接侵权责任以外，美国法院还讨论了提供网络平台服务的服务商（运营商）是否也应该承担间接侵权责任。与著作权相同，美国的商标法案 Lanham 法案中并没有条款规定直接侵犯商标权的侵权者以外的第三方也要承担侵权责任。在这种情况下，因为商标与不正当竞争法本身是侵权责任法的种类之一，所以法院一般应用普通侵权责任法的规定来审理关于间接侵犯商标权的案件。[①] 联邦第三巡回法院在“AT&T v. Winback& Converse Program 案”的判决中说明了这一点。[②] 间接商标侵权责任与间接著作权侵权责任一致，也分为两类：一类是协助侵权责任（又称为协助侵权责任 Contributory Infringement Liability）；另一类是替代侵权责任（Vicarious Infringement Liability）。

1. 协助侵权责任

Lanham 法案下，如果被告积极地引诱他人侵权，或者在已知或有理由知道一方使用其提供的产品进行侵权行为的情况下，还持续为侵权者提供产品，那么被告需要承担协助侵权责任。

(1) 关键判例

a. Inwood 测试法

最高法院在“Inwood 实验室诉 Ives 实验室案”中的判决是后续法院在审理被告是否承担协助侵权责任时经常援引的先例。

Inwood 实验室诉 Ives 实验室案[③]

案情简介

本案中，被告是一个药品制造商、供应商，持续为一个药剂师提供通用名药物，但是该药剂师将其药物贴上了原告的药物商标。原告认为被告这种提供与原告药品类似药品的行为意在引诱药店将被告药品假冒为原告药品向消费者出售，遂要求被告承担间接侵权责任。

裁判要旨

最高法院在判断被告是否应当承担协助侵权责任时的理由被称为 Inwood 测试法（Inwood Test）。具体来说就是，如果制造商或者分销商有意诱导他人侵犯商标权，或者在已知或者有理由知道他人利用其提供的产品实施侵犯商标权的行为时还持续为其提供产品，那么这个制造商或者分销商需要为侵犯商标权造成的后果承担协助侵权责任。

在此后的案件中，Inwood 测试法的适用范围被扩大到涉及制造商、分销商的案件以外，如在“Mini Maid Services Co. v. Maid Brigade System, Inc. 案”中，联邦第十一巡回法院就用 Inwood 测试法了分析特许人和特许经营人之间

① Understanding trademark law, Mary LaFrance, 3rd edition, at 313.

② AT&T v. Winback& conserve Program, 42 F. 3d 1421, 1433 (3d Cir. 1994).

③ Inwood Labs., Inc. v. Ives Labs., Inc., 456 U. S. 844, 853 – 54 (1982).

的关系。[1] 由此可知，Inwood 测试法的目的就在于扩大商标侵权责任承担人的范围，不再局限于侵权使用商标的侵权人。

b. Tiffany 案——具体知情（Specific Knowledge）要求

在"Tiffany 诉 ebay"案中，Inwood 测试法得到了进一步的发展。[2] Tiffany 案是美国第一桩审理网络竞拍网站是否应当为第三方卖家的侵犯商标权行为承担协助侵权责任的案件。

Tiffany 诉 ebay 案

案情简介

在本案中，原告 Tiffany 指控被告 ebay 公司允许第三方通过其在线拍卖网站销售大量假冒 Tiffany 商标的银质饰品。尽管 ebay 网站上的假冒商品信息是由个人用户提供的，但是原告认为 ebay 知道假冒商品存在，有相应义务监控卖家非法行为。为了保障商标权人利益，ebay 在其系统中采用了一种名为"知识产权所有者认证项目（Verified Rights Owner Program）"的保护措施。该项目实质上是一种"通知—删除"系统，通过该系统知识产权人在发现有潜在侵权商品列表时，可以向 ebay 报告，ebay 可以移除该列表。事实上 ebay 在收到所有涉嫌侵权的通知后都做到了立即删除商品信息。原告提出了被告直接侵犯商标权，协助侵权等诉求。

裁判要旨

首先，2008 年的一审判决中，联邦地区法院判定被告 ebay 不应当承担直接侵犯商标权的责任。直接侵权可以通过两步测试法来认定：第一步是判断原告的商标是否有效并得到保护；第二步则是判断被告对该商标的使用行为是否会造成顾客对商品来源的混淆。第一步双方并无争议。第二步的判断中，联邦地区法院认为本案中被告的行为属于说明性的合理使用行为（Nominative Fair Use），因为被告已经证明了其使用 Tiffany 商标是为了对带有 Tiffany 商标的银质饰品作出准确的描述；而使用的目的也仅是为了辨别商品而进行的必要使用；被告也并未暗示过其使用的商标与原告具有特别的紧密关系（如赞助或授权销售关系）。因此，被告不应承担直接侵权责任。

之后，联邦地区法院适用 Inwood 测试法来判断被告是否应当承担协助侵

---

① Mini Maid Services Co. v. Maid Brigade System, Inc., 967 F. 2d 1516, 1521 - 22 (11th Cir. 1992). 本案认为特许人需要承担协助侵权责任，因为他明确或暗示地鼓励了其特许经营人进行侵犯商标权的行为。

② Tiffany (NJ) Inc. v. ebay Inc., 600 F. 3d 93 (2d Cir. 2010)，以下简称 Tiffany 案。

权责任。首先，尽管 Inwood 测试法针对的是产品制造商，但是，联邦地区法院认为可以通过扩大解释，应用于本案中的网络销售平台服务提供商 ebay。其次，联邦地区法院讨论 Inwood 测试法下，被告是否在已知或有理由知道的情况下，持续为侵权方提供服务。

本案事实是被告确实已知（Generalized Know）其拍卖网站上有许多假冒 Tiffany 商品，因为被告在其购买计划书中承认通过其网站贩卖的商品中包含一些假货，而且被告也收到过很多买家的投诉信。同时原告认为由于其也已经通知了被告其网站存在假冒的 Tiffany 银质饰品贩售，在这种情况下，被告似乎就是在已知侵权行为的情况下仍然为侵权人提供服务，据此则应判决被告承担间接侵权责任。这一标准被认为是一般总体知道的标准，本案的难点就在于，一般总体知道的标准究竟能否适用。

法院最终援引 Sony 案来认定一般总体知道的标准不适用于判断被告是否应承担间接侵权责任。事实上不论是在本案的一审中还是二审中，法院都认为要认定网络平台服务提供商需要承担协助侵权责任，需要证明的不仅仅是其对于侵权人通过其服务贩卖仿冒商品这一行为有一般性总体知道（General Knowledge）或者有理由知道（Reason to Know），还需要证明其知道发布的特定商品列表信息中包含侵权商品——特定的知道（Specific Knowledge）。联邦第二巡回法院还援引了 Sony 版权案中最高法院的“非侵权性使用”原则来证明一般总体性知道的程度不足以判定被告承担协助侵权责任。因此，想要符合 Inwood 测试法中的已知或有理由知道的要件，被告需要对特定的侵权行为具有具体的特定的认知。

Tiffany 案件中的具体知情（Specific Knowledge）要求成为 Inwood 测试法中对知道的程度要求的细化。笔者认为，这种具体知情要求是存在问题的。首先，其使得商标权拥有者为使网络销售平台承担间接侵权责任，需要对网络销售平台进行监控。其次，ebay 除了需要处理已经由商标权人发现并通知的特定侵权列表之外，联邦第二巡回法院并没有要求 ebay 对通过其网站贩卖的产品是否具有授权进行调查，也没有要求 ebay 为对抗销售仿冒商品采取进一步措施。

c. Akanoc 案——控制与监督的要求（Control and Monitoring）

除了 Tiffany 案件以外“Lockheed Martin Corp. v. Network Solutions, Inc. 案”则是全美首次适用 Inwood 测试法来判断网络服务提供者是否承担协助侵权责任的案例。[1] 在本案中，原告主张其商标被他人注册成了网络域名，遂要求提供网络域名注册服务的被告承担协助侵权责任。联邦第九巡回法院认为，如果网络服务提供者能够对利用其服务侵犯商标权的行为进行直接控制与监督（Direct Control and Monitoring），那么网络服务提供者应该承担协助侵权责任。本案中，被告仅仅是被动地提供经常性网站服务（Passive Routing Service），也就是说，只要申请者完成注册申请程序，被告就会为申请者提供服务。因此被告无法对网络域名申请者的侵犯商标权行为进行直接控制与监督，被告不承担协助侵权责任。

"Louis Vuitton 诉 Akanoc Solutions" 案（以下简称 Akanoc 案）也在过去几年中为判定网络平台服务商是否承担商标侵权的协助侵权责任提供了十分重要的指导。

Akanoc 案[2]

案情简介

本案中，被告从事网站代管（Web Hosting）的生意。其打包出租服务器空间、宽带和 IP 地址给其客户。原告发现 Akanoc 的一些客户的网站贩卖侵犯其商标权和著作权的商品。这些网站并不会直接销售产品给顾客，而是列出了电子邮件地址给感兴趣的买家，通过邮件联络开始交易。原告还发现这些网站使用的 IP 地址是由被告提供的。原告向被告至少发送了 18 封侵权通知（Notices of Infringement），要求被告从其服务器上移除相关侵权内容。但是，被告不但未回复还继续为侵权人提供服务器服务和 IP 地址。

裁判要旨

被告 Akanoc 被判承担协助侵权责任。首先，联邦第九巡回法院明确认定故意（Intent）不是成立协助侵权责任的构成要件。因此，如果要被告承担协助侵权责任，原告只需要证明被告实际或者推定知道（Actual or Constructive Knowledge）侵权行为。在本案中，由于原告发送了大量侵权通知，被告应该实际知道或推定知道侵权网站是使用其提供的服务。其次，因为被告是提供服务而非产品，所以原告还需要证明被告直接控制与监督第三方依托其服务进行的侵权行为。巡回法院认为被告直接控制与监督了第三方的侵权行为，因为被告可以通过直接控制主控开关（Master Switch）来保证网站在线和可

---

① Lockheed Martin Corp. v. Network Solutions, Inc., 194 F. 3d 980 (9th Cir. 1999).

② Louis Vuitton Malletier, S. A. v. Akanoc Solutions, Inc., 658 F. 3d 936 (9th Cir. 2011).

用。[1] 由于同时符合了知道要件和控制要件，因此被告需要承担协助侵权责任。

（2）后续案例

法院在后续的相似案件中大量援引了 Tiffany 案与 Akanoc 案的判决，但是由于与知道要件、控制要件相关的具体的案件事实各不相同，从而导致法院适用以上要件的方式不一致，判决结果也会相互矛盾。

a. 特定的知道的要求

根据 Tiffany 案的判决可以明确，原告向被告提交通知的行为无法成立被告对于特定侵权行为的具体知情。而一些案例则表明，法院可以通过判断被告网络服务提供者与直接侵权人之间的关系来判别被告是否符合已知或有理由知道的要件。在“Roger Cleveland Golf Co. v. Prince 案”中，被告网站设计顾问会检查直接侵权人的网站，提供设计建议。被告顾问知道直接侵权人会售卖“复制的球杆” （Copied Clubs），还知道直接侵权人注册网络域名是 copycatclub. com。因此，法院据此认定被告顾问已知或有理由知道特定的侵权人在实施侵权行为。

法院还认为高控制能力和高参与度能够成立必要的知道要件。在“Gucci v. Frontline 案”中，被告作为信用卡处理者向仿制品商人招揽生意，进行纺织品商人网站的内部审查（Internal Reviews），知道相关仿制的手提包价格低廉，而且还收到了因受骗购买仿造手提包的购买者的投诉信息。因此，法院认定被告这些行为能够符合知道要件，应当承担协助侵权责任。

如果被告仅仅是被动提供服务，还未收到有关于特定侵权的通知，那么被告不符合知道要件。Tiffany 案件中被告 ebay 就是被动提供网络销售平台服务的提供者，因为 ebay 自己并不贩卖其网站列表中的任何商品，而且也从未实际持有这些商品。在“Coach v. Int’l Bazaar 案”中，法院则认为原告提供的侵权通知是一个整体性通知（Generalized Notice），并没有说明具体哪一个商贩贩卖了侵权物，因此不能够认定经营大型室内商场的被告知道特定的侵权行为不符合知道要件。[2]

---

① Akanoc, at 942 - 43.

② Coach, Inc. v. Intl Bazaar, No. 3: 11 - CV - 1733 - N (N. D. Tex. June 7, 2013).

b. 控制/监控的要求

通过对 Tiffany 案、Lockheed 案与 Akanoc 案及后续其他案例进行综合分析，可以总结出在以下六种情况时，被告方可以被认定对通过其提供的工具进行的侵权行为实施控制。第一种是为在线商户提供信用卡处理和电子支付服务的提供者；① 第二种是为贩卖仿造的高尔夫球杆的网站提供注册和网站设计服务的网站设计顾问；② 第三种是全球最大 B2B 网站的运营者可以控制其网站的各种方面和全部会员列表，可以禁止会员改变列表，可以为高级会员的商品选择并添加关键词来帮助搜索引擎对列表进行最优化处理；③ 第四种是能够拍摄通过其允许占据其房屋地产贩卖货物的零售商，还能够实际检查其房屋地产的土地主；④ 第五种是有权利和能力驱逐贩卖仿冒商品的租户的流动市场运营者；⑤ 第六种是能够拒绝运输仿冒商品的快递速运公司。⑥

c. 故意视而不见（Willful Blindness）

Hard Rock Café Licensing Corp. 诉 Concession Services，Inc. 案⑦

案情简介

本案被告经营跳蚤市场，出租摊位收取租金、保证金和商品存储费。被告在其市场中张贴了禁止出售违法商品的告示，还聘用退休警察维持秩序并查看商户是否遵守其禁止出售违法商品的要求。原告 Hard Rock 咖啡公司在 T 恤衫上享有 Hard Rock 商标权，原告发现被告市场中有商贩销售假冒的 Hard Rock T 恤衫后提起诉讼。

裁判要旨

联邦第七巡回法院在判定跳蚤市场的运营方是否需要为通过在其市场内的货摊销售仿冒商品等侵权行为承担协助侵权责任时，也适用了 Inwood 测试法中的已知或有理由知道的要件。因为很难证明知情程度，因此法院提出了

---

① Gucci America, Inc. v. Frontline Processing Corp., 721 F. Supp. 2d 228 (S. D. N. Y. 2010).

② Roger Cleveland Golf Co. v. Prince, No. CA 2: 09 - 2119 - MBS, 2012 WL 1106775 (D. S. C. Mar. 30, 2012).

③ Chloe SAS v. Sawabeh Info. Servs. Co., No. CV 11 - 04147 GAF MANX (C. D. Cal., Oct. 8, 2013).

④ Omega SA v. 375 Canal, LLC, No. 12 Civ. 6979 PAC, 2013 WL 2156043 (S. D. N. Y. May 20, 2013).

⑤ Coach, Inc. v. Gata Corp., No. 10 - CV - 141 - LM, 2011 WL 2358671 (D. N. H. June 9, 2011).

⑥ Hand & Nail Harmony, Inc. v. Lenguyen, No. SACV 13 - 1021 JLS, 2013 WL 7389424 (C. D. Cal. Nov. 19, 2013).

⑦ Hard Rock Café Licensing Corp. v. Concession Services, Inc., 955 F. 2d 1148 - 49. (7th Cir. 1992).

以故意视而不见要件（Willful Blindness）替代适用具体知情要件。在本案中，尽管被告没有事先就对市场内部是否有仿冒商品销售的情况进行调查的义务，但如果被告对于市场内可能有贩卖仿冒商品的情况存有疑虑，而未进行进一步的调查，那么就属于故意视而不见。法院认为，如果存在故意视而不见的情形，即可替代 Inwood 测试法中的已知或有理由知道的要件。

之后的 Fonovisa 案中，被告的二手货市场中的一些摊位大量出售盗版和假冒他人商标的唱片，在警察和权利人都向被告发出提醒和警告函的情况下，被告仍然对众所周知的第三方侵权行为视而不见，不采取任何措施，联邦第九巡回法院同样判决被告需要承担协助侵权责任。①

上文提及的 Tiffany 案中，法院同样考量了故意视而不见的情形。由于被告 ebay 自行适用了知识产权所有者认证项目用以稽查仿冒商品，而且被告在收到商标权人通知后，ebay 一般在 24 小时之内删除仿冒商品所在的列表，因此，被告不具有故意视而不见的情形，不能替代知道要件，不需承担协助侵权责任。②

在“Tre Milano 诉 Amazon. com 案”中，原告指控被告 Amazon 允许第三方在其网站贩卖仿冒的直发棒。Amazon 采取的反仿冒措施包括让雇员进行风险评估，在收到侵权通知时限制侵权列表和贩卖者，还设计了用来防止仿冒商品贩售的软件程序。与 Tiffany 案中 ebay 处理侵权通知和侵权列表的行为进行对比后，法院认为尽管 Amazon 没有 ebay 尽心，但是 Amazon 的反仿冒措施仍然可以确定其并没有对侵权行为故意视而不见。③ 由以上案例判决可知，ebay 或者 Amazon 采取的反仿冒商品的措施可以被视作不存在故意的视而不见行为，因此可以避免承担协助侵权责任。由此可知，如果无法认定网络服务提供者具体知道特定的侵权行为，可以从考量其是否有故意视而不见的行为入手。

2. 替代侵权责任

法院一般采用普通法的代理原则来判断在 Lanham 法案下被告（第三方）是否承担替代侵权责任。因此，商标法中的替代侵权责任的概念范围比著作权法下的替代侵权责任的概念范围更窄，因为后者的认定是基于普通法标准

① Fonovisa, Inc. v. Cherry Auction, Inc., 76 F. 3d 259 (9th Cir. 1996).

② Tiffany 案，at 109。

③ Tre Milano, LLC v. Amazon. Com, Inc., No. B234753, 2012 WL 3594380 (Cal. Ct. App. Aug. 22, 2012).

的严格侵权责任原则的。通常来说，替代侵权责任适用于被告从侵权行为中获利，尤其是在其有能力控制直接侵权行为的情况下。

关于替代侵权责任最重要的判例是“Hard Rock Café Licensing Corp. 诉 Concession Services, Inc. 案”，联邦第七巡回法院判决跳蚤市场的运营方不需要为在其市场内通过货摊贩售的零售商侵犯商标权行为承担替代侵权责任。法院适用了“共同侵权人”（Joint Tortfeasor）的概念进行分析，认为只有在被告与直接侵权人有显然的或事实的合伙关系，有权利去约束彼此与第三方之间的交易，或对于侵权产品行使共有权或管理行为时，才构成替代侵权。①

“SB Designs 诉 Reebok Int’l, Ltd. 案”中，联邦地方法院适用了协助侵权人的概念，认为被告 Reebok 不需要为第三方网站的侵权行为承担替代责任，因为并没有证据显示这个第三方网站是由被告拥有、背书承认的。尽管该网站提供被告品牌的鞋子和服装贩售，但是没有证据表明是被告提供或允许第三方网站的贩售行为。②

尽管以上案例说明了普通法标准使得原告很难证明被告有替代侵权责任，但是还是有案件成功证明了被告的替代侵权责任。在“Government Employees Insurance Co. 诉 Google 案”中，联邦地方法院认为被告互联网搜索引擎公司需要承担替代侵权责任。本案中，互联网搜索引擎将通过关键词（Keywords）触发的广告位销售给与商标权人存在竞争关系的商家，因此当用户在搜索引擎中输入含有商标的关键词时，在搜索结果页面上，该对手的网站会被显示为是赞助链接（Sponsored Links）。法院认为 Hard Rock 案件中提出的委托代理关系（Principal - agent Relationship）只是构成替代侵权责任的其中一种关系，如果被告和侵权人对侵权产品行使共有权或管理行为也会构成替代侵权责任。法院认为本案中后一种标准已经达成，因为搜索引擎公司能够控制搜索结果页面出现的广告和广告中使用的被告的商标。③

从以上案件可以看出，在美国的司法实践中，以替代侵权责任来判处网络平台服务商承担商标侵权责任的案件非常少见，仅限于极少数个别的事实背景下。

3. 商标权人与网络服务提供商的合作

网络销售平台的发展使得商标权拥有者面临更多侵权行为，仿冒商品通

---

① Hard Rock Café Licensing Corp. v. Concession Services, Inc., 955 F. 2d 1150. (7th Cir. 1992).

② SB Designs v. Reebok Int’l, Ltd., 338 F. Supp. 2d 904 911 - 10 (N. D. ILL. 2004).

③ Government Employees Insurance Co. v. Google, 330 F. Supp 2d 700 705 (E. D. Va. 2004).

过网络销售的状况愈演愈烈。一系列案件判决之后，商标权拥有者和网络平台服务商认识到只有通过彼此之间共同合作，才能有效对抗仿冒商品。因此，网络服务提供者与商标权人之间达成了许多自愿协议（Voluntary Agreements）。自愿协议通常规定，侵权通知行为进行统一化（流线型化 Streamlining），还规定网络服务提供者需移除仿冒商品列表，禁止重复侵权人访问，禁止贩卖仿冒商品的网站实施支付处理服务。举例来说，最出名、最重要的自愿协议要属 2011 年 5 月 4 号，品牌商与网络平台在欧洲达成的谅解备忘录（Memorandum of Understanding）。① 同时，国际反假联盟（International Anti-Counterfeiting Coalition）还与信用卡公司达成合作，允许商标权人直接向信用卡和付款处理机构报告通过网络贩卖仿冒产品的商家，由信用卡和付款处理机构直接终止侵权商人的账户。② 许多品牌公司以及国际反假联盟都注意到了中国淘宝网络销售平台带来的冲击，因此都积极与淘宝磋商，试图与之达成自愿协议。③

4. 商标权小结

综上所述，在商标侵权领域，网络平台服务商承担间接侵权责任的情形主要集中于协助侵权，而很少承担替代侵权责任。在判断网络平台是否承担协助侵权责任时需要判断两个要件。第一个是知道要件，即需要网络平台对特定侵权行为的具体特定知道。如果网络平台仅被动提供服务且完全没有收到过侵权通知，则绝不可能认定其存在特定知道情形。这种特定知道可以由网络平台对于侵权行为的高控制能力和高参与度来进行补充判断。另外在无法判断网络平台是否存在特定知道情节时，可以判断其对侵权行为是否存在故意视而不见的情形。第二个要件是监督与控制要件，基本上只要网络平台不是被动提供服务，具有控制网站服务可否正常使用的能力就会被认为符合监督控制要件。但是需要注意的是，美国法院目前处理的关于网络平台是否承担商标侵权间接侵权责任的案例较少，甚至在审理 Tiffany 案件中还援引了欧洲相关案例判决，因此对于以上要件如何适用仍然要进一步观察。

---

① Memorandum of Understanding on the sale of counterfeit goods via the Internet (May 4, 2011), *availableat*: http: //ec. europa. eu/internal – market/iprenforcement/docs/memorandum_ 04052011_ en. pdf.

② Kristina Montanaro, International AntiCounterfeiting Coalition, IACC Payment Processor Portal Program: First YearStatisticalReview, 2 (Oct. 2012), http: //www. gacg. org/content/upload/membernewsdocs/October% 202012% 20Report% 20to% 20IPEC% 20 – % 20Final. pdf.

③ 比如，2011 年 12 月 Coach 与淘宝达成自愿协议，2013 年 10 月 LV 公司与淘宝达成自愿协议，2013 年 8 月国际反假联盟与淘宝达成自愿协议。

（三）专利权

传统侵权法中，出现侵权行为时，并不仅仅要求侵权人承担责任，还要求引诱侵权和帮助侵权的人承担责任。而美国专利法中也并未直接区分对专利权的直接侵犯和间接侵犯情形，通常来讲，一般认为《专利法》第271条a款是规定直接侵犯专利权的要件，① 第271条b款和c款规定了间接侵犯专利权的要件。当被告贩卖了既具有侵权用途也具有非侵权用途的产品时，法院并不会判决贩卖该产品的行为是非法的。因此，在认定被告侵权时原告需要向法院证明被告有帮助侵权的意图，这种意图往往表现为被告所做出的除了贩卖产品以外的帮助侵权的行为。而一开始，美国法院在审理相关案件时，并未对协助侵权和引诱侵权进行区分，而是使用积极引诱侵权的行为作为构成协助侵权的要件。② 直到1952年颁布专利权法，才将引诱侵权单独列明。第271条b款说明了引诱侵权，也就是说明积极引诱他人侵犯专利权的，应当承担侵权责任。c款则说明了协助侵权（Contributory Infringement）在美国境内许诺销售、销售或者由外国进口属于产品专利重要部分的机器零件、产品组合物或化合物，或者用于实施方法专利的材料或装置，且明知该装置应用于侵犯专利权，在上述物品不属于常用商品，也不具备某种实质性非侵权用途的情况下，应承担协助侵权责任。

1. 协助侵权（Contributory Infringement）

如前文所述，在区分了协助侵权与引诱侵权后，在协助侵权原则下，被告贩卖、许诺销售或进口属于专利产品的重要组成部分，且明知该部分是应用于侵犯专利上，如果该组成部分不是具有实质性非侵权用途的常用物品，那么被告需要承担协助侵权责任。根据“Wallace v. Holmes案”判决和第271条c款规定，可以看出构成协助侵权需要以下四个条件：第一，对于该组成部分（产品）的使用是相关发明最重要的部分；第二，提供者知道其产品是特意为了侵权而制造和使用的；第三，产品并非有实质性非侵权用途的常用物品；第四，提供者的产品被用于直接侵权。

在实践中，法院其实一般主要考量两个方面。首先，要判断被诉产品是

---

① 这里需要注意，美国专利法中，共同侵权（Joint Infringement），又称为分开的侵权（Divided Infringement）属于直接侵权的一种，适用于两个或两个以上主体分开实施了某项专利的情形。

② B. B. Chemical Co. v. Ellis. 117 F. 2d 829, 834 (1st Cir. 1941) aff’d 314 U. S. 495 (1942). 最高法院认为被告引诱其顾客侵权，因此被告属于协助侵权人。

否是发明的重要组成部分，这就要求该产品与侵犯专利权之诉之间具有紧密联系。在“Arris Group，Inc. v. British Telecommunications PLC 案”中，原告享有互联网电话通话系统的专利，其认为被告提供的组件中的互联网电话系统声音侵犯了专利权。法院认为，被告的组件至少已构成被诉专利中的一个重要元素或者方法步骤，因此被告的组件是原告发明的重要组成部分。① 其次，法院要考量被告是否明知侵权使用。在“Aro Mfg. Co. v. Convertible Top Replacement Co. 案”中，最高法院的大多数法官都认为第 271 条 c 款要求被告要对专利和行为的侵权性质具体知情（Specific Knowledge）②。由于被告收到的原告的侵权通知信件中明确说明了专利和被告提供的组件被用于侵权的事实，因此被告成立协助侵权。也就是说，要符合知道要求，原告（专利人）必须证明被诉协助侵权人知道组成部分（产品）是特意为了侵权使用而设计，知道专利存在，还要知道对被诉产品的使用是侵权的。目前看来，原告提供内容全面的侵权通知是证明被告符合知道要件的最好方式。这也就意味着，网络平台服务基本上必须在获得了内容全面的专利侵权通知时，才可能承担协助侵权责任。

2. 引诱侵权（Active Inducement Infringement）

要构成专利引诱侵权，实际需要三个要件：第一，证明引诱侵权的意图或者知道的程度。第二，积极引诱侵权实施的行为。第三，受引诱方实施的直接侵权行为。③ 这里只讲引诱方需要满足的要件，也就是前两项要件。

（1）引诱侵权的意图、知道要件（Intent to Induce Infringement/Knowledge）

2011 年的“Global - Tech Applicances，Inc v. Seb S. A. 案”中，原告拥有一项在美国市场销量良好的改良版油炸锅的专利，被告仿造了原告专利油炸锅的功能性特征，然后通过一个美国经销商销售。原告主张被告通过鼓励经销商销售其侵权产品来引诱经销商侵犯其专利权。尽管在第 217 条 b 款中并未提及知道和意图要件，但是由于引诱行为的性质表明了被告会引导（Lead）并说服（Persuade）他人进行侵权行为，因此法院认为构成引诱侵权暗示了“至少需要一些意图”。④ 最高法院认为的引诱侵权意图是指一种特定的意图，

① Arris Group，Inc. v. British Telecommunications PLC，639 F. 3d 1368（Fed. Cir. 2011）.

② Aro Mfg. Co. v. Convertible Top Replacement Co.，337 U. S. 476（1964）.

③ Minnesota Min. & Mfg. Co. v. Chemque，Inc.，303 F. 3d 1294，1304 - 05（Fed. Cir. 2002）.

④ Global - Tech Applicances，Inc v. Seb S. A. 131 S. Ct，at 2065（2011）.

鼓励他人实施引诱人本身知道会导致侵犯专利权的行为。法院还认为要证明积极引诱行为，专利权人必须证明引诱人符合知道要件，也就是说引诱人要么必须实际知道并“具有明确意图鼓励他人实施侵权行为”，要么必须主观确信专利侵权行为很有可能再发生，或故意采取行为避免实际了解侵权，也即存在所谓的故意视而不见（Willful Blindness）。在本案中，法院认为尽管没有证据表明引诱人实际知道被侵权的专利，但是法院认为有足够证据表明被告在鼓励经销商在美国贩卖侵权油炸锅时对可能侵犯专利的事实故意视而不见，因为被告做过美国油炸锅市场调查，知道原告的油炸锅占据的市场份额在增加，被告有理由知道原告的油炸锅技术特征是极具市场价值的。

Blazer 诉 ebay 案

案情简介

原告拥有一项名为卡朋特蜜蜂夹（Carpenter BeeTrap）的专利，原告认为在被告 ebay 网站上销售的某项产品侵犯了其专利权。原告在专利授权后根据 ebay 网站提供的保护知识产权政策提交了侵权通知表格（NOCI）和专利要求书复印件。但是，本案中原告并未向被告提供认定 ebay 网站产品侵犯专利权的法院禁令。因此 ebay 并未审查该专利，与被诉侵权产品进行侵权对比。原告起诉被告 ebay 对其专利构成直接侵权、引诱侵权。

裁判要旨

本案法院做出了支持被告 ebay 的简易判决。首先，法院认为由于被告 ebay 网站服务条款已经明确告知用户其网站上的商品列表不是被告 ebay 的要约行为，也没有证据证明 ebay 获得了用户付款，因此被告 ebay 不构成直接侵权。

其次，在判断被告是否承担引诱侵权责任时，联邦地方法院援引了 Global－Tech 案件关于知道的要件的判决，将知道分为了实际知道与故意视而不见两部分。[①] 在判定被告 ebay 是否实际知晓时，法院援引了最高法院在 Cisco 案件中的判决，明确了被告需要知道专利，还要知道引诱行为会造成专利侵权，这样才能构成引诱侵权。最高法院认为如果被告对于原告的专利要求书的理解与原告不同，且被告的理解是合理的，那么被告不承担引诱侵权责任。[②] 在本案中，法院认为，原告的通知行为中包括侵权通知表格（NOCI）和专利要求书复印件，这些都属于间接证据，不足以证明被告实际知道侵权。但是由

① Blazer v. eBay, Inc., 2017 WL 1047572 (N. D. Ala. March 20, 2017).

② Commil USA, LLC v. Cisco Sys. m Inc., 135 S. Ct. 1920, 1926－28 (2015).

于被告不能够完全且专业的理解专利和被诉商品，这就使得原告援引的通过侵权通知来实现实际知道要件的案例在本案的判决中不能得到一样的支持。通过最高法院和本案的判决说明，在专利侵权案件中，仅凭侵权通知，不足以证明被告实际知道侵权。

在判断被告是否对侵权行为故意视而不见时，法院援引了 Global - Tech 案件中关于故意视而不见要件的判断，原告需要证明两部分：主观确信专利侵权行为正在发生和故意采取行为避免实际了解侵权。本案中，由于被告缺乏相关专业知识，因此无法成立对于正在发生的专利侵权的主观确信。另外，原告称被告未积极开展专利侵权调查，未检阅其提供的专利内容等行为都导致被告存在故意视而不见。但是法院认为，被告的知识产权政策——当投诉者仅提出侵权指控而没有提供法庭命令和专利信息时，ebay 不会移除相关产品链接——是有合法理由的，因为被告不具备专业知识和资源对每一项与专利相关的投诉展开调查。这项知识产权政策并不能够证明被告故意对侵权行为视为不见。

（2）引诱侵权的行为要件（Conduct）

大多数法院认为仅仅具有刺激侵权的意图不足以证明引诱侵权，还要求被告必须参与实施了积极引诱他人侵权的行为。这种行为包括为宣传侵权使用方式、通过示范、培训、说明书、标签等方式解释说明商品如何进行侵权使用。比如在“Chiuminatta Concrete Concepts, Inc. v. Cardinal Industries, Inc. 案”中，联邦巡回法院认为通过广告来鼓励混凝土切割锯的一种侵权性使用属于引诱侵权。[①] 联邦巡回法院还认为如果被告为他人购买和使用侵权产品的行为持续提供技术支持，那么被告需要承担引诱侵权责任。[②] 这也侧面地说明，只要被告采取了任何积极的手段来鼓励刺激侵权行为，那么行为要件就被满足了。

但是当专利法中的引诱侵权的概念被引入版权法中后，如前文所述，在 Grokster 案中，最高法院基于被告恶劣的侵权意图，即吸引原来 Napster 的用户，而非实际行为，就判决被告承担引诱侵权责任。尽管最高法院在 Grokster 案中对于引诱侵权的认定测试还不十分明确，但是，最高法院的思路扩大了

---

① Chiuminatta Concrete Concepts, Inc. v. Cardinal Industries, Inc., 145 F. 3d1303, 1311 (Fed. Cir. 1998).

② MEMC Electronic Materials, Inc. v. Mitsubishi Materials Silicon Corp., 420 F. 3d 1369, 1379 (Fed. Cir. 2005).

之前法院对于构成引诱侵权的要件的解释。这意味着成立引诱侵权可能不再需要被告必须实施了宣传或者除了销售产品以外的其他引诱侵权的实际行为。

3. 专利权小结

网络平台可能会因为其服务承担协助侵权责任和引诱侵权责任。法院在判断网络平台是否承担协助侵权责任时主要考量两个要件：第一是判断被诉侵权产品与专利产品之间具有紧密联系；第二则是要考量网络平台是否对具体侵权行为实际知道，本要件一般需要原告提供全面具体的侵权通知。基本上如果没有具体侵权通知存在，则很难让网络平台承担协助侵权责任。

要证明网络平台需要承担引诱侵权责任，则需要符合两个要件：第一，证明引诱侵权的意图及知道的程度；第二，积极引诱侵权实施的行为。法院在判断第一个要件时认为首先必须是特定的引诱意图，即鼓励他人实施引诱人本身知道会导致侵犯专利权的行为。其次还必须证明引诱人符合知道要件，包括实际知道和故意视而不见两部分。由于判断专利侵权的复杂性，导致即使存在具体侵权通知也很难判定网络平台实际知道具体专利侵权。而对于故意视而不见之部分来说，网络平台如果已经提供了可靠的保护知识产权服务，如 ebay 的 NOCI 通知，则一般不能认定网络平台对专利侵权故意视而不见。根据目前的法院判例看来，要构成第二个引诱侵权的行为要件需要网络平台采取了任意积极的实际手段来鼓励刺激侵权行为，但是由于最高法院在 Grokster 案中提出了引诱侵权的认定测试，可能导致未来在判断网络平台是否需要承担侵权责任时彻底放弃引诱侵权的行为要件，这还需要进一步的判例进行参考。

（四）小结

综合全文关于美国法院对于网络平台对三种主要知识产权承担间接侵权责任认定的讨论，基本可以将此类间接侵权责任认定的要件总结为：知道要件，控制要件和意图要件。根据三个要件可以看出，首先，美国法院对于网络平台服务商通过设计服务、软件、平台来吸引用户进行侵权，并从中获利的行为是绝不姑息的。其次，美国法院通过不断形成的判例，根据相关技术的发展，不断调整对于网络平台服务商履行合理注意义务程度的要求，从而使得网络平台很难通过技术发展突破法律对于其把控平台信息内容的要求；最后，美国法院在判例中，不断细化完善侵权通知规则，不仅网络平台服务商迅速回应（即使不是立即撤销相关链接），同时还要求网络平台服务商不断完善侵权通知系统。网络平台以及相关技术发展迅猛，了解学习以上三点，有助于我国司法界和学界，在结合我国国情的基础上，加深对于如何处理把控这种快速发展的技术所带来的知识产权法律问题的理解。另外，从网络平台运营者的角度来看，上述案件也昭示了与知识产权人积极联系，全面合作，并不断完善自身保护知识产权机制，才是网络平台运营者做到知识产权层面合法合规的关键。

三、网络平台在保护个人数据方面的民事责任

网络平台企业收集并存储了用户的大量的个人数据，其对于这些数据负有安全保障的义务。数据泄露，特别是大规模的数据泄露是美国社会普遍关注的问题。近年来，美国社会所发生的大规模数据泄露事件包括：2009 年 Heartland 支付系统发生的数据泄露，致使 1.3 亿用户的信用卡等个人信息泄露；2014 年 eBay 发生的数据泄露事件，致使 1.45 亿用户的个人信息泄露；2016 年 9 月社交网站 My Space 发生数据泄露，致使 3.6 亿用户的个人信息泄露。2016 年 9 月曝光的雅虎网站的数据泄露事件，致使 5 亿用户的雅虎账户信息泄露，迄今为止是美国历史上规模最大的一次数据泄露事件。① 2017 年 6 月，美国知名征信机构 Equifax 被曝光因遭受黑客入侵而发生数据泄露，约有 1.43 亿的美国公民的个人信息，如社会保障号码、驾驶证串码等，受到泄露事件影响。②

数据泄露，有可能引发用户对网络平台企业的索赔诉讼，特别是大规模的数据泄露会引发用户的集团诉讼。从美国的司法实践来看，受害人基于单纯的数据泄露而提起的索赔诉讼，其面临的一个法律障碍是对实际损害的证明。网络平台因黑客入侵或存在系统漏洞等原因而发生数据泄露，意味着用户的个人信息被未经授权的第三人获取或存在被第三人获取的风险，但这并不能证明已经或必然会给用户带来人身或财产损害，最多只能证明存在损害的可能性。然而，美国的大多数法院在处理此类案件时，通常都会要求提出索赔的原告证明实际损害的发生而不仅仅是证明损害风险的存在，许多网络平台企业也正是基于这一点而主张免除赔偿责任。

例如，在 Heartland 支付系统发生大规模数据泄露后，曾有用户对其提起

① 参见华盛顿邮报（Washington Post）2016 年 9 月 22 日。
② 参见华盛顿邮报（Washington Post）2017 年 9 月 22 日。

索赔诉讼，美国地区法院认为，由于原告不能证明第三人实际使用了其信用信息开设了信用卡或从事了其他欺诈行为，也不能证明其因信用信息泄露而遭受到实际损害或存在紧迫的即将发生的损害，因此，原告所主张的损害只是一种假设，不能够得到赔偿。①

又如在许多案例中，原告在其信用卡信息泄露后，担心他人会利用其信用信息从事欺诈交易、身份窃取或盗用而致其受损，于是花费时间精力对其信用信息进行监督或购买相关的保险，对于由此而产生的时间、精力花费，以及保险费用、精神上的焦虑不安等，除少数法院认可外，美国大多数法院都认为此类费用或损失并不是可以得到法律救济的损失，因为其并不是实际发生的损失，而只是对未来可能发生的损失或损失风险的一种补救，是无法获得损害赔偿的。②

第二节　网络监管与网络平台的行政责任

一、美国关于网络平台的监管体制

美国是联邦制国家，存在联邦与各州之间的分权体制，因此，在对网络平台的监管方面，存在联邦监管和州监管两套监管体制。但是，无论是在联邦政府层面，还是在州政府层面，都不存在一个集中的网络平台监管机构，而是区分不同领域分设不同的监管机构。

（一）联邦监管体制

就联邦监管体制而言，联邦通讯委员会（FCC）和联邦贸易委员会（FTC）是最重要的两个独立的监管机构。联邦通讯委员会的监管对象主要是提供互联网接入的基础电信企业，包括宽带公司。对于提供增值电信服务的互联网平台企业而言，最重要的联邦监管机构是联邦贸易委员会。

联邦贸易委员会的职责包括两项：一是保护消费者权益，二是促进竞争。

---

① Hinton v. Heartland Payment Systems, Inc., 2009 WL 704139 (D. N. J. 2009).

② 参见 Shafran v. Harley – Davidson, Inc., 2008 WL 763177 (S. D. N. Y. 2008)。

美国国会通过《联邦贸易委员会法案》第5条授权联邦贸易委员会可以对影响商业的不公平的竞争行为和影响商业的不公平的或欺骗性的行为或经营方式进行调查和起诉。① 所谓“不公平的或欺骗性的行为或经营方式”，是一个含义非常宽泛的概念，其范围随着时代进步而不断扩展，形形色色的经营行为，从数据安全、隐私保护，到垃圾邮件、虚假广告全都被包括在联邦贸易委员会的监管范围之内。在维护联邦贸易委员会的监管权威方面，司法的支持发挥了非常重要的作用。

在“联邦贸易委员会诉Wyndham Worldwide公司”案中，联邦贸易委员会指控被告对于其收集的个人敏感数据未采取合理的适当的安全保障措施，构成不公平和欺骗性商业行径。被告对原告的监管权范围提出质疑，认为数据安全事项并不属于原告监管下的“不公平的商业行为”的范围。法院驳回了被告的主张，认为数据安全事项可以构成不公平的商业行为，联邦贸易委员会对其进行查处并未超出法律授权的范围。另外，因为被告在“隐私政策条款”中声称其对个人信息已经采取了合理的安全保障措施，但事实上其并没有做到，因此构成“欺骗性的商业行为”，对此，联邦贸易委员会有权进行查处。②

除了上述联邦机构外，还存在其他联邦监管机构。例如，在反垄断领域，司法部是重要的监管机构。在网络安全领域，美国国土安全部是重要的监管机构。

（二）州监管体制

依照美国联邦宪法的规定，涉及洲际商业贸易的事项，属于联邦法的管辖范围，而纯粹属于州内的事务则归州法的监管范围。因为网络平台企业所提供的服务通常是不分地域的，因此，联邦法占据着重要的地位。但是，有些事项也会涉及州法的适用，州监管机构，如州司法部，在网络监管领域亦发挥着不可忽略的作用，特别是在互联网企业云集的加州。加州的法律和州政府的监管对于美国互联网企业的运营有着非常重要的影响。

---

① section 5 of the Federal Trade Commission Act（“FTC Act”），15 U. S. C. A. § 45.

② F. T. C. v. Wyndham Worldwide Corp.，10 F. Supp. 3d 602，2014 -1 Trade Cas.（CCH）P 78763（D. N. J. 2014）.

二、对网络隐私保护的监管

（一）联邦贸易委员会的监管

在美国，并没有关于个人数据或隐私保护的一般性或综合性立法，而是采取了分行业规制的方法，在不同的领域分别制定单独的有关个人数据或隐私保护的法律，如在消费者信用信息、金融信息、健康信息等多个不同领域都有相关立法，对于联邦政府机构收集、使用个人信息，以及对儿童网络信息保护也都有专门的立法予以规制。在众多分散立法和分散监管机构之间，对于互联网平台企业而言，有一个机构最为重要，那就是致力于保护消费者个人隐私信息的联邦贸易委员会，它在一定程度上起到了填补分行业监管所带来的监管漏洞的作用。

其实，早在互联网出现以前，美国联邦贸易委员会就一直致力于对消费者个人信息的保护。当网络兴起后，联邦贸易委员会敏锐地觉察到对消费者网络隐私保护的重要性，其在 1994 年大多数美国人都还没有上网习惯的时候就提起第一件与互联网有关的案件，并在 1995 年就开始制定网络隐私保护的政策，并提起儿童隐私保护的案件。①

美国联邦贸易委员会在网络隐私领域的重要作用是与美国政府所选择的监管政策有着密切的关联。早在网络兴起之初，克林顿政府时期曾在 1995 提出建设国家信息基础设施的方案并就与之相关的个人隐私信息保护问题进行过专门研究，其已经清醒地认识到：如果个人信息不能得到合理的保护，那么，许多人可能因此而不愿意使用国家信息基础设施。但是，美国政府最终并没有采取由政府直接规制的方式，而是采取鼓励行业自律监管的方式，即要求互联网企业对外公示其隐私保护政策，通知消费者并征得其同意。并且，政府威胁称，如果企业不能做到采取自律措施，那么，将由政府来制定隐私保护的条例或标准。② 当时，美国政府迫切推行个人隐私信息保护政策还存在另一个重要背景，即欧盟在 1995 年发布了关于个人数据保护的指令，并且就个人数据的跨境转移提出限制性条件，即数据接受国必须存在“足够”的个

① Hoofnagle, Federal Trade Commission: Privacy Law and Policy (2016), p. 145.

② Department of Commerce, Privacy and NII: Safeguarding Telecommunications – Related Personal Information (1995).

人信息保护制度。如果美国企业无法满足这一条件，将无法从欧盟国家获取个人数据。于是，美国联邦贸易委员会出台了网络隐私保护的指南，其基本上采取了“通知—同意”的隐私保护策略。

在上述背景下，美国的互联网企业纷纷响应政府的号召，积极制定并公布其隐私保护政策。因此，美国联邦贸易委员会对于网络隐私监管的一个重要手段就是，当其发现互联网企业所采取的实际做法与其宣称的隐私保护政策中不一致时，以其从事了“欺骗性的商业行为或经营方式”为由对其采取执法行动。例如，有的企业宣称其在进行数据传输时使用 SSL 安全保密技术，但是，事实上根本没有采用该技术；又如，有的企业在隐私政策中宣称其决不会对外出售个人信息，但是，当其破产时，却试图将其收集的个人信息作为破产财产予以变卖，等等。其中，处罚金额最大的一起案件是 2012 年联邦贸易委员会对谷歌公司的 2.25 亿元罚款。在该案中，谷歌公司对外宣称苹果电脑的用户在使用 Safari 网络浏览器时，将默认设定为不对用户采取“cookies”或类似的追踪技术，但是，事实上，谷歌公司为了定向精准广告的目的依然在对使用 Safari 网络浏览器的用户进行网络追踪。

联邦贸易委员会最近采取的一次有影响力的执法行动是针对 Uber 公司的调查和处罚。联邦贸易委员会指控 Uber 公司通过虚假陈述的方式从事欺骗性商业行为，Uber 公司对外宣称其对于能够接触乘客和司机个人信息的雇员采取了监视措施并且保证对其存储的个人信息采取了合理的安全保障措施，但是，事实上，Uber 公司并没有做到，Uber 公司曾经开发了一套对雇员的自动监视系统，但长时间弃之不用，从而使雇员接触乘客和司机的信息的行为处于不受监视的状态。2017 年 8 月，联邦贸易委员会对外发布公告，其已与 Uber 达成执法和解协议。Uber 承诺将采取一套全部的隐私保护政策，并接受独立的第三方的定期审计。

以查处“欺骗性”的商业行为或经营方式的方法对互联网企业进行监管存在一个缺陷，即它是以互联网企业明确表达其隐私保护政策为前提的，然而，互联网可以通过改变隐私保护政策的表述方式来规避其法律责任。另外，传统的网络隐私保护策略采取的是“通知—同意”的方式，事实上，消费者的所谓的“同意”往往仅仅是一个形式。在这种情况下，自 2003 年开始，联邦贸易委员会开始将执法的重心从查处“欺骗性”的商业行为或经营方式转向查处“不公平”的商业行为或经营方式。

对于何谓“不公平”的商业行为或经营方式，《联邦贸易委员会法案》

进行了限定，即只有那些“有可能给消费者带来严重的损害，且消费者自身无法合理地避免此种损害，并且，不存在其他更重要的有利于消费者或竞争的益处”的行为或经营方式才有可能被认定为是不公平的。① 尽管如此，其含义仍然非常模糊，多年来，联邦贸易委员会通过个案的方式在不断地明确哪些行为有可能构成“不公平”的商业行为或经营方式。

例如，联邦贸易委员会以“不公平”的商业行为或经营方式为由所采取执法行动的第一个案例是涉及隐私政策修改的行为。Gateway 在其隐私政策中对外允诺不会向第三方出售用户的个人信息，然而，其后来对隐私政策进行了修改，声明可以向第三方出售个人数据，并且要求不同意对外出售个人数据的用户需要明示选择反对。联邦贸易委员会认为 Gateway 的这一做法是不公平的商业行为，因为，这实际上要求每一位用户都要时刻监督互联网企业隐私政策的修改并要积极采取行动以阻止互联网企业出售其个人数据。又如，在对 Facebook 的执法案例中，Facebook 在其隐私政策中原本规定用户的个人档案信息是保密的、不公开的，然而，其后来修改了隐私政策，使得用户的个人信息可以在不同程度上在网络上公开，而且这一隐私政策的更改并没有事先向用户发出警告或征得其同意，联邦贸易委员会认为，这一做法会使 Facebook 上的几亿用户的个人信息被曝光，这是不公平的商业行为。最终，Facebook 和联邦贸易委员会达成和解协议，Facebook 就保护用户个人隐私信息做出多项承诺。

对于隐私保护的不合理的设计，亦有可能被认定为不公平的商业行为或经营方式。例如，有一种应用程序，其在安装时的默认设置为用户允许将其多种类型的全部文件，包括照片、视频等，上传至网络进行共享；如果用户不希望某一类文件进行共享，那么，其需要明确选定；如果用户希望共享某类文件中的某一个文件，那么，他需要选定该类文件后，将不共享的文件一一选择不共享，否则，这一类文件都将在网络上共享。联邦贸易委员会认为，这种设计对于保护消费者的隐私而言是不公平的且具有欺骗性的。②

20 多年来，美国联邦贸易委员会对包括 Facebook、谷歌、亚马逊在内的多家互联网企业采取了大量的执法调查和处罚行动，在保护美国消费者的网络隐私方面发挥了重要的作用。

---

① 15 U. S. C. A. § 45 (n).

② Hoofnagle, Federal Trade Commission: Privacy Law and Policy (2016), p. 162.

（二）州政府的监管

在网络隐私保护方面，州政府也发挥着重要作用。例如，美国加利福尼亚州制定有《网络隐私保护法》（Online Privacy Protection Act），对于网站经营者从加州居民处收集可识别的个人信息进行规制，要求网站的隐私政策必须符合特定的标准，但是，该法并没有规定罚则或违反上述法律要求的后果。在实践中，如果网络服务提供者违反了加州的《网络隐私保护法》，那么，州司法部可依加州的反不正当竞争法将该行为作为不正当竞争行为来对待，可对其采取执法行动。

对移动应用程序分发平台的监管

在移动互联时代，各种移动应用 APP 日渐成为收集人个人信息的主力，但是，在 2012 年之前，许多移动 APP 都没有对外披露其隐私政策，许多消费者在下载和使用移动 APP 时并不知道这些移动应用程序是如何收集、使用其个人信息的。为了保护移动互联网消费者的利益，2012 年 2 月，美国加州司法部长宣布其与美国六大公司就移动 APP 市场监管达成协议，这六家公司分别为：亚马逊、苹果、谷歌、惠普、微软和 RIM。这六家公司对于移动应用程序的隐私政策应当符合加州法律要求的具体原则达成一致意见，其将教育和督促其应用市场平台上的 app 开发者们制定和披露符合法律要求的隐私政策，使得消费者在决定是否下载该 app 之前可以先行了解其隐私政策，知道自己的个人信息是如何被收集、使用、与其他分享的。协议要求各应用市场平台应当对于 app 开发者们提供隐私政策方面的指引，帮助他们做好合规工作。

（三）对儿童隐私信息的保护

自美国联邦贸易委员会对互联网用户的隐私保护采取行动之初，就把重点放在了儿童隐私信息保护方面。其实，在互联网出现之前，就有一些机构专门收集和出售有关儿童的个人信息，以用于广告和商业营销等目的。在互联网出现之后，特别是在儿童开始上网之后，对儿童信息的收集日益引起美国社会的关注，因为，儿童在商家的花样营销面前几乎是毫无抵抗力的，其很容易在外界的诱惑之下向他人披露其个人信息，从而使其暴露在受商业或性侵害的风险下。为了保护儿童的利益不受侵害，美国国会于 1998 年制定了《儿童网上隐私保护法》（Children's Online Privacy Protection Act，简称 COPPA）。美国国会在立法时一方面关注到儿童隐私受保护的重要性，另一方面也认为“熟悉使用互联网将是在21世纪获得成功的必备技能”，因此，决不可因噎废食，不能通过禁止儿童上网的方式来对儿童实施保护，而是应该通过规范网络经营者的行为方式来保护儿童的隐私信息。在该法案通过以后，美国联邦贸易委员会基于立法的授权制定了该法的实施细则。

《儿童网上隐私保护法》规范的对象是网站和其他网络服务提供者通过互联网从儿童那里收集个人信息的行为。该法中的儿童是指未满13周岁的儿童。① 个人信息包括姓名、住址、电话号码、电子邮箱、社会保障号码、可以实现线上和线下相对应的可识别的标识、IP地址、Cookies等，以及其他可识别儿童或其父母的信息。

该法所针对的“网站和其他网络服务提供者”，既包括桌面应用程序，也包括移动APP、各种社交网络、网络广告、定位服务等，但是，要求其是以儿童为服务对象的，或者实际知道其是在从儿童那里收集信息。在判断一家网站或网络服务是否是针对儿童的，美国联邦贸易委员会综合考虑多种因素，如网站的标的内容、是否使用动画形象、音乐的特征、是否使用儿童偶像或儿童明星、网站的用户构成等。在判断网站或其他网络服务提供者是否实际知道对象为儿童时，联邦贸易委员会亦会考虑多种因素，如用户发表的言论内容是否可以显示其是儿童。②

《儿童网上隐私保护法》为保护儿童所采取的手段包括以下几种：

第一，网络服务提供者应该在收集个人信息之前披露其隐私政策，并且，需要以清晰的语言向儿童的父母做特别提示，告知其收集、使用以及第三人分享个人信息的政策，该提示的内容应当符合法律的要求。

第二，网络服务提供者在从儿童那里收集信息之前应当先行经过儿童的父母的同意。

第三，网络服务提供者应该为儿童的父母提供机会和可能，使其能够审阅被收集的信息，能够对该信息的未来的后续使用表示反对，并且可以拒绝与他人分享该信息。当父母提出拒绝收集、使用个人信息时，网络服务提供者必须终止相关信息收集使用活动。

第四，网络服务提供者必须对从儿童那里收集信息的数量进行限制，应当尽可能少地收集儿童信息。

---

① 该法草案在制定之初规定的儿童是指未满18周岁的个人，后来，提交国会审议时修改为16周岁，最终的立法文本确定为13周岁。

② Hoofnagle, Federal Trade Commission: Privacy Law and Policy (2016), p. 200.

第五，网络服务提供者应对信息存储的时间进行限制，当超过必要的存储时间后，应当及时将数据删除，并且，网络服务提供者对于其存储的数据应采取措施合理地保障数据的安全。

违反《儿童网上隐私保护法》并不会产生民事诉权，即私人不可对违反该法规定的网络服务提供者提起损害赔偿诉讼，但是，联邦贸易委员会、州司法部门和其他监管部门可以基于相关法律的授权，对执法者采取行动，如联邦贸易委员会可依照《联邦贸易委员会法》将网络服务提供者的行为作为欺骗性商业行为或不正当竞争行为来进行处罚。

在联邦贸易委员会提起的对 Xanga. com 的网站处罚案中，其不仅对该网站的运营公司进行处罚，而且还对其主要责任人进行了处罚，罚款金额高达 100 万美元，系处罚金额最高的一起案件。在该案中，Xanga. com 网站是一家非常流行的社交网站，用户可在该网站上建立个人档案，与他人分享其个人信息。Xanga. com 网站在其隐私政策中声称不允许 13 周岁以下儿童进入，并要求用户在注册时申报出生日期，但是，事实上，即使用户在注册时显示其年龄不满 13 周岁，该网站仍然允许其开设账户，在过去的五年中，网站为 170 万注册年龄低于 13 周岁的用户开设了账户。并且，该网站并未将其收集、使用个人信息的隐私政策告知儿童的家长，也未在收集信息时征得儿童家长的同意。因此，联邦贸易委员会认定 Xanga. com 的网站及其主要责任人是在明知的情况下从儿童处收集个人信息，违反了《儿童网上隐私保护法》。联邦贸易委员会在处罚命令中要求 Xanga. com 网站经营者和主要责任人不得再次从事上述违法行为，并应将其收集的个人信息予以删除，而且，还应将联邦贸易委员会的处罚决定文件以及联邦贸易委员会制定的《儿童网上隐私保护法》的合规准则分发给公司员工，以保证其行为不再违反《儿童网上隐私保护法》。①

为了鼓励互联网服务提供商积极采取措施保护儿童网络隐私，而同时避免对互联网行业的过度管制，《儿童网上隐私保护法》规定了“安全港”项目，鼓励互联网行业采取自律规范。互联网服务提供商只要达到了安全港的要求，就被认为遵守了《儿童网上隐私保护法》。安全港项目实际上是一个受联邦贸易委员会监管的互联网行业自律项目，网络服务商可以自行制定自律规范，并申请被认定为“安全港”。一项自律规范要想被认定为安全港，必须符合《儿童网上隐私保护法》和联邦贸易委员会制定的实施细则的要求，并

① USv. xanga. com，Inc.，06 – CIV – 6853（SHS）（S. D. N. Y. 2006）.

且建立一起评估机制和自律机制。联邦贸易委员会可以对安全港进行监督，如果发现其存在违规，可以撤销认证。

从《儿童网上隐私保护法》的实施情况来看，如果完全遵照法律的要求来执行，那么，对于网络服务提供者和儿童父母而言，都必须付出额外的成本。对于网络服务提供者而言，有些网站做得比较好，有比较完备的儿童隐私保护政策，在收集儿童信息之前按规定向其父母发出通知并征求其同意，但是，也有些网站对用户注册时的申报年龄进行控制，拒绝13周岁以下的儿童进行注册，以避免遵守《儿童网上隐私保护法》所带来的合规成本。有些网站则虽然向儿童提供服务，但仅提供单向的内容服务，如同电视节目那样，避免与用户的交流互动，从而减少合规成本。从用户的角度来看，有些儿童在进行网站注册时若虚报年龄，自称其年龄为13周岁以上，便可以避开一些网站对儿童用户的限制。另外，《儿童网上隐私保护法》的核心内容在于要求网络服务提供商在从儿童处收集个人信息时需要征得儿童父母的同意，如果要保证父母同意的真实性，则需要对父母身份的真实性进行验证，这不仅与网络世界的匿名化传统难以兼容，也引发了人们对身份信息泄露的担忧。

三、对用户发布的信息内容的管制

在美国，对于互联网上的信息内容的管制要受联邦宪法第一修正案的制约。依据联邦宪法第一修正案的规定，国会不得制定任何剥夺言论自由的法律，正是基于这一法律规定，国会所制定的有关对互联网信息内容进行管制的法律都要经受合宪性的挑战。

依照美国现行法律，色情内容是合法的，但是，传播淫秽和儿童色情信息是法律所禁止的犯罪行为，特别是对于儿童色情信息，一直都是美国司法机构严厉打击的对象，因此，网络平台应当采取一定的措施防止此类信息的传播。但是，色情与淫秽之间的界限在法律上并不是黑白分明的。对于在法律上应当如何管控色情和淫秽信息存在许多争议。

（一）《通信正派法案》的宪法争议

互联网上充斥着大量的色情、淫秽的内容，如果儿童在上网时接触到此类信息必将影响其健康成长，正是基于这一考虑，美国的许多儿童保护组织积极呼吁政府对网络信息内容进行管制，于是，美国国会于1996年颁布了

《通信正派法案》（Communications Decency Act of 1996）。该法案第 223（a）（1）（B）条明确规定通过网络在明知的状态下向未满 18 周岁的未成年人发送或展示“淫秽的或不雅的”内容的行为属于犯罪；该法案第 223（d）条则规定禁止任何人在明知的状态下向未满 18 周岁的人发送或展示依照当代社区标准看来具有明显的冒犯性质的（Patently Offensive）有关性活动或性器官描述的内容。美国一些维护言论自由的组织向法院提起诉讼，认为该法案的上述规定违反了联邦宪法第一修正案关于言论自由的规定。美国联邦地区法院裁定违宪成立，并禁止政府实施上述两个条款，后来该案上诉至联邦最高法院。联邦最高法院维持了联邦地区法院的判决，其认为，该法案第 223（a）（1）（B）条中关于“不雅的”（Indecent）规定，缺乏任何的界定，从而给法律的实施会带来极大的不确定性，会侵害成年人的言论自由，因此，其违反了联邦宪法第一修正案而应被禁止实施，但是，对于“淫秽的”（Obscenity）和“儿童色情”（Child Pornography）内容，法院将其保留下来，允许政府可以继续对其进行调查和起诉。对于法案第 223（d）条，法院则宣布其违宪而被无条件地禁止实施，法院的理由是，该条款所确定的“明显的冒犯性质的”的标准过于宽泛和模糊，从而会影响到成年人的言论自由，而且，该法将规制对象从商业言论扩展至非商业言论，亦属不当，另外，该法的规制手段亦不合适，何种内容适合或不适合未成年人接触，应该由其父母来决定，而该法案则剥夺了未成年人父母的控制权。①

此后，美国国会对《通信正派法案》进行了修订，删除了有关禁止“不雅”内容的规定，仍保留了有关禁止“淫秽”内容的规定。虽然仍有人继续以该法案有关在网络禁止“淫秽”内容传播的规定违宪为由提起诉讼，但被法院驳回。②

（二）《儿童上网保护法》的宪法争议

在 1997 年最高法院宣布《通信正派法案》违宪之后，美国国会吸取了教训，决定限缩网络信息内容的管制范围，集中于商业信息内容，于 1998 年制定了《儿童上网保护法》（Child Online Protection Act），旨在限制儿童在上网时接触到“对未成年人有害”的信息，其将基于商业目的而故意在网上发布“对未成年人有害”的信息宣布为犯罪并进行处罚。所谓“对未成年人有

① Reno v. American Civil Liberties Union, 521 U. S. 844 (1997).

② Nitke v. Gonzalez, 413 F. Supp. 2d 262 (S. D. N. Y. 2005).

害”的信息，是指以不适当的方式描述性行为或性器官的黄色信息，法案指出对此应以“当代社区标准”作为判断标准。从界定来看，其含义要比法律上的淫秽的标准还要宽泛。在该法案颁布后，随即有人对其提出违宪诉讼，联邦法院判决其违宪而不得实施，因此，该法案未能得到实施。①

（三）《儿童网络保护法》

《儿童网络保护法》是美国国会于 2000 年颁布的一部法律，其立法目的依然是避免让儿童接触到有害的色情信息，其所采取的措施是要求中小学校和图书馆必须采取一定的技术保护措施以阻止儿童接触到对儿童有害的色情信息，并以此作为发放联邦资助的条件。尽管在该法通过后，亦有组织以此法要求图书馆安全网络信息过滤软件会侵害言论自由为理由而提起违宪诉讼，但是，未得到法院的支持。2003 年 6 月，联邦最高法院判决该法案关于安装信息过滤软件的规定并未违反联邦宪法第一修正案，从而支持了该法案的合宪性。②

（四）报复性宣扬他人性图片

通过互联网报复性地宣扬他人性图片，在美国的一些州都是被禁止的。早在 2004 年，新泽西州就通过立法将报复性宣扬他人性图片规定为一种犯罪，2010 年以后，包括加利福尼亚州在内，有越来越多的州校仿新泽西州采取刑事立法对此予以规制，到 2014 年，至少有 14 个州都将报复性宣扬他人性图片规定为犯罪。③ 但是，美国大多数州尚未有法律明确予以禁止。

（五）《通信正派法案》第 230 条

在网络信息内容方面，《通信正派法案》第 230 条是最重要的法律规定，其采取的规制方式并不是禁止色情、淫秽信息内容的传播，或课以网络平台

---

① ASHCROFT V. AMERICAN CIVIL LIBERTIES UNION, 542U. S. 656 (2004).

② United States v. American Library Association, 539 U. S. 194 (2003).

③ ARiz. REv. STAT. § 13 - 1425 (LexisNcxis 2014); COLO, REV. STAT. § 18 - 7 - 107 (2014); DEL. CODE ANN. tit. 11, § 1335 (2014); GA. CODn ANN. § 16 - 11 - 90 (2014); TAw. REV. STAT. § 711 - 1110. 9 (2014); IDAHO CODE ANN. § 18 - 6609 (2014); MD. CODE ANN., CRtM. LAW § 3 - 809 (LexisNexis 2014); N. Y. PENAL LAW § 250. 55 (Consol. 2014); 18 PA. CONS. STAT. § 3131 (2014); UTAH CODE ANN. § 76 - 5b - 203 (LexisNexis 2014); VA. CODE ANN. § 18. 2 - 386. 2 (2014); Wis. STAT. § 942. 09 (3tn) (2014).

对其存储或传播的信息内容进行审查或采取屏蔽措施的法律义务，而是通过为网络平台提供“安全港”的方式，鼓励其自愿采取对网络信息内容进行限制的措施。

首先，法案规定，不应将网络服务提供者（互动式计算机服务的提供者）看作由其他信息内容提供者所提供的信息的出版者或发布者，从而可以免除网络服务提供者对他人发布的非法信息内容的法律责任。①

其次，法案规定，服务提供者基于善意而自愿地对网络上的不健康的信息内容的获取采取限制措施，将不承担民事责任。所谓不健康的信息内容是指服务提供者认为属于淫秽的、猥亵的、下流的、肮脏的、过度暴力的、骚扰的或其他令人反感的内容，无论这些内容是否受宪法保护。②

最后，法案还要求网络服务提供者在与用户签订服务提供协议时，应当采取合适的方式，通知用户可以获取家长控制保护服务（如相关的计算机硬件、软件或过滤服务），以帮助用户控制未成年人接触到有害信息内容。③

从上述规定可以看出，美国法律并不要求网络平台承担信息过滤的法律义务，但是，如果网络平台自愿采取对不健康的信息的过滤措施，特别是对未成年人有害的信息过滤措施，那么，法律将为其提供保护，免除其相关民事责任。这是一种在联邦宪法第一修正案的大背景下的一种妥协方案，先前《通信正派法案》第223条禁止色情和不健康信息的传播的规定曾被联邦最高法院宣布为违宪，因此，国会是无法通过立法强制网络平台承担信息过滤义务的，所以，美国的网络信息过滤机制是建立在行业自律而非法律强制的基础之上的。

美国的谷歌、推特、Facebook等公司都有网络信息过滤机制，对宣扬种族、宗教仇恨或歧视的言论、恐怖主义内容、儿童色情内容等信息进行过滤，并且，在禁止儿童色情和恐怖主义信息传播方面，多家互联网公司还建立有信息共享项目。在2016年美国总统大选之后，有人认为网络社交媒体上散布的大量的虚假新闻信息干扰了选举，对此网络社交媒体应当承担一定的社会责任，Facebook为了回应社会舆论压力，也推出了对虚假新闻的治理措施。④

---

① 47 U. S. C. §230（c）（1）.

② 47 U. S. C. §230（c）（2）.

③ 47 U. S. C. §230（d）.

④ 关于美国互联网企业在不良网络信息过滤方面的自律措施，参见本文国外互联网自律措施方面。

第三节　网络平台的刑事责任

在美国，避风港原则使得绝大多数网络平台免于承担民事责任，而进入到刑事领域对犯罪承担刑事责任的情形更是罕见。美国目前尚没有专门法律直接就网络平台的刑事责任进行规定，即便援引包括《计算机诈骗与滥用法》（Computer Fraud and Abuse Act）等在内的其他法律规定，网络平台也因难以证明其“犯罪意图”（mens rea）而鲜被追责。① 如果一定追责，则网络平台的责任多基于过失或严格责任产生。② 同时，从责任产生的方式而言，网络平台的责任鲜有因其积极实施侵害行为而产生，更多地源于其未能履行特定管理职责。此外，《网络犯罪公约》并不要求网络平台对其用户内容进行监控，因此美国即便作为其成员国，也难以以此为依据来论证网络平台应当承担刑事责任。

一、网络平台责任的判例演变

美国网络平台责任的讨论长期集中在民事领域，并已就此形成一系列判例。这些判例尽管并不直接与刑事责任相关，但从其中可以大致描绘出美国立法与司法对网络平台责任的一般态度，并为刑事责任的豁免提供参考。

早期网络平台是否能够免责主要取决于其在信息传播过程中承担的角色。例如在1991年的“Cubby, Inc v CompuServe Inc. 案”中，③ 法院认为网络平台仅扮演消极的信息散布者（Distributor）而非出版者（Publisher），因此不应当对其用户发布的诽谤言论承担侵权责任。

但在随后的案件中，这一标准对于规范互联网行为起到了反作用。在1995年的“Stratton Oakmont. Inc. 诉 Prodigy Servs. Co 案④”中，被告 Prodigy

---

① Jason H. Peterson, et al, “Global cyber intermediary liability a legal & cultural strategy”, *Pace Law Review*, 2014, 34 (2): 586 –630, at 593.

② 参见 Mark Tantum, “Internet crimes: legal responsibility of internet service providers”, *Computer L. & Sec. Rep.*, 1998, 14: 383 –386.

③ Cubby Inc. v. CompuServe Inc., 776 F. Supp. 135, 136 (S. D. N. Y. 1991).

④ Stratton Oakmont. Inc. v Prodigy Servs. Co, 1995 WL 323710 (N. Y. Sup. Ct. May 24, 1995).

公司通过三种方式对其用户在公告栏上的发言进行编辑：（1）制定信息发布指引规则；（2）通过“公告栏主”（Board Leaders）去实施这些规则；（3）通过过滤软件以筛除侵略性言论。法院认为 Prodigy 公司此时已经不是单纯的信息散布者，而是应当被认定为出版者，因此应当对其用户的诽谤言论承担责任。基于该判决，网络平台为避免担责，反而越发拒绝监控和管理其用户信息。

为消除这一反作用，1996 年议会通过《通信正派法》（Communications Decency Act，下文简称 CDA），此后法院通过“Zeran 诉 America Online，Inc. 案①”宣布该法第 230 条所规定的免责条款同时适用于言论的出版者和散布者。

二、对《通信正派法》第 230 条的分析

第 230 条是目前美国网络平台刑事责任领域最为重要的法律规定，以下本文就该条文所涉及的三方面内容分别进行介绍。

（一）一般免责规定

依据第 230 条规定，该免责条款的适用需要满足三个条件：（1）被告必须是交互式计算机服务的提供者或使用者；（2）原告必须将被告视为有害信息的出版者或发布者；（3）有害信息的内容必须来自第三方。

（二）免责例外

第 230 条对该免责条款设置了四个例外：（1）联邦刑事责任；（2）已有知识产权法律规定；（3）各州制定的与本法相符的法规，但是，各州不得制定与第 230 条相冲突的法律；（4）1986 年《电子通讯隐私法》及其修正案的规定不受影响。鉴此，第 230 条并不免除网络平台基于联邦刑事法律所应承担的刑事责任，主要涉及以下两类犯罪：

1. 第 223 条规定的淫秽或骚扰通信罪

第 223 条（d）款规定了交互式计算机服务提供者承担刑事责任的两种情形：其一是该提供者向未满十八周岁的人发送或展示淫秽或儿童色情信息；其二是该提供者在知情的情况下允许他人通过其控制的设备实施此类行为。

---

① *Zeran v. America Online, Inc.*, 129 F. 3d 327 (4th Cir. 1997).

对应的刑罚是罚金或最高两年的监禁刑，或两刑并处。

第223条（e）款对于网络平台刑事责任的免除进行了规定，该免责需要同时满足以下条件：（1）某人仅提供设备、系统或网络的接入服务以及相关服务，或者通过他人控制的设备、系统或网络提供接入服务以及相关服务；（2）该接入服务及相关服务并不生成通信的内容信息。具体而言，“相关服务”主要包括传输、下载、缓存、接入软件使用等。

2. 第231条规定的基于商业目的通过互联网向未成年人提供对其有害的信息的犯罪

根据该条文，任何人在知晓该信息内容的情况下，故意为此行为的，将被判处最高5000美元罚金或6个月监禁刑，或两刑并处。

同时，第231条（c）款也为网络平台提供了积极抗辩事由，即平台需证明其基于善意已经采取措施制止未成年人接触有害信息。具体而言，这些措施包括但不限于：（1）要求用户提供信用卡、储蓄账户、成年人准入码或其他成年人身份识别信息；（2）接受确认年龄的电子证书；（3）其他基于当前技术可以采用的合理措施。

这里需要注意的是，尽管法律为刑事责任的追究留有余地，但司法实践中鲜有此类案例。最为著名的案件是BuffNet案。BuffNet是一家位于纽约的网络服务提供商。1998年，警方了解到一个名为“Pedo University”的讨论组通过网上电子公告栏发布儿童与成年人的性爱图片，而Buffnet是向该电子公告栏提供网络接入服务的服务商之一。侦查人员随后逮捕并起诉了13名犯罪嫌疑人，同时通过伪装成学生用户，向Buffnet发送提醒邮件，告知其网站上存在儿童色情图片传输和交易，但BuffNet未能及时作出回应。通告无果之后，检察机关以明知而提供儿童色情入口起诉BuffNet公司，最终BuffNet选择认罪，并被判处5000美元的罚金。①

BuffNet案被认为是美国网络平台责任领域里程碑式的案件。但是需要看到的是，BuffNet案在为网络平台刑事追责打开缺口的同时，并未从实质上颠覆美国传统的网络平台责任豁免原则。这一点可以从三个方面进行理解。首先，BuffNet案属于极端个例，此后很难再看到类似的判例出现；其次，Buff-

① 案情参见James C. McKinley, Jr.,“Internet company pleads guilty to enabling others to distribute child pornography”, issued on Feb. 17, 2001, available at http: //www.nytimes.com/2001/02/17/nyregion/internet－company－pleads－guilty－enabling－others－distribute－child－pornography.html. Accessed Aug. 24, 2017。

Net公司被追责主要是因为其行为涉及了性质严重的儿童色情犯罪，在包括版权侵权、侮辱诽谤等在内的案件中，难以找到类似案例；最后，BuffNet案最后的定性与刑罚均十分轻微，本案更具有的是宣示作用。

事实上，从同时期的立法与司法发展来看，即便在儿童色情领域，网络平台责任豁免仍占据主流。1998年的《儿童在线保护法》（Child Online Protection Act，下文简称COPA）是继《通讯规范法》（Communications Decency Act，下文简称CDA）的“淫秽言论条文”被宣布违宪之后，[①] 立法者为打击网络色情进行的再一次尝试。COPA要求所有发布侵害青少年的信息的商业平台不得向未成年人提供接入服务。所谓“侵害未成年人信息”，是指根据当前社会准则（Contemporary Community Standards）会引起淫秽兴趣，并且体现裸体或性行为的信息。该法一经通过便被谴责其评价标准过于宽泛和模糊，最终相关条文在2009年该法因违宪而被废除。

（三）免责例外认定标准

第230条确立了新的免责例外认定标准，即“对内容有实质性贡献”标准，用以取代之前的“散布者”与“发布者”区分标准。换言之，如果网络平台对违法信息的内容做出了实质性贡献，则其应当为其行为承担法律责任。该标准涉及两个问题：其一是何种行为属于“实质性贡献”；其二是“信息”范围。

就“实质性贡献”而言，在绝大多数的案件中法院多支持被告方免责，但亦有例外，如2004年的“MCW公司诉badbusinessbureau.com案”。[②] 本案中，被告对诽谤原告的信息草拟了具有毁谤性质的报告标题和编辑导言，法院认为该行为已经构成提供信息内容。

就“信息”的范围而言，主要的争议点在于计算机程序代码是否属于此类。涉及这一问题的典型案例是“Green v. America Online案”。[③] 本案中，某黑客通过AOL网络散布电脑病毒，该病毒感染了原告的电脑。法院在认定AOL免责的同时，认为有害电脑程序并不构成CDA项下的“信息”。

---

① Reno v. American Civil Liberties Union, 521 U. S. 844 (1997).

② *MCW, Inc. v. badbusinessbureau. com* (*RipOff Report/Ed Magedson/XCENTRIC Ventures LLC*) 2004 WL 833595, No. Civ. A. 3: 02 - CV - 2727 - G, (N. D. Tex. April 19, 2004).

③ Green v. Am. Online (AOL), 318 F. 3d 465, 469 (3d Cir. 2002).

三、网络平台可能承担刑事责任的犯罪

尽管目前仅在非常罕见的情况下，网络平台会被追究刑事责任，但是从立法的角度来看，网络平台的行为在符合特定犯罪构成要件时，也有可能构成犯罪。以下笔者对美国法典汇总中可能触发网络平台刑事责任的犯罪进行简要梳理。

（一）侵犯知识产权类犯罪

《美国法典》第506条规定了侵犯版权类犯罪，其中第（a）款（1）项（B）规定，任何人故意在180天内对1件及以上总价值超过1000美元的版权作品，通过包括电子方法在内的方式进行一次及以上复制或散布行为的，该行为构成犯罪。

（二）身份证件、鉴真标识或信息诈骗及相关行为犯罪

《美国法典》第1028条就利用或针对身份证件、鉴真标识或信息进行诈骗的犯罪进行了规定，其中第（a）款（2）项规定，行为人明知身份证件或鉴真标识系盗窃所得或非法制造，故意传输该证件或标识的，其行为构成犯罪。

（三）与计算机相关的诈骗等犯罪

《美国法典》第1030条规定了与计算机相关的诈骗等犯罪，其中第（a）款（5）项（A）规定，任何人在知情的情况下传输程序、信息、编码等，并故意在无授权的情况下通过传输行为破坏被保护的计算机的，其行为构成犯罪。

（四）对电信、电子或口头通信的监听和泄露犯罪

《美国法典》第2511条就监听和泄露电信（Wirc）、电子（Elcctronic）或口头（Oral）通信的犯罪进行了规定，其中第（1）款主要规定了以下几种形式的犯罪：（a）故意监听、试图监听或促使他人故意或试图监听任何电信、口头、电子通信；（b）在特定情况下故意或试图使用或促使他人故意或试图使用监听设备以监听特定通信；（c）明知或有理由知道信息是通过对电信、口头或电子通信监听所得，仍故意或试图向他人泄露该信息；（d）明知或有

理由知道信息是通过对电信、口头或电子通信监听所得，仍故意或试图使用该信息；（e）为妨碍或干扰有权的犯罪侦查之目的，对于侦查过程中合法监控所得的信息，在明知信息来源和使用目的的情况下故意或试图向他人泄露该信息。

第（2）款则专门针对电信或电子通信服务提供者规定了免责情形，主要包括以下几种：

第（a）项规定的职务免责条款，即电信或电子通信服务提供者的主管人员、雇员或代理人，为履行其工作职务以提供该服务或保护该服务提供者的权利或财产之目的，对电信、电子或口头通信进行必要监听、披露或使用的，其行为不构成犯罪，但公共电信服务提供者不得进行观察式或随机服务监控，除非该监控旨在进行服务质量控制。

第（g）项规定的两种免责情形：（1）该电子通信原本就向一般公众开放；（2）在必要的限度内，就损害任何合法设施或用户电子设备的干扰，为识别干扰源对电信或电子通信进行监控。

第（h）项（i）规定，电子通信服务提供者为保护自身、其他为该服务提供协助的服务提供者、该服务的用户，使其免受欺诈、不法侵害或服务滥用，对电信或电子通信进行监控的，其行为不构成犯罪。

第（3）款就公共电信服务提供者的行为进行了规定，公共电子通信服务提供者不得故意将传输中的通信信息泄露给该信息收件人或其代理人以外的人。例外情形主要包括：（1）根据第2511条（2）款（a）项或第2517条获得授权；（2）获得该通讯发出方或接收方的合法同意；（3）为传输该信息，向其雇员、被授权的人或设备提供者披露该信息；（4）服务提供者非故意获得该信息，在认为信息内容涉及实施犯罪时，向执法机关进行披露。

（五）非法获取通信记录犯罪

《美国法典》第2701条规定了非法获取通信记录犯罪，即任何人无权或越权进入电子通信服务所用设备以对该系统存储的电信或电子通信实施获取、变更或阻止合法获取等行为。但行为人获得通信服务提供者授权的，或者其为该服务之用户或者该通信之一方的除外。

（六）主动泄露用户通信或相关记录犯罪

《美国法典》第2702条就网络平台主动泄露用户通信或相关记录犯罪进

行了规定。就通信的内容信息而言，原则上，公共电子通信服务或远程计算机服务提供者不得在知情的情况下向该通信双方以外的任何人泄露其存储的通信内容。针对其他附带的非内容信息而言，第2702条（a）款（3）项明确规定不得在明知的情况下，主动向任何政府部门提供。

与其他犯罪相类似，基于合法授权或用户同意，网络平台亦可免责。具体的免责情形基于所涉信息是否属于内容信息而有所区别。就内容信息而言，这里特别需要提及的是以下几种特殊的免责情形：（1）根据第2258A条之规定，向国家失踪和剥削儿童中心（National Center for Missing and Exploited Children）披露相关信息；（2）针对服务提供者无意间获得的涉及实施犯罪的信息，向有关执法机关进行披露；（3）服务提供者认为确有可能造成他人伤亡的紧急情况而向相关政府部门进行信息披露。就内容信息以外的通信信息而言，除以上几种免责情形外，第2702条还允许服务提供者向政府以外的任何人提供。

四、网络平台的配合执法义务

网络平台免责的另外一个主要原因是配合执法，具体表现为根据相关部门的要求，就其服务注册者或用户的行为进行监控或提供特定信息。这些行为直接触及包括隐私权在内的公民个人信息，因此通常法律规定了具体的配合程序和适用条件。以下笔者就美国网络平台所承担的配合执法义务进行简要梳理。

（一）通信监控配合义务

《美国法典》第2511条（18 U.S.C. § 2511）就通信服务提供商配合有权机关进行通信监控的义务进行了规定。根据第（2）款（a）项（ii），电信或电子通信服务提供者或其主管人员、雇员、代理人等在获得符合1978年《国外情况监控法》规定的法院令状，或者在其他特定的无须法院令状的情况下，其有权向有关机关提供信息、设备或技术支持，以协助该机关对电信、电子或口头通信进行监听。就配合的质量而言，在“American Council on Education v. FCC案”① 中，法院认为根据1994年《执法通讯协助法》之相关规定，政府部门可以要求网络平台提供更好的和更可靠的设备以协助执法机关进行监控。

---

① Am. Council on Educ. V. FCC, 451 F.3d 226, 233 (D.C. Cir. 2006).

（二）通信信息披露义务

《美国法典》第2703条（18 U. S. C. § 2703）就通信服务提供者经要求而披露用户通信信息的义务进行了规定。

首先，就通信内容信息而言，相关政府部门可以在持有《联邦刑事诉讼规则》规定的法院令状的情况下，要求电子通信服务提供者向其披露在其系统中存储180天以内的通信内容。对于存储时间超过180天的通信信息，政府部门在持有法院令状的情况下可以不事先通知相关用户而要求电子通信服务提供商披露，也可以基于行政令状（Administrative Subpoena）并经提前通知要求服务提供商披露。以上情形同样适用于远程计算服务提供者，但不对内容信息存储时间进行区分。

其次，就内容信息以外的与通信有关的信息而言，相关政府部门可以在特定情形下，要求电子通信服务或远程计算机服务提供者提供其服务注册者或用户的通信服务记录，并无须告知该服务的注册者或用户。具体而言，这些情形主要包括以下五种：（1）根据《联邦刑事诉讼规则》获取有权法院的特定令状；（2）在特定情形下获取法院命令；（3）获取注册者或用户的同意；（4）针对电话销售诈骗，就用户或注册者的姓名、住址、工作地址向服务提供者出具正式的书面信息提取函；（5）要求提供的信息限于姓名、住址、通信时长、距离、支付方式、电话号码或服务号码等信息。

（三）通信信息备份义务

《美国法典》第2704条（18 U. S. C. § 2704）就通信服务提供者对电子通信进行备份的义务进行了规定。根据该条之规定，政府部门在依据第2703条（b）款（2）项规定的行政令状或法院命令，要求服务提供商提供电子通信内容信息时，可以在该令状或命令中附加要求其备份存储该信息。此时，服务提供商无须告知服务注册者或用户，应当在收到令状或命令之后的两个工作日内，在合理业务范围内备份该信息，并向该政府部门确认。政府部门在收到确认之后的三日内，应当告知服务注册者或用户。如果注册者或用户未对该政府行为提出异议，并且服务提供者自身也未启动异议程序，则服务提供商应当在政府部门告知注册者或用户的十四日之后，向该政府部门提供该备份信息。

第四章

德国法上的
网络平台法律责任制度

网络平台治理
与法律责任
The Governance and Liability of
Internet Intermediary

第一节　网络平台法律责任的一般规则

一、关于网络平台法律责任的一般性法律规定

（一）《欧盟电子商务指令》上的相关规定

为促进欧盟统一市场的建立，在电子商务领域确保信息的自由流动，欧盟颁布了《电子商务指令》，为成员国的立法设定了一般性框架。《欧盟电子商务指令》对中间服务提供者确立了避风港原则，成了欧盟范围内该领域的立法标杆。中间服务提供者包括提供纯粹的信息传输服务的接入或者传输服务提供者、缓存服务提供者以及主机服务提供者，这些在《欧盟电子商务指令》中第四节的第12～15条专门予以规定。

主机服务也被称为宿主服务，可大致分为网页寄存、服务器托管、电子邮件托管以及域名托管四大门类，其中网页寄存涵盖了包括网络平台在内的用户信息存储服务。正是因为宿主服务提供者并非自己生产内容，对利用其寄存或托管服务的接受者所展开的网络活动或者发布的网络信息，原则上不承担法律责任（《欧盟电子商务指令》第14条第1款）。假若宿主明知或者应当知道其服务中涉及违法活动或者信息，则不得享有责任豁免特权（《欧盟电子商务指令》第1款第a项）。基于此，指令对服务器商或者宿主服务提供者的法律责任设定采用了避风港原则，即“通知+移除”模式，服务提供者有义务在获悉或知晓相关违法活动或者信息时，立即移除信息或者阻止他人获取此信息（《欧盟电子商务指令》第1款第b项）。所以，宿主服务提供者不应当对违法信息的提供者存在任何授权或者控制情形，若存在则不遵从责任豁免特权规则（《欧盟电子商务指令》第2款）。

在上述规定的前提下，指令允许成员国在各自法律框架内针对终止或者预防侵权以及删除或者屏蔽信息进行进一步规定（《欧盟电子商务指令》第3款）。成员国可通过设置具体程序或者提出特别要求用以细化避风港原则，可

对宿主服务提供者就发现和阻止违法活动或者违法信息规定合理的注意义务（《欧盟电子商务指令》立法说明第46、48条）。

同样鉴于中间服务提供者对内容的相对中立立场，其不应当承担一般性的内容监督义务，也无须主动收集违法活动的情况或者事实（《欧盟电子商务指令》第15条第1款）。但成员国可立法要求中间服务提供者在发现违法活动或者违法信息之后，承担立即向主管机关报告的义务；应主管机关的要求提供服务接受者的身份信息（《欧盟电子商务指令》第15条第2款）。

（二）《德国电信媒体法》上的相关规定

在德国，关于网络平台的法律责任的一般规则，集中体现在《德国电信媒体法》的第7条至第10条。

第7条　一般原则

（1）根据一般原则，为供他人使用，服务提供者对自己提供的信息承担完全责任。

（2）在本法第8条至第10条的规定范围内，服务提供者对于传输或存储的信息不承担监管或查明违法信息并主动进行提示的义务。根据第8条至第10条的规定，虽然服务提供者对违法信息不承担责任，但应当承担依据一般原则而要求其履行删除或对信息使用的屏蔽义务。服务提供者应当遵守《电信通讯法》第88条有关通信秘密的相关规定。

第8条　信息的传输服务

（1）对于他人借助其通信网络传输的信息或者为他人传播信息而提供通信网络接入服务，服务提供者对他人所传输的信息不承担责任的前提条件是：

①没有安排其传输信息；

②没有筛选所传输信息的对象；

③没有对所传输的信息进行筛选或更改。

如果服务提供者有意与服务的使用者共谋而实施违法行为的，则本条第1款的规定排除适用。

（2）本条第1款所指的传输以及提供接入的行为包含对所传输信息的自动短暂的缓存行为。但该缓存的目的仅仅是为了实现通信网络中信息的传输，并且该信息的缓存时间不得超过进行传输所必需的合理时间。

（3）本条第1款和第2款的规定也适用于为使用者提供无线局域网服务的提供者。

第 9 条　为加速信息传输而进行的缓存服务

（1）为使向其他用户传输信息更加有效，对他人所传输的信息进行自动短暂的缓存时，服务提供者对他人所传输的信息进行缓存后不承担责任的前提条件是：

①提供者没有更改信息；

②提供者遵守了获取信息的条件；

③提供者遵守了业界所广泛认可并通用的更新信息的行业规则；

④提供者没有损害业界所广泛认可并通用的收集个人信息的合法技术；

⑤如果提供者得知原始传输来源的信息在网络上已被删除，或者获得该信息的途径已被屏蔽，或者法院或行政机关已下令删除或屏蔽上述信息获取的途径，则提供者应当迅速地删除或屏蔽他人获得其存储的信息的途径。

（2）本条不应当影响法院或行政机关根据成员国的法律制度，要求服务提供者终止或者预防侵权行为的可能性。

第 8 条第 1 款第 2 句的规定同样适用。

第 10 条　为信息存储而提供的托管（Hosting）服务

服务提供者对于其提供的信息存储托管服务不承担责任的前提条件是：

1. 提供者对违法的行为或信息不知情，并且就损害赔偿而言，没有相关的事实和情况表明，该违法活动或违法信息非常明显；

2. 提供者在获知后不迟延地删除该违法信息或者屏蔽他人获取信息的路径。

如果使用者是在服务提供者的授权或控制之下进行活动，则本条第 1 款不适用。

二、对《德国电信媒体法》上的相关规定的解读

（一）适用范围

早在《德国电信媒体法》（Telemediengesetz，简称 TMG）之前，德国法就在《电信服务法》（TDG）和各州签署的《媒体服务国家协议》（MDStV）中规定了若干对网络服务提供者的责任进行限制的条款。但在欧盟《电子商务指令》（Richtlinie über den elektronischen Geschäftsverkehr）生效后，这些责任规定已经不符合欧盟指令的要求。2007 年生效的 TMG 取代了之前的法律，

其中的第7~10条关于网络服务提供者责任的规定本身就是对《电子商务指令》相关责任规定的转化。因此，这些规定中特定概念的解释都需要由欧洲法院（EuGH）来完成。

在适用范围上，TMG首先只适用于“电信媒体”服务。TMG第1条第1款第1句就规定了何为“电信媒体”，据此规定，电信和广播之外的所有电子的信息和通信服务都属于“电信媒体”，电信和广播则分别是《电信法》（TKG）和《广播国家协议》（RStV）的规制对象。而TMG第7~10条则又只是针对“服务提供者”（Diensteanbieter）的责任豁免规定。这里的“服务提供者”包括内容提供者（Content Provider）、接入服务提供者（Access Provider）、网络提供者（Network Provider）等中间服务商，而不包括自己提供内容的服务商、域名服务商[①]，也自然不包括网络用户。此外，TMG的责任豁免规定虽是对欧盟《电子商务指令》的转化，但在适用范围上，二者并不完全一致——《电子商务指令》所针对的仅仅是商业性的网络服务提供者，而TMG还包括了私人、公益性的网络服务提供者。还需要注意的是，TMG第7~10条的规定不适用于设置链接服务和搜索引擎这两种几乎可以说互联网领域最重要的服务形式，但这一点又并非是超出立法者预见的法律漏洞，因为《电子商务指令》已经将二者排除在了适用范围之外[②]，所以为设置链接及搜索引擎类推适用TMG的规则也是不被允许的，对于这二者，只能适用一般的责任规定。

TMG第7~10条的责任豁免规定被称作“横截面规定”（Querschnittsregelung），它适用于各个法律领域的责任，既可适用于侵犯名誉权等普通民事责任，也可以适用于侵犯知识产权的责任，甚至也包括刑事责任。不过，并不是说这些责任规定可以适用于与网络服务提供者相关的所有的诉讼或请求权类型。例如，服务提供者对用户基于合同的违约责任就不能在此免除[③]。最受

---

① TDG的责任规定就曾被明确不适用于域名服务商，参见OLG Hamburg, MMR 2000, 92, 93 - *Glücksspiel im Internet*。

② 参见欧盟《电子商务指令》第21条第2款，及立法理由第42项。

③ *Freytag*, ZUM 1999, 185, 190.

争议的问题是，这些责任豁免规定是否适用于妨害防止请求权（Unterlassungsansprüche）①。《电子商务指令》第14条第3款和TMG第7条第2款第2句都有相似的规定，即不得影响根据一般法律规则要求服务提供者承担删除或屏蔽义务的可能性。这似乎是说明，不作为请求权不能被TMG所豁免。BGH早期的判决也因此认为，TMG的责任豁免规定无法完整地适用于妨害防止请求权②。然而，欧洲法院却在一些提起妨害停止请求的案例中适用了《电子商务指令》的免责规则。③ 近来，德国也出现了背离原先判决的趋势，新近的BGH的判决中也不再明确强调TMG不适用于妨害防止请求权。④ 但在2016年由慕尼黑地方法院呈递给欧洲法院的案例中，EuGH指出，责任豁免规定不能影响妨害防止请求权的实现，此外，偿还为行使这一权利而支付的警告费（律师费）、诉讼费的义务也不能为责任豁免规定所免除。⑤ 可见，TMG的相关规定是否适用于妨害防止请求权，答案仍不明朗。因此，本文主要在下文的一般责任规则中讨论网络平台妨害防止的责任问题。

（二）TMG第7条：承担责任的一般原则

TMG第7条第1款规定："服务提供者为其提供的自己的信息，按照一般的法律承担责任。"即是说，如果涉及的是服务提供者"自己的信息"（eigene Informationen），则就不再适用TMG的责任豁免规则。如何界定哪些信息属于内容提供者自己所有，需要进一步厘清：一方面，"自己的信息"包括属于内容提供者"自有的信息"（selbst geschaffene Inhalte），即人们很容易判断出该信息来自提供者（如消息来源中标注了作者为提供者，或者带有提供

---

① 关于Unterlassungsanspruch的翻译，问题比较复杂。一般而言，Beseitigungsanspruch和Unterlassungsanspruch（狭义）常常相提并论，前者指排除妨害结果的请求权；后者指在有侵害之虞时的妨害防止请求权，重点在于预防性；而Unterlassungsanspruch也被用作二者的上位概念（广义）。《德国著作权法》第97条的标题取的是广义，但第1款则是狭义的用法。当我们说妨害人责任只适用于Unterlassungsanspruch时，这里使用的应当是广义，因为它不仅包括删除原内容，也包括采取措施预防新的侵权行为。本文只使用了广义含义，因而主张翻译成"妨害防止"，以试图囊括"止"（排除妨害）和"防"（预防侵权）这两个含义。"不作为请求权"使得主动采取过滤等措施不是那么容易理解；"停止侵害"字面上无法包括旧的侵权已经结束（或者压根没有发生），但存在侵权危险因而需要采取措施预防的情形。当然，比起翻译而要，更重要的是，我们在表述时应当区分广义和狭义，如下文在讨论民法上请求权的时候就使用的是狭义。

② 这主要见于BGH关于"网上拍卖"案的三个连续判决，分别参见BGH GRUR 2004，860，862；BGH GRUR 2007，708以及BGH GRUR 2008，702。

③ Vgl. EuGH GRUR 2010，445 – *Google France*；EuGH ZUM 2012，307 – *SABAM/Netlog*.

④ BGH GRUR 2013，370，Rn. 19 f. – *Alone in the Dark*.

⑤ LG München ZUM 2015，344 – *Bring mich nach Hause*.

者的LOGO)。另一方面，“自己的信息”还包括“自编的信息”(eigen gemachte Inhalte)，即提供者对他人的信息进行加工处理后，再次提供给使用者的内容信息。

哪些内容属于“自编的信息”，需要以客观视角进行综合评价。判断的重要依据是提供者对于他人的信息的具体展现方式以及展现的目的，以及从客观第三人的角度出发，对该信息的整体印象。① 即便是网站提供者在信息中明确表明与该消息内容“划清界限”或者对他人的文章进行匿名化的处理，在具体案件中，仍有可能被认定为是“自编的信息”。例如，德国科隆州高等法院2002年判例中认为，“Communities”论坛植入了很多带有侮辱性的图片，这些图片多数是网友自己制作的，主要内容是将名人的头像换到其他人身上，并配有相关文字说明。虽然该论坛所有权人在网站上做了对网友所发表言论的“免责声明”(Disclaimer)，但法院审理后认为，该论坛植入图片的行为，已经视为是“自编”内容而非属于他人的内容，因此需要为侵犯他人人格权的行为承担责任。②

如果将他人制作的信息“作为已有”(Zueigenmachen)，也将被视作“自己的信息”。BGH认为，如果他人的信息是通过自动化的过程置于互联网上的，则不构成网络服务提供者自己的信息，相反，如果网络服务提供者背离了自己中间人身份，而是承担了主动的角色，以至于其知晓相关的信息甚至对信息进行了控制，则就构成“作为已有”的行为。网购平台(如eBay)将商户的商品信息存储于服务器、固定自己的付费服务模式并将之统一提供给商户的行为，不构成作为已有。③ 相反，如果网购平台借助搜索引擎的关键词广告服务，将商户的商品信息进行优化和宣传，则其扮演的不再是中性角色，该商品信息就属于平台自己的信息，无法适用TMG的免责。④ 对内容的结构调整(如字体、颜色等)、对他人提供的内容进行纯粹的审查等，则都不属于作为已有;⑤ 而BGH认为，附带有编辑行为的审查、在网上提供信息之前附上自己的名字和LOGO，以及在AGB里获得对信息的使用许可等，则都属于作为已有。⑥

① Köhler/Fetzer (Fn. 1), Rn. 80.

② OLG Köln: „Steffi Graf", MMR 2002, 548.

③ Vgl. BGH GRUR 2011, 1038 - Stiftparfüm.

④ EuGH, GRUR 2011, 1025 Rdnr. 115 - LOréal/eBay.

⑤ KG MMR 2004, 673.

⑥ Vgl. BGH GRUR 2010, 616, Tz. 25 ff. - MarionsKochbuch; BGH GRUR 2013, 370, Rn. 28 - Alone in the Dark; BGH GRUR 2012, 74 - Coaching Newsletter; BGH GRUR 2012, 751, Rn. 11 - RSS - Feeds.

此外，TMG 第 7 条第 2 款第 1 句规定，不得向服务提供者设定一个“一般性的审查义务”，即不得要求服务提供者监督其传输或存储的信息，不得要求其查明可能指向侵权事实的各种情况。这一规定可谓对网络服务提供者责任的“终极限制”，其目的就在于不能不合理地阻碍服务提供者的发展。即便 TMG 的责任免除条款不能适用，在适用一般性的责任规则为服务提供者确定责任边界时，也同样不得触碰这一“红线”。该条第 2 句规定，适用第 8 ~ 10 条的规定时不影响根据一般的法律需要承担的删除或屏蔽之义务。结合这两句可以认为，服务提供者虽然可能需要承担妨害防止之义务，但是这种义务也不能升级为一个“一般性的审查义务”从而损害服务提供者的商业模式。

（三）TMG 第 8 条：纯粹的信息传输服务

根据《德国电信媒体法》第 8 条第 1 款第 1 句的规定，对于接入服务以及网络提供者（主要包括宽带服务[①]和无线网服务提供者）而言，由于违法信息只是在其所提供的网络中进行传输或者其接入服务仅为他人使用违法信息提供了路径，同时，接入服务器与网络服务器提供者的业务活动也仅限于为他人的网络交流提供服务，因此原则上对他人所传输的违法内容不承担责任。免除接入和网络提供者的责任的依据在于，其对于违法信息的传输或接入而言，只是从技术上提供了传播的可能性。提供者既不知道该违法内容的情况，对信息也没有任何的控制权限。[②] 立法者在本条的立法理由中提到：提供者对于传输的内容并没有技术和法律上控制的可能性，对于内容的传输，也不能控制（即不能删减也不能改动），尤其是提供者的传输服务完全处于自动状态，导致无法了解具体的传输内容，或者虽然中间过程提供者能短暂性的抓取传输内容，但却无法做好有效的控制。因此，传输过程的自动性使得服务提供者无法及时做出阻止的决定。因此，对于他人所传输的违法信息，并不承担相关责任。

根据本条的规定，免除其责任的前提：

1. 提供者没有主动的推动其违法信息的传输（Übermittlung veranlassen）；
2. 提供者没有筛选信息传输对象；
3. 提供者没有筛选信息或修改信息

---

① 上文提到的2016年由慕尼黑地方法院呈递给欧洲法院的案例即涉及 WLAN 的提供者，参见 LG München ZUM 2015, 344 – Bring michnachHause。

② Hilgendorf/Valerius（Fn. 2），Rn. 211.

根据第8条第1款第2项的规定，如果服务提供者故意与互联网使用者串通一起实施违法行为的，则不能根据本条第1款第1项的规定免除其责任。

有疑问的是，如果接入服务商知道互联网使用者传输违法内容，但服务商拒绝屏蔽该用户的接入服务，这种情况下，服务商是否可以免除责任。

例如，网络服务商接到消费者保护组织对其客户B的投诉，投诉书中提及，B经常使用该公司的网络接入服务，对其他人大量发送垃圾邮件或色情图片。消费者保护组织要求网络服务商掐断B上网的路径。网络服务商拒绝配合。在此情况下，服务商是否应当承担责任。

根据第8条第1款第1句的规定，对接入提供者以及网络提供者而言，由于违法信息只是在其所提供的网络中进行传输或者其接入服务仅为他人使用违法信息提供了路径，因此可以免责。但如果接入服务商明知互联网使用者使用自己的网络传输违法信息时，应当屏蔽该用户的网络接入端口。在本案中，网络服务商并没有屏蔽用户的上网路径，按照学界的观点，应当承担法律责任，理由在于，接入服务商对他人所使用自己的服务和网络而言，已经处于保证人地位。该保证人地位来源于双方事先缔结的合同中相关的约定（如合同中有约定，不得违反国家法律传输非法信息），因此，服务商如果拒绝履行屏蔽义务，则构成不作为犯，其不作为犯的义务来源即基于合同成立而产生的保证人地位。①

此外，欧盟《电子商务指令》立法理由中也提到：如果提供者的行为完全属于技术性、自动性和消极性方式提供传输服务，换言之，服务提供者对于违法信息，在既不知情，也无法对信息传输以及存储进行控制的情况下，才能免除服务提供者的责任。在上述案件中，网络服务商有能力阻止非法信息的传输，但其拒绝执行屏蔽措施，因此，其行为已经不再属于是“技术性、自动性和消极性”的行为，应当承担不作为的责任。

（四）TMG 第8条第2款和第9条：信息缓存服务

缓存程序（Caching－Verfahren）的主要功能在于使得通信联络便捷，尤其是为加速通信连接过程。因此，提供者为了通信的快速便捷而对数据进行缓存时，不能因此而承担风险。在《德国电信媒体法》第8条与第9条中，专门规定了免除其责任的条款。关于缓存所引发的责任，分为两种情况：其

① Hilgendorf/Valerius（Fn. 2），Rn. 220.

一，接入服务提供者所进行的缓存（《德国电信媒体法》第 8 条第 2 款）；其二，通过代理缓存服务器所进行的缓存（《德国电信媒体法》第 9 条）。

1. 接入服务提供者所进行的缓存

接入服务商所进行的缓存应当满足以下三个条件：其一，该缓存属于自动进行，提供者既无法获知其内容，也无法进行主动控制。其二，该缓存仅仅是为了传输而所必需的步骤或程序，换言之，为实现数据信息传输，接入服务商必须进行相关缓存才能实现传输的目的，否则无法实现数据信息传输。其三，该缓存有一定的期限，即只是短暂的缓存（例如数个小时，在例外情况下，不排除留存多达数天的可能性），如果超过一个合理期间，则应当视为是服务接入商自己所拥有的信息或数据。如果该数据和信息违法，则接入服务商应当承担责任。除此之外，缓存中接入服务商并不承担责任。

2. 通过代理缓存服务器所进行的缓存

其免除责任的五个前提是（第 9 条第 1 款第 1 项至第 5 项）：

（1）提供者不能修改信息；

（2）提供者应当注意信息接入的其他条件（如信息访问的年龄限制），换言之，缓存不能使得法律所规定的年龄限制失效；

（3）提供者遵守了业界所广泛认可并通用的更新信息的行业规则；

（4）提供者没有损害业界所广泛认可并通用的收集个人信息的合法技术（主要指 Cookies 缓存技术）；

（5）如果提供者得知原始传输来源的信息在网络上已被删除，或者获得该信息的途径已被屏蔽，或者法院或行政机关已下令删除或屏蔽的，则提供者应当“不迟延的”删除缓存内容或屏蔽他人获得其存储的信息的途径。

（五）TMG 第 10 条：存储托管（Hosting）服务

TMG 第 10 条规定了托管服务提供者对信息存储托管服务（Hosting，有译为宿主服务、主机服务、主机托管服务等）的免责情形。所谓托管提供者（Hosting - Providing），是指允许他人在自己的服务器上建立站点，为他人提供信息存储及相关服务。①

根据该条的规定，托管提供者对于他人所存储在自己服务器中，以供他人使用的信息，如果托管提供者对违法行为或违法信息并不知情（keine

① Hilgendorf/Valerius, Computer - und Internetstrafrecht, 2. Aufl. 2012, Rn. 180.

Kenntnis），则不承担任何责任；当托管提供者得知他人行为或信息属于违法时，及时采取了删除或屏蔽措施（unverzüglich nach Kenntniserlangung tätig），也不承担任何责任。另外，对于民法上的损害赔偿责任，该条还额外规定，要免责的话还需要服务提供者不知道可明显推知违法行为或信息的事实与情况。如此一来，对于刑事责任和损害赔偿责任免除的条件就出现了区别，对于后者，服务提供者的重大过失足以排除免责规则的适用。

主机托管服务提供者在依据 TMG 第 10 条规定主张免责时应当特别注意以下几个关键性问题：

1. 对违法性认知的范围

虽然 TMG 是针对他人信息的免责，但第 10 条这里区分了违法的"行为"与"信息"。不同于欧盟的《电子商务指令》，TMG 第 10 条在"信息"前加了一个定冠词，似乎说明德国法的立法者认为，"违法"一词仅修饰行为，而不修饰信息。据此理解，知道信息本身的存在（而不必知道信息的违法性）就足以使得免责条件不成立。不过，许多人都主张，"违法"的限定应当同时适用于行为与信息。对于知识产权中的著作权而言，上述争议并不重要，因为在著作权侵权成立的情况下，信息内容往往不具有可责性，需要承担责任的是未经许可使用作品的"行为"。但对于责任起因于信息内容本身的情况，如儿童色情、侮辱性言辞等，按照不同的方式解释该法条（是否要求服务提供者知道信息之违法性），结论就会有所不同。目前来看，欧洲层面的 EuGH 及德国的 BGH 判决都认为，"违法性"同时限定这里的"行为"和"信息"，服务提供者承担责任的前提是知道行为和信息是"违法的"。①

2. 关于"知情"的判断标准

在判断托管服务提供者对违法行为或违法信息是否知情（Der Begriff der Kenntnis）时，重要的依据在于其是否存在"积极的知情"（positive Kenntnis），不要求其"理应知情"（Kennenmüssen），因为网络中很多内容属于自动存储，要求提供者对所有潜在的违法内容和信息都有认知，过于苛刻。

另外，知情的对象必须是具体的、特定的内容，即提供者至少能够知道该违法的内容在服务器中具体的位置。由于托管提供者并没有监督和事后审查的义务（Keine Überwachungs – oder Nachforschungspflicht），因此，托管提供者只知道该信息存在服务器，但不知道究竟在何处，并不构成知情。②

① Vgl. EuGH MMR 2010, 315 – Google France; BGH MMR 2010, 475.

② Hilgendorf/Valerius (Fn. 2), Rn. 208.

3. 民事损害赔偿背景下的“不知情”的判断标准

为适用免责规则，在原告提出损害赔偿请求的情况下，服务提供者还应满足以下要件：不知道可明显体现出有关违法行为或信息的事实或情况。需要指出的是，对这句法条不能理解为，要承担损害赔偿的责任，除了知道违法的行为和信息外，还需要“违法性”是明显的。如果这样理解，则会出现民事责任比刑事责任更易免除的荒诞结果。恰恰相反，TMG 第 10 条的这句补充性规定，并非关注违法性是否明显，而是说有没有这样的事实，使得违法行为或信息的存在是“明显的”。换言之，TMG 第 10 条对损害赔偿免责的条件进行限制，使得网络服务提供者在重大过失的情况下将承担损害赔偿责任。不过，“重大过失”的要件本身存在模糊性和不确定性，像美国法那样操作简单的“通知—移除规则”并没有规定在 TMG 中，这意味着网络服务提供者不得不承担更多的自我审查义务。如此，服务提供者面对有疑问的内容时就会陷入“两难境地”——如果主动删除或屏蔽用户的内容，可能要为用户承担损害赔偿责任；怠于采取措施，则又担心被认定为重大过失，从而为用户可能的侵权行为承担责任。因此，大多数的服务提供者会在用户的服务或使用条款中明确，自己保有在侵权事实未明时删除用户有争议内容的权利、使用过滤软件的权利等。①

4. 托管服务提供者对于违法行为或信息的监控义务

关于托管服务提供者对于违法行为或信息的监控义务，《欧盟电子商务指令》的导言第 48 条中规定：成员国可以要求托管提供者承担发现和阻止违法行为之合理的谨慎注意义务。需要指出的是，所谓“合理的谨慎注意义务”，这一规定的目的在于，限定该谨慎注意义务的范围，并免除服务提供者全方位监控的义务（Überwachungspflicht），因为如果服务提供者实现全方位无死角的监控，则一方面势必影响其发挥其他应有的功能和效益。另一方面，全面监控也意味着对个人隐私的侵害的可能性，从个人数据保护和人格尊严的角度看，这绝对是不可取的。

5. 服务提供者采取删除或屏蔽措施的义务

若托管服务提供者符合“知道”的情形，则其要免于承担责任，必须“不迟延地”采取措施，以删除相关信息或屏蔽对信息的访问。

关于如何确定提供者应当采取删除或屏蔽措施的时间节点这一问题，在

① Redeker, ITRB 2008, 227.

实践中，托管提供者得知他人行为或信息内容违法往往发生在收到法院、律师以及行政机关的正式公文以及收到其他人员的投诉之后。因此，如果提供者收到正式公文或投诉后，仍没有主动采取相关措施，则不能依据本条的规定免除责任。至于该删除或屏蔽措施实际上的效果如何，对于托管者的责任而言，并不重要，重要的是他真诚、主动地采取过相关措施。①

所谓“不迟延地”采取措施，法律并没有规定一个统一的期限，根据侵权行为的严重性和明显程度的不同，服务提供者会被要求在24小时乃至一周的时间内作出删除或屏蔽的行动。② 此外，立法理由指出，这里的措施必须是对服务提供者而言“技术上可实现及可期待的”。③ 早前的TDG曾明文规定了“可期待性”（Zumutbarkeit）这一要求，如今即使未正式出现在法条中，从比例原则的角度说，服务提供者被要求采取的措施也必须是在其可期待的合理范围之内。这一点也已经为BGH的判决所明确承认。④ 此外，在考虑措施是否“及时地”时，也需要考察要求服务提供者采取措施的时间对其而言是否具有“可期待性”。此外，《电子商务指令》的立法理由还强调采取措施时要注意保护言论自由。⑤

6. 不适用免责的情形

TMG第10条第2句还规定，若被存储信息的用户隶属于服务提供者，或者为其所监管，则服务提供者不能免责。这里的“监管”指对人员的监管，而非对信息的监管。例如，中小学校的网络平台即属于这一条规定的情形，而大学对其学生并无监管义务，因而大学的网络平台仍得适用本条免责。⑥

三、欧盟法上的典型案例

（一）欧洲法院（ECJ）的判例

欧盟的欧洲法院（ECJ）通过判例就网络平台在其用户实施的侵权行为中所负有的义务与法律责任问题发表了权威意见，并对欧盟《电子商务指令》

---

① *Hilgendorf/Valerius*（Fn. 2），Rn. 207.

② Vgl. Köster/Jürgens，K&R 2006，108，111；AG Winsen，CR 2005，682.

③ BT–Drs. 14/6098，S. 25.

④ Vgl. BGH GRUR 2013，370 – *Alone in the Dark*；BGH GRUR 2013，1030 – *File – Hosting – Dienst.*

⑤ ABIEG Nr. L 178 vom 17. 7. 2000，1 ff.

⑥ Vgl. Spindler，MMR 2004，440，443；OLG Braunschweig，MMR 2001，608，609.

中的相关条款的含义进行了解释，尤其是澄清了网络平台对于用户违法行为进行监控的义务范围，欧洲法院的相关解释对于《德国电信媒体法》上的相关解释将具有指引作用。

1. 电子商务平台在商标侵权中的责任

L'Oréal 诉 eBay 案①

案情简介：

本案由英格兰及威尔士高等法院呈递给欧洲法院。原告 L'Oréal 系化妆品和香水领域知名商标的权利人，其销售模式为封闭式的许可经营，被告 eBay 则经营一家全球性的网购平台。原告发现，有商家在被告经营的网站上未经商标权人同意向欧盟国家销售带有原告商标的商品，其中部分商品仅在第三国家许可销售。此外，被告还使用了 Google 的关键词广告服务，当搜索服务的使用者输入与原告商标相关的关键词时，将被导向被告网站上从事商标侵权行为的上述商家。原告认为被告参与了其用户从事的商标权侵权行为，要求其承担相应的责任。

裁判要旨：

欧洲法院指出，网购平台提供的服务如果仅是便于其用户在其经营活动中展示自己带有商标的商品，则不能认为网络平台自己从事了使用商标的行为。但是，如果为用户的销售行为提供了帮助（此时用户必须从事的是商业活动），如为其商品的展示进行优化设计以及为商品的销售进行广告宣传（如使用 Google 的广告服务）等，则等于是在用户的商标侵权行为中充当了“积极”的角色，此时，《电子商务指令》的免责规则无法适用。即使网购平台没有发挥积极的作用，如果其知道相关的事实，根据这些事实，一个理性的经济人可以推断违法行为的存在，并且在其知道相关事实后没有不迟延的删除或屏蔽相关信息，则同样不能适用免责。此外，欧洲法院还指出，成员国法院应当要求网购平台采取措施以便于查明其作为卖家的用户的身份。即使存在对个人数据保护的必要，只要其用户并非以私人身份活动，则也必须保障其身份是易于查明的。此外，成员国法院还应当要求网络平台采取措施阻止具体的侵权行为，且避免以后发生同一种类的侵权行为，这一措施不仅应当有效，且应符合比例原则，同时也不能给合法的商业行为造成阻碍。

---

① EuGH, GRUR 2011, 1025 – *L'Oréal/eBay*.

2. 网络接入服务提供商、社交网络平台的责任

SABAM 案①

案情简介：

Scarlet 是比利时最大的一家网络服务提供商。SABAM 是一家比利时的版权管理公司，从事版权代理和许可业务，其发现有许多网络用户登录 P2P 网站下载盗版作品，于是向法院提起诉讼，以网络用户利用被告提供的网络服务从事版权侵权行为为由要求被告安装过滤装置以停止侵权行为的发生，比利时法院发布了禁令。Scarlet 公司对此不服，认为要求网络服务提供商设置过滤装置等于要求对其网络通信进行监控，从而违反了《欧盟电子商务指令》第 15 条。比利时法院提请欧洲法院就与《欧盟电子商务指令》有关事项做出裁决。

裁判要旨：

欧洲法院经审理后认为，为了保护知识产权人的权利不受侵犯而要求网络服务提供商安装过滤装置，势必构成对网络通信的一般性的监控，自负成本且无时间限制、无内容限制，从而对网络服务提供商构成了严重的负担，侵害了网络服务商的营业自由，违反了《欧盟电子商务指令》第 15 条，打破了保护知识产权人的权利与保护网络服务提供商的营业自由之间的平衡。同时，欧洲法院还认为，比利时法院要求安装过滤装置的禁令还侵犯了网络用户的权利，打破了保护知识产权人的权利与保护网络用户的个人数据权、获取无偏见的信息的权利之间的平衡，因而，过滤装置的实施必然会涉及网络用户的识别、通信信息的监控与过滤，不仅违法信息会受到处理，许多合法的信息和通信也会受到影响，从而会侵犯网络用户的个人数据保护权、无偏见地获取信息的权利。②

（二）欧洲人权法院的判例

欧洲人权法院是按照《欧洲人权公约》设置的司法机关，而公约在性质上属于国际条约并非欧盟范围内的区域条约，但鉴于新《欧盟条约》在第 6（2）条要求欧盟加入该条约，加之实践中欧洲法院与欧洲人权法院频繁相互

① Scarlet Extended SA v. SABAM, Case C－70/10.

② 欧盟法院还审理了“SABAM 诉 Netlog”案，驳回了 SABAM 要求社会网络平台 Netlog 为保护版权人的利益而安装过滤装置的请求，禁止欧盟成员国的法院发布类似的禁令，其判决意见与 Scarlet Extended SA 诉 SABAM 案相同。参见 SARM v. Netlog, Case C－360/10。

援引判决，所以可在很大程度上视为欧盟法的司法实践。

1. 网络新闻网络平台的责任

Delfi AS 诉爱沙尼亚案

案情简介：

Delfi AS 是爱沙尼亚运营最大的网络新闻平台，允许用户随意匿名评论新闻。平台的使用条款中明确禁止用户发表侮辱诽谤言论，一旦发表必须自担责任。平台虽然没有设置统一的事前审查机制，但采用了信息过滤技术，一旦用户发表的言论中包含过滤列表不容许的低俗内容，系统将自动予以删除。而且平台还提供了“举报按键”，允许用户告知平台存在违法内容。在一则有关海上航运公司的新闻报道后，出现了大量包含暴力威胁和辱骂性质的匿名评论。权利相关人随即要求平台删除，平台未采取措施。由于爱沙尼亚国内法院支持了相关人即原告的民事诉讼请求，要求 Delfi AS 承担损害赔偿责任，Delfi AS 遂以爱沙尼亚国内的司法判决损害其通信传播自由权（《欧洲人权公约》第 10 条）为由向欧洲人权法院提起了诉讼。败诉后，Delfi AS 又向欧洲人权法院的大法庭提起上诉。

裁判要旨：

欧洲人权法院大法庭重点审查了爱沙尼亚国内司法判决对通信传播自由权的限制是否符合比例原则，并提出了以下重要衡量标准：

（1）所评论的新闻背景；

（2）平台对此的商业利益；

（3）平台已采用的预防和监督措施；

（4）平台用户的身份匿名化程度是否导致权利相关人无法对其直接采取法律救济手段。

本案中，关于海上航运公司的新闻报道本身是客观的，用户带有暴力威胁和侮辱性质的言论不应当出现在该报道的评论中。平台虽然对用户发表评论免费提供技术性和内容性的框架，但平台以此模式获取商业利益。平台虽然已经采取了一定的事后过滤以及举报机制，但还不足以防范违法信息的出现。该案中，所涉违法评论发布六周后才根据权利相关人的请求予以删除。此外，由于平台允许用户完全匿名化注册使用，权利人无法直接对违法评论发表者采取法律救济手段。从整体上判断，爱沙尼亚国内法院的判决对 Delfi

AS 的通信传播自由权的限制符合比例原则，Delfi AS 的上诉被驳回。①

2. 网络新闻平台的责任

Magyar TartalomszolgáltatókEgyesülete u. Index. hu Zrt **诉匈牙利案**

案情简介：

该案件发生在匈牙利，该国最大的新闻在线平台发表了针对一家房地产企业的负面报道，该新闻下也出现了若干辱骂性的言论。由于匈牙利国内法院都支持了房地产企业的诉讼请求，新闻平台只得以国内法院判决损害其通信传播自由（《欧洲人权公约》第 10 条）为由向欧洲人权法院提起上诉。

裁判要旨：

欧洲人权法院判定新闻平台胜诉。理由是在线新闻平台承担多少义务和责任应当考虑到互联网的特性，特别是对于第三方的言论而言，与传统媒体有显著区别。而且对网络辱骂性言论应予以甄别，本案中对所涉企业的辱骂虽然在语言风格上是刻薄的，但仍在网络通行的使用习惯范围之内。而且在线新闻平台事前设置了评论准则，也按避风港原则建立了一套“通知 + 移除”机制。综上，该平台的通信传播自由被损害，上诉成立。②

3. 内容分享平台的责任

Pihl **诉瑞典案**

案情简介：

该案发生在瑞典，一家小型协会运营的博客空间中博客主发表了一篇文章，该文指责本案当事人 Phil 属于纳粹党，博文下方留言中也出现了一则其他用户的辱骂性评论。文章发表 9 日后，Phil 在博文下方予以回应，指出其本人事实上并不属于纳粹党并要求立即删除博文和辱骂性评论。博客运营者虽于随后的第 2 日按其要求删除了所涉内容并发文道歉，Phil 仍将该博客运营协会诉诸法院，请求象征性的损害赔偿。瑞典国内法院没有支持原告 Phil，认为博客运营平台按原告的要求删除了错误博文和辱骂性评论，对此不再承担其他义务和责任。Phil 以国内法院判决损害其由《欧洲人权公约》第 8 条保护的隐私权和名誉权为由向欧洲人权法院提起上诉。

裁判要旨：

本案中，法院沿用了“Delfi AS 诉爱沙尼亚案”的判断标准。虽然所涉及

---

① EGMR, Urt. 16. 06. 2015 – 64569/09 – GRUR – Prax 2015, 299, 299.

② EGMR, Urt. vom 2. 2. 2016 – 22947/13 – NJW 2017, 2091, 2091 ff.

的博客文章事实上不成立，但考虑到博客运营平台为一个小型协会，从博客运行中几乎不获取商业利益，而且平台事先声明了不得发布违法言论，所以不得要求该平台承担更多的责任。所涉及的辱骂性评论在性质上并未上升到瑞典刑法层级，若属于刑法禁止的内容，平台才有义务采取更严格的预防和监督措施。另外，由于Phil完全有可能获取博客主和评论人的IP地址，从而直接对这两者向法院寻求法律救济。综上判断，Phil的隐私权和名誉权未受国内法院判决损害，上诉被驳回。①

第二节 网络平台承担民事责任的一般原理

一、网络平台经营者的监管、审核义务

网络平台经营者对于用户在平台上存储、发送的信息承担责任的前提是，其违反了应承担的法律上的义务，特别是监管义务与审核义务。② 因此，网络平台经营者的监管义务、审核义务何时产生及其内容范围，是网络平台经营者责任承担中的核心问题。

（一）信息发布前无一般监管义务

在信息发布（Veröffentlichung）之前，网络平台经营者没有一般意义上的监管义务（allgemeine Überwachungspflicht）。即平台经营者没有义务在信息发布之前对其进行审核（überprüfen）。该观点为判例所认可。③ 其依据为《德国

---

① EGMR, Beschl. v. 09. 03. 2017 – 74742/13.

② BGH, Urteil vom 05. Februar 2015 – I ZR 240/12 –, juris Rn. 49 mwN.

③ Vgl. Erwägungsgrund 42 der Richtlinie 2000/31/EG über den elektronischen Geschäftsverkehr; BGH, Urteil vom 11. März 2004 – I ZR 304/01, BGHZ 158, 236, 252 – Internet – Versteigerung I, Rn. 49; Urteil vom 19. April 2007 – I ZR 35/04 –, BGHZ 172, 119 – 136 – Internet – Versteigerung II, Rn. 14; Urteil vom 12. Juli 2007 – I ZR 18/04, BGHZ 173, 188 Rn. 43 – Jugendgefährdende Medien bei eBay, Rn. 43; Urteil vom 17. August 2011 – I ZR 57/09 –, BGHZ 191, 19 – 35 – Stiftparfüm, Rn. 21; Urteil vom 25. 10. 2011, VI ZR 93/10 – Blog – Eintrag, jurisRn. 24; LG Hamburg, Urteil vom 24. März 2017 – 324 O 148/16 –, juris Rn. 29; LG Würzburg, Urteil vom 07. März 2017 – 11 O 2338/16 UVR –, jurisRn. 98.

电信媒体法》第 7 条第 2 款第 1 句（§ 7 Abs. 2 S. 1 TMG）。① 该句指出相应的网络服务提供商（包括网络平台经营者）不承担监管、调查由其专递或存储之信息的义务。这一规定源自《欧盟电子商务指令》第 15 条第 1 款。

（二）信息发布后的审核义务

1. 审核义务产生之要件

信息发布之后，网络平台经营者的审核义务（Prüfungspflicht）尚未产生。审核义务的产生还需满足下列要件。

（1）因经营平台产生之风险上升

在网络平台侵权的典型案例中，涉嫌侵权的信息内容并非出于网络平台经营者自身，平台经营者也未借用该内容以表示自己的观点或立场（nicht zu Eigen machen）。例如，在“博客案”（Blog - EintragFall）中，某用户在被告博客平台上发布诽谤原告的内容。原告提示被告相关侵权事实后，对被告主张以停止散布（Verbreitung）该侵权信息为内容的不作为请求权（Unterlassungsanspruch）。② 因此，网络平台经营者原则上不构成主侵权人（Täter）或参与人（Teilnehmer）。其一般仅能作为妨害人（Störer，亦可译为“干扰人”）承担责任。③ 因平台经营者提供了技术上的可能性，让使用相关网络服务成为可能，则平台经营者作为主机供应商（Hostprovider）可能承担妨害人责任（Störerhaftung，亦可译为“干扰人责任”）。④ 也就是说，平台经营者需通过某种方式有意识地（willentlich）对权利侵害有所贡献（beitragen）。并且，该行为与权利侵害之间需有相当因果关系（adäquat - kausal）。⑤ 只要网络平台经营者在法律上有机会阻止相关侵权行为的发生，且第三人为自身行为承担责任，网络平台经营有对第三人行为的支持（Unterstützung）或利用（Ausnutzung）

---

① LG Würzburg, Urteil vom 07. März 2017 - 11 O 2338/16 UVR -, jurisRn. 98.

② BGH, Urteil vom 25. 10. 2011, VI ZR 93/10 - Blog - Eintrag, juris.

③ LG Hamburg, Urteil vom 24. März 2017 - 324 O 148/16 -, jurisRn. 28; BGH, Urteil vom 27. 03. 2012, VI ZR 144/11 - RSS - Feeds, jurisRn. 18; Urteil vom 25. 10. 2011, VI ZR 93/10 - Blog - Eintrag, jurisRn. 20.

④ LG Hamburg, Urteil vom 24. März 2017 - 324 O 148/16 -, jurisRn. 28; BGH, Urteil vom 25. 10. 2011, VI ZR 93/10 - Blog - Eintrag, jurisRn. 20.

⑤ LG Hamburg, Urteil vom 24. März 2017 - 324 O 148/16 -, jurisRn. 28; BGH, Urteil vom 25. 10. 2011, VI ZR 93/10 - Blog - Eintrag, jurisRn. 21; Urteil vom 17. August 2011 - I ZR 57/09 -, BGHZ 191, 19 - 35 - Stiftparfüm Rn. 20; Urteil vom 22. Juli 2010 - I ZR 139/08, GRUR 2011, 152 Rn. 45 = WRP 2011, 223 - Kinderhochstühle im Internet, mwN; Urteil vom 30. Juni 2009 - VI ZR 210/08 - Domainverpächter, jurisRn. 13 f.

均足以构成上文提到之贡献。[①] 其具体的内容至少可包括：①提供对相关产品及服务主体进行评价的平台（如大众点评等）[②]；②提供共享虚拟主机服务（Sharehosting - Dienst）（如各类网盘）；[③] ③提供博客平台[④]。在做出上述贡献时，经营者通过经营网络平台实际上使得相关侵权行为出现的概率上升。因此，网络平台经营者应对此承担一定的责任。但该责任承担仍以违反具有预期可能性的行为义务为前提。[⑤] 其原因在于，不得令自身未实施违法行为者承担妨害人责任。否则，网络平台经营者应承担的责任可能超出合理的范围（über Gebühr）。[⑥]

（2）用户于平台侵害他人权益

审核义务的产生及违反，以他人权益在平台上受侵害为要件。若不存在用户于网络平台侵害他人权益之事宜，即使网络平台经营者在接到对侵权事宜的投诉或举报之后没有对其进行回应，平台经营者对此也无须承担相应的责任。用户于网络平台侵害他人权益的案例主要涉及侵害人格权[⑦]、知识产权[⑧]及反不正当竞争法中的违反交往安全义务[⑨]等情形。

（3）对网络平台经营者的通知提示

当网络平台经营者得到具体的通知提示（Hinweis），且基于所举报的内容不难确认（unschwer feststellen kann）权利侵害的存在时，平台经营者才有义务去调查及衡量整个案件事实。[⑩] 即网络平台经营者的审核义务（Prüfungspflicht）以对相关权利侵害情况的提示（Hinweis）为要件。这适用于引言中提到的网络平台上的侵权案件，即在《欧盟电子商务指令》第 14 条第 1 款（Art. 14 Abs. 1 der Richtlinie 2000/31/EG）的意义上，对客户提供的

---

① BGH, Urteil vom 17. August 2011 - I ZR 57/09 -, BGHZ 191, 19 - 35 - Stiftparfüm, Rn. 20 mwN.

② LG Hamburg, Urteil vom 24. März 2017 - 324 O 148/16 -, jurisRn. 28.

③ OLG München, Urteil vom 02. März 2017 - 29 U 1797/16 -, jurisRn. 82 f.

④ BGH, Urteil vom 25. 10. 2011, VI ZR 93/10 - Blog - Eintrag, jurisRn. 21.

⑤ BGH, Urteil vom 25. 10. 2011, VI ZR 93/10 - Blog - Eintrag, jurisRn. 22; Urteil vom 17. August 2011 - I ZR 57/09 -, BGHZ 191, 19 - 35 - Stiftparfüm, Rn. 20.

⑥ BGH, Urteil vom 25. 10. 2011, VI ZR 93/10 - Blog - Eintrag, jurisRn. 22; Urteil vom 17. August 2011 - I ZR 57/09 -, BGHZ 191, 19 - 35 - Stiftparfüm, Rn. 20.

⑦ Vgl. LG Hamburg, Urteil vom 24. 03. 2017 - 324 O 148/16.

⑧ Vgl. BGH, Urteil vom 17. August 2011 - I ZR 57/09 -, BGHZ 191, 19 - 35 - Stiftparfüm.

⑨ Vgl. BGH, Urteil vom 12. Juli 2007 - I ZR 18/04, BGHZ 173, 188 Rn. 53 - Jugendgefährdende Medien bei eBay.

⑩ LG Hamburg, Urteil vom 24. März 2017 - 324 O 148/16 -, jurisRn. 29; BGH, Urteil vom 25. 10. 2011, VI ZR 93/10 - Blog - Eintrag, jurisRn. 24, . 26; Urteil vom 17. August 2011 - I ZR 57/09 -, BGHZ 191, 19 - 35 - Stiftparfüm, Rn. 26, 28.

信息进行纯技术上的、自动的加工，网络平台经营者仅中立地传递用户所输入信息的情形。此时，网络平台的经营构成所谓的“信息化社会”中的服务（ein Dienst der Informationsgesellschaft）。[①] 若网络平台经营者在权益侵害的过程中扮演了一个积极的角色，则该网络平台经营者不能享有责任优待地位（Haftungsprivilegierung）。[②] 责任优待地位指，在网络平台经营者对权利侵害并不知情，或在知情之后立即行动，以删除或屏蔽相关内容时，平台经营者原则上不因用户储存的非经营平台自身的信息（fremde Informationen）承担责任。[③] 相应的依据为《欧盟电子商务指令》第 14 条第 1 款（Art. 14 Abs. 1 der Richtlinie 2000/31/EG）。该条款内容通过《德国电信媒体法》第 10 条（§10 TMG）[④] 被转化到德国法中。另一依据为《欧盟电子商务指令》第 15 条第 1 款（Art. 15 Abs. 1 der Richtlinie 2000/31/EG），其通过《德国电信媒体法》第 7 条第 2 款（§ 7 Abs. 2 TMG）被转化到德国法中。网络平台经营者原则上无义务去监管由其传递或储存的信息[⑤]，其同样也没有义务去调查相关信息可能涉及的违法行为。[⑥] 以提示（Hinweis）为要件的理由在于，提示具有使得没有事先控制义务的网络平台经营者得以在其平台上数量众多的商品及信息中找到侵害他人权益的商品。[⑦]

若想审核义务产生，则相关通知需满足内容具体，以及应使网络平台经营者不难确认相关侵权事实的要求。[⑧] “不难”指的是，网络平台经营者对于相关通知（Hinweis）不需进行深入的法律上及事实上的审核即可对侵权行为进行确认。对审核是否深入的具体判断，取决于个案中网络平台经营者所需承担的审核费用（Prüfungsaufwand）。对此，一方面需考虑所涉权益侵害（Rechtsverletzungen）的严重程度；另一方面也需考虑网络平台经营者对侵权

---

① BGH, Urteil vom 17. August 2011 – I ZR 57/09 –, BGHZ 191, 19 – 35 – Stiftparfüm, Rn. 22; EuGH, Urteil vom 12. Juli 2011 – C – 324/09 – L' Oréal/eBay, jurisRn. 109 f.

② BGH, Urteil vom 17. August 2011 – I ZR 57/09 –, BGHZ 191, 19 – 35 – Stiftparfüm, Rn. 23.

③ BGH, Urteil vom 17. August 2011 – I ZR 57/09 –, BGHZ 191, 19 – 35 – Stiftparfüm, Rn. 22; vgl. EuGH, Urteil vom 12. Juli 2011 – C – 324/09, jurisRn. 119 – L' Oréal/eBay.

④ 《电信媒体法》第 10 条（§10 TMG）。

⑤ BGH, Urteil vom 17. August 2011 – I ZR 57/09 –, BGHZ 191, 19 – 35 – Stiftparfüm, Rn. 22; EuGH, Urteil vom 12. Juli 2011 – C – 324/09, jurisRn. 139 – L' Oréal/eBay.

⑥ BGH, Urteil vom 17. August 2011 – I ZR 57/09 –, BGHZ 191, 19 – 35 – Stiftparfüm, Rn. 22.

⑦ BGH, Urteil vom 17. August 2011 – I ZR 57/09 –, BGHZ 191, 19 – 35 – Stiftparfüm, Rn. 28.

⑧ LG Hamburg, Urteil vom 24. März 2017 – 324 O 148/16 –, jurisRn. 29; BGH, Urteil vom 25. 10. 2011, VI ZR 93/10 – Blog – Eintrag, jurisRn. 26; Urteil vom 17. August 2011 – I ZR 57/09 –, BGHZ 191, 19 – 35 – Stiftparfüm, Rn. 28.

情形的认知可能性（Erkenntnismöglichkeit）。[①] 例如，在笔形香水（Stiftparfüm）案中，第三人在被告的平台出售侵犯原告商标权的产品。[②] 原告在提示中说明，本案中第三人于被告平台出售的20ml装香水，以原告的“Echo Davidoff”及“Davidoff Cool Water Deep”的商标进行标记。并且原告从未生产过该20ml装的香水。也就是说，该香水无疑为假货（Fälschungen）。此时，被告平台不需事实上或法律上的进一步审核，即可通过其自身的检索系统依据相关信息找到相关商品，并确认其侵犯了商标权。[③] 另外须注意的是，通知虽须具体，但是其中对于侵权事实的违法性论证不得过长。并且，通知中也不应包含错综复杂的事实（Komplexer Sachverhalt）。[④] 平台经营者的应对行为会对提示是否符合上述要求的判断产生影响。若平台经营者接到提示后，没有要求提示者提供证据，也没有向提示者表示对提示内容有疑问，而是通知提示者所投诉内容已经被删除。则在之后的程序中可认为该提示已满足使审核义务产生的条件。[⑤]

通知（Hinweis）的具体方式包括诉前程序，如通过警告信（Abmahnung）进行通知；[⑥] 另外也包括通过起诉（Klageerhebung）进行通知。[⑦] 需注意的是，通知的对象须正确。即须对正确的平台经营者进行投诉。对于被侵权者来说，较为稳妥的方式是通过网络平台经营者提供的表格来进行举报。否则，提示可能因被提示的主体没有处理相关投诉内容的权限而无效。[⑧] 谷歌在专门的网页上为方便投诉提供了若干表格。[⑨] 由此，谷歌降低了用户的投诉成本，同时也为其自身更好地处理其平台上的侵权问题提供了方便。这不失为一个可供参考的做法。

2. 审核义务的范围

审核义务的内容为，在收到提示并确认平台上相关信息违法之后对该信

---

① BGH, Urteil vom 25. 10. 2011, VI ZR 93/10 – Blog – Eintrag, jurisRn. 26; Urteil vom 17. August 2011 – I ZR 57/09 –, BGHZ 191, 19 – 35 – Stiftparfüm, Rn. 28.

② BGH, Urteil vom 17. August 2011 – I ZR 57/09 –, BGHZ 191, 19 – 35 – Stiftparfüm, Rn. 1 ff.

③ BGH, Urteil vom 17. August 2011 – I ZR 57/09 –, BGHZ 191, 19 – 35 – Stiftparfüm, Rn. 29.

④ LG Hamburg, Urteil vom 24. März 2017 – 324 O 148/16 –, jurisRn. 46.

⑤ BGH, Urteil vom 17. August 2011 – I ZR 57/09 –, BGHZ 191, 19 – 35 – Stiftparfüm, Rn. 33, 34.

⑥ BGH, Urteil vom 17. August 2011 – I ZR 57/09 –, BGHZ 191, 19 – 35 – Stiftparfüm, Rn. 28.

⑦ BGH, Urteil vom 17. August 2011 – I ZR 57/09 –, BGHZ 191, 19 – 35 – Stiftparfüm, Rn. 28 mwN.

⑧ LG Hamburg, Urteil vom 24. März 2017 – 324 O 148/16 –, jurisRn. 45.

⑨ https://support.google.com/legal/troubleshooter/1114905?hl=zh-Hans#ts=1115655%2C6034194%2C1282865，访问时间：2017年7月28日。

息立即（Unverzüglich）进行屏蔽（Sperren），并采取预防措施使其不再出现。① 当然，审核义务以相关措施可能（Möglich）且有预期可能性（Zumutbar）为限。② 若没有采取相关措施，则构成审核义务之违反。③ 具体的义务范围需依据个案情形进行判断。④ 其中，须考虑的因素包括：（1）网络平台经营者所起之作用及其承担的具体任务（Aufgabenstellung）；（2）直接侵权人自身需承担之责任；⑤（3）网络平台经营者是否为了公益目的，还是说有营利之故意（Gewinnerzielungsabsicht）；⑥（4）网络平台经营者是否为了自身的经济利益，通过收取佣金（Provision）而参与到交易中。⑦ 当网络平台的经营模式（Geschäftsmodell）事先即以用户的权利侵害作为出发点，或是网络平台经营者通过自身的行为，促进了用户使用平台侵害他人权利的对平台的使用，则网络平台经营者应尽更多的审核义务。⑧ 举例来说，若平台经营者提供匿名功能，仅凭其对匿名用户的行为管理不足，不能认为该经营模式事先即以权利侵害作为出发点。⑨ 当然，假设网络平台经营者提供匿名服务的行为导致相关人在紧急情况下不能确认侵权人的身份，则平台经营者的审核义务此时可能增加。⑩

网络平台履行审核义务的通常程序为意见征求程序（Stellungnahmeverfahren）或可称为“乒乓程序”（“Ping - Pong - Verfahren”）。当然，若被举报内容明显违法，则网络平台经营者应直接立即删除相关内容。⑪ 除此之外，网

① BGH, Urteil vom 17. August 2011 - I ZR 57/09 -, BGHZ 191, 19 - 35 - Stiftparfüm, Rn. 21, 26 mwN.

② LG Hamburg, Urteil vom 24. März 2017 - 324 O 148/16 -, jurisRn. 41.

③ LG Hamburg, Urteil vom 24. März 2017 - 324 O 148/16 -, jurisRn. 41.

④ LG Hamburg, Urteil vom 24. März 2017 - 324 O 148/16 -, juris Rn. 42; BGH, Urteil vom 11. 03. 2004, I ZR 304/01 - Internet - Versteigerung, jurisRn. 48; Urteil vom 25. 10. 2011, VI ZR 93/10 - Blogeintrag, jurisRn. 22.

⑤ BGH, Urteil vom 17. August 2011 - I ZR 57/09 -, BGHZ 191, 19 - 35 - Stiftparfüm, Rn. 20 mwN.; Urteil vom 25. 10. 2011, VI ZR 93/10 - Blogeintrag, jurisRn. 22.

⑥ BGH, Urteil vom 17. August 2011 - I ZR 57/09 -, BGHZ 191, 19 - 35 - Stiftparfüm, Rn. 20 mwN.

⑦ BGH, Urteil vom 17. August 2011 - I ZR 57/09 -, BGHZ 191, 19 - 35 - Stiftparfüm, Rn. 20 mwN.

⑧ *Hoffmann*, in: Spindler/Schuster Recht der elektronischen Medien, 3. Aufl. 2015, § 10 TMG Rn. 4; LG Würzburg, Urteil vom 07. März 2017 - 11 O 2338/16 UVR -, jurisRn. 99.

⑨ LG Würzburg, Urteil vom 07. März 2017 - 11 O 2338/16 UVR -, jurisRn. 99.

⑩ Spindler/Volkmann, in: Spindler/Schuster, Recht der elektronischen Medien, 3. Aufl. 2015, § 1004 BGB Rn. 25, mit weiteren Nachweisen; LG Würzburg, Urteil vom 07. März 2017 - 11 O 2338/16 UVR -, jurisRn. 114.

⑪ Vgl. LG Hamburg, Urteil vom 24. März 2017 - 324 O 148/16 -, jurisRn. 46.

络平台经营者会走意见征求程序。意见征求程序的大致流程如下：

网络平台经营者应在得到举报人的同意后，将其举报内容转发给责任人，以便责任人发表意见。若在合理期间内，责任人未予回应，则应认为举报内容合理，应屏蔽或删除相关内容。[①] 其中，因为举报人经常拒绝将投诉转发给责任人，[②] 所以网络平台经营者转发相关内容需得举报人的同意。平台经营者可在确认收到举报的邮件中对此进行询问。若举报人不同意转发，在证据不足的情形下，平台经营者即无须进一步的行为。[③] 平台经营者可在用户使用协议中对此进行相关规定。例如，可约定用户在收到询问后的合理期间内（可确定具体天数）不予回应，则认为用户同意平台经营者转发相关内容。相应的，网络平台经营者也不得私自向责任人泄露举报人的具体信息。就时间上来说，平台经营者在收到提示后到展开意见征求程序之间的合理期间在“谷歌地图案”中被认为是四天。[④] 对此的考量是，一方面虽需考虑到平台经营者每天会收到大量的投诉，相应的审核需要一定的时间；但另一方面也需考虑到平台经营者为立即处理投诉而需要在基础设施及人力资源上均应做好准备。[⑤] 当然，假设网络平台经营者可依据具体情形说明在个案中四天时间不具期待可能性，则该标准可以另做判断。[⑥] 因该案中所涉利益及具体情形较为典型，因此四天的判断时间深值借鉴。

若责任人对相关事实提出异议，并由此产生合理怀疑，则原则上网络平台经营者应将该消息通知举报人，并在一定情形下要求举报人为其所宣称之权利侵害提供适当证明。[⑦] 若网络平台经营者及时转通知，即使此时内容还在网上，举报人对网络平台经营者依然没有不作为请求权（Unterlassungsanspruch）[⑧]。

若举报人没有回应或没有提供必要证据，则网络平台经营者不须做进一

① LG Hamburg, Urteil vom 24. März 2017 – 324 O 148/16 –, jurisRn. 42; BGH, Urteil vom 25. 10. 2011, VI ZR 93/10 – Blog – Eintrag, jurisRn. 27.

② LG Hamburg, Urteil vom 24. März 2017 – 324 O 148/16 –, jurisRn. 11.

③ LG Hamburg, Urteil vom 24. März 2017 – 324 O 148/16 –, jurisRn. 46; BGH, Urteil vom 25. 10. 2011, VI ZR 93/10 – Blog – Eintrag, jurisRn. 30.

④ LG Hamburg, Urteil vom 24. März 2017 – 324 O 148/16 –, jurisRn. 46.

⑤ LG Hamburg, Urteil vom 24. März 2017 – 324 O 148/16 –, jurisRn. 46.

⑥ LG Hamburg, Urteil vom 24. März 2017 – 324 O 148/16 –, jurisRn. 46.

⑦ LG Hamburg, Urteil vom 24. März 2017 – 324 O 148/16 –, jurisRn. 42; BGH, Urteil vom 25. 10. 2011, VI ZR 93/10 – Blog – Eintrag, jurisRn. 27; Urteil vom 17. August 2011 – I ZR 57/09 –, BGHZ 191, 19 – 35 – Stiftparfüm, Rn. 32 mwN.

⑧ BGH, Urteil vom 25. 10. 2011, VI ZR 93/10 – Blog – Eintrag, jurisRn. 28 f.

步的审核。[①] 若依据举报人的陈述、其所出示的证明（Belege）以及责任人的表达可认为权益侵害成立，则被投诉之内容应予删除。[②]

除此之外，若网络平台经营者没有遵守自己在意见征求程序中提出的期限，除非平台经营者提出其他证据，则一般认为其在具有可能性及期待可能性范围内违反了行为义务，需承担相应责任。[③]

（三）信息发布后的特殊监管义务

虽然网络平台经营者没有一般监管义务，但是在特殊案例中有一定的注意义务（Sorgfalt）。[④] 若在平台上有侵权情形发生，网络平台经营者应尽可能采取预防措施（Vorsorge treffen），阻止同类型侵权事件再次发生。[⑤] 例如在儿童成长椅案中（Kinderhochstühle III），有商家在 ebay 平台上出售带“Tripp Trapp”商标的儿童成长椅。但是，该批成长椅并非由拥有“Tripp Trapp”商标权的厂家生产。“Tripp Trapp”商标权人向 ebay 主张不作为请求权，要求其屏蔽相关商品。同时，该商标权人也要求 ebay 平台上之后不能再出现由职业商家提供的此类侵害其商标权的商品。法院认为，此时 ebay 负有对相关商品进行审查特殊注意义务，以尽可能地避免再发生同类型的侵权事件。[⑥]

二、对网络平台经营者可能产生的请求权

若网络平台经营者违反上述监管义务及审核义务，则相关权利人对其可能享有的请求权主要包括：损害赔偿请求权、资讯请求权（Auskunftsanspruch）、不作为请求权（Unterlassungsanspruch）。

其中，资讯请求权的内容为，要求平台经营者提供包括侵权人的具体身

① LG Hamburg, Urteil vom 24. März 2017 – 324 O 148/16 –, jurisRn. 42; BGH, Urteil vom 25. 10. 2011, VI ZR 93/10 – Blog – Eintrag, jurisRn. 27.

② LG Hamburg, Urteil vom 24. März 2017 – 324 O 148/16 –, jurisRn. 42; BGH, Urteil vom 25. 10. 2011, VI ZR 93/10 – Blog – Eintrag, jurisRn. 27.

③ LG Hamburg, Urteil vom 24. März 2017 – 324 O 148/16 –, jurisRn. 48.

④ 即规定了更为苛刻的审查义务（也即更为严格的妨害防止责任），如 Cybersky 案要求彻底停止销售软件，File – Hosting – Dienst 案要求在第三方网站用搜索功能审查指向自己网站的链接等。Vgl. Erwägungsgrund 48 der Richtlinie 2000/31; BGH, Urteil vom 05. Februar 2015 – I ZR 240/12 –, jurisRn. 51; BGH, Urteil vom 16. Mai 2013 – I ZR 216/11 –, jurisRn. 35。

⑤ BGH, Urteil vom 05. Februar 2015 – I ZR 240/12 –, juris Rn. 52.

⑥ BGH, Urteil vom 05. Februar 2015 – I ZR 240/12 –, juris Rn. 52.

份在内的与侵权事实相关的信息。损害赔偿请求权及资讯请求权，一般以责任人为主侵权人（Täter）及参与人（Teilnehmer）为要件。在平台经营者仅为妨害人时，对平台经营者的资讯请求权及损害赔偿请求权不成立。[①] 另外，也有判决认为，依据 TMG 第 12 条，只有在有法律法规明确规定或用户同意的情况下，网络平台经营者才能向第三人提供个人信息。资讯请求权仅仅是通过诚实信用原则推导所得，故不满足上述要求。资讯请求权不成立。[②]

不作为请求权可与原告附带秩序罚（Ordnungsmittel）的要求一同提出，并以停止传播（Verbreitung）相关侵权信息为内容。[③] 若被告未满足不作为请求权要求的行为内容，则需承担罚金（Ordnungsgeld）或接受拘留（Ordnungshaft）。若在判决中肯定了不作为请求权，则实际上对网络平台经营者在应对具体平台上的侵权问题时，提出了更高的要求。虽然判决认为 § 10 S. 1 TMG 的责任优待地位（Haftungsprivilegierung）不适用于不作为请求权（Unterlassungsanspruch），[④] 但是其同时也认为不作为请求权的产生以网络平台经营者违反行为义务（特别是监管义务与行为义务）为前提。[⑤] 不作为请求权的要件还包括侵害风险（Begehungsgefahr）的存在。[⑥] 其中，重复风险（或者说再次侵权的风险，Wiederholungsgefahr）以过去已有侵害权益之行为作为要件。[⑦] 首次权利侵害发生之后，即可征引（verweisen）重复风险。[⑧] 经营者之行为义务（Verhaltenspflicht）在其了解权利侵害之事实后才产生。[⑨] 若网上商城经营者通过被警告或通知才第一次知道权利侵害之事实，则作为被警告或被通知客体的权利侵害行为（Verletzungshandlung）尚不能引起不作为请求权意义上

---

① BGH, Urteil vom 17. August 2011 – I ZR 57/09 –, BGHZ 191, 19 – 35 – Stiftparfüm, Rn. 47.

② LG Köln, Urteil vom 11. Januar 2017 – 28 O 430/15 –, juris Rn. 128.

③ BGH, Urteil vom 17. August 2011 – I ZR 57/09 –, BGHZ 191, 19 – 35 – Stiftparfüm, Rn. 7.

④ LG Hamburg, Urteil vom 24. März 2017 – 324 O 148/16 –, jurisRn. 50; BGH, Urteil vom 11. 03. 2004, I ZR 304/01 – Internet – Versteigerung, jurisRn. 33, 34; Urteil vom 19. April 2007 – I ZR 35/04 –, BGHZ 172, 119 – 136 – Internet – Versteigerung II, Rn. 17 f.; Urteil vom 30. 04. 2008, I ZR 73/05 – Internet – Versteigerung III, jurisRn. 38; Urteil vom 25. 10. 2011, VI ZR 93/10 – Blog – Eintrag, jurisRn. 19; Urteil vom 22. Juli 2010 – I ZR 139/08 – Kinderhochstühle im Internet, jurisRn. 26; Urteil vom 30. Juni 2009 – VI ZR 210/08 – Domainverpächter, jurisRn. 17; Urteil vom 27. März 2007 – VI ZR 101/06 – Meinungsforum, jurisRn. 7.

⑤ BGH, Urteil vom 05. Februar 2015 – I ZR 240/12 –, juris Rn. 49 mwN.

⑥ LG Hamburg, Urteil vom 24. März 2017 – 324 O 148/16 –, jurisRn. 51.

⑦ BGH, Urteil vom 17. August 2011 – I ZR 57/09 –, BGHZ 191, 19 – 35 – Stiftparfüm, Rn. 38.

⑧ LG Hamburg, Urteil vom 24. März 2017 – 324 O 148/16 –, jurisRn. 51.

⑨ BGH, Urteil vom 17. August 2011 – I ZR 57/09 –, BGHZ 191, 19 – 35 – Stiftparfüm, Rn. 39.

的重复风险。[①] 仅在侵权人违反了阻止进一步权利侵害的义务，从而构成完全意义上的权利侵害（eine vollendete Verletzung）后，重复风险才存在。[②] 举例来说，完全意义上的权利侵害包括：在网络平台上，因平台经营者违反审核义务，至少有一个被具体投诉过的商品在同一个或另一个商家处继续在出售。[③] 若网络平台经营者作出惩罚性不作为义务申明（strafbewehrte Unterlassungsverpflichtungserklärung），则可使重复风险消灭。[④] 而因假处分并非具有持久性的规制（endgültige Regelung），仅仅存在假处分时，重复风险依然可以产生。[⑤]

另外，若存在首次侵害风险（Erstbegehungsgefahr），不作为请求权也可产生。当有重大明确的事实证据可说明被请求人不久之后会以某种方式进行不法行为，则可产生首次侵害风险。[⑥] 例如，若有人主张（Berühmung）自己享有权利进行某种特定行为，则可存在首次侵害风险。[⑦] 此种可直接或在不久的将来能推出有危害风险的主张（Berühmung），可在一定情形下存在于法定辩论程序中的表达里。[⑧] 但是若被告仅仅是对起诉提出辩解（Verteidigung）并认为其有权进行反诉，则该事实不能被评价为上述可引起首次侵害风险之主张（Berühmung）。[⑨] 举例来说，从具体情形或主张中可得出网络平台经营者不会阻止侵犯商标权的相应商品下线，则可构成上述之主张（Berühmung）。[⑩]

还需注意的是，与不作为请求权紧密相关的侵害除去请求权（Beseitigungsanspruch）不以被请求人行为违法为要件。[⑪] 因此，即使网络平台经营者未违反行为义务，被侵权人直接向平台经营者主张侵害除去请求权，要求平台经营者删除侵权内容，在确定平台上相关内容确实侵害原告权益后，法院

---

① BGH, Urteil vom 17. August 2011 – I ZR 57/09 –, BGHZ 191, 19 – 35 – Stiftparfüm, Rn. 39.

② BGH, Urteil vom 17. August 2011 – I ZR 57/09 –, BGHZ 191, 19 – 35 – Stiftparfüm, Rn. 39; vgl. BGH, Urteil vom 12. Juli 2007 – I ZR 18/04, BGHZ 173, 188 Rn. 53 – Jugendgefährdende Medien bei eBay.

③ Vgl. BGH, Urteil vom 12. Juli 2007 – I ZR 18/04, BGHZ 173, 188 Rn. 53 – Jugendgefährdende Medien bei eBay.

④ LG Hamburg, Urteil vom 24. März 2017 – 324 O 148/16 –, jurisRn. 51.

⑤ LG Hamburg, Urteil vom 24. März 2017 – 324 O 148/16 –, jurisRn. 51.

⑥ BGH, Urteil vom 17. August 2011 – I ZR 57/09 –, BGHZ 191, 19 – 35 – Stiftparfüm, Rn. 44.

⑦ BGH, Urteil vom 17. August 2011 – I ZR 57/09 –, BGHZ 191, 19 – 35 – Stiftparfüm, Rn. 44.

⑧ BGH, Urteil vom 17. August 2011 – I ZR 57/09 –, BGHZ 191, 19 – 35 – Stiftparfüm, Rn. 44.

⑨ BGH, Urteil vom 17. August 2011 – I ZR 57/09 –, BGHZ 191, 19 – 35 – Stiftparfüm, Rn. 44 mwN.

⑩ BGH, Urteil vom 17. August 2011 – I ZR 57/09 –, BGHZ 191, 19 – 35 – Stiftparfüm, Rn. 45.

⑪ *Looschelders*, Schuldrecht BT, 12. Aufl. 2017, Rn. 1433 mwN.

对其应予支持。

三、网络平台在人格权及信息自决权侵权领域的民事责任

在网络平台责任承担的案例中，人格权侵权是最为重要的案例类型之一。其中主要涉及名誉权侵权、隐私权侵权等案型。侵害他人人格权，对网络平台可能产生的请求权主要包括基于《德国民法典》第 823 条第 1 款与第 249 条以下的损害赔偿请求权以及基于第 823 条第 1 款与类推适用第 1004 条的不作为请求权。

若网络平台经营者因自身发布的信息（eigene Informationen）承担责任，则可依据侵害人格权的一般侵权法上的原则处理。若网络平台经营者因非自身信息（fremde Informationen）承担责任，则依照前文所述，以网络平台经营者违反审查义务为要件。但是，此时所涉侵权内容也应满足权利侵害的相关要件。德国法中，侵权法上的请求权所需满足的要件主要包括：（1）有权益受到侵害；（2）有违反义务的行为或是不作为；（3）存在责任成立的因果关系；（4）具有违法性；（5）行为人具有过错。[①] 在侵害人格权的案件中，法律适用具有其特殊性。须依据个案对于所涉权益进行利益衡量以论证违法性的存在。[②] 在涉及网络平台经营者责任的案例中，主要涉及一般人格权（包括隐私权、名誉权等）的保护以及由《德国基本法》第 5 条第 1 款与《欧洲人权公约》第 10 条（Art. 5 Abs. 1 GG，Art. 10 EMRK）所规定的言论自由与媒体自由（Meinungsfreiheit und Medienfreiheit）之间的利益衡量。[③]

在衡量的过程中，首先须判断网络平台上涉及侵权的内容属于意见表达（Meinungsäußerungen）还是事实主张（Tatsachenbehauptungen）。[④] 事实主张指的是符合一般受众的认知，并且是可以客观上被澄清并且可被证据证明的表

---

① *Looschelders*, Schuldrecht BT, 12. Aufl. 2017, Rn. 1200 ff.

② LG Hamburg, Urteil vom 24. März 2017 – 324 O 148/16 – juris Rn. 27; LG Heidelberg, Urteil vom 09. Dezember 2014 – 2 O 162/13 –, juris Rn. 41.

③ LG Hamburg, Urteil vom 24. März 2017 – 324 O 148/16 –, jurisRn. 27; BGH, Urteil vom 01. März 2016 – VI ZR 34/15 –, BGHZ 209, 139 – 157, Rn. 24; LG Hamburg, Urteil vom 07. November 2014 – 324 O 660/12 –, juris Rn. 80; BGH, Urteil vom 14. Mai 2013 – VI ZR 269/12 –, BGHZ 197, 213 – 224, Rn. 22; BGH, Versäumnisurteil vom 25. Oktober 2011 – VI ZR 93/10 –, BGHZ 191, 219 – 228, Rn. 25; BGH, Urteil vom 16. 11. 2004, VI ZR 298/03 – jurisRn. 29.

④ LG Hamburg, Urteil vom 24. März 2017 – 324 O 148/16 –, jurisRn. 32.

达内容。[①] 意见表达指的是不能以“真实或虚假”的标准来衡量，而是由观点（Stellungnahme）和认知（Dafürhalten）等因素所组成的内容表达。[②]

如果事实主张不能被证明，则一般认为此时的言论自由不值得保护。若为真实的事实主张，则一般不构成侵权。[③] 但在一些情形下，仍有例外，如侵害他人隐私权的情形。在 BGH 的一个案例中，某杂志报道了某明星和其女友的恋情。但是此时该恋情并未公开。法院判决认为，该报道侵犯了该明星的隐私权。此时与公众的知情权与媒体的言论自由相比，该隐私权更值得保护。明星与政客所起的作用不同，其隐私不需事事出现在公众的视野之中。[④]

若相关的内容为意见表达，则须再进行细分。若该意见表达仅为谩骂式批评（Schmähkritik），则此时言论自由不值得保护。谩骂式批评指主要为了对某人进行贬低，而不是为了对事情进行分析的内容。[⑤] 如果该意见表达不属于谩骂式批评，则须判断其事实基础是否真实。若该意见表达乃基于虚假的事实基础，则此时言论自由的保护不应优先于被侵权人的人格利益。[⑥] 例如在一案件中，第三人在某地图平台上对原告律所的服务进行了负面评价。在审理中查明，该原告律所与该评价的第三人之间并未发生过委托关系。即该评价的事实基础不存在。此时，须优先保护原告的人格利益。[⑦] 若意见表达有真实的事实基础，则须基于个案再具体进行判断。

只有经过上述的论证过程，才能判断相关内容所涉及的人格权侵害具有违法性。从而才能肯定，网络平台经营者在人格权侵权的案例中作为侵权人或是妨害人需要承担相关责任。

德国法中，侵害信息自决权（informationelle Selbstbestimmung）是另一需关注的重要领域。下述 WhatsAPP 案反映了网络平台的潜在法律责任风险。

---

① LG Hamburg, Urteil vom 24. März 2017 - 324 O 148/16 - , jurisRn. 32. LG Hamburg, Urteil vom 24. März 2017 - 324 O 148/16 - , jurisRn. 32; LG Hamburg, Urteil vom 07.

② LG Hamburg, Urteil vom 24. März 2017 - 324 O 148/16 - , jurisRn. 32; LG Hamburg, Urteil vom 07. November 2014 - 324 O 660/12 - , jurisRn. 81.

③ LG Hamburg, Urteil vom 24. März 2017 - 324 O 148/16 - , jurisRn. 33.

④ Vgl. BGH, Urteil vom 02. Mai 2017 - VI ZR 262/16 - , juris.

⑤ Vgl. LG Hamburg, Urteil vom 24. März 2017 - 324 O 148/16 - , jurisRn. 39.

⑥ LG Hamburg, Urteil vom 24. März 2017 - 324 O 148/16 - , jurisRn. 40; LG Hamburg, Urteil vom 07. November 2014 - 324 O 660/12 - , jurisRn. 83.

⑦ LG Hamburg, Urteil vom 24. März 2017 - 324 O 148/16 - , jurisRn. 40.

WhatsAPP 案①

案情简介：

该材料为 Bad Hersfeld 地方法院在一起涉及探视权的案例中所作的相关决议。在该决议中，法院额外分析审核了孩子使用电子设备的情况。本案中，未成人 E 年龄为 11 1/4 岁。在 E 的 11 岁生日时，E 的母亲送他了一部智能手机。E 在手机上安装了部分手机应用，其中包括 WhartsApp。E 在平时经常使用 WhartsApp 应用，其手机通讯录中有超过 20 个联系人，其中 16 人是 WhartsApp 的注册用户。

在注册使用 WhartsApp 时，E 必须同意接受 WhartsApp 公司的用户协议。该协议规定，用户使用 WhartsApp 时须向 WhartsApp 公司提供其手机通讯录中联系人的信息。同时用户也应确认其有权利提供此类信息。但在本案中 E 未从联系人处得到同意，因此其无权处分联系人的信息。

协议还规定，WhartsApp 公司可能会从他人处收到与注册用户相关的信息。例如，其他用户可能会将其手机通讯录中关于注册用户的信息提供给 WhartsApp 公司使用。在 E 使用 WhartsApp 的过程中，通讯录的信息也确实会被发送给 WhartsApp 公司。该公司会保存此类信息，并对信息进行加工使用。另外，WhartsApp 还会对手机通讯录中的信息进行时时更新。

裁判要旨：

孩子母亲有义务取得孩子手机通讯录中所有联系人的书面同意，从而使 E 具有上传相关信息，并允许 WhartsApp 公司基于用户协议中所描述的各种目的使用这些信息的权利。

若孩子的母亲未能证明其在两个月之内得到了所有联系人的书面同意，则其应临时卸载她儿子手机中的 WhartsApp 应用。直到所有相关联系人作出了书面同意之后，该手机应用才能被再次安装。

裁判理由：

权利基础：基于《德国民法典》第 1666 条（§ 1666BGB），在满足下列要件时家庭法院才有权采取必要措施，以避免孩子的利益受到危害。

要件：

1. 存在风险

家庭法院采取相应措施的权利以存在可能危害孩子身体、精神、心理健

① Vgl. AG Bad Hersfeld, Beschluss vom 15. Mai 2017 – F 120/17 EASO –, juris.

康以及其财产利益的风险为前提。

本案中，因为未成年人 E 使用 WhartsApp 应用的行为可能满足侵权行为的要件，从而他人可能依此对未成年人作出警告，并类推适用《德国民法典》第 1004 条（§ 1004 BGB）对 E 主张不作为请求权。另外，他人对 E 还可能享有无因管理请求权。因此，本案中可能存在未成年人 E 之财产利益受到损害的风险。即本案中的风险以他人对 E 享有请求权为前提。他人对 E 可能享有请求权的情形主要包括：

（1）E 手机通讯录中的联系人可能基于《德国民法典》第 823 条第 2 款（§ 823 Abs. 2 BGB），《联邦数据保护法》第 28 条（§ 28 Bundesdatenschutzgesetz/BDSG），类推适用 § 1004 BGB 对 E 享有不作为请求权。

§ 28 BDSG 以数据的提取、保存、传递信息等基于自身的商业目的为要件。数据使用人必须客观上基于商业目的对个人数据进行了使用，或是主观上有意识地对数据进行商业上的使用。例如，保险经济人、律师、银行的客户经理等将数据当作客户名单来使用。

本案中，虽然 E 在未经授权的情况下擅自将其通讯录中联系人的信息发送给了 WhartsApp 公司，但是 E 使用 WhartsApp 应用明显不是基于商业目的。因此相关联系人对于 E 不享有基于《德国民法典》第 823 条第 2 款（§823 Abs. 2 BGB），《联邦数据保护法》第 28 条（§ 28 Bundesdatenschutzgesetz/BDSG），类推适用 § 1004 BGB 的不作为请求权。

（2）E 手机通讯录中的联系人可能基于 §823 Abs. 1 BGB、类推适用 § 1004 BGB 对 E 享有不作为请求权。

相关联系人享有不作为请求权需满足下列要件：

a. 权利侵害

相关联系人的权利须受到侵害。该权利须为 § 823 Abs. 1 BGB 中所规定的权利之一。基于《基本法》第 1 条第 1 款结合第 2 条第 1 款（Art. 1 Abs. 1 i. V. m. Art. 2 Abs. 1 des Grundgesetzes）所得到的信息自决权满足该要件。该权利的内容为每个基本法上的权利人原则上都有权决定在什么时间以及在什么范围内公开自身的情况。

本案中，E 在未经授权的情况下向 WhartsApp 发送通讯录中联系人的信息，侵害了相关联系人的信息自决权。该要件成立。

b. 因果关系

E 发送信息的行为和相关联系人的信息受到侵害之间具有相当因果关系。

c. 违法性

E 的行为须具有违法性。

本案中，基于上述积极的侵权行为即可征引 E 的行为具有违法性。本案中也没有相应的正当化理由。若相关联系人同意 E 将联系人自身的信息发送给 WhartsApp，则正当化理由可以存在。但该同意在本案中并不存在。在私人生活领域中得到他人电话号码，或是从第三人处得到他人的电话号码，都不能解释出权利人已同意 E 将其电话号码等信息发送给 WhartsApp 公司。因为绝大多数 WhartsApp 用户在注册时都不会阅读用户协议，所以即使有相关联系人已经使用了 WhartsApp，也不能认为其有作出同意的表示意识，也就是说，不能认为其对此种信息传输已有默示的同意。

d. 过错

E 的行为须有过错。

本案中，E 的行为至少有过失。E 虽然有持续地在使用 WhartsApp 应用，但其从未读过使用条款，也没有向其父母或其他人寻求过帮助以对相关内容进行了解。因此其行为至少满足过失的要件。

e. 责任能力

E 须在《德国民法典》第 828 条第 3 款（§ 828 Abs. 3 BGB）的意义上具有责任能力。

本案中，法院基于 E 的成长经历以及对 E 的印象，认为 E 对于本案之情形具有识别能力（Einsichtsfähigkeit）。

f. 重复风险

不作为请求权以侵权具有重复风险为要件。

本案中通讯录中的信息一直被储存在手机中，并且在 E 使用 WhartsApp 的时候相关信息会如用户协议中所规定的一样会定时自动上传。因此本案中存在重复风险。

g. 小结论

因此，本案中 E 手机通讯录中的联系人基于 § 823 Abs. 1 BGB，类推适用 § 1004 BGB 对 E 享有不作为请求权。

（3）E 手机通讯录中的联系人可能基于无因管理（§ § 677, 683 S. 1, 680 BGB）对 E 享有请求其返还联系人发出警告函（Abmahnung）所需费用的请求权。

该无因管理请求权以警告人有权发出警告函为要件，并且在发出警告时警告人对被警告人须享有不作为请求权。除此之外，《德国民法典》第683条第1句（§ 683 S. 1 BGB）还规定，警告函还需符合被警告人的利益。

本案满足上述要件。另外有抗辩观点认为，本案不一定需要律所参与到争议解决之中，因此相关的律师费用不一定需要存在。但是德国联邦最高法院（BGH）对此趋向于做较为谨慎的判断。其认为即使在有法务部门的大公司也可以在很多与本案类似的案件中寻求律师的帮助。因此该抗辩不成立。除此之外，有判决认为如果案件仅涉及简单的法律问题，并且其所涉及的权利侵害情形较为轻微，则应对警告函所需费用进行限制。但是本案并非此种情形。本案涉及《联邦数据保护法》、信息自决权侵权以及包括侵权人、被侵权人、应用经营者的三角关系，因此已属于须在法律上进行复杂审核的问题。

2. 父母不愿或不能防范此类风险

本案中，孩子的父母没有能力自行采取补救措施，因此该要件成立。

结论

家庭法院可采取一定措施以防范对孩子本身及其财产可能存在的风险。

基于本决议的观点可认为如果没有信息权利人的同意，即使注册用户同意网络服务提供者提取其手机中的信息，注册用户此时也可能构成侵权。另外还需注意的是，网络服务提供者也可能因此构成共同侵权。本案中法院认为E手机中的部分联系人虽然已经注册使用WhartsApp应用，但也不能根据协议内容认为相关联系人已默示同意E可以将其个人信息上传给WhartsApp公司。此为本案中关键的法律问题之一，需要进一步的审核。如果网络服务提供者在用户协议中规定，注册用户同意其他用户将其信息上传给网络服务提供者，并且此项同意可以在法律上得到认可，则相关手机用户以及网络服务提供者构成侵权的风险将会大幅降低。

四、德国法上网络平台侵犯人格权的典型案例

德国涉及网络平台上人格权侵权的案例较多，本文选取三起典型案例进行介绍。借此展现上述观点在实际案例中的具体运用。第一起案例为“自动联想功能案”。该起案例中，信息来自网络平台自身。网络平台经营者依据一般侵权法原则，为自身发布的信息承担责任。[①] 第二起案例为“医生评价平台

① BGH, Urteil vom 14. Mai 2013 - VI ZR 269/12 - , BGHZ 197, 213 - 224.

案”。该起案例中，涉嫌侵权的信息为非平台自身信息（fremde Informationen）。网络平台经营者作为间接妨害人承担责任。[1] 第三起案例为“曼海姆的种族主义者案”。[2] 前两个案例主要涉及名誉权侵权。第三个案例中，则对隐私权及名誉权的侵害均有涉及。

（一）自动联想功能案（Autocomplete – Funktion）[3]

案情简介：

本案中原告是德国著名的化妆品及保健品零售商 R，被告是某 G 搜索引擎公司。2009 年 4 月起，被告为其搜索引擎添加了自动联想功能（Autocomplete – Funktion）。依据用户输入的字符，搜索引擎会提供一定的关键词联想，从而对用户需要检索的关键词进行预测。该预测是通过一定的算法基于其他用户搜索关键词的数量得到的。原告发现在搜索原告名字的时候，会有“欺诈”等负面词汇的联想关键词出现。但是原告既未曾实施欺诈，目前也没有相应的诉讼。因此，原告诉请被告移除相应内容。

裁判要旨：

因为该联想结果是基于被告的算法得到，所以该信息应属于被告自身的信息。依据《德国电信媒体法》第 7 条第 1 款（§7 Abs. 1 TMG），被告应该依据一般法律的规定承担责任。因此，其可能基于《德国民法典》第 823 条第 1 款、第 1004 条及《德国基本法》第 1、2 条作为妨害人承担责任，而不是作为间接妨害人承担责任。因为本案涉及人格权侵权，所以必须进行利益衡量。需衡量的利益包括对原告人格权的保护以及对被告的言论自由和经济自由的保护。因为该搜索联想呈现的结果对于一般用户来说会导致对原告负面的评价，并且该评价没有真实的事实基础，所以此时更应保护的是原告的人格权。因此，本案中的人格权侵权具有违法性。

需注意的是，被告原则上没有义务对每一个联想内容都事先进行审核。但是在其对联想内容涉嫌侵权知情后，即应承担对相应联想结果的审核义务。

---

① BGH, Urteil vom 01. März 2016 – VI ZR 34/15 –, BGHZ 209, 139 – 157.

② LG Heidelberg, Urteil vom 09. Dezember 2014 – 2 O 162/13 –, juris.

③ BGH, Urteil vom 14. Mai 2013 – VI ZR 269/12 –, BGHZ 197, 213 – 224.

（二）医生评价平台案（jameda. de II）[1]

案情简介：

原告是一位牙医，其经营了一家牙科诊所。被告则运营着一家网站。在该网站上，用户可输入关键字，如某一医学领域，即可得到相关的医生的信息。注册用户则可匿名在平台上对医生进行评价。一个匿名用户在2013年对原告诊所的某一医生发布了负面评价。原告发现后通知被告，并没有类似的病人来过其诊所就诊。被告声称评价者提供了非常详细的就诊经历。因此被告对评价的真实性并不怀疑。原告向被告主张不作为请求权，要求被告停止散布所涉评价信息。

裁判要旨：

州法院（Landgericht）认可了原告的请求。州高等法院（Oberlandesgericht）在上诉过程中则驳回了原告请求。再审法院判决撤销原判，发回重审。

再审法院认为，不可否认原告对被告有基于《德国民法典》第823条第1款、类推适用第1004第1款第2句以及《德国基本法》第1条第1款和第2条第1款的不作为请求权。本案中，也不能否认被告为间接妨害人（Mittelbare Störerin）。

若想认定被告为间接妨害人，则平台经营者需通过某种方式有意识地（Willentlich）对权利侵害有所贡献（Beitragen），并且，该行为与权利侵害之间需有相当因果关系（Adäquat – kausal）。在本案中，基于原告所告知的情形，不难确认有权利侵害情形的存在。并且原告曾告知被告，评价者未曾在其诊所有过就诊经历。在被告知道侵权事实之后，其有义务对侵权事实进行审查。法院认为，被告违反了该审核义务。除此之外，该评价需构成对被告的权利侵害。在人格权侵害的利益衡量过程中，首先该评价应被认定为意见表达。在本案中，依据一般原则，应由原告就评价人曾到诊所进行过就诊的事实负举证责任。但是因为进一步的取证对于原告来说没有可能，所以被告承担次级举证责任（Sekundäre Darlegungslast）。被告对此未有充足证据。法院最终认定该就诊事实不存在。因此该意见表达的事实基础不存在。通过言论自由与名誉权之间的利益衡量，应优先保护原告的名誉权。故该权利侵害具

[1] BGH, Urteil vom 01. März 2016 – VI ZR 34/15 – , BGHZ 209, 139 – 157.

有违法性，符合侵权法上的构成要件。因此，原告对被告的不作为请求权应可成立。

（三）曼海姆的种族主义者案①

案情简介：

在该起案例中，三位原告请求被告G搜索引擎的经营者移除其网页上的部分链接。该案事实为，用户在被告的搜索引擎中输入原告的名字，在前几位的搜索结果中有链接可以链接到某一论坛中的一篇文章。在该文章中，将原告一、二描述为种族主义者，并且透露了原告的家庭住址、工作单位及工作时间。在输入原告三名字的时候，也会出现类似的链接，但是论坛上的文章并没有涉及原告三的具体内容。三位原告在诉前要求被告屏蔽相关内容。被告也接受了原告的请求。但是相同内容的链接不久之后又在同一论坛中出现，并且通过同样的方式可以在搜索引擎中找到。原告要求被告保证类似的内容之后在搜索原告姓名所得之搜索结果中不再出现。被告拒绝了该要求。原告一因此不得不更换了住所，并且因此失去了实习机会。原告二也因此失去了工作。三位原告向被告主张不作为请求权，要求被告屏蔽该论坛，并且基于《德国民法典》第823条第1款和第249条赔偿三原告的相应损失。

裁判要旨：

法院首先肯定原告二有基于《德国民法典》第823条第1款、第1004第1款以及《德国基本法》第1条和第2条的不作为请求权，但是仅限于要求被告作为（共同）妨害人（Mit－Störerin）屏蔽相关链接，并且保证类似链接之后不再出现。理由为：该文章内容构成侵权。而基于利益衡量，此种权利侵害尚需具有违法性。在涉嫌侵权的文章中，原告二被称为“著名的种族主义者”。但是此种意见表达没有事实基础，故此时言论自由不值得保护，权利侵害成立。另外，被告在得知相关侵权事实后，没有及时采取措施停止妨害并且阻止相同情形再发生。并且该请求权也没有被《德国电信媒体法》第10条所排除。故原告二对被告的不作为请求权成立。

法院没有认同原告一的不作为请求权。因为法院查明，相关文章中对原告一的评价确有事实基础，故不构成侵权。但是文章给出了原告一的住址，侵害了原告一的私人生活领域。侵害他人的私人生活领域仅在基于特殊的原

① LG Heidelberg, Urteil vom 09. Dezember 2014 －2 O 162/13 －, juris.

因对普通大众具有重要意义时才具有合法性，而本案并非此种情形。在分析原告一的表达及政治立场时，并不需要给出原告一的住址。即使有政治上的观点冲突，也不可将他人的住处公之于众，并使其受到暴力的威胁。故法院认为原告一可向被告主张损害赔偿请求权。

因为文章中没有提到原告三，故其主张之请求权不成立。

第三节　知识产权法和反不正当竞争法下的网络平台责任

一、德国网络平台的知识产权侵权责任

德国法语境的“知识产权”（Immaterialgüterrechte）是一个学理概念，它几乎囊括了所有以无体物为客体的财产权，如体育赛事转播权、商业利用的人格权、域名权等与“智力创造”不沾边的权利也属于知识产权的范畴。当然，知识产权的经典类型仍然是著作权和以专利权、商标权为主的工业产权。互联网领域并非“法外之域”，上述所有类型的知识产权侵权行为均可能发生。在适用德国法的前提下，网络平台需要为这些侵权行为承担怎样的责任，是本文关注的焦点。如果侵权行为由网络平台自己为之，则其需要承担直接的侵权责任；如果是平台的用户侵犯了第三人的知识产权，网络平台则可能要承担间接的侵权责任。

无论上述何种情形，都以用户侵权行为的成立为前提。因此，本文在第一部分首先要回答，网络平台上发生的哪些行为可能构成知识产权侵权。这一部分以著作权为研究对象进行探讨，其理由在于，在德国法学界看来，与其他领域相比，在互联网上发生的侵犯其他知识产权类型（商标权、专利权）的行为鲜有特殊之处。[①] 本文的第二部分阐述网络平台承担责任的具体规则，论述的重点是在用户侵权的情形下，对网络平台责任进行免除、限制的可能性。在用户侵犯第三人著作权、商标权和专利权的情况下，网络服务提供者均得适用《德国电信媒体法》（TMG）的责任免除规则以及判例法上的妨害

① Vgl. Spindler, in: Rechtshandbuch Social Media, 2015, S. 137.

者责任。[①] 第三部分则以各种不同的平台类型为例，结合上文的论述，对其适用的责任规则和标准进行总结。

值得注意的是，德国互联网领域的立法和司法实践深受欧盟一体化的影响，这具体表现为对欧盟一系列相关指令（如《信息社会版权指令》《电子商务指令》等）的转化和解释。因此，本文在介绍德国法时，自然也会涉及欧盟法的内容，特别是欧洲法院（EuGH）的相关判决。

（一）网络平台上侵犯知识产权（著作权）的行为

在网络平台上发生的侵权行为大多情况下是侵犯著作权的行为。侵犯著作权的行为既可能来自网络平台用户，也可能来自网络平台自己。要回答究竟哪些行为会被评价为德国著作权法上的侵权行为，需要我们对德国著作权法的全貌有一个概览性的认识。

1. 德国著作权法简述

当今世界的著作权法体系大致可以分为以美国法为代表的“版权体系”和以德国法为代表的“作者权体系”。尽管随着各种国际条约的签订，两大法系有互相靠拢之势，但各自的差异仍然十分明显。与美国著作权法奉行激励理论、强调公共利益不同，德国著作权法以作者为中心，为著作权提供了更为全面、严格的保护。其中的一个典型特点是，《德国著作权法》对作者享有的各种权利进行了不穷尽的列举，而著作权的限制则限于明文规定的几种特殊情形——在分别规定了作者的发表权、署名权和保护作品不受歪曲权等著作人格权（第12、13、14条）之后，《德国著作权法》在第15条作出了著作财产权（利用权，Verwertungsrechte）的一般性规定：“作者享有以有体的方式利用作品的排他性权利，主要包括（1）复制权，（2）发行权，（3）展览权”（第1款），“作者享有以无体的方式公开再现作品的排他性权利，主要包括（1）朗诵权，（2）向公众提供权……”（第2款）。该法条中的用语“主要包括”即表明作者的著作权是非穷尽的列举，一切以有体的方式利用作品和无体的方式公开再现作品的使用行为都属于作者的权利范围。与此相对，《德国著作权法》在第六章“权利的限制”之下集中设置了各种著作权限制的规定（第44a条等），包括自由使用（无须许可也无需支付报酬）、法定许可和强制许可，这些规定是封闭性的列举，并无美国合理使用（Fair Use）这

① 然而对于专利侵权而言，实践中追究网络服务提供者责任的案例相当罕见，权利人更倾向于直接起诉专利产品的销售者，对此可参见 *Haedicke/ Zech*，GRUR – Beilage 2014，52。

样的一般条款。①

就互联网领域而言，我们通常会以为，网络上的作品使用行为主要涉及以“无体方式”公开再现作品的权利，如《德国著作权法》第19a条规定的“向公众提供权”（下文统一表述为对应中国法的“信息网络传播权”）。然而，网络上的作品使用行为其实很多情况下都是“有体”的使用行为，这主要是指互联网环境中作品的“复制”。在网络时代，版权扩张是各国著作权法发展的主要图景，这一方面表现为新型权利（信息网络传播权）的引入，另一方面就是对“复制”的全新理解。例如，《德国著作权法》第16条第1款即规定：“复制权是指制作复制件的权利，而不论是临时的或长久的，以何种方法及数量多少。”这一技术中立性的定义，使得在互联网中时有发生的“临时复制”也毫无争议地落入了复制权的控制范围。至于第六章规定的各种著作权限制，其中许多条款是为适应互联网发展而专门设置，如第52a条为教学与研究目的而对信息网络传播权的限制等。对网络平台的用户而言，最重要的著作权限制则是第53条规定的私人复制例外，以及第44a条规定的对临时复制的限制。

2. 网络平台层面的使用行为

（1）数字化：复制权

网络平台在提供服务时，未经著作权人许可而使用作品的，可构成侵犯著作权的行为。其中，大部分的使用行为都是侵犯复制权的行为，因为在互联网使用作品的前提通常都是需要将作品进行数字化。在互联网时代，“复制”是一个含义极广的概念，它包括各种将作品进行有体固定的行为，只要这种固定可以使得作品以任何方式能为人所间接或直接感知。② 因此，无论是将作品存储于硬盘、U盘的永久性存储行为，还是临时存储于电脑系统内存的行为，都属于复制；存储的形式即使是机读的二进制代码，只要能为人所间接感知（如通过电脑的显示器），也属于复制。因此，包括扫描在内的各种对作品进行数字化的行为都是复制行为。此外，数字化后一系列后续使用行为，如上传服务器等，也都会进一步侵犯复制权。

（2）即时点播、网络直播、推送：信息网络传播权或广播权

网络平台若将作品上传服务器，从而使得公众可在其选择的时间或地点

---

① 《德国著作权法》在第六章之外也规定了部分著作权限制，如第17条第2款规定的“发行权用尽”。

② Vgl. Loewenheim, in: Schricker/Loewenheim, Urheberrecht, 4. Aufl., 2010, § 16 Rn. 5.

获取作品（如网络即时点播服务，On - Demand），则会侵犯《德国著作权法》第 19a 条规定的信息网络传播权。对信息网络传播权的理解，除了“交互性”外，还应注意两个要点，第一个是对“公众”的理解。“公众”实际上是所有以无体方式使用作品的各种著作财产权的共通要件，根据《德国著作权法》第 15 条第 3 款，“公众”不仅要求受众应为“多人”，[①] 且要求每个人与利用作品的人或者与其他接触作品的人之间不存在“私人关系”。也就是说，同时符合量与质上的要求即符合“公众”要件。对信息网络传播权而言，就不要求作品一定要提供给潜在的所有公众，在内网（Intranet）上传作品的行为也可以构成向公众提供。[②] 第二个要点即如何理解“使公众获取”，这一点各国立法的理解是一致的，即不要求作品实际为公众所获取，只要使作品处于这一状态即可。[③]

有的网络平台会提供网上广播、网上电视等直播服务（Webcasting，Simulcasting），与即时点播不同，此时用户不能对网络传播的时间、内容等进行控制。德国法通说认为，这种作品的利用方式可能侵犯“广播权”。在中国的著作权法中，广播权无法控制网络直播的行为。与此不同，《德国著作权法》第 20 条对广播权采取的是技术中立性的定义：“广播权是指通过广播如电台广播、电视台广播、卫星广播、有线广播或类似技术手段使公众获取作品的权利。”由于网络直播同样是将节目“同时性地”提供给公众，因此可以被理解为这里的“类似技术手段”。[④] 此外，推送服务（Push - Dienst）也可能构成第 20 条意义上的“广播”，前提是同一个被推送的内容同时传播给了多人。相反，若推送的内容是在不同的时间传递给多人，且这一时间的不同并非是受用户的影响，则可以构成《德国著作权法》第 15 条第 2 款规定之外的其他利用行为。若推送的形式仅是通知用户后供其自行下载内容，则构成第 19a 条的信息网络传播行为。[⑤]

（3）设置链接：向公众再现权

在德国和欧洲也涌现出了许多新闻和视频的聚合平台，其商业模式主要

---

① 德国法传统上对“多人”的理解是满足“两人”以上即可，参见 BGH GRUR 1996，875，876 - Zweitbettzimmer im Krankenhaus，而欧洲法院则在要求要有“不特定数量的潜在的受众，以及相当多数量（接触作品）的人”，参见 ECLI：EU：C：2013：147 Rn. 32 - ITV Broadcasting ua。

② Dreier，in：Dreier/Schulze，Urheberrecht，5. Aufl.，2015，§ 19a Rn. 7.

③ BT - Drs/ 15/38，S. 17.

④ Vgl. LG München，ZUM 2005，574.

⑤ Vgl. Werner，in：Ensthaler/Weidert，Urheberrecht und Internet，3. Aufl.，2017，S. 196.

是依赖设置链接等技术手段，将分散在互联网上的各种资源整合起来。设置链接的行为究竟应当如何定性，是司法实践中颇为争议的问题。早在互联网兴起之后，对链接行为的法律讨论就层出不穷，问题的焦点是设置链接是否侵犯信息网络传播权。在德国法层面，联邦最高法院（BGH）在2003年的Paperboy一案的判决中就为这一问题提供了明确的答案，即设置链接的行为不侵犯信息网络传播权（Recht der öffentlichen Zugänglichmachung），理由在于，要满足“向公众提供”的要件，作品的内容必须处于能够为行为人控制的范围之内，而设链者对被链接内容无法施加控制，能够决定作品内容是否为公众获取的是原网站内容的发布者，而非设链者，因此设置链接不属于信息网络传播的行为。[①] 不过，由于《德国著作权法》第15条第2款对公开再现作品的权利进行了非穷尽的列举，因此，另一个需要回答的问题就是，设置链接是否属于法律未明文规定的其他“向公众再现作品的权利”（Recht der öffentlichen Wiedergabe）。在Paperboy案的判决中，BGH指出，若链接（包括深层链接）指向的作品没有采取技术保护措施即被置于互联网中，则链接的行为不构成著作权侵权。此后，BGH在以后的一系列案件中都延续了这一立场，认为如果原网站采取了技术措施以避免对作品进行不受控制的获取，那么绕开技术措施而对作品进行链接的行为，就属于著作权侵权。[②] 换句话说，德国法认为，只有原网站的内容采取了限制访问的技术措施，设置链接的行为才构成其他向公众再现作品的行为。

在欧盟层面，著作权的一体化主要通过《信息社会版权指令》实现。指令第3条第1款规定，作者应当享有允许或禁止对其作品进行有线或无线的“向公众再现作品”的权利。由于指令并没有对“向公众再现”作出更具体的定义，因此，在有关设置链接的案件中，就有成员国法院请求欧洲法院对这一概念作出解释。迄今为止，欧洲法院共在三个由成员国法院呈递的案件中对这一问题进行了回答。在2014年的Svensson案中，欧洲法院首次面对这一问题，该案涉及的是指向合法网站的普通链接。欧洲法院认为，设置链接采取的是与原先再现作品的行为相同的技术手段，只有当设置链接的行为使得作品达到了“新的公众”（New Public）时，才能构成“向公众再现”的行为。所谓“新的公众”，指的是权利人在原先传播作品时预期之外的公众。如果原网站采取了技术措施，则可以认为权利人仅预期向特定网站的用户提供

---

① Vgl. BGH GRUR 2003, 959, 962 – Paperboy.

② BGH GRUR 2011, 56 – Session – ID.

作品，此时设置链接绕开技术措施的行为就是向“新的公众”提供作品，构成向公众再现作品的侵权行为。如果权利人未采取技术措施，而许可作品置于互联网中，则可以认为其指向的是潜在的所有互联网用户，对其作品设置链接的行为就不会达到新的公众。① 此后的 BestWater 案则涉及更受争议的加框链接，本案中欧洲法院继续重申了原来的立场，即便是加框链接，由于其仍然与原网站是采取同样的技术手段提供作品，因此加框链接是否侵权的判断标准也在于是否达到“新的公众”。② 不过上述两个案件的共同点是，被链接的网站传播作品本身都获得了权利人的许可。到了 2016 年的 *GS Media* 案，就需要欧洲法院进一步澄清，如果被链接的网站是非法提供作品，则应当如何定性设置链接的行为。欧洲法院在此案中仍然延续了之前对“公众”要件的认定标准，同时又强调，如果设置链接一方有“营利目的”，则应承担必要的审查义务，以确定原网站是否获得了权利人的许可。如果没有履行这种审查义务，则可以被认为侵权。此外，欧洲法院还指出，即使被链接的网站是非法提供作品，只要权利人已经许可作品在其他网站传播，则设置链接的行为仍然是被允许的。③

欧洲法院的上述判决看似回答了设置链接的定性问题，事实上却带来很多的不确定性。例如，原网站仅是受众有限的小网站，被大型网站设置链接，是否可以认为是达到了“新的公众”？“营利目的”如何判断，网站发布广告是否足以构成营利目的？何为限制性的技术措施，该技术措施是否必须是有效的？④ “必要的审查义务”如何确定？等，都是需要进一步解释清楚的问题。⑤

3. 用户层面的使用行为

（1）上传：复制权、信息网络传播权

在网络平台上，用户侵犯他人著作权的主要表现形式是未经许可上传他人作品，此时用户的行为可能侵犯著作权人的复制权和信息网络传播权等。网络平台为用户的著作权侵权行为承担责任也大多是因为用户非法上传了他

---

① EuGH, Rs. C – 466/12, Rn. 24 ff. – Svensson.

② EuGH, Rs. C – 348/13 – BestWater.

③ EuGH Rs. C – 160/15 – GS Media.

④ 德国 BGH 在这个问题上则认为，由于采取措施本身就已经表明权利人限制传播范围之意图，因此，即使技术措施实际上无法达到限制接触作品的效果，绕开这类技术措施的行为也将达到“新的公众”，参见 BGH GRUR 2011, 56 – Session – ID.

⑤ Vgl. Nils, NJ 2017, S. 1.

人的作品。需要注意的是，如果用户的上传行为仅仅供自己或数量有限的朋友、家庭成员使用，则将作品复制到服务器的行为构成“私人复制”，为《德国著作权法》第53条的著作权限制所豁免（详见下文）；① 此外，如果上传作品针对的受众之成员不仅与上传者，而且与其他成员之间存在“私人关系”，那么上传行为就不构成向“公众”提供，从而不侵犯信息网络传播权。

（2）下载：复制权

用户将他人作品下载于自己计算机硬盘的行为构成复制行为。根据我国《著作权法》，用户下载他人作品行为很容易被认定为《著作权法》第22条第1款第（一）项规定的合理使用，即“为个人学习、研究或欣赏，使用他人已经发表的作品”可不经他人许可，也不需要支付报酬。据此，即使网络用户下载的是未经权利人许可而上传的作品（如盗版电影），也可以主张是为了“个人欣赏”而不构成侵权。② 但是，在德国著作权法中，用户的下载行为并非总能符合“私人复制”的著作权限制。

关于私人复制的著作权限制规定于《德国著作权法》第53条，该条第1款规定：“允许自然人为私人使用而个别的复制作品于任何载体，前提是复制既不直接也不间接地服务于营利目的，且为实现复制未使用明显违法制作或者网络传播的样本（Vorlage）。”相比于中国法，德国著作权法的上述规定为私人复制的适用设置了更多的限制，其中最为关键的表述是被复制的样本不得是明显违法制作和网络传播的。所谓“明显违法”，一般认为是指从理性人的标准来看，结合样本的类型、供人复制时的形态等，可认为其违法性是没有疑问的。③ 相比于“违法制作”，判断是否为明显“违法网络传播”更为容易。例如，对于正在热映的电影而言，网络上出现免费供人下载的作品样本显然是未经许可而传播的，此时用户的下载行为将无法构成第53条允许的私人复制。④

---

① Spindler, in: Rechtshandbuch Social Media, 2015, S. 133.

② 需要指出的是，《著作权法实施条例》第21条同时又规定“依照著作权法有关规定，使用可以不经著作权人许可的已经发表的作品的，不得影响该作品的正常使用，也不得不合理地损害著作权人的合法利益。”换言之，《著作权法》规定的著作权限制还要受到上述条款的进一步限制，很难说下载盗版电影等行为仍然没有不合理地损害著作权人的合法利益，用户的下载行为几乎不被追究，更多是归因于被侵权人的经济考量。

③ Vgl. Dreier, in: Dreier/Schulze, Urheberrecht, 5. Aufl., 2015, § 53 Rn. 12.

④ Vgl. Dreier, in: Dreier/Schulze, Urheberrecht, 5. Aufl., 2015, § 53 Rn. 12b.

（3）使用 Streaming 服务的行为：复制权

所谓“流媒体”（Streaming）是指将媒体数据压缩后分段传输以供用户在网上即时观赏的一种服务。不同于用户的下载行为，用户在使用流媒体服务时，数据包是分批次的暂时存储于用户计算机的内存中并不断删除。如果分段的数据构成著作权法意义上的“作品”，则流媒体播放时的存储行为也构成复制行为。

这种复制行为也可以构成《德国著作权法》第 53 条的私人复制。不过，如同下载一样，如果被复制的样本是明显违法置于互联网上的，则使用流媒体的行为也不能为这一著作权限制所豁免。问题在于，流媒体的这种临时存储的行为是否符合《德国著作权法》第 44a 条规定的关于临时复制的著作权限制。第 44a 条规定：“允许短暂或伴随性的、作为技术程序的完整及主要部分的、无独立经济意义的且唯一目的是使得作品或其他保护客体能满足下列需要之一的临时复制行为：（1）通过中间人在网络中于第三人之间传播；（2）合法使用。”与流媒体相关的，是该条的第（2）项，即如何理解这里的“合法使用”。

根据欧盟《信息社会版权指令》的立法理由，如果使用的行为得到权利人的许可或者不受法律限制，就属于这里的“合法使用”。但这一解释在实践中的作用不大，经过权利人许可的行为已然不再需要适用第 44a 条的著作权限制；而如果法律允许了这一行为，第 44a 条也没有了独立存在的意义。一种观点是，借鉴第 53 条第 1 款的表述，将“合法使用”解释为复制的来源（也就是第 53 条被复制的“样本”）是合法的。[①] 不过，这种解释并不符合法条的原文。另一种观点则认为，观看流媒体的过程本身只是对作品的“欣赏”，欣赏作品从来都是与著作权无关因而合法的行为。[②] 对于这种观点，反驳者则认为应当区别互联网上的“欣赏”和其他领域的“欣赏”，因为前者发生的可能性要大很多，因此很难认为互联网领域的欣赏作品也一概是与著作权无关的行为。[③] 此外，还有人认为第 44a 条中“无独立经济意义”这一要件对流媒体播放的行为而言更为关键，该观点认为，在免费网站用流媒体观看院线电影的行为，因为节省了本该支付的电影票的费用，流媒体的临时复

① LG Köln, GRUR－RR 2014, 114－Redtube.

② Stieper, MMR 2012, 12, 15.

③ Enstahler, NJW 2014, 1553, 1555.

制由此具有独立的经济意义，也就无法被第44a条所豁免。①

（二）德国法上网络平台侵犯知识产权的民事责任

如果网络平台自己从事了侵犯知识产权的行为，则平台自当为之承担相应的侵权责任，在规则的适用上并无特殊之处。我们在谈及网络平台的责任时，所关注的通常仅仅是当网络平台的用户从事侵权行为时，平台应当如何承担责任的问题。就德国法而言，网络平台的责任规则有如下两个特点，一方面在立法上明确规定了网络服务提供者免于承担责任的各种情形，这集中规定于《德国电信媒体法》（TMG）；另一方面又通过一系列的判例形成了许多特殊的责任规则。总体而言，立法和司法合力的目标是，在保护知识产权的同时，避免为网络服务提供者设置过重的义务，为互联网新型技术和商业模式的发展提供应有的空间。

在网络平台的责任体系中，TMG的责任豁免规定（第7条至第10条）起着一个“在先过滤”（Vorfilter）的功能。如果符合TMG规定的免责情形，则意味着网络平台不再需要承担相应的责任；如果不符合TMG的情形，则需要再根据一般的责任规则再行判断，此时也并不意味着平台一定会承担责任，因为在一般的责任规则中也存在许多对平台责任进行限制的规定。因此，在判断网络平台是否需要承担民事责任时，我们需要首先考察其是否符合TMG的责任豁免规定，然后再考虑一般责任规则。

1. TMG的责任豁免规定下的举证责任

虽然TMG第7～10条是对责任豁免的规定，但其并非是承担责任的“例外”规则，以至于需要服务提供者承担举证责任。换句话说，TMG第7～10条在举证责任上原则上仍然适用“谁主张，谁举证”的规则。BGH即指出，应当由被侵权人证明服务提供者无法通过TMG责任规则的豁免。② 例如，必须由请求权人证明服务提供者符合各种“知道”的情形（如TMG第10条第1句的“知道”、第9条第1句第5项的“知道”）。然而，如果涉及的纯粹是网络服务提供者内部的技术过程（如TMG第8条、第9条之情形），则应由服务提供者承担举证责任。

2. 一般的责任规则

如果无法通过TMG第7～10条特殊责任规则的“在先过滤”，就需要根

---

① Enstahler, NJW 2014, 1553, 1555.

② BGH MMR 2004, 166, 167.

据一般的责任规则来确定服务提供者的责任。特别是对于不作为请求权，由于对其是否适用 TMG 的免责规则存有争议，因此应当考虑如何根据一般的责任规则确定此时服务提供者的责任边界（但没有争议的是，TMG 禁止设定一般性义务的规定也适用于不作为请求权）。在适用一般的责任规则时，服务提供者可能以侵权行为的行为人（Täter）、参加人（Teilnehmer）抑或妨害者（Störer）的身份承担责任。其中的重点是所谓的“妨害者责任”（干扰人责任），其本身就是德国司法为了处理服务提供者在间接侵权的情况下如何承担责任而发展出来的一套规则。对于互联网领域的知识产权侵权而言，妨害者责任尤为重要，因为相对于服务提供者，直接侵权人的身份往往难以查明。尽管欧盟的《知识产权执行指令》明确规定了被侵权人请求服务提供者提供直接侵权人信息的“信息请求权”，但这并没有使得服务提供者可以免于承担间接侵权的妨害者责任。值得一提的是，在反不正当竞争法领域，德国的判例已经抛弃了妨害者责任理论，而转而将重点转向了服务提供者的安全注意义务上，从而使其承担行为人的责任。而在知识产权领域，尽管不少学者主张效仿竞争法领域的做法，[①] 但妨害者责任仍然是确定服务提供者为用户的知识产权侵权行为承担责任的主要规则。不过，这两种做法在结果上的区别可能是有限的——不论是行为人责任，还是妨害者责任，都适用不作为请求权。二者的区别只在于，只有在行为人责任的情况下，服务提供者才需要承担信息提供和损害赔偿的责任。即使对于损害赔偿而言，实践中服务提供者在大多数情况下又都能符合 TMG 第 7 ~ 10 条的责任免除规则。

（1）作为行为人或参加人承担责任

在服务提供者自己从事知识产权侵权行为的情况下，互联网领域的责任规则并没有什么特殊之处。例如，服务提供者未经著作权人许可自己上传了作品、销售侵犯商标权的商品等，此时服务提供者根据一般的侵权责任规则，作为行为人承担直接的侵权责任；如果服务提供者故意教唆或帮助侵权行为，则其作为参加人承担侵权责任。

在侵权行为由网络平台的用户作出时，服务提供者往往承担的是间接侵权责任，但服务提供者如果被认定违反了侵权法上一般性的安全注意义务，则也不排除需要为用户的侵权行为承担行为人责任的可能。不过，目前这一做法只存在于不正当竞争法领域。此外，如果网络平台教唆或者帮助了用户

① Ohly/Sosnitza, UWG 6. Aufl. 2014, § 8 Rn. 122; Köhler, GRUR 2008, 1, 6 f; Volkmann, CR 2008, 232; Ahrens, WRP 2007, 1281, 1287.

实施侵权行为，则其也可能作为侵权行为的参加人承担责任，但此时要求网络平台“故意”从事上述行为。实践中，网络服务提供者通常不会满足“故意”的要件，因为用户上传的内容大多是通过网络平台“自动”发出的。网络服务提供者即使能够预期其用户可能从事侵权行为，也不属于这里的“故意”，除非网络服务提供者知道具体的侵权行为。[①]

（2）作为妨害者承担责任

在间接侵权的情形中，网络服务提供者所需要承担的责任主要是妨害者责任。妨害者责任针对的不是损害赔偿请求权，而是不作为请求权。所谓“妨害者”，一般理解为以某种方式“有意识的且有因果关系的为某一违法性损害作出贡献的人”。[②] 若妨害者责任成立，网络服务提供者就需要采取措施避免损害结果的扩大与发生。为了避免为网络服务提供者设定过于严格的负担，对妨害者责任的适用条件必须进行限制，TMG 第 7 条第 2 款的规定在这里同样适用，也就是说适用妨害者责任不能导致网络服务提供者需要承担一般性的审查和监督义务。

妨害者责任是司法判例的产物，是由 BGH 为解决间接责任的问题，根据《德国著作权法》第 97 条和《德国民法典》第 1004 条的规定发展而来的。[③] 在互联网诞生之前，BGH 就已经形成了一系列关于认定著作权间接侵权责任的标准和原则，这主要针对活动的主办者、录音录像设备的制造者、打印店的经营者等。这里值得一提的是“打印店案”，本案中被告打印店的员工为两名大学生复印了原告享有著作权的《民法总论学习手册》，原告要求被告打印店承担妨害防止的侵权责任。[④] BGH 认为，被告提供打印设备的行为与其顾客可能发生的侵权行为之间可存在因果关系，因此被告应当有义务采取措施避免或降低这种侵权行为发生的危险，但这种义务对被告来说，应当是可期待的，被告不必禁止顾客自行打印，因为许多顾客并不会从事侵犯著作权的行为，打印店只需明确提示其顾客注意他人著作权就可以认为履行了这一义务。对顾客要打印的材料进行全面审查的义务对打印店来说是不可期待的，因为用户打印的材料可能涉及隐私。[⑤] 正是在类似案例的基础上，BGH 形成

---

① BGH GRUR 2013, 370, Rn. 17 – *Alone in the Dark*.

② Ohly/Sosnitza, UWG 7. Aufl. 2016, § 8 Rn. 121.

③ Ohly/Sosnitza, UWG 6. Aufl. 2014, § 8 Rn. 121.

④ Vgl. BGH GRUR 1984, 54 – *Kopierläden*.

⑤ BGH GRUR 1984, 54 – *Kopierläden*.

了妨害者责任的规则。

BGH：打印店案（1984 年）[①]

案情简介

原告为一家专营法学类教辅书籍的出版商，对其出版的图书享有著作权。被告为明斯特的一家打印店，顾客在付费后可自行复印或由员工帮助复印。1979 年 10 月 16 日，被告打印店的员工帮助两名大学生在付费 18.45 马克后，复印了原告出版的《民法总论学习手册》。原告主张被告著作权侵权，要求被告停止自己的复制以及容忍他人复制的行为。

二审法院认为，原告主张被告停止容忍他人复制自己作品的主张不能成立。BGH 支持了这一判决。

裁判要旨

本案重点是，原告是否可以要求被告不再从事容忍他人复制的行为（妨害防止请求权）。对于这种情况，二审法院认为除非是明知对方侵权而提供时才承担责任，被告没有主动查明的义务，理由一方面是顾客的打印行为可能涉及宪法所保护的基本权利；另一方面要求打印店对顾客的每次打印进行审查对其而言也是不合理的义务。

BGH 认为，妨害防止请求权不需要过错，而只要求被告的行为和侵权结果之间有相当因果关系。就本案情形，是否有因果关系，取决于从客观来看，打印设备是否完全没有可能用于侵权用途，以及打印店承担这种责任是否不可期待，至于打印由第三人完成，打印店仅仅是间接的妨害者这一事实，并不影响因果关系的成立。由于被告对打印过程没有进行监管，因此，其行为促进了侵权行为的风险。由此，打印店有义务采取措施排除或降低这种风险。正如二审判决所言，这一措施的方式和程度应符合诚实信用原则。换句话说，应当要求被告采取可期待的和必要的措施。

一种措施是直接禁止顾客自行打印，但是毕竟还有很多顾客的行为是不侵权的，所以这种一般性的禁止也不合理；另一种措施则是对打印的行为全程监督。这似乎是唯一有效的方法，但正如二审法院指出，这一行为侵害顾客的基本权利。并且，二审法院正确地指出，这一监督措施只会让对方放弃使用被告的服务而转而寻找在其他地方打印的可能性。由此，被告会失去那些没有侵权行为的客户。这将影响被告的经营活动。此外二审还正确地指出，

---

① BGH GRUR 1984, 54 – *Kopierläden.*

这样要求被告也属于过分要求。被告很难判断顾客的行为是否是著作权限制允许的行为；他只能依赖顾客自己主张的信息，所谓监督也只能监督对方不会打印其声明范围之外的材料。而且，打印店每次还得判断，被复制的部分是否超过了合理使用的限度，这几乎是无法完成的任务。即使个别情况对侵权行为存有疑虑，也不应该要求其履行监督义务。因为这样一来还是无法避免误伤那些没有侵权意图的顾客行为。因此，二审法院正确地指出，被告只有明知侵权行为的存在时，才负有妨害防止的责任。

BGH 认同二审法院的意见，认为，被告在一般交易条款（AGB）中明确提示要求对方注意侵权，就属于已经采取了必要和可期待的措施。正如二审法院所指出的，根据生活经验，通过 AGB 的相关提示，顾客已然能意识到自己尊重他人的著作权属于合同义务，违反之则可能承担违约责任。这一措施已经能够降低侵权发生的风险。就本案而言，二审法院还指出，一个复印法学资料的人，更应该能够理解 AGB 中著作权保护条款的含义。

综上，根据二审法院的正确判决，除了在 AGB 提示不得侵犯他人著作权以外，其他的措施对被告而言都是不可期待的。

案例评析

“打印店案”可以说是妨害者责任这一判例法产物的开端。本案指出，除了直接行为人外，其行为与损害结果存有因果关系的妨害者也应承担一定的责任，但该责任以违反可期待的义务为限。本案中，法院认为打印店在其格式条款中提示不得侵犯他人著作权即属于履行了可期待的义务，这被称为“打印店原则”。然而，何种措施构成妨害者可期待性的措施，要结合案件的特殊情形具体判断，仅仅在格式条款中注明权利保护的要求，并不意味着在任何情况下都得免责。典型的情况即是平台的商业模式本身就是依赖侵权、主动宣传侵权用途、行为明显促进了侵权发生的可能性等，此时平台就被要求采取更多的措施以降低侵权的风险。

妨害者责任的承担以存在一个第三人的侵权行为为前提，但是要求服务提供者承担妨害者责任不需要同时或在之前向直接侵权人主张责任。此外，妨害者责任与当事人之间的约定以及妨害者自身的过错等都没有关系。然而，这并不是说妨害者的责任范围是无边际的。BGH 通过一系列判决限制了妨害者责任成立的情形，具体而言，要成立妨害者责任，服务提供者应当是违反了可期待的审查义务、违反了可期待的预防义务或者诱导了第三人的侵权行为。

违反了可期待的审查义务（Prüfpflichten）：BGH 的判决认为，被请求人如果违反了可期待的审查义务，则应承担妨害者责任。服务提供者究竟应承担怎样的审查义务，则取决于个案的判断。服务提供者或商业模式不同，审查义务的程度也不同。问题在于，服务提供者承担审查义务，是否以请求权人向其作出有关侵权行为的具体通知（Hinweis）为前提。在请求权人提出具体的通知之前，就要求服务提供者承担的审查义务被称为“先行审查义务”（Vorabprüfpflicht）。如果要求服务提供者承担这样的义务，实际上是课以了服务提供者一般性的审查义务，与 TMG 第 7 条 2 款第 1 句的规定不符。因此，这种先行审查义务不被判例认可。不过，BGH 认为，如果服务提供者的商业模式从一开始主要就依赖用户的侵权行为或者网络平台自己采取措施主动提高了某个侵权行为的风险，服务提供者就需要承担较大程度的审查义务。① 服务提供者承担审查义务通常以被侵权人发出了具体的通知为前提。如果运营者收到了具体的侵权行为的提示，则必须采取可期待的步骤以阻止具体的侵权行为，此时即构成“嗣后审查义务”（ex－post－Prüfpflichten）。如果没有采取措施，则需要承担妨害者责任。有关侵权的通知是否足够“具体”以至于产生审查义务，仍然取决于个案的判断。未经其查证就宽泛的指出对方存有侵权行为的，不足以导致审查义务。② 相反，服务提供者也不能指望请求权人对所有潜在争议的构成要素提供书面证明，更不能要求其提供宣誓性的保证。③ 如果权利人作出通知后，服务提供者可以据此轻易查明侵权事实，则可以认为通知是足够“具体”的。此外，服务提供者如果对通知的内容存有疑问（如对权利人的权利状态、事实的真实性存有怀疑），而自己调查将花费不菲时，可以要求权利人提供适当的证明。④ 对于如何判断审查义务的“可期待性”，同样也取决于具体的个案。在一系列的判决中，BGH 使得可期待性的标准不断精确，具体而言，以下要素可在此斟酌：（1）是否存在经济和技术上可期待的措施，以避免或控制侵权风险？如果会导致一种本该被允许、对市

---

① Vgl. BGH GRUR 2009, 841, Rn. 24 – *Cybersky*; BGH GRUR 2013, 370, Rn. 22 – *Alone in the Dark*.

② 参见 BGH GRUR 1999. 418. 420 – Möbelklassiker。本案中，被告是一家报刊媒体，刊载了 C. M. 家具公司的一则家具广告，其中的附图包括原告享有著作权的几件作品，原告要求被告阻止 C. M. 公司的侵权行为。但 BGH 认为，除了已经涉诉的侵权作品外，被告没有义务审查 C. M. 刊登的广告是否侵犯原告的权利，尽管原告向被告指出，“C. M. 公司生产的家具无外乎都是 20 世纪著名家具设计的山寨货”，这一通知不足以导致上述审查义务。

③ LG München, MMR 2006, 332, 334.

④ Vgl. BGH GRUR 2011, 1038 – *Stiftparfüm*.

场有利的商业模式面临倾颓之风险，则就不属于可期待的措施。一种常见的可期待的措施是采取关键词过滤（Wortfilter），并配合过滤后的手动审查以避免对合法内容的“误伤”。如果被关键词过滤出来的链接是个位数，那么手动审查就被认为是可期待的。① 如果服务提供者的商业模式客观上便捷或促进了侵权行为，还应承担比过滤而言更大程度的义务，如利用搜索引擎、网络爬虫等排查自己网站的侵权信息。② （2）是否营利？（3）被侵害法益的价值？业内通常会为之采取哪些预防措施？（4）网络服务提供行为的社会认可程度？（5）言论自由等基本权利的重要性？据此，网购平台要承担比论坛、微博等更大的审查义务，因为后者还需要顾及用户的言论自由。此外，在嗣后审查义务的情形下，其审查义务的程度则受具体通知内容的影响，通知越具体详细，则意味着审查义务越高。

违反了可期待的预防义务（Vorsorgepflichten）：BGH 认为，在嗣后审查义务的情形，服务提供者在接到具体的侵权通知后，除了要阻止该侵权行为，还有义务采取预防措施以避免将来发生的同种类的侵权行为，此即服务提供者的“预防义务”，违反这一义务将同样导致妨害者责任。对于服务提供者的预防义务，同样也要符合可期待性的要求，也适用上文总结的标准。预防义务要求服务提供者不只要对通知中提到的具体的人、数据、产品采取措施，还要采取措施避免未来其他人侵犯其权利的行为，如通知指出用户甲非法上传了电影 A，则还需采取措施阻止未来乙、丙上传电影 A。③ 这里应当采取的措施包括各种过滤措施，如关键词过滤、内容识别过滤（Content－ID）。部分情况下，预防义务可以演变为一般性的“市场观察义务”，如使用搜索引擎、网络爬虫查明指向自身网站的链接。服务提供者不能以商业规模过大为由免除预防义务，也不能因为过滤不能查出全部侵权行为就拒绝使用过滤。此外，仅仅在用户使用协议的格式条款中提示用户注意第三人的知识产权，并不足以说明履行了预防义务。前文所述 BGH 在“打印店案”中确立的原则在互联网领域很难成立，因为互联网上传播的内容大多是公开的，而不涉及用户的隐私权。

诱导了用户的侵权行为：服务提供者如果在提供可被用于侵权行为的服务（如软件）时，还诱导用户从事侵权行为，则需要承担妨害者责任。如果

---

① BGH GRUR 2013, 370, Rn. 39 – *Alone in the Dark*.

② BGH GRUR 2013, 1030, Rn. 40, 60 – *File – Hosting – Dienst*.

③ BGH GRUR 2013, 370, Rn. 32 – *Alone in the Dark*.

其产品本身可以被用于合法用途，仅仅存在用户可以进行非法使用的可能性，并不足以成立妨害者责任。[①] 但是，服务提供者明知存在这种可能性，还对此进行广告宣传、明确提示其产品可以用于非法用途的，就属于诱导的行为，如销售用来破解密钥的软件。服务提供者在其产品上声明“不得用于非法用途”是无法免除其责任的。承担妨害者责任的结果，有时甚至是需要完全禁止运营者提供类似的服务，例如，如果采取保护措施也无法避免产品在实践中被用于非法用途，或者在原来对非法用途的广告宣传已经深入人心的情况下，仅仅要求服务提供者不再进行对非法用途的宣传是不够的，此时就必须要求其停止销售产品。[②] 值得一提的是，在网络服务提供者提供的产品或服务可以被用于侵权用途的情形，BGH 的这类判决和美国联邦最高法院的判决在立场上可谓异曲同工。美国联邦最高法院在当年的索尼案（也称为 Betamax 案）中曾确认，如果产品存在“实质性非侵权用途”则不构成侵权；[③] 但在之后的 Grokster 案中则认为，如果制造商还通过广告之类的宣传来故意促进、加剧（Inducement）了非法使用，则构成间接侵权。[④]

BGH：File – Hosting – Dienst 案（2013 年）[⑤]

案情简介

本案中，原告为德国主要的音乐著作权集体管理组织 GEMA，被告则经营网站 www. rapidshare. com 以提供一种文件托管服务。用户可以在被告的网站上传自己的文件，文件将存储在被告的服务器上，同时会生成一个可供用户下载文件的链接。被告不会知晓上传文件的内容，也不提供网站文件的列表和搜索服务。不过，通过第三方的搜索引擎（链接汇总）可以实现对被告服务器上存储内容的搜索。不同于通常的“云存储”服务，本案的被告并不从提供存储空间上直接获利，其营利手段只是兜售所谓的“高级用户”。相对于非注册用户和普通用户而言，高级用户可以免去下载前的等待时间以及获得更高的下载速度。此外，用户上传的内容如果被大量下载，网站会奖励用户一定的积分，积分可以用来换取高级用户的权限。

原告享有著作权的 4815 件音乐作品未经其同意通过被告的网站进行传播

---

① Vgl. BGH GRUR 2009, 841, Rn. 24 – *Cybersky*; OLG Hamburg, NJW – RR 2006, 1054, 1056 – *Cybersky*.

② OLG Hamburg, NJW – RR 2006, 1054, 1060 – *Cybersky*.

③ Sony Corp. of America v. Universal City Studios, Inc., 464 U. S. 417 (1984).

④ See MGM Studios, Inc. v. Grokster, Ltd., 545 U. S. 913 (2005).

⑤ BGH GRUR 2013, 1030 – *File – Hosting – Dienst*.

和下载，原告向被告分别发出了三次针对其不同作品的侵权通知，但事后原告的部分作品仍然能在被告的网站下载。原告诉至法院，主张被告的行为构成著作权侵权，应承担妨害防止的责任。一审法院、二审法院和BGH均支持了原告的主张。

裁判要旨

BGH认为，是否同意原告的主张，取决于被告是否应当承担妨害者责任。妨害者责任的成立以违反可期待性的审查义务为前提。基于TMG第7条第2款第1句的规定，不得课以被告一般性的审查义务。如果网站的商业模式本身就以用户的侵权行为为前提，或者网站以自己的措施增加了侵权行为的风险，被告可期待的审查义务就更高。本案中，被告的服务也经常用于合法的使用行为，因而其商业模式并非基于用户的侵权行为；但是，被告贩卖高级账号、设置积分规则等，很大程度上吸引和促进了用户上传侵权内容。因此，属于以自己的措施增加侵权行为的危险，应承担更大的审查义务。审查义务除了使用关键词过滤外，还包括对指向本网站的链接进行审查。在之前的Alone in the Dark案中，法院没有认定托管服务网站促进侵权风险的事实，因而对链接的手动审查仅限于链接数量为个位数的情形；但在本案，则不再受链接数量的限制。被告需要针对原告的侵权通知，对所有相关的链接进行审查，如通过Google、Facebook和Twitter等网站的搜索功能，在搜索结果中排查指向本网站的链接，或者使用爬虫进行筛查等。

案例评析

相比于之前的系列案件，本案的主要意义在于，在网络平台的行为较大程度促进了侵权行为发生时，就要承担比较重的审查义务，这一义务可能包括了利用爬虫协议在搜索引擎和其他主流带有搜索功能的社交网站对指向本网站侵权内容的链接进行审查，即使权利人侵权通知中涉及的作品数量巨大，网站也需要承担这一义务。这实际上对那些很大程度上可能被用于侵权用途的平台来说，是比较苛刻的。RapidShare在2015年即关闭了其服务，可以说一定程度上受到了本案判决的影响。

（三）德国法下各种网络平台类型的责任规则

如上文所述，在网络平台根据TMG第7～10条的规则免除责任时，不同的平台类型区别不大，其中许多网络平台都是根据第10条（信息存储）的规则免责。但是，如果无法适用TMG的责任豁免规则，而要根据一般的责任规则确定网络平台的责任时，重点就在于如何认定妨害者责任，而此时如何判断“可期待”的义务就成为问题的核心。由于这一标准的不确定性，往往需要结合个案的具体情形来确定网络平台的责任，不同的平台类型，其适用的标准就会有所不同。下文即结合德国的司法判例，对各种网络平台类型的责任规则进行总结。

1. 网络交易平台

网络交易平台（如 eBay. de）提供的是对商品信息进行存储的服务，在对他人信息的损害赔偿上，适用 TMG 第 10 条的免责规则。如果网络交易平台背离了其中间人的身份而主动帮助其商户从事了销售行为，则该商品信息属于平台自己的信息，无法适用 TMG。在他人发布违法商品信息时，网络交易平台在知道违法行为（如侵犯著作权、商标权的行为），或者知道可以明显推知违法行为的事实后，仍没有不迟延的删除相关的商品信息，则需要根据一般的侵权法规则承担损害赔偿的侵权责任。

对于妨害防止请求权，BGH 通常不会认为网络交易平台需要承担直接侵权责任，只要商品不是由网络交易平台自己提供，则其并非侵权行为的行为人；由于商品信息是商户借助平台自动发出，因而网络交易平台缺乏帮助或教唆的故意，因而也不是侵权行为的参加人；即使平台知道存在商户销售侵权商品之可能，也不构成这里的故意。因此，对于商户的知识产权侵权而言，网络交易平台最重要的责任类型就是妨害者责任。此时，问题的关键就在于网络交易平台是否损害了可期待的审查义务和预防义务。

网络交易平台首先不必在每一个商品发布前都对其合法性进行审查，这种一般性的先行审查义务无疑等于宣判网络交易平台的死刑。① 在接到具体的侵权通知时，则应当根据通知的内容，对相关商品信息不迟延的进行屏蔽；除此之外，还必须采取措施避免再次发生同种类的侵权行为。② 这里需要避免的同种类的侵权行为还包括其他账号的商户发布同一商品信息的行为。如果某商户曾经发布过侵权的商品，并不意味着网络交易平台需要审查以后该商户发布的所有商品。但是，这一审查义务可以从具体的商品扩大到该商户发布的同类的商品类型上。③

审查义务和预防义务的程度则取决于个案，这取决于侵权行为的严重程

① BGH GRUR 2004, 860 – *Internet – Versteigerung I.*

② BGH GRUR 2007, 890 – *Jugendgefährdende Medien bei eBay.*

③ BGH GRUR 2007, 890 – *Jugendgefährdende Medien bei eBay.*

度和网络交易平台查明事实的能力。触发审查义务的通知必须足够具体，以至于不需要对法律和事实进行严格的审查就能确定侵权行为的存在。在收到具体的侵权通知后，如果仅是部分事项不清楚，网络交易平台还有义务主动与侵权通知的发出人联系以查明情况。①

2. 论坛、点评等网络言论平台

这类平台在责任规则的适用上与网络交易平台没有大的区别，均得适用TMG第10条免除损害赔偿责任，对用户言论进行内容上的编辑或审查其真实性的，则属于平台自己的信息（作为已有），无法适用TMG的规则；对用户的言论采取自动的过滤措施或者同时配合人工审查（如以此筛选出“幽默”的无恶意的批评、用户自嘲等），并不足以使得用户的言论成为平台自己的信息。②

在妨害者责任方面，平台同样没有对用户言论进行在先审查的义务。此外，即使是非商业性的论坛，其运营商在接到具体通知后，也负有审查义务。一般而言，用户以言论侵犯他人权利的，多是侵犯人格权，对于那些用户匿名的平台来说这种风险更大，但是BGH认为，根据TMG第12条第2款的原则，此时（在侵犯人格权的情形）请求权人的“信息提供请求权”要受到限制，其并不能要求平台提供匿名用户的身份信息（注册信息）。③

3. 云存储与链接分享平台

云存储与链接分享平台（如Rapidshare）同样适用TMG第10条的规定，在知道侵权行为或者出于重大过失而不知道侵权行为的情况下承担损害赔偿责任。对于妨害防止，适用侵权法的一般规则，此时网络平台通常不是侵权行为的行为人，也缺乏参与共同侵权的故意，知道平台有被用户用于传播侵犯著作权作品的可能性，本身不足以构成放任侵权行为发生的“间接故意”。

云存储和链接分享平台可以成立妨害者责任，但平台通常没有一般性的先行审查义务。在收到具体的侵权通知后，则应当采取技术上和经济上可期待的措施阻止通知中指明的用户和其他用户重新上传同一侵权内容。使用关键词过滤并配合对过滤结果的手动筛查，被认为是可期待的措施。即使通过这一措施也不能穷尽地发现所有侵权行为（例如用户可能会为文件起一个隐

① BGH GRUR 2011, 1038 – *Stiftparfüm*.

② BGH NJW 2015, 3443 – *Hotelbewertungsportal*.

③ BGH GRUR 2014, 902 – *Ärztebwertung*. BGH GRUR 2013, 370, Rn. 32 f. – *Alone*

蔽的名字)，也不能据此拒绝采取该措施。[①] 如果平台采取的商业模式在很大程度上促进了用户的侵权行为，如贩卖高级用户权限（如高速下载权限）、奖励大量上传作品的用户等，可期待的措施除了过滤之外，就还包括使用搜索引擎（如谷歌或者推特、facebook 的搜索引擎）或网络爬虫等，以找到指向其平台上侵权通知所涉及内容的链接（一般性的市场观察义务）。[②] 此时，即使被侵权人发出的具体通知中包含数量庞大的侵权作品，也不能免除或降低平台对链接进行排查的这种义务。[③]

4. P2P 服务平台

提供 P2P 服务的平台可以分为两种，即“中心化”的平台和“去中心化”的平台。中心化的 P2P 平台设置了一个中心的索引服务器，以管理各个节点上可获取的信息，如 Napster；去中心化的 P2P 则没有中心服务器，对信息的请求只能向系统中的节点直接发出，如 Gnutella。此外，还有混合两种类型的 P2P 服务，如 eDonkey2000（电驴）。

就中心化的 P2P 服务的而言，有争议的是，索引服务器的运营者是否适用 TMG 的责任免除规则。如果 P2P 服务提供者仅仅是传输信息，而没有选择或改变信息，则其可以适用 TMG 第 8 条的免责规则；但是，如果 P2P 服务的索引服务器被用于定位个别节点上的信息，也就是满足了用户进行搜索的要求，则索引服务器就类似于搜索引擎，从而不再适用 TMG 的规则，而只是适用一般的侵权法规则。德国判例曾认为，索引服务器的运营者并未从事直接侵权的行为，但若违反可期待的审查义务，则应承担妨害者责任。同网络交易平台一样，索引服务器的运营者没有在先审查的义务。在请求权人发出具体的侵权通知后，运营者则应当履行审查义务和预防义务。但不同于其他平台，德国法院认为，对 P2P 服务器的运营商而言，采取关键词过滤并配合事后的手动筛选就不再是可期待的措施。在具体的案例中，原告无法使人相信 P2P 服务会被大量用于非法使用。[④] 换言之，相比于前文的 Rapidshare 等服务，P2P 索引服务器运营者的审查义务更低。

---

① BGH GRUR 2013, 370, Rn. 39 – *Alone in the Dark*; BGH GRUR 2013, 1030, Rn. 60 – *File – Hosting – Dienst*.

② BGH GRUR 2013, 370, Rn. 39 – *Alone in the Dark*; BGH GRUR 2013, 1030, Rn. 60 – *File – Hosting – Dienst*.

③ BGH GRUR 2013, 1030, Rn. 59 – *File – Hosting – Dienst*. 本案中，被侵权人发出的通知中所涉及的侵权内容是数量多达 4800 个的音乐作品。

④ OLG Düsseldorf, MMR 2008, 675.

对于去中心的P2P服务，问题在于提供客户端软件的一方应承担怎样的责任。计算机程序的生产者并非TMG意义上的“服务提供者”，因而只能适用一般的侵权法规则。P2P客户端软件本身不一定被用于侵权行为，但如果软件的生产商通过广告等手段宣传软件的非法用途或者将非法使用设计为产品的主要目的，则其应当承担间接侵权的责任（妨害者责任）。前文所述的“打印店案”的原则是否适用，还取决于软件在多大程度上用于合法用途，以及生产商采取了哪些措施避免侵权行为的风险。软件被合法适用的比例越多，则在格式条款中声明“不得用于非法用途”就越容易使得生产商免于承担间接侵权的责任。[①] 此外，软件的提供者还需向用户明确告知，在使用P2P服务时，用户特定文件夹下的内容将自动上传于网络中。否则，当第三人主张软件用户的行为侵犯信息网络传播权时，软件方需要为之承担损害赔偿的责任。[②]

5. 视频聚合或新闻聚合平台

视频聚合或新闻聚合平台应当承担怎样的责任，首先取决于对“设置链接”行为的定性。国内对这一问题的讨论非常激烈，学说上有“服务器标准”、“用户感知标准”和“实质呈现标准”之争，以回答设置链接是否直接侵犯信息网络传播权。与国内法的争议不同，设置链接行为在德国法的语境下毫无争议，不属于信息网络传播权控制的行为；德国法争议的焦点则在于，设置链接行为是否属于著作权法规定的“其他向公众再现作品的行为”。向公众再现权是对欧盟指令转化的结果，因而这一问题的回答最终依赖于EuGH的解释。总结前文对EuGH判决的介绍可以认为，设置链接（不论是普通链接、深层链接，还是加框链接）是否构成直接侵权的关键是“新公众标准”。设置链接行为是否达到了原授权网站之外的“新公众”，一个基本没有争议的判断要素在于是否绕开了对方的技术保护措施。绕开原网站的技术措施，设置链接将构成侵权。如果权利人已经许可作品在某网站上传播，只要其受众是潜在的所有互联网用户，则无论被链接的网站是该合法授权的网站，还是其他未经许可上传作品的网站，链接行为都不再属于到达“新公众”，不属于侵权；否则，有营利目的的聚合平台，需要承担审查原网站合法性的义务，违反该审查义务，将构成侵权。

需要注意的是，以上仅仅是针对设置链接这一行为本身的责任问题（直

---

① Vgl. Spindler/Leistner, GRUR Int. 2005, 773, 791 f.

② OLG Frankfurt, MMR 2012, 668 – Bearshare.

接侵权责任)。另一个不同的问题是，设置链接者需要为被链接的内容承担怎样的间接侵权责任。如果设置链接者为侵权行为的发生做出了贡献，且违反了相应的审查义务，则应承担妨害者责任。BGH 在 2016 年的判决中认为，设置链接者在未收到具体的侵权通知前，没有先行的审查义务，除非被链接网站的侵权内容十分明显。[①] 不过，EuGH 在 GS－Media 案中的判决认为，如果设置链接者有营利目的，则需要承担审查义务——尽管该案讨论的是设置链接行为本身是否构成直接侵权责任，但是毕竟隐含了 EuGH 的一个判断：有营利目的即推定设置链接者“知道”被链接的是侵权内容。如果这一立场适用于妨害者责任的认定，意味着大多新闻聚合或视频聚合平台将承担一般性的审查义务。当然，没有争议的是，如果收到了具体的侵权通知，则平台必须承担针对具体侵权内容的审查义务和预防义务。

二、德国法上网络平台违反反不正当竞争法的责任

与知识产权一样，网络服务提供者违反反不正当竞争法的责任也有两种，一种是自己直接从事了不正当竞争行为而承担责任，另一种是为其用户的行为承担“中间人”（Vermittler）的责任。第一种责任并无特殊之处，因此这一部分只阐述网络服务提供者作为中间人需要如何承担反不正当竞争法的责任。

对于这一问题，德国法最大的特点是，在反不正当竞争法领域全面摒弃了所谓妨害者责任理论（间接侵权），而以网络服务提供者是否违反安全注意义务为标准，判断其是否承担“行为人责任”。换言之，在反不正当竞争法领域，虽然网络服务提供者是“中间人”，但其最终也只能以不正当竞争行为人的身份承担责任（Täterhaftung），这构成与知识产权侵权的显著区别。造成这两种不同进路的主要原因，在于反不正当竞争法规制的是“行为不法”，而非知识产权、人格权侵权那样的“结果不法”。

虽然网络服务提供者直接从事不正当竞争行为的责任和作为中间人的责任都属于“行为人责任”，但二者存有很大的区别。前者完全是适用竞争法的一般规则；后者还要求网络服务提供者违反安全注意义务；此外，唯有网络服务提供者是中间人身份的情况，才可能适用 TMG 的免责规则。

---

① BGH GRUR 2016，209，Rn. 5 – Haftung für Hyperlink.

然而，作为中间人的服务提供者却要承担行为人的责任，这一理论的矛盾是显而易见的，网络服务提供者此时似乎可以被认为本身从事了一个不正当竞争行为，因此应当符合不正当竞争行为的构成要件。但是，在解释各个构成要件时，又不可能适用与直接行为人一样的标准。因此，德国法的做法不可避免地带来争议和困惑。与知识产权领域不同，欧盟层面对竞争法领域网络服务提供者的责任问题缺乏关切，仅有的判决只是解释《电子商务指令》的责任免除规则。德国国内法的做法（安全注意义务）无法从欧盟的《不正当商业行为指令》中找到依据，国内法和欧盟法究竟是何关系，在欧盟法的判例中尚且无迹可寻。此外，欧盟的《知识产权执行指令》并不适用于竞争法。因此，德国国内竞争法的做法带来的许多问题，无法指望欧洲法院提供一个明确的答案。本文这一部分以不正当竞争行为的构成要件为起点，试图揭示的仅仅是德国法的“通说”对中间人责任各构成要件所持的观点。

（一）“中间人”的认定标准

如前所述，网络服务提供者究竟被认定为直接行为人还是中间人，至关重要。这里涉及的是在网络服务提供者将他人信息“作为已有”的情形（zu eigen machen），网络服务提供者将用户的内容嵌入自己的商业交流之中，使得用户的内容被视为网络服务提供者自己的内容，此时服务提供者以直接行为人的身份承担责任，没有任何免责的可能。问题在于，如何认定这里的“作为已有”。前文在论及 TMG 时提出的标准基本上也适用于竞争法。BGH 认为，在区分是否构成网络服务提供者自己的内容时，起决定意义的是一般的理性用户的理解。① 当然，这一抽象标准只能在个案中加以具体化。对于加框链接，BGH 曾主张这是网站“作为已有”的行为，但欧洲法院虽然认为加框链接在特殊情况下可以构成侵犯向公众再现权，但其明确加框链接不会使得被链接内容成为网络平台自己的内容；② 此外，有些网络平台会方便用户推荐平台上的商品或服务给其好友，用户只需点击同意推荐，后台将自动发送模板邮件给好友，这种广告行为虽然是由用户所触发，但 BGH 认为这一行为构成

---

① BGH, GRUR 2015, 1129 Rn. 25 - *Hotelbewertungsportal*; GRUR 2016, 209 Rn. 13 - *Haftung für Hyperlink*.

② EuGH, GRUR 2014, 1196 - *BestWater*.

网络平台自己的行为。[①]

（二）商业行为

不正当竞争行为应当是商业行为。首先需要回答的问题是，网络平台的中间人责任是否以一个“主行为”的存在为前提。通说认为，中间人责任的承担起因于其违反了安全注意义务而造成了可能的危险，与妨害者责任或帮助、教唆侵权责任不同，此时不需要存在一个在先的主侵权行为。[②]

问题是，在网络服务提供者承担中间人责任的情形下，应当要求谁的行为是商业行为，网络服务提供者抑或从事直接行为的用户？如果采取之前妨害者责任的规则，则仅要求直接行为的用户从事的是商业行为。如今，作为中间人的网络服务提供者也承担的是行为人责任，就可以理解为服务提供者自己从事了不正当竞争行为。据此，BGH 认为，要成立中间人责任，应当要求网络服务提供者从事了商业行为，而其用户的行为可以是商业行为，也可以是“私人行为”。[③]

由于网络服务提供者大多从事的是商业行为，BGH 的上述立场无疑大大扩大了服务提供者承担责任的可能性。例如，某网络平台的用户只是发表自己的看法称某个品牌的手机比另一个品牌的好，网络平台可能就要承担发布比较广告的竞争法责任。有学者主张，网络服务提供者承担中间人竞争法责任的前提应当是用户从事了商业行为。对于用户从事私人行为的情形，也并不意味着服务提供者可以免责，如果网络平台违反勤勉义务而未及时删除信息，则大可根据《德国民法典》第 823、824 条的一般规定承担相应的责任。[④]

（三）竞争关系

“竞争关系”同样是不正当竞争行为另一个重要的构成要件，存在竞争关系才能作为竞争者（UWG 第 8 条第 3 款第 1 项）的身份起诉不正当竞争，也才能主张保护竞争者利益的竞争法条款（UWG 第 4 条）。不过，在中间人责任的情形，应当要求网络服务提供者与第三人之间，还是用户和第三人之间

---

① Vgl. BGH, GRUR 2013, 1259 Rn. 19 – *Empfehlungs – E – Mail*; GRUR 2016, 946 Rn. 33 – *Freunde finden.*

② Köhler, GRUR 2008, 1, 3; Leistner, GRUR – Beil. 2010, 1, 3; Schmitz – Fohrmann/Schwab in Götting/Nordemann, UWG 3. Auflage, 2016, § 8 Rn. 69.

③ BGH, GRUR 2015, 1129 Rn. 42 – *Hotelbewertungsportal*; GRUR 2016, 209 – *Haftung für Hyperlink.*

④ Vgl. Ohly, GRUR 2017, 441, 447.

存在竞争关系?

按照“行为人责任”通说的逻辑，网络服务提供者此时被视为自己从事了不正当竞争行为，因此应当要求在网络服务提供者（中间人）和主张不正当竞争责任的第三人（请求人）之间存在竞争关系，而非用户（直接的行为人）和请求人之间。[①] 然而，只有在少数情况，例如，酒店评价网站同时也经营自己的酒店预订服务，网络平台和第三人才存在明显的竞争关系。大多情况下，网络平台和第三人不在同一市场。为解决这个问题，BGH 对“竞争关系”采纳了最为广义的理解，认为“如果某一方通过某种措施所追求的利益，与另一方因此而遭受的损失之间存在相互影响的关系，以至于一方的竞争得以促进，而另一方的竞争受到损害，就可以认为双方存在竞争关系”。[②] 这种观点可以概括为“你的快乐建立在我的痛苦之上”。对于评分网站而言，用户的贬损性评论在损害他人的同时，往往也更容易为网络平台自身吸引更多的关注，由此，评分网站和被评价的商户之间也可以认定为存在竞争关系。

(四) 行为的不正当性

为了避免给网络服务提供者设定过多的负担，如果其身份是中间人，则其承担不正当竞争法责任还应当以违反了安全注意义务为前提。然而，安全注意义务的界限、程度仍取决于个案的具体情况。BGH 在其判决中形成了如下标准，这些标准构成一个“动态系统”，各自在不同个案中的分量不一，需要综合考量:

(1) 网络平台的主动性之程度;

(2) 网络平台商业模式的社会效用;

(3) 被损害权利或利益的重要性;

(4) 网络平台的营利目的;

(5) 技术上采取措施的难度和费用;

(6) 对违法性的知晓;

(7) 被侵害人自己保护权益或者针对直接行为人采取措施的可能性，等等。[③]

同知识产权侵权一样，要履行这里的“安全注意义务”原则上不能要求

---

① Vgl. Ohly, GRUR 2017, 441, 448.

② BGH, GRUR 2014, 1114 Rn. 32 – *nickelfrei*; GRUR 2016, 1193 Rn. 15 – *Ansprechpartner*.

③ Vgl. Ahrens, FS Canaris, 2007, 3, 18 f. ; Leistner, GRUR – Beil. 2010, 1, 31 f. ; Ohly/Sosnitza, 7. Aufl. 2016, § 8 Rn. 128.

网络服务提供者事先审查用户的内容（先行审查义务），而是要求其在收到具体的侵权通知后，采取相应的行动（嗣后审查义务和预防义务）。不同于美国法上的“通知并移除”规则，德国法上中间人的责任更为严苛，还包括了采取措施避免未来发生同样的不正当竞争行为（“通知并行动”规则）。

（五）TMG 的责任免除规则

如前所述，TMG 第 7 ~ 10 条的责任豁免规则是一个“横截面规定”，也同样适用于反不正当竞争法。此处，最重要的是第 10 条，大部分网络平台都属于这里的信息存储服务提供者。与知识产权一样，TMG 的责任免除规则适用于竞争法的损害赔偿责任，是否适用于不作为请求权仍有争议。不过，TMG 第 7 条禁止设置一般性审查义务的原则也同样适用于不作为请求权。

（六）典型案例分析

BGH 诉 Hotelbewertungsportal 案

案情简介

原告在柏林经营一家酒店，在其酒店的网站上顾客可以直接进行预订。被告经营一家在线旅行社，同时提供各个酒店的评价服务。在被告网站的评分系统中，用户可以对各个酒店进行匿名评价。被告网站使用了关键词过滤软件，以过滤出那些可能带有侮辱性的评价。同时，被告的雇员从过滤出来的评价中再进行手动筛选。从用户的评价中，被告网站还计算出了酒店评价的平均分和推荐率。

原告得知，被告的网站中出现了对自己酒店的以“37.5 欧一晚，就可以享受到臭虫”为题的一条不实评价。原告申请法院作出禁令，禁止被告公开和散布上述内容的评价。

二审法院和 BGH 都拒绝了原告的主张。

裁判要旨

BGH 首先指出，被告的行为构成商业行为。此外，被告和原告构成竞争者。BGH 指出，构成竞争者需要存在具体的竞争关系，而根据之前本院的判决，具体的竞争关系是指，双方销售同类的商品或经营同类的服务。但是，为了促进在竞争法上对个人的保护，对这种具体的竞争关系不能要求过高，只要“某一方通过某种措施所追求的利益，与另一方因此而遭受的损失之间存在相互影响的关系，以至于一方的竞争得以促进，而另一方的竞争受到损害，就可以认为双方存在竞争关系”。据此，原被告存在具体的竞争关系。虽然二者不经营同类的服务，但通过提供酒店评价服务，被告可以吸引更多顾客关注到自己经营的旅行社服务；而与此同时，显示被告酒店的负面评价将会损害被告的经营。

BGH 接着指出，被告的行为并不构成 UWG 第 4 条第 8 项（旧法，下同）规定的作出损害他人经营的陈述行为。理由在于，首先评价并非被告自己作出，同时被告也未对他人的评价“作为己有”。所谓作为己有，即是说从外部看来平台对发表的内容负有责任，或者说给人一种印象，即平台赞同他人的内容。BGH 指出，是否构成作为己有，应当考虑多种因素，并以一个理性的普通人为视角。如果在内容上对他人上传的内容进行编辑，如对内容的完整性和正确性进行检查，或者进行选取，或者将他人的信息嵌入自己编辑的内容等，就属于作为己有。

据此，网站并没有将他人的评价作为己有。从评价平台的设计来看，并不能说明网站就是认同用户的评论的。计算平均分和推荐率并非一种编辑行为。此外，用过滤软件过滤配合人工检查，也非检查内容正确性的编辑行为，其不过是为了检查用户的评论是否符合其使用条款以及履行了合法义务。

BGH 又指出，被告的行为同时也非 UMG 第 4 条第 8 项规定的“传播”他人陈述的行为。要符合这里的“传播”，则自然不再要求必须是将他人的信息作为己有。但对于这种评分平台，应当对“传播”的概念作狭义的理解，否则即意味着平台必须在用户的评论发表之前对其进行一般性的审查。这不符合 TMG 第 7 条第 2 款第 1 句的规定。不过，在特殊的情形下，平台也应承担一定的监管义务（根据理性的衡量可期待的或者法律规定的义务）。

据此，被告并没有进行传播相关陈述的行为。被告属于 TMG 第 2 条规定的“网络服务提供者”，但其存储的信息构成他人的信息。对 UWG 第 4 条第 8 项的解释不能使其承担一个一般性的监管义务，当然，此时的前提是，平台承担的必须是中立、非主动的角色。平台使用了过滤软件配合人工审查的事实，也不能认为其在评论的传播中承担了积极主动的角色，因为这种措施并不等于他们审查了用户评论的真实性。此外，被告也不负有特殊情形下的监管义务。被告是否负有这种义务，需要结合这些要素来判断：第三人的侵权事实是否因权属状况的不清晰而难以认定；或者说权属状况对平台而言究竟是很明显的，还是很难查证的等。如果平台通过自己的措施或者行为明显地促进了侵权行为的发生，则需要承担更高的审查义务。本案中，被告从事的是符合法律规定的商业活动。正如二审法院所指出，被告使用匿名评论服务，确实增加了使被评价者蒙受不公评价之风险；但二审也正确地指出，即使如此，也不能课以被告一个不合比例的损害其商业模式的监管义务。原告的利益要得到保护，除非被告的工作人员对评价进行完整的内容审查（这是非常苛刻的）。只有在被告收到明确的侵权通知后，才必须立刻屏蔽该评价，此外还需要采取必要的措施，尽可能避免再次产生（和具体的通知）同种类的侵权行为。在收到具体侵权通知后仍不删除相关内容时，才构成违反 UWG 第 4 条第 8 项的“传播陈述”的行为。本案中被告事先并不知晓具体行为的违法性，且在收到警告后删除了该评价，故不符合 UWG 第 4 条第 8 项的条件。此外，被告也不成立参加人的帮助责任，这一帮助侵权责任存在对主行为的间接故意时即得成立。本案中，被告仅仅是知道其平台中可能出现损害他人权利的评价，不足以构成“间接故意”。

最后，BGH 认为，正如二审法院的判决结论，有关被告损害安全注意义务的主张不能成立。所谓的安全注意义务，其背后的考虑是：如果有人在其责任领域制造或者保持了危险之来源，则应采取可期待性的措施或预防手段，以保障第三人免于该危险。对网络平台而言，这一安全注意义务就具体化为所谓的“审查义务”。根据 BGH 一贯的判决，平台不负有一般性的审查义务。被告只有收到具体的侵权通知后，才负有不迟延的屏蔽具体评价和采取必要措施避免未来同种侵权行为的义务。因此，只有在收到具体通知后，被告才有避免“重复危险”的义务。而对于被告首次收到侵权通知的侵权行为，不存在这种重复的危险。“重复的危险”必须在被告阻止进一步侵权行为的义务成立之后已然“完成”了一次侵权行为后才能成立。而“首次行为的危险”也不成立，因为并不能说被告将来在收到具体的侵权行为通知后会不采取针对性的措施，这一点原告既没有主张，也无法从其他事实明显推知。

案例评析

本案是近年来网络平台竞争法责任的重要判例。可以看到，在竞争法领域，“妨害者责任”（干扰人责任）已难觅其踪，然而，除了必须要将网络平台解释为竞争法的行为人之外，在责任成立和限制的具体论证上，与妨害者责任并无明显区别。本案中的具体规则，如不得课以平台一般性的审查义务（并以此解释竞争法具体规则之适用）、审查义务以具体侵权通知作出为前提（所谓“通知并行动”规则）、平台明显促进侵权时要承担较高的审查义务等，全部来自妨害者责任领域（知识产权）过往的具体判决。

第四节 网络监管与网络平台的行政责任

一、德国互联网治理的宪法基础

在德国，互联网治理与网络平台治理的宪法问题主要涉及两个相互联系的问题，即基本权利与治理模式。

在西方，宪法对基本权利的保障源于将个人自由、自主视为逻辑上先于国家的自由主义传统，源于将保障个人自由、自主视为国家的正当化基础与核心任务。在这样的思想下，基本权利首先被理解为个人用以对抗国家不当干预的防御权。只要作为人民代表的议会所制定的法律没有作出限制，个人行为就是自由而正当的，个人无须为其行为向他人或国家辩护。相反地，国家必须为其对个人行为或社会活动的干预而辩护，干预需有正当化根据。历史上出现的第一个正当化根据是人民或其代表的同意。没有议会制定的法律授权，不得限制基本权利。

在历史进程中，人们逐渐认识到“无法律即无干预”的原则是不够的，甚至可能使宪法保障基本权利的目的落空。这是因为议会的法律也可能为不当干预提供授权基础，也可能侵犯个人基本权利。基本权利的保障不能只依靠对立法组织与立法程序的合理安排，还必须挖掘、发展基本权利的实体内涵与实体原则，亦即合宪性问题不应只限于形式面向，也应扩及实质面向，才能使基本权利不但对行政与司法，也对立法发生规范效力。第二次世界大战后，德国宪法理论与实务便致力于阐述基本权利的实体内涵，发展基本权利的实体原则。

判断对基本权利的限制是否具有宪法正当性的最重要实体原则莫过于比例原则。比例原则要求国家通过限制基本权利的手段追求特定目的时，目的首先必须是正当的；其次，手段必须确实适合作为手段，亦即有助于目的实现（适合原则）；再者，手段必须是必要的，亦即不存在能同样有效促进目的实现、却对基本权利限制较小的手段（必要原则）；最后，限制基本权利与目的实现之间必须有合比例的、适度的、相称的、平衡的关系，亦即应对相冲突的法益进行衡量，不能轻重失衡、因小失大、得不偿失（狭义的比例原则）。在德国，当国家对互联网的立法、行政或司法措施限制网络服务提供者或用户的基本权利时，就应运用比例原则判断规制措施的合宪性。

在德国，国家对网络平台经营者的规制可能构成对宪法保障的职业自由的限制。联邦宪法法院区分两种对职业自由的限制，一种是对“择业”自由的限制，亦即对“是否”从事某一职业的决定的限制，另一种是对“执业”自由的限制，亦即对“如何”从事某一职业活动的限制。法院对这两种限制提出不同强度的合宪性要求，对前者要求较高，对后者要求较低。具体而言，只有为特别重要的公共利益所必要，且采取对基本权利限制最小的形式，才能干预对个人来说极为重要的“择业”自由。相对的，只要在理性的公益考量下是合目的的，只要没有施加过度沉重与不可期待（即强人所难）的负担，就可以限制“执业”自由。这样不同强度的要求和比例原则的精神是一致的。国家对网络平台经营者的规制如果不涉及准入门槛，而只涉及如何执业，便适用第二种较低的宪法要求，相对比较容易通过合宪性审查。①

如果国家所采取的规制措施是要求网络平台删除或屏蔽第三者所发布的内容，往往构成对此第三者受宪法保障的意见表达自由或言论自由的限制。根据德国《基本法》第5条，表达或传播意见的自由只有根据“一般法律”或保护青少年或个人名誉的法律才能限制。所谓“一般法律”不是单纯指抽象的、一般性的、针对不特定多数人的法律，而是有更丰富而严格的意义，指的是遵守言论中立性的法律，指的是法律不因言论的某种特定内容、信念或倾向——例如某种政治思想或宗教教义本身，而是为了保护其他法益——例如个人隐私或国家安全——才限制言论自由。

然而，德国《刑法》第130条第4款处罚公开或在集会上通过对纳粹暴力统治与恣意统治的认可、美化或辩护而因此伤害其受害者尊严的方式扰乱公共安宁。德国联邦宪法法院虽然承认该规定不是“一般法律”，却认为它是《基本法》容许的例外。按照法院的见解，有鉴于纳粹统治给欧洲与世界带来的极度不法与恐怖实在无与伦比，有鉴于此一蔑视人的政权对联邦德国的宪法秩序具有从反面形塑认同的独特意义，有鉴于对此一政权的宣传性认同所引发的效果远远超越一般公共论辩的张力与冲突，足以挑动社会严重对立与暴力冲突，破坏公共论辩的和平与社会和平，必须认为，限制这类宣传性认

① 参见张翔主编：《德国宪法案例选释》（第1辑），法律出版社2012年版，第48页以下。

同的法律规定尽管不是宪法明文规定的一般性法律，仍然作为可限制言论自由的不成文例外内在于宪法言论自由的规定中。①

但是，有一般性法律或基于保护青少年或个人名誉或禁止宣扬纳粹统治的法律作根据，只是合宪的言论自由限制的必要条件，并非充分条件。这些法律以及对这些法律的解释、适用还必须合乎比例原则。在运用比例原则对言论自由及与其冲突的个人、社会或国家法益进行衡量时，必须从言论自由对个人人格发展与民主政治的根本重要性出发。言论越构成对公共领域重要问题论辩的参与，在法益衡量中就具有越重的分量，就越可能优先于其他法益受保护。联邦宪法法院有时甚至说，在这种情况下，应该推定言论应受保护；也就是说，在找到够分量的重要反对论据前，言论自由应该优先。相反地，言论越涉及私人交往、特别是经济交往中出于自利目的对他人法益的直接损害，在法益衡量中就具有越轻的分量，就越可能让位于其他法益而不受保护。比例原则与法益衡量不仅用来判断法律本身是否合宪。即使限制言论自由有合宪法律授权，只要该法律存在多种解释适用可能性，就也应在法律框架下运用比例原则与法益衡量，充分考虑保护或较小地限制言论自由的可能性与理由，选择合乎宪法精神的法律解释适用方案。这就是所谓“合宪性解释”。

虽然保障基本权利不意味着不能限制基本权利，虽然用来审查干预是否合宪的比例原则要求法益衡量，潜藏着兼顾、平衡相冲突法益的思想，但是，基本权利作为个人对抗国家不当干预的防御权理念预设个人自由对国家权力的优越地位，要求国家干预需有正当化理由，总有对国家干预第一步先怀疑或不信任的倾向。在防御权架构下，比例原则不要求国家在基本权利之外“应该”兼顾与其相冲突的法益，只说“可以”兼顾，重点是不能“过度”干预基本权利，因此有时也被称为过度禁止原则。然而，19 世纪末以来，人们逐渐认识到自由的运用或实现也有赖于财产、知识等实质条件的支持；此外，不是只有国家，社会中其他私人或组织也可能对个人自由造成重大威胁。国家不干预、不作为是无法保障或帮助个人取得或利用这些实质条件的，也无法对抗来自社会的自由威胁。要实现这些目标，国家必须主动出击，积极作为。德国联邦宪法法院与宪法学界通说于是主张，基本权利不只是要求国家消极不作为的“防御权”，也确立了要求国家积极作为的“国家保护义

---

① 参见张翔主编：《德国宪法案例选释》（第 2 辑），法律出版社 2016 年版，第 241 页以下。

务”。国家干预不但不能过度，也不能不足，必须既通过不作为，也通过作为，使可能相冲突的各项基本权利各得其分。过与不及都不对，不偏不倚、折中平衡才是合宪正道。

从基本权利是防御权的视角出发，国家只有在一定正当条件下才“可以”限制网络平台经营者或用户的基本权利，如职业自由与言论自由。但是，从国家对基本权利负有保护义务的视角出发，国家在某些情况下不只是“可以”、还“应该”限制平台经营者或用户的基本权利，以保护他人的基本权利。这里说的他人基本权利包括受《基本法》保护的人的尊严、一般人格权（名誉、隐私、个人数据、儿童与青少年人格发展皆属此一范畴）、生命权、身心不受损害权、言论自由等。以言论自由为例，《网络执行法》（详见下述）要求社交网络平台删除或屏蔽某些刑事违法内容，一方面固然构成对平台职业自由与用户言论自由的限制，但按照德国联邦司法部的主张，另一方面也是为了防止用户通过言论震慑异己，使他人畏不敢言，亦即是为了保护他人的言论自由，履行国家对基本权利的保护义务，保护开放的意见交流。

对基本权利功能的不同理解会影响网络平台的治理模式。虽然不能说，如果基本权利只是个人对抗国家不当干预的防御权，则自我规制在任何情况下都比政府规制来得正当；但至少可以说，在这样的基本权利理解下，政府规制会更严格地被审视。相对地，如果基本权利被理解为不仅是防御权，也课以国家保护义务，自我规制就可能在某些情况下被视为国家保护义务的不履行或履行不足而有违基本权利，合理的政府规制或“受监管的自我规制”（详见下文关于《青少年媒体保护国家协议》的论述）就可能被视为国家保护义务的要求而拥有较高的正当性。

二、《德国电信媒体法》上的相关规定

作为《欧盟电子商务指令》的主要转化立法之一，德国于 2007 年制定生效的《德国电信媒体法》（Telemediengesetz）整合了此前的《电信服务法》《电信服务数据保护法》和《媒体服务国家协议》，是德国网络法领域最核心的法律之一。该法所称“电信媒体”是指不包括《电信法》（Telemediengesetz）所规范的通过电信网传输信号的电信服务或电信增值服务，也不包括下

述《广播电视国家协议》[①] 所规范的广播电视的其他电子信息与沟通服务（《德国电信媒体法》第1条第1款）。与《欧盟电子商务指令》相对应，该法第三部分责任一节区分了四种服务提供者，即内容提供者（第7条）、网络接入或信息传输服务提供者（第8条）、缓存服务提供者（第9条）以及信息存储或主机服务提供者（第10条）。

除了个人数据保护规定外，《德国电信媒体法》基本上没有正面具体规定网络服务提供者的责任。其责任及责任构成要件散见于相关各项“一般法律”(allgemeine Gesetze)。“一般法律”这一概念有着源自德国宪法与宪法学的特定意义，如上所述，指的是遵守言论中立性、不因言论的某种特定内容或倾向、而是为了保护其他法益才限制言论自由的法律。然而，《德国电信媒体法》从负面规定了免责要件。这些要件如同过滤网，在根据“一般法律”判断网络服务提供者的责任之前，就预先过滤、排除他们的责任。依据该法规定，自己提供内容的服务主体依照相关“一般法律”为所提供的内容负责(第7条第1款)；与此相对，上述其他三类服务主体没有监控其所传输或存储的他人信息或探查违法活动的事实线索的义务（第7条第2款第1句）。自己不提供内容的网络平台属于信息存储服务提供者。信息存储服务提供者满足以下两个条件之一就享有责任豁免权：第一，服务提供者对违法活动或信息不知情，且在涉及损害赔偿请求权的情况下，对能从中明显发现违法行动或信息的事实或情况无所知悉；第二，服务提供者在知悉后立即删除信息或屏蔽他人获取信息的途径（第10条第1款）。然而，若用户隶属于服务提供者或受其委托，则无法免责（第10条第2款）。

值得注意的是，根据《德国电信媒体法》，即使在服务提供者免责的情形下，他们依据“一般法律”删除信息或屏蔽信息使用的义务仍然存在（第7条第2款第2句）。从此一规定与上述对信息存储服务提供者的免责条件规定可知，免责适用于损害赔偿请求，但不适用于请求停止或去除侵害。根据德国联邦最高法院的见解，网络服务提供者——也适用于网络平台经营者——即使非直接侵权行为人，仍然可能因起到共同造成或维持侵权结果的作用而

① “国家协议”(Staatsvertrag)是指各州之间以公法人身份签订的具有法律效力的协议。在德国宪法学上，各州（或译为各邦）也是国家，只不过它们将部分统治权转移给作为联邦的国家，所以各州之间的协议称为“国家协议”。法律规范之所以要采取国家协议这种法律形式，是因为依照宪法规定对于某些事项联邦政府并无立法权，但又需要统一各州的规定，所以只能通过各州相互签订协议的方式来达到法律内容统一的目的。

承担“干扰人责任”（或译为“妨害人责任”；Störerhaftung）或其他类似的间接责任。[①] 但是，只有当网络服务提供者对违法内容的检查或审查义务是技术上可能的、法律上允许的与可期待的（亦即非强人所难的），才有这种责任。删除或屏蔽违法内容是这种责任的主要内容。

三、秩序行政法领域的网络监管

《德国电信媒体法》所确立的避风港原则以及联邦最高法院续造的妨害者责任主要适用于侵权法和刑法领域，行政法对网络平台的责任规定依托于传统的秩序行政法。以下将从三个方面予以阐述，首先，介绍德国秩序行政法及其核心概念——危险防御，德国秩序行政法（以警察法为代表）借鉴了刑法和侵权法的概念和体系，发展出了行政法自有的一套理论体系，这也是网络平台承担行政法上责任的理论基础；其次，对待国内网络平台，其作为危险防御措施的对象之一——状态妨害人，行政机关可以以危险防御为目的，要求其对违法信息采取拒绝提供或者屏蔽措施。但需特别说明的是，虽然秩序行政法有一般授权法律依据，但在《网络执行法》颁布之前，德国对待国内网络平台仍采取任其自我规制的立场，网络平台将根据和用户签订的服务合同（一般条款）进行相应的删除、屏蔽、删除账号等措施，主要依靠民法调整。在行政法领域，鲜有行政机关要求网络平台承担行政法责任的案例，只有少数例外领域，如媒体法和赌博法领域；最后，对待国外网络平台，因跨境执法困难以及国家间法律规定不同的原因，德国行政机关多采用要求国内接入商屏蔽违法网站（如P2P音乐或者电影下载网站）的做法，这方面的立法和司法案例颇多。

（一）秩序行政法的危险防御

秩序行政法或警察法中关于危险防御的一般授权规定可能成为行政机关依法对网络平台采取相关措施的法律依据。

德国传统行政法发端于19世纪的警察法，主要任务是控制以警察权为代表的行政权，将行政权纳入法律约束的框架，以实现法治国的目标。1875年普鲁士高等行政法院设立之后，通过法院的判决发展，逐渐将泛化的警察权

---

① Franz Hofmann, Mittelbare Verantwortlichkeit im Internet: Eine Einführung in die Intermediärshaftung, JuS 2017, 713 ff.

限缩至危险预防的狭窄领域。至此，行政法中以干预行政为特点的秩序行政法得以成型。

秩序行政以防御危险为核心。危险是指自然状态下可预见的极可能发生的对公共安全造成损害的一种具体事态。造成此种具体事态的责任人称作“干扰人”（Störer，或译为妨害人）。此一概念虽然与民法中干扰人（或妨害人）责任中的干扰人为同一语词，但内涵与外延完全不同。秩序行政的相对人包括行为干扰人、状态干扰人与非干扰人。行为干扰人是其行为直接引发危险的主体（如《北威州警察法》第4条）。若危险源自主体所有或占有的物或动物，则该主体为状态干扰人（如《北威州警察法》第5条）。其他主体是非干扰人，在例外情况下并在严格限定的条件下，为了危险防御的必要，也可能成为秩序行政的相对人（如《北威州警察法》第6条）。

中间网络服务提供者一般不是直接行为主体，无法通过其行为引发危险，所以不构成行为妨害人。但作为内容框架提供者的网络平台，本身为网络服务器空间的所有者或者有权占有人，如果在该空间发生危险，网络平台很可能构成状态妨害人。所以，在一般秩序行政法上，可以对网络平台服务提供者采取措施，比如依据警察法和秩序法上的一般授权条款，如《北威州警察法》第8条第1款或者《北威州秩序管理机关法》第14条。

但必须注意的是，比例原则是警察法与行政法领域的核心原则。任何为防御危险而对网络平台服务提供者采取的措施都只有在合乎比例原则——即适合、必要、合比例——的条件下才是合法合宪的。

（二）《广播电视国家协议》

联邦德国各州互相签订的、具法律效力的《广播电视与电信媒体国家协议》（过去原名且现在仍简称为《广播电视国家协议》）① 规定，除某些例外情形，在电信媒体服务提供者违反法律规定时，各州监管机关可对服务提供者采取为消除违法所必要的措施，特别是发出禁止相关内容与屏蔽的命令。但是，只有无法通过其他方式达到目的时，才能禁止内容。禁止的内容应限于特定种类或部分，并有时间限制。若禁止措施相对于内容对提供者与公众的重要性而言有失比例，则不可行（第59条第3款）。这些规定是比例原则

① Staatsvertrag für Rundfunk und Telemedien，简称 Rundfunkstaatsvertrag，简写为 RStV，英文版见 https://www.die-medienanstalten.de/fileadmin/user_upload/Rechtsgrundlagen/RStV_20_english_version.pdf。

的具体化。如果提供的内容侵犯了第三人的权利，且该第三人有可供利用的诉讼管道，则只有在为公共利益所必要的条件下，才能发出禁止内容或屏蔽的命令（第59条第5款）。此外，如果对《德国电信媒体法》第7条意义下应承担责任的内容提供者所采取的措施无法执行或没有成效，为了屏蔽违法内容，在屏蔽技术上是可能的且可期待的（亦即非强人所难的）条件下，各州监管机关也可对《德国电信媒体法》第8～10条意义下的、为他人内容提供服务的中间服务提供者——包括网络平台——采取措施（第59条第4款）。

这里所说的各州监管机关通常是在《广播电视国家协议》中总称为“州媒体管理机构”（Medienanstalt）、具体名称随各州略有不同、具有公法人地位的独立行政机构（第35、36条）。一般而言，它设有负责日常事务的独任制行政首长或合议制行政机关，并设有负责重大决策、决定并监督其行政机关的委员会。委员会或采多元化组成，委员分别由州政府、州议会、重要民间社团或社会团体派遣；或全体委员皆由州议会以2/3多数选出媒体领域专家担任。“州媒体管理机构”只就其行为是否合法的问题接受州政府的法律监督，如对法律监督措施不服，还可提起行政诉讼。除此之外，它不受其他行政指挥或监督。以这样的方式组织“州媒体管理机构”，旨在落实德国联邦宪法法院关于媒体自由的理念——媒体既不应被国家所控制，也不应被社会少数人或少数群体所操控。“州媒体管理机构”对媒体服务提供者违反《广播电视国家协议》的行为，可以采取必要措施，特别是给予警告、发布禁令、撤回与撤销（第38条第2款）。

根据《广播电视国家协议》，提供新闻编辑内容的电信媒体必须合乎公认的新闻原则，负有发布新闻之前审查内容、来源与真实性的注意义务（第54条第2款），并应给予其事实报道所涉个人或单位无偿发表回应声明的机会（第56条）。

此外，由所有“州媒体管理机构”派遣代表共同组成的“许可与监督委员会”有权以一致决定确认某一电信媒体属于《广播电视国家协议》第2条第1、3款意义下的、线性实时的“广播电视”（第36条第2款第8项、第35条第2款），从而使其接受更严格的、专门针对广播电视作出的法律规制，如要求其呈现意见的多元性（第25条第1款）以及对广告或赞助在内容上、形式上与量上的限制（第7、7a、8、45条）。电信媒体无须取得许可或登记备案（第54条第1款）；一旦被划归广播媒体，就必须登记（第20b条）；被划归电视媒体，就必须取得许可（第20条第2款）。对一般电信媒体，只要求广告必须易于辨识而与节目内容清楚区分开来；但对在形式与内容上与电视相近、提供视频点播节目的电信媒体则适用更严格的、针对广播电视媒体的广告或赞助限制（第 58 条第 1、3 款）。

《广播电视国家协议》还在第五章专门针对平台——也包括那些纳入“与广播电视有可比性的”“面向一般公众的”电信媒体的网络平台（第 2 条第 2 款第 13 项）——作出了规范。与上述对《德国电信媒体法》第 8 ~ 10 条意义下的中间服务提供者的监管规定相一致，该条约规定，平台有义务协助贯彻监管机关对平台上的服务提供者发出的命令；如果对应负责的服务提供者所采取的措施无法执行或没有成效，为了屏蔽相关服务，在屏蔽技术上是可能的且可期待的（亦即非强人所难的）条件下，也可对平台经营者采取措施（第 52a 条第 2 款）。然而，除非网络平台具有市场支配地位，否则，对平台的大多数规定，包括保障相关服务提供者有根据合理条件进入平台的平等机会、保障平台上所提供服务的多样与意见的多元等（第 52b ~ 52d 条），并不适用于网络平台（第 52 条第 1 款）。

（三）《青少年媒体保护国家协议》

联邦德国各州互相签订的、具法律效力的《关于在广播电视与电信媒体保护人的尊严与青少年保护的国家协议》（以下简称《青少年媒体保护国家协议》）[①] 以广播电视与电信媒体为规范对象，其目的不只在防止儿童与青少年接触到危害或损害其发展或教育的内容，也在一般性地——不只针对儿童与青少年，也针对成年人——禁止损害人的尊严或某些受刑法保护的法益的内容。

首先，绝对禁止的内容包括：对抗自由民主的基本秩序或对抗民族相互理解的违宪组织宣传品、使用违宪组织的标志，煽动民族或族群仇恨或对德国部分居民的仇恨，通过辱骂、唾弃或诽谤上述人群攻击他人的尊严，以会扰乱公共安宁的方式否认或美化纳粹罪行，通过对纳粹暴力统治与恣意统治的认可、美化或辩护以致伤害其受害者尊严的方式扰乱公共安宁，美化暴力

① Staatsvertragüber den Schutz der Menschenwürde und den Jugendschutz in Rundfunk und Telemedien, 简称 Jugendmedienschutz – Rundfunkstaatsvertrag，简写为 JMStV，英文版见 https：//www. die – medienanstalten. de/fileadmin/user_ upload/Rechtsgrundlagen/KJM_ Rechtsgrundlagen/Interstate_ Treaty_ on_ the_ Protection_ of_ Minors_ in_ the_ Media_ _ JMStV_ in_ English_ _ _ 19th_ Interstate_ Broadcasting_ Treaty. pdf。

或伤害人的尊严的暴力作品、美化战争，侵犯人的尊严，儿童色情等（第 4 条第 1 款）。其次，一般色情作品以及会严重危害儿童、青少年发展或人格教育的方式在广播电视媒体传播也是禁止的，在电信媒体，则在确保只有成年人、亦即只有封闭的用户群才能获取的条件下是许可的（第 4 条第 2 款）。为了建立封闭的用户群，必须使用有效的年龄验证机制。除此之外，其他会损害儿童、青少年发展或人格教育的内容应实施年龄分级制度，以 6 岁、12 岁、16 岁、18 岁为分界，使应受保护的各年龄段儿童或青少年通常无法接触（第 5 条第 1 款）。为此，媒体应该使用年龄验证等技术手段，或者限制于夜间传播，或者通过设定使得用来过滤有害信息的青少年保护软件（Jugendschutzprogramm）得以辨识而予以滤除（第 5 条第 3 款）。青少年保护软件的认定由下述“自愿的自我监督机构”负责（第 11 条）。

监督媒体是否遵守《青少年媒体保护国家协议》相关规定的主管机关是“州媒体管理机构”（第 14 条第 1 款）。所有“州媒体管理机构”通过一个统一的“青少年媒体保护委员会”履行任务（第 14 条第 2 款）。委员会有 12 名委员，任期五年，部分由“州媒体管理机构”就其行政首长中选出，部分由各州青少年保护最高主管机关推派，部分由联邦青少年保护最高主管机关推派；委员不受推派机关指令约束，不得是媒体机构成员或受雇者，且其中至少 4 名委员应具备法官资格（第 14 条第 3、4、7 款）。青少年媒体保护委员会以多数决作出决议，决议应说明理由（第 17 条第 1 款）。

当媒体服务提供者违反条约规定时，主管的“州媒体管理机构”可以通过青少年媒体保护委员会决定对服务提供者采取必要措施（第 20 条第 1、2、4 款）。如果违反者是电信媒体，青少年媒体保护委员会作决定时，应遵守上述《德国电信媒体法》第 7 条至第 10 条的规定，并准用上述《广播电视国家协议》第 59 条第 2 款至第 4 款的规定（第 20 条第 4 款）。根据这些《德国电信媒体法》的规定，自己提供内容的服务主体为其内容负责，包括网络平台在内的、为他人内容提供服务的中间服务提供者则没有监控其所传输或存储的他人信息或探查违法活动的事实线索的义务，并且在不知情或知情后删除或屏蔽相关内容的条件下可以免责。根据对《广播电视国家协议》第 59 条第 2 款至第 4 款规定的准用，青少年媒体保护委员会可对服务提供者采取必要措施，特别是发出禁止相关内容与屏蔽的命令；而如果对应承担责任的内容提供者所采取的措施无法执行或没有成效，为了屏蔽违法内容，在屏蔽技术上是可能的且可期待的（亦即非强人所难的）条件下，也可对包括网络平台在内的、为他人内容提供服务的中间服务提供者采取措施。此外，针对媒体服务提供者违反《青少年媒体保护国家协议》规定的故意或过失行为，主管的“州媒体管理机构”可以通过青少年媒体保护委员会处以最高达 50 万欧元的罚款（第 24 条）。

《青少年媒体保护国家协议》还采用“受监管的自我规制”（regulierte Selbstregulierung）的监管模式。广播电视与电信媒体可以组成或加入“自愿的自我监督机构”。这类机构负责审查加入的媒体是否遵守该条约，并有义务接受、处理法定青少年援助机构的投诉，也负责上述青少年保护软件的认定（第 19a 条）。该条约对这类机构提出了组织和程序上的要求，如保障审查人员的独立性与专业性、裁决附具书面理由等，并规定由青少年媒体保护委员会负责这类机构的资格认定与撤销（第 19 条）。

主管的“州媒体管理机构”可以通过青少年媒体保护委员会，要求自愿的自我监督机构切实履行其未尽的任务与义务，对其逾越判断余地或裁量权的裁决，予以纠正并要求撤销（第 19b 条第 1 款）。而一旦媒体服务提供者加入了某一自愿的自我监督机构，只有在此一机构逾越其判断余地或者违法行为涉及第 4 条第 1 款的绝对禁止的内容时，“州媒体管理机构”才能通过青少年媒体保护委员会直接采取强制措施或处以罚款（第 20 条第 3、5 款）。换言之，只要自我监督机构在作出决定时没有逾越其判断余地，青少年媒体保护委员会就会尊重其决定。只有当自我规制失灵时，青少年媒体保护委员会才会介入进行规制。受监管的自我规制模式是由两个阶段或两个层次的规制所构成的一种监管机制。对媒体而言，首先受到的是自愿的自我监督机构的监管，然后才是青少年媒体保护委员会的次位阶监管。但青少年媒体保护委员会可以随时对自我监督机构的决定进行审查。①

（四）《赌博国家协议》

德国并不禁止赌博，同样也允许网络赌博的开展，但必须受到行政机关的监管。2012 年生效的《赌博国家协议》（Staatsvertrag zum Glücksspielwesen in Deutschland）由各州共同签订，所以只能授权各州的主管机关，如有违反本法所设定的义务时可在个案中采取必要的措施，禁止违法赌博活动的组织、开展以及介绍，相关的广告服务也不得进行（该法第 9 条第 1 款第 3 句第 3

---

① 喻文光：《文化市场监管模式研究——以德国为考察中心》，载《环球法律评论》2013 年第 3 期，第 140 页。

项）。主管机关不仅可对位于德国境内的网络赌博公司下达禁令，位于国外的公司只要提供德语界面也可成为禁令对象。如有违反《赌博国家协议》的情形，如用户在网络赌博平台从事法律禁止的活动，州行政机关一般直接对网络赌博服务提供者作出不利行政处分，命令其在该州范围内必须采用地理定位技术进行网络屏蔽，从而禁止违法网络赌博活动以及相关广告的组织、开展以及介绍。

北威州和下萨克森州曾以上述授权依据为基础，对各州范围内的网络服务提供者下达屏蔽命令，引发了诸多行政诉讼。这些案件的争议点在于，行政机关要求借助地理定位技术采取的屏蔽措施对网络赌博服务提供者的营业自由限制是否符合比例原则。在手段的合适性上，由于地理定位技术本身并不能保障完全精准，有可能无法实现措施所追求的合法目的。杜塞尔多夫行政法院对该技术持肯定态度，略微的不精准并不影响手段的合适性①，该问题应当放在狭义比例原则处予以考量。对于手段的必要性，法院否定了服务提供者设置禁止和免责声明作为对权利损害更轻微的手段，该声明并不能真正阻止用户从事违法网络赌博活动。② 围绕狭义比例原则，不同的法院对地理定位技术的可靠性产生了分歧，杜塞尔多夫行政法院坚持认为该技术可靠因此符合狭义比例。但吕内堡高等行政法院持截然不同的立场，其认为该技术在当时的条件下并不可靠，因此支持了网络赌博服务提供者的诉讼请求，判定行政机关败诉。③

（五）对国外网络平台的屏蔽

虽然国内法可在一定程度上适用于国外，但由于执法不便以及各国对网络违法内容的判断标准不一，对国外网站的行政规制与对国内网站有所不同。对国外网站上出现的违法内容，行政机关会要求国内接入商采取屏蔽措施，以切断国内用户获取的可能。

德国在这方面的实践源自2002年杜塞尔多夫屏蔽命令，针对的是极右翼网站，当时多数法院支持了行政机关的决定。后来扩展至儿童色情领域，德国于2010年试图通过专项立法屏蔽国外的网络儿童色情网站，该立法最终因存在违宪可能并在大规模反对浪潮中未予实施，该法最终被议会废除。在赌

① VG Düsseldorf, B. v. 18.5.2009 - 27 L 40/09, Rn. 39.

② Ebd., Rn. 99.

③ OVG Niedersachsen, U. v. 3.4.2009 - 11 ME 399/08, Rn. 42 ff.

博法领域，2012年修法时直接删掉了旧法中的授权依据，从而直接否定了该领域要求网络接入商屏蔽网站的可能。因此，以废除《网络儿童色情屏蔽法》为标志，德国针对国外网络平台采取要求接入商屏蔽的规制手段，已几无可能。

1. 杜塞尔多夫屏蔽命令——屏蔽国外极右翼网站

2002年，杜塞尔多夫市政府下令北威州的76家网络接入服务提供者屏蔽两个极右翼网站。[①] 其授权基础是当时的《传媒服务国家协议》（Mediendienste - Staatsvertrag von 20. 5. 1997，简称MDStV）[②] 第18条第2款，主管机构可对违反该国家协议的行为采取必要措施，特别是拒绝提供服务或者屏蔽。网站确实包含了禁止内容（该合同第8条第1款），涉嫌违反刑法、煽动战争和明显危害青少年。虽然网络接入商对他人的内容一般不负责，但如果对内容和平台提供者无法采取措施或者无效果，并且网络接入商在不侵犯电信秘密的情况下得知他人的内容违法，屏蔽是技术上可行或者可期待时，接入服务提供者例外承担责任（该合同第5条第3款）。杜塞尔多夫市政府在论证时，简单说明了上述条件成立：第一，内容提供者匿名发布和服务器在境外，故只能追究网络接入商的责任；第二，技术上也是可行的，主要介绍了本文第一章介绍的三种封锁技术，特别推荐了域名劫持；第三，技术上可期待的，满足比例原则。

此命令颁布后，38家网络接入服务提供者对该行政行为提出了行政复议。被复议机关驳回后，其中18家提起了行政诉讼。同时，杜塞市政府向法院申请立即执行屏蔽命令。地方法院首先驳回了原告接入商们根据《德国行政法院法》第80条第5款的回复溯及效力的请求，2003年北威州高级行政法院也做出了确认。[③] 2004～2006年，在行政诉讼的主程序中，各地一审法院都没有支持原告。

相同的是，审理过程中各地行政法院均没有区分三种屏蔽技术的达成效果，从而讨论是否符合比例原则。此外，由于当时普遍没有把网络接入服务归于电信服务，即不属于电信法管辖，所以法院也没有讨论网络屏蔽与电信

---

① www. stormfront. org 和 www. nazi - lauck - nsdapo. com.

② 1997年1月31日生效，于2007年2月28日失效。

③ OVG NRW MMR 2003, 348 m. Anm. Spindler/Volkmann（北威州高等行政法院判决：《网络屏蔽命令》，载《多媒体法》2003年，第348页，斯宾德勒、福克曼评注）。

秘密不得侵犯这一基本权的关系问题。[①] 对于原告主张网络屏蔽违反了不得事先审查的宪法要求，法院也予以否定。

2. 屏蔽国外网络儿童色情

2010 年的《网络儿童色情屏蔽法》（GesetzzurErschwerung des Zugangszu-kinderpornographischen in Kommunikationsnetzen，简称 ZugErschwG，本文简称《屏蔽法》）[②] 的第 1 条和第 2 条是核心部分。第 1 条授权联邦刑事调查区（Bundeskriminalamt，简称 BKA）制定一份每日更新的关于儿童色情内容网站的域名、IP 地址和目的地址的名单。这些儿童色情内容涉嫌违反德国《刑法》第 184b 条的有关规定。同时，强调列入名单乃是删除不能的最后手段。第 2 条规定了义务主体是为一万以上用户提供网络接入服务的提供者，其必须根据名单及时地采取合适和可期待的技术措施；技术措施推荐使用域名劫持技术。此外，网络接入服务提供者还有确保名单不被第三人获知（第 3 条）和每周将访问被禁网址数量统计给 BKA（第 6 条）的义务。该法明确豁免了其因执行本法而成为民事诉讼的被告之不利，但需承担不合规定执行措施的责任。另外，BKA 有义务通知进入名单的网络服务提供者（第 1 条第 3 款）、建立档案和答复利益相关的服务提供者的问询（第 8 条）。根据基本法第 19 条指明条款要求，在该法第 11 条中明确说明本法限制了电信秘密不得侵犯的基本权，因为访问网站属于《电信法》第 88 条第 3 款第 3 句意义上的电信通信过程。除了对列入名单这一行政行为受到事后的司法约束外（第 12 条），由联邦个人信息保护和信息自由委托人成立的独立专家委员会可在事前随时核实名单是否符合条件。最后，本法第 5 条也考虑到了个人信息保护，因屏蔽并转向禁止提醒页面（第 4 条）过程中获取的联络和使用数据（Verkehrs – und Nutzungsdaten），不能因侦查犯罪的目的而被使用。

虽然《屏蔽法》在 2010 年 2 月就已经由议会通过，2011 年联邦宪法法院对提起的宪法诉讼也予以驳回，但该法在生效后一直停摆实施。[③] 这部饱受多

---

① 参见［德］弗瑞、鲁道夫、奥斯特：《网络屏蔽和网络通讯保护》（Dieter Frey/ Matthias Rudolph/ Jan Oster：Internetsperren und der Schutz der Kommunikationim Internet），MultiMedia und Recht2012，Heft 3，C. H. Beck，S. 2。

② BGBl. I S. 78（联邦德国公报第一部分，第 78 页）。

③ 联邦宪法法院在 2011 年 3 月 29 日判定起诉不符合适法性（Zulässigkeit），因为在适法性初步论证理由部分不充足，并且由于原告没有走完宪法诉讼前的诉讼程序，不符合辅助性原则（Subsidiaritätsgrundsatz）。

方争议、历经波折的法律终于在 2011 年 12 月 1 日被联邦议会废除。[①] 原因就在于此法严重侵犯了诸多基本权，如第 10 条电信秘密不得侵犯、第 5 条言论自由、信息获取自由、第 12 条职业自由和第 14 条财产自由，并且不符合法治国国家目标条款的明确性要求等。

3. 屏蔽国外非法网络赌博

前文提到了《赌博国家协议》，如前所述，2012 年 7 月 1 日生效的新版本中保留了第 9 条第 1 款第 3 句第 3 项，可依此要求国内网站采取措施禁止非法网络赌博活动。但该版本中删除了 2007 年旧版中的第 9 条第 1 款第 3 句第 5 项，“各州的负责机关可以在个案中采取必要的措施，如禁止《多媒体法》上的服务提供者——只要他们根据本法需承担责任——共同协助非法赌博提供接入服务”。此前，该条一直作为行政主体要求国内网络接入商屏蔽国外提供的无许可的网络赌博服务的授权依据。

为何 2012 年修法删掉了第 9 条第 1 款第 3 句第 5 项，这与此前法院的态度保持了一致。杜塞尔多夫市政府曾在 2010 年颁布两次屏蔽命令，要求网络接入商沃达丰（Vodafone）屏蔽国外非法赌博网站，该命令于 2011 年 11 月 20 日被杜塞法院判决违法并撤销；同样，要求德国电信（Deutsche Telekom）的屏蔽命令则在 2012 年 1 月 12 日被科隆法院撤销。撤销理由认为，网络接入商没有故意帮助或者组织赌博，他们与网站无任何相关的合同关系和联系，也没有从中额外盈利。接入商只提供了全世界互联通讯网的连接并传输数据包，没有意愿确定网站的形式和内容，对内容完全保持中立。

四、社团的禁止

在德国，网络平台可能受到关于社团禁止的法律的规制。德国《基本法》第 9 条第 1 款保障结社的权利；但第 2 款规定，目的或活动抵触刑法或违反宪法秩序或民族谅解原则的社团应予禁止。《社团法》重申此一禁止规定（第 3 条第 1 款），且不将社团限于某种法律形式——如民法上的社团，而是从广义将其理解为多数自然人或法人基于共同目的长时间自愿结合而成的、服从有组织的意志形成的团体（第 2 条第 1 款）。一般认为，此一定义与《基本法》第 9 条结社自由规定的精神是一致的。如果网络平台经营者是多数人组成的

---

① 法案的具体历程，从提议——联合网络接入商签订合同——通过法案——总统拒绝签署——执政联盟决议废除——总统却签署——签署生效但暂不使用——最终废除。

团体而符合此一社团概念，就可能因违反上述禁止规定而被取缔，平台就会因此被关闭。

组织或活动不限于一个州的社团的禁止由联邦内政部决定（第 3 条第 2 款）。2016 年 1 月，联邦内政部据此对极右网络平台“Altermedia Deutschland”发出禁止令。联邦内政部认定，“Altermedia Deutschland”的经营团队属于《基本法》与《社团法》所称的社团；并且认为，此一团体通过网络平台促成和促进极度恶劣的种族主义、反犹太人与敌视外国人的文章及评论的传播；这些文章和评论或为针对外国人的犯罪行为辩护，或鼓动从事这类犯罪行为，或为纳粹罪行辩护。这些行为与德国《基本法》的自由民主的基本秩序相背。“Altermedia Deutschland”的网页上充斥着煽动民族仇恨与其他应受刑事处罚的内容。在联邦内政部发出禁止令的同时，联邦检察官也根据联邦最高法院侦查法官的逮捕令，以涉嫌建立犯罪组织而触犯刑法为名，逮捕该平台经营团队中的两人，并对不同处所进行搜索。

2017 年 8 月，联邦内政部将目标对准另一个极左网络平台“linksunten. indymedia. org”，以其目的与活动抵触刑法、对抗宪法秩序为名禁止其运营。根据联邦内政部的看法，该平台是具有暴力倾向的左翼极端主义最重要的网络媒介，充斥着侮辱、鼓动以暴力对抗警察或政治对手、鼓动破坏公共或私人基础设施、说明如何制造爆炸物的帖文与评论，包括在 2017 年汉堡 G20 峰会前后；而该平台在知悉后并未删除这些明显违反刑法的内容。“Linksunten Indymedia”的经营者已针对联邦内政部的禁止令向行政法院提起诉讼。他们主张，其平台是一个新闻门户网站，联邦内政部为有效对抗平台上的违法内容可以利用其他较轻微的手段，联邦内政部没有考虑出版与新闻自由的重要性，没有进行合理的法益衡量。此外，与上述极右网络平台“Altermedia Deutschland”上的帖文需经版主或管理员审核通过才能发布不同，“Linksunten Indymedia”采用自由发帖的原则。因此，该平台经营者是否构成一个通过“有组织的意志形成”来传播刑事违法与敌视宪法内容的社团，也是一个争议问题。

五、德国的个人数据保护制度

个人数据保护的核心是协调平衡网络服务使用者的隐私权——属于德国宪法保障的信息自决的基本权利——与第三者对数据的接近使用权——立足

于诸如言论自由或信息自由的基本权利等。

对这两方法益的协调平衡也规定在欧盟的《一般数据保护条例》[①] 中（第 85 条第 1、2 款）。此一条例于 2016 年 5 月公布生效，自 2018 年 5 月 25 日起实施，是对包括德国在内的其他欧盟国家直接适用的法律。它从“目的约束”原则与“数据主体同意”原则出发，规定处理使用个人数据的目的原则上应该与收集数据的原来目的一致（第 5 条第 1 款第 b 项）；而除非数据主体同意，或成员国法律为追求该条例所限定的某些特定目的而在必要与合比例的范围内另有规定（第 6 条第 4 款、第 23 条第 1 款），才容许例外。在数据主体是 16 岁以下未成年人的情况，该条例对其同意提出更严格的要求，例如必须其父母或监护人同意。成员国可以通过法律降低此一年龄要求，但不得低于 13 岁（第 8 条第 1 款）。该条例也确立了“数据最少化”原则，规定数据处理必须限制在对处理的目的而言必要的范围内（第 5 条第 1 款第c 项）。

在“被遗忘权”（Right to be Forgotten）的关键词下，欧盟《一般数据保护条例》规定了数据删除权。如果个人数据对其收集或处理的目的而言不再是必要的，或被非法处理使用，或数据主体撤销对数据处理的同意，或对数据处理表示异议，则数据主体有权要求删除（第 17 条第 1 款）。然而，如果数据处理使用是为言论自由权或信息自由权的行使或为基于公共利益的任务履行所必要，则不存在数据删除权。该条例还规定了数据可携带权。数据主体原则上可向数据控制者索要其个人数据，也可将其个人数据转交给另一个数据控制者（第 20 条第 1 款）。

此外，《一般数据保护条例》要求所有处理个人数据的公共机构以及以系统监控数据主体或以处理某些特定敏感数据为核心业务的私人机构、企业设置数据保护官（第 37 条第 1 款）。成员国可以制定更严格的规定，扩大应该设置数据保护官的私人机构、企业的范围（第 37 条第 4 款）。以德国而言，将于 2018 年 5 月 25 日与该条例同步实施的新修正《联邦数据保护法》大致保留旧法规定，要求经常性处理个人数据的人员在十人以上的私人机构、企业都必须设置数据保护官。如果个人数据的处理是在某些特定情况下进行的，如出于数据交易或市场调研的目的，则不论处理个人数据的人员有多少，都必须设置数据保护官（《联邦数据保护法》第 38 条第 1 款）。

根据欧盟《一般数据保护条例》，数据保护官可以是任职或受雇于机构、

---

① General Data Protection Regulation，英文版见 http：//eur - lex. europa. eu/legal - content/EN/TXT/PDF/？ uri = CELEX：32016R0679&from = DE。

企业的内部人员，也可以是受其委托的外部人员（第 37 条第 6 款）。企业集团可以在所属分公司易于联系的条件下委任一名共同的数据保护官（第 37 条第 2 款）。数据保护官的任务是通过提供咨询、通报与监控，致力于使数据保护法律规定获得遵守，并与公共监管机构合作（第 39 条第 1 款）。数据保护官应具备相关职业资格与专业知识（第 37 条第 5 款），独立履行职务，不受所属机构干涉，不可因履行职务而遭解职或蒙受不利（第 38 条第 3 款）。其所属机构、企业应提供其履行职务所需必要资源，并使其能无障碍地获取相关个人数据与了解数据处理流程（第 38 条第 2 款）。

《一般数据保护条例》对企业违反条例的行为规定了巨额的罚款。根据第 83 条第 4、5 款的规定，某些违法行为——例如未依规定设置数据保护官或保障其职务行使——可处以最高达 1000 万欧元或上年度全球营业收入 2% 的罚款（两者中取数额大者）；某些较严重的违法行为——例如违反目的约束原则、数据主体同意原则或数据最少化原则——则可处以最高达 2000 万欧元或上年度全球营业收入 4% 的罚款（两者中取数额大者）。制裁既应有效而具威吓性，也应符合比例原则（第 83 条第 1 款）。该条例还规定了在具体决定罚款数额时应该考虑的一些因素，如违法的种类、严重性、持续时间、是否故意等（第 83 条第 2 款）。

《德国电信媒体法》第 4 节第 11 条至第 15 条针对电信媒体服务提供者作出了个人数据保护的特别规定。该法也从“数据主体同意”原则与“目的约束”原则出发，要求除非法律另有规定，否则未经用户同意，电信媒体服务提供者不得收集、使用或为本来目的以外的其他目的使用个人数据（第 12 条第 1、2 款）。该法分别针对包括用户密码、姓名、住址、IP 地址、银行账户或信用卡信息在内的“基本数据”（或译为“主数据”，Bestandsdaten）与“使用数据”规定数据收集、使用的前提要件（第 14、15 条）。

依据该法，在为刑事追诉、警察机关的危险防护、作为国家安全与情报机构的宪法保护机关、联邦情报局履行法定任务、联邦刑事局防御国际恐怖主义危险或维护知识产权所必要的范围内，应主管机关的要求，电信媒体服务提供者、在有相关法律特别规定的情况下还应该提供关于用户基本数据的信息（第 14 条第 2 款）。在 2017 年 6 月制定下文将介绍的《网络执行法》的同时，德国联邦议会也修改了《电子媒体法》第 14 条，新增两款自 2017 年 10 月 1 日起实施的规定，允许电信媒体服务提供者在为他人民事请求权的实现所必要的情况下透露用户的基本数据，但为此还需满足以下条件：首先，必须是《网络执行法》所界定的、触犯某些特定刑法条款的违法内容（详见下文）侵犯了他人的绝对权利，如人格权。其次，必须由受害人事先向法院提出申请并由法院发出许可令。

欧洲的个人数据保护法起源于“二战”之后的德国。为了防止纳粹监控人民悲剧重演，德国于20世纪70年代开始制定相关法律。1970年，德国黑森州制定了全世界第一部个人数据保护法。1977年，联邦德国制定了适用全境的个人数据保护法。1983年，德国联邦宪法法院在“人口普查案”从宪法的一般人格权与人的尊严条款引申出信息自决权，至今对立法与司法实践影响重大。欧盟1995年通过的《关于涉及个人数据处理的个人保护与关于此类数据自由流动的第95/46/EC号指令》也是以德国的信息自决权作为理论基础，强调个人对其信息的全面控制。上述欧盟于2016年公布的《一般数据保护条例》进一步通过统一欧盟成员国的数据保护法律来强化个人数据保护。然而，如何在立法或者在法律的解释、适用中合理平衡有信息自决基本权利支撑的个人数据保护与大数据时代的新机遇、新要求，是否应重新理解、界定信息自决权，在欧洲已是、且将持续是重大而充满争议的课题。

六、网络平台的自律实践

2015年12月，德国联邦司法部发起了一项“打击网络极端言论的”行动（Task Force“Umgang mit rechtswidrigen Hassbotschaften im Internet”），在联邦司法部的领导下，联合各个部门以及网络平台企业（如Google、Facebook、Twitter），针对网络上发布的极端仇外言论以及宣扬暴力的信息进行清理。各大网络平台商对此做出承诺，在发现违法信息后尽可能在24小时之内封锁或删除该信息。

德国青少年保护网（Jugendschutz. net）于2016年4月至5月对Google、Facebook、Twitter三大网络平台履行封锁或删除义务进行评估。评估方式主要是通过人工输入带有明显违法信息的关键词（如rapefugee、“Heil Hitler”等）进行检索，并固定相关违法链接（URL）和内容以及发表该言论的互联网用户的相关信息，然后向网络平台进行举报。在24小时以及48小时后，再次对该违法内容进行访问，以确认Google、Facebook、Twitter三大网络平台是否已经封锁或删除该违法信息。评估结果显示：多数情况下，三大网络平台在接到自己或用户举报的情况下，都及时做出反应并删除或封锁该违法信息。[①]如下图所示，在所有涉嫌的违法信息中，Facebook、YouTube 和 Twitter 中分别有 39%、90% 以及 1% 的用户向其主动报告相关违法信息。而平台采取审查措施并主动发现的相关违法信息中，Facebook、YouTube 和 Twitter 分别占有 54%、3% 以及 36%。此外，有关权利人直接向 YouTube 和 Twitter 进行举报使得平台获知了该违法信息中，各自所占的比例有很大的差异，其中 YouTube 只占 7%，而又大约三分之二的 Twitter 中的违法信息是由有关权利人向平台举报的。

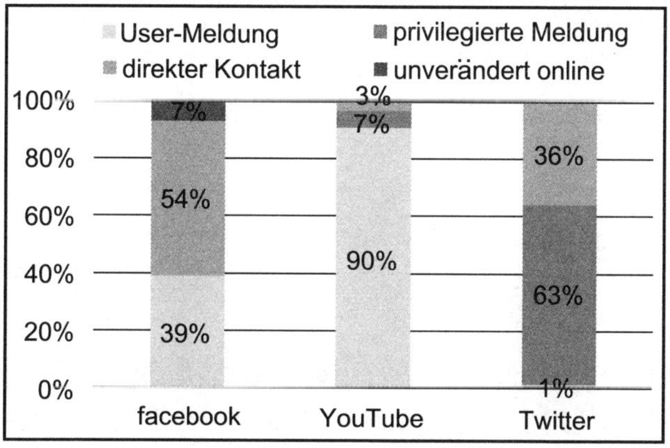

七、最新进展：《网络执行法》颁布

德国在网络平台责任方面的立法和实践都主要集中于民事领域。在行政法上，无论在一般秩序行政法还是在特别法领域，即便存在授权依据，付诸实践的行政活动以及行政诉讼并不多见。对于网络平台的治理，主要是依赖于各平台企业的自律，但是，近年来有大量的违法信息充斥于社交网络平台，为了改变这一状况，德国联邦议会于 2017 年 6 月通过了《改善社交网络中法

① http：//www. fair – im – netz. de/WebS/NHS/SharedDocs/Downloads/DE/03142017_ Monitoring_ jugendschutz. net. pdf；jsessionid = C0A15F7ADDC6358CB805A58B13C1718E. 2 _ cid334？ _ _ blob = publicationFile&v = 3.

律执行的法案》(以下简称《网络执行法》)①，该法自2017年10月1日起实施。

《网络执行法》旨在通过引入行政监管与行政处罚，明确、强化大型一般社交网络平台删除或屏蔽某些刑事违法内容的义务，并使此等义务的履行方式与程序一致化、透明化，以期平台经营者能更切实有效、更公平公开、更专业地履行此等义务，解决社交网络空间违法内容充斥的困境，对抗意见表达自由或言论自由的滥用，保障一个能有效兼顾、合理平衡此一宪法上基本权利与相冲突的其他个人、社会或国家法益的网络空间。在许多情况下，这些个人、社会或国家法益也受到宪法上基本权利——例如人格权——的保护或体现了宪法的某些价值理念——例如对自由民主的敌人不予宽容的战斗型或防卫型民主（Streitbare Oder Wehrhafte Demokratie; Militant or Defensive Democracy）。

（一）适用范围

1. 对“社交网络平台”的界定

《网络执行法》的规范对象并非一切社交网络服务提供者。只有以营利为目的、以用户与其他用户或向公众分享任意内容为取向的社交网络平台，如脸书（Facebook)、推特（Twitter)、YouTube，才受该法约束。

《德国电信媒体法》第7条指称的自己提供内容的服务主体，如新闻编辑平台，并不受该法规范。私聊或私信之类的人际传播，包括电子邮箱服务、即时通信服务如WhartsApp也不属该法管辖。以传播特定内容为取向的平台也被排除在外。因此，职业社交平台如领英（LinkedIn)、专业门户网站、网络游戏平台、网络营销平台如亚马逊（Amazon）皆非该法规范对象（第1条第1款)。《网络执行法》对规范对象的界定与限缩是以区分大众传播与人际传播以及区分传播的是任意内容还是特定内容为基础。然而，这两种区分有时是困难的。为防止阻碍互联网领域的创新与减轻小型企业的负担，该法仅针对在德国国内有两百万以上注册用户的平台（第1条第2款)。

由于许多社交网络平台为国外服务者所提供，为贯彻、强化社交网络空

① GesetzzurVerbesserung der Rechtsdurchsetzung in sozialenNetzwerken，简称Netzwerkdurchsetzungsgesetz，简写为NetzDG，英文版见https：//www. bmjv. de/SharedDocs/Gesetzgebungsverfahren/Dokumente/NetzDG _ engl. pdf; jsessionid = 4BA43240CB5775503963B59B79A48B16. 1 _ cid334? _ _ blob = publicationFile&v =2。

间的法律实施，《网络执行法》不论符合该法定义的社交网络平台是来自国内还是国外，一律要求他们设置两种国内联系代表。第一种是应在平台上公布周知的国内送达全权代表，负责接收行政处罚与法院诉讼文书。第二种国内联系人负责接收来自刑事侦查、追诉机关的询问，并应该在 48 小时内答复询问（第 5 条）。

2. 对“违法内容”的界定

应删除或屏蔽的“违法内容”限于符合刑法若干特定条文构成要件、并具有违法性、亦即没有阻却违法事由的内容（第 1 条第 3 款）。作为刑法三阶理论中最后阶段的有责性问题则可不论。这些构成要件包括散布违宪组织的宣传品（《刑法》第 86 条）、使用违宪组织的标志（《刑法》第 86a 条）、准备或指导实施危害国家的严重暴力行为（《刑法》第 89a、91 条）、向他人或公众发布假新闻或虚假事实而严重危害国家外部安全（《刑法》第 100a 条）、公开煽动他人实施犯罪（《刑法》第 111 条）、以实施犯罪相威胁扰乱公共安宁（《刑法》第 126 条）、建立国内外犯罪组织或恐怖组织（《刑法》第 129、129a、129b 条）、煽动族群仇恨（《刑法》第 130 条）、传布美化暴力或伤害人的尊严的暴力作品（《刑法》第 131 条）、酬报或赞许犯罪行为（《刑法》第 140 条）、对信仰或世界观或其团体的辱骂（《刑法》第 166 条）、传布或获取儿童色情作品（《刑法》第 184b、184d 条）、侮辱（《刑法》第 185 条）、恶意中伤（《刑法》第 186 条）、诽谤（《刑法》第 187 条）、制作或传布涉及他人高度私密生活领域的影相（《刑法》第 201a 条）、胁迫（《刑法》第 241 条）与伪造具有证据价值的资料（《刑法》第 269 条）。

（二）对违法信息投诉与处理程序

《网络执行法》的核心在于要求符合上述资格的社交网络平台设立一套有效而透明的程序，迅速获悉、处理用户对平台空间内违法内容的投诉，原则上保证明显违法的内容在 24 小时内、其他违法内容在 7 日内予以删除或屏蔽（第 3 条第 2 款第 1、2、3 项）。社交网络平台必须提供给用户一个易于识别且能直接、持续利用的投诉程序，即用户投诉友好程序（第 3 条第 1 款）。投诉人不必是受害人。

除非与刑事侦查或追诉机关另有约定，否则明显违法内容的删除或屏蔽时限是收到投诉后 24 小时内。其他违法内容的删除或屏蔽时限是 7 日内，但以下两种情况容许突破 7 日时限。第一种是违法与否的判定取决于事实陈述的真伪或其他事实情状。此时，平台可以——通过解释，在某些案件可能还是“应该”——给予用户陈述意见的机会。第二种例外情况是平台将判断内容违法与否的决定权交给一个合乎法律要求的“受监管的自我规制”（RegulierteSelbstregulierung）机构，并服从其所作决定（第3条第2款第2、3项）。

受监管的自我规制机构应该符合以下条件：审查违法内容的人员应该具有独立性并具备专业知识；应该确保在7日内迅速完成审查；应该有一套程序规则，规范审查范围、流程以及加入的平台提交投诉案的义务，并提供对其决定进行重审的机会；应该设置申诉部门；应该开放给其他尚未加入的社交网络平台加入。此一机构的资格认定或撤销由联邦司法局负责（第3条第6、7、8款）。

平台或其委托的受监管的自我规制机构应将投诉审查结果及其理由立即通知投诉人与发表或传布违法内容的用户（第3条第2款第5项）。每件投诉案及其处理结果都应记录在案（第3条第3款）。如作出删除违法内容的决定，基于证据保存与刑事追诉目的，该内容应该存储10周（第3条第2款第4项）。平台管理层应该对投诉处理程序进行按月监督，迅速排除组织上的不足，并对投诉处理人员提供至少每半年一次的、以德语进行的经常性培训。

（三）通报义务

为了解决此前社交网络平台处理违法内容的不透明，为了利于行政监管与公众监督，《网络执行法》第2条详细规定了社交网络平台的通报义务。凡是每年收到100起以上投诉的社交网络服务提供者都有义务就其处理制作报告，报告应以德文撰写，每半年制作一次，并在联邦公报与自己网站主页上易于发现且可供随时调取之处公布（第2条第1款）。

报告至少包括以下内容：

1. 对所采取的努力举措作一般性的介绍。
2. 用户递交投诉的机制以及删除和屏蔽的判断标准。
3. 投诉数量，并根据投诉受理机构、投诉用户和投诉原因进行分类列明。
4. 处理投诉的工作单位以及培训和照管处理投诉人员的组织机构，其相关人员配备、专业能力和语言能力。
5. 如果网络平台属于某个行业协会，该协会中投诉受理机构的情况。
6. 若处理之前向外部机构咨询意见，该种情况的数量。
7. 被删除或者屏蔽的信息数量，同样根据投诉受理机构、投诉用户和投诉原因进行分类列明；是否存在因事实情况不明让用户陈述的情况；是否存在转递给专门的机构处理的情况。

8. 从收到投诉到删除或者屏蔽之间的时间，按 24 小时内、48 小时内、一周内以及更晚的时间标识，而且同样根据投诉受理机构、投诉用户和投诉原因进行分类列明。

9. 通知投诉者和用户处理决定的措施。

（四）行政处罚

根据《网络执行法》，联邦司法局可就违反该法的行为，对社交网络平台处以罚款。即使违法行为不在德国国内发生，也可给予行政处罚（第 4 条第 3 款）。违反上述关于国内联系代表的规定，可处最高 50 万欧元的罚款（第 4 条第 1 款第 7、8 项，第 4 条第 2 款）。违反关于报告制作与公布或者投诉处理程序的规定，可处最高 5000 万欧元的罚款（第 4 条第 1 款第 1 ~ 6 项，第 4 条第 2 款）。

行政处罚的要件并非与个别投诉处理或个别处理结果相联系，而是与投诉处理程序本身相联系，针对的不是实体判断的个别错误，而是组织上和系统上的失灵。在判定此等失灵时，监管机关可诉诸系统性的实体判断瑕疵，并因此以大量违法内容未被删除或屏蔽为论据。但是，监管机关不得径自判断这类论据所包含的内容违法性问题，而是必须请求法院先行就这类问题作出决定。向法院提出的申请应该同时附上涉案平台的意见。法院可不经言词辩论直接作出裁定。裁定对监管机关有约束力，且不可撤销。

（五）关于《网络执行法》引发的争议

《网络执行法》遭受了来自互联网业界、学术界与公众的许多批评，其中包括违宪的指责。有人认为，尽管该法所定行政处罚不针对个别投诉处理或其结果，而是针对处理程序本身，针对组织上和系统上的失灵，仍然会对宪法所保障的言论自由造成寒蝉效应。要判断言论的违法性，往往涉及复杂的、困难的法益衡量，社交网络平台可能难以胜任。在对内容是否违法有疑问的情况下，平台为了避免行政处罚，会倾向删除或屏蔽，也就是会导致“过度封锁”（Overblocking）。这样的寒蝉效应是无法以保护个人名誉或其他法益之名予以正当化的。为了打击违法言论，有其他至少同样有效、却对基本权利干预较少的手段，如加强刑事追诉工作与对受害人的临时权利保护。批评者还认为，该法将本由国家承担的对基本权利关系重大的决定权转交社交网络平台负责，事实上将维护公共秩序的权力与责任私有化。①

另外，负责起草该法的联邦司法部强调，即使没有《网络执行法》，平台经营者也负有得知违法内容后将其删除的法律义务。《网络执行法》只不过是要强化现行法律的实施，以更有效地打击社交网络平台上的仇恨犯罪、构成犯罪的假新闻、恶意攻讦、恐怖主义宣传以及其他刑事违法内容。虽然言论自由也保护令人不快或不入流的言论，但言论自由并非毫无界限，刑法就划定了界限。鼓动谋杀、恐吓、侮辱、煽动民族仇恨或否认屠杀犹太人都不是言论自由的表现，而是对他人言论自由的攻击，是对异己的震慑，欲使其三缄其口。重视言论自由，就不能对由此造成的对开放的意见交流的中伤视而不见，就必须终结弱肉强食的言论丛林法则。

也有学者为《网络执行法》辩护，指出批评该法赋予私人审查言论权力者忽视了社交网络平台本来就已经根据自己制定的用户使用规则或用户协议对内容进行审查、删除或屏蔽。这类用户使用规则或用户协议有时比法律规定还严格。社交网络平台并非只为用户提供中立的基础设施，而是通过其商业模式形塑网络交流空间。既然对内容的审查、删除或屏蔽是平台本来就行使的权力，也是平台不可能完全推卸的责任，关键问题就在于如何使其权力行使与责任履行合理化、专业化、透明化。② 这就是《网络执行法》关心的问题。

八、结语

就网络平台的行政监管与行政责任而言，德国在《网络执行法》颁布之前主要涉及的法律包括《德国电信媒体法》的免责规定、《广播电视国家协议》对电信媒体服务提供者的规范、《青少年媒体保护国家协议》对电信媒体内容的规范与相关监管规定、《赌博国家协议》关于对网络赌博的监管、关于社团禁止的法律规定、秩序行政法上的危险防御授权规定以及关于个人数据保护的法律规定。针对国外网络平台，德国从杜塞尔多夫屏蔽命令开始尝试让接入商屏蔽国外网站，从起初法院支持行政机关举措到《网络屏蔽儿童色情法》被废止，最终在法律和实践中废弃了这一做法。

---

① Guggenberger, Das Netzwerkdurchsetzungsgesetz in der Anwendung, NJW 2017, 2577 ff.

② Martin Eifert, Rechenschaftspflichten für soziale Netzwerke und Suchmaschinen, NJW 2017, 1450 ff.

为了解决社交网络空间违法内容充斥的困境，对抗意见表达自由或言论自由的滥用，新近颁布的《网络执行法》进一步通过行政监管与行政处罚，明确、强化大型一般社交网络平台删除或屏蔽某些刑事违法内容的义务。该法对负有义务的社交网络平台范围的限定、对应删除或屏蔽的违法内容的明确列举、课以制作与公开报告的义务、关于受监管的自我规制机构的规定、法院先行裁定、国内联系代表等制度都非常值得关注。《网络执行法》的合宪性与合理性在德国学术界与公众中争议较大，可以预见，将来它的命运很可能取决于德国联邦宪法法院的判决。

德国宪法下的基本权利不只是对抗国家干预的防御权，也要求国家承担起保护基本权利的义务。在这样的规范前提下，面临互联网领域出现的大量违法内容，国家一方面应该承担保护义务，包括承担立法之责。但另一方面，基本权利也要求国家干预不得过度。如此一来，对互相冲突的法益进行合理的法益衡量就变得非常重要。但法益衡量常常是复杂而有争议的。对信息发布者、权利受损者、网络平台服务提供者、接入和传输服务提供者的权利平衡乃是立法者面临的巨大挑战。

第五节　网络平台的刑事责任

一、德国刑法典上的相关规定

立法者虽然在《德国电信媒体法》第 7 条至第 10 条规定了提供者的法律责任，并非是希望通过这些条款来“创设”提供者的责任，而是希望根据这四个重要条文来“限定”提供者承担刑事责任的范围。换言之，第 7 条至第 10 条的规定，在一定程度上是提供者的免责条款，起到了责任过滤机制的功能（Vorfilterfunktion）。[①]

如上所述，如果根据《德国电信媒体法》的相关规定，服务提供者无法免除其责任时，则需要进一步考虑其具体行为所可能涉嫌的罪名。在此，有

① Köhler/Fetzer, Recht des Internet, 8. Aufl. 2016, Rn. 802.

必要将与网络平台有可能涉及的刑事责任相关的德国刑法典中的有关条款进行列举并进行必要的解释：

（一）预备实施严重危害国家的暴力犯罪

《德国刑法典》第89a条

（1）行为人预备实施严重危害国家的暴力犯罪的，处6个月以上、10年以下有期徒刑。严重危害国家的暴力犯罪是指行为人通过实施第211条或者第212条所规定的犯罪行为而侵害他人生命以及通过第239a条或第239b条所规定的犯罪行为侵害个人自由的，根据案件事实能够确定对其他国家或国际组织的存在和安全构成危害或者对德意志联邦共和国的宪法上的基本原则构成冲突和损害。

（2）本条第1款只在行为人预备实施了下列具体的严重危害国家的暴力行为的，才予以适用：

①指使他人或受他人指使制造用于实施本条第1款所规定的犯罪行为的武器、爆炸物、爆炸或燃烧装置、核燃料或其他放射性材料、有毒或能够产生毒性的材料、对人体健康构成损害的其他材料，或者获取为实施犯罪行为所必须的原材料或制造技能；

②制造、购买或通过他人购买、保管或向他人转交本条第1目所列之武器、爆炸物和装置；

③购买、保管为制造本条第1目所列之武器、爆炸物和装置所需的基本的物品和原材料；

④募集、受领和转交为实施犯罪行为所需的财物。

（3）本条第1款同样适用于在国外实施的上述预备行为。对于在欧盟成员国以外所实施的上述预备行为，本条第1款仅在下列情况下适用：预备行为为德国公民或者非德国籍但在德国生活之人所实施；准备在德国境内实施严重危害国家的暴力行为；或者准备实施的危害国家的暴力犯罪行为在国外由德国公民或者针对德国公民来完成。

（4）在对本条第3款第2句中规定的犯罪行为进行追诉之前，需要获得联邦司法部的批准授权。如果预备行为是在欧盟成员国境内所实施的，则只有该预备行为是由德国人所实施或者准备在德国境内实施严重危害国家的暴力行为抑或者准备实施的危害国家的暴力犯罪行为在国外由德国公民或者针对德国公民来完成时，该刑事追诉才需要事先获得联邦司法部的批准授权。

（5）犯罪情节并不严重的，处3个月以上、5年以下有期徒刑。

（6）法院可以根据刑法第68条第1款的规定，做出行为监督的决定。第74d条规定相应的适用。

（7）行为人自愿供述自己其他预备实施的严重危害国家的犯罪行为或者行为人制止或者基本上减轻自己所造成的危害或知悉到他人预备实施或继续在实施的犯罪所带来的危害以及自愿的对继续完成该犯罪采取阻止措施的，法院可以根据刑法第49条第2款的规定减轻其处罚。即便是没有行为人的主动作为，上述危害也能够被制止或减弱的，行为人自愿和真诚地为制止和减弱上述危害所作的努力同样也可以减轻处罚。

（二）为实施严重危害国家的暴力犯罪建立联系

《德国刑法典》第89b条

（1）行为人为实施第89a条第2款第1项所列的严重危害国家的暴力犯罪而以接受相关指令为目的，与本法第129a条和129b条所指的恐怖组织建立联系或保持来往的，处3年以下有期徒刑或判处罚金。

（2）如果该行为仅为了履行合法的职业义务而实施的，则本法第1款的规定排除适用。

（3）本条第1款同样适用于行为人在国外发生的建立联系和保持来往的行为。德国公民或非德国国籍但在德国生活的人在欧盟成员国以外所实施的建立联系和保持来往行为的，本条第1款才适用。

（4）下列情况启动刑事追诉需要事先获得联邦司法部的授权：

①第3款第2句所规定的情况；

②对非德国籍公民在欧盟成员国以外所实施的建立联系和保持往来的行为。

（5）如果行为人罪责轻微的，根据法条的规定，法院可以免除其刑罚。

（三）成立犯罪团体

《德国刑法典》第129条

（1）行为人组织成立以实施犯罪为目的或其主要活动为实施犯罪的团体的、以成员的身份参加上述组织、招募成员和支持者或者支持该犯罪组织的，处5年以下有期徒刑或判处罚金。

（2）本条第1款在下列情形下不适用：

①该组织性质为政党性组织，并且联邦宪法法院不认为该组织违法犯罪；

②实施犯罪行为只是该组织成立的一个目的或者其违法犯罪活动在该组织的活动中地位并不重要；

③该组织的成立的目的和活动涉及本法第 84 条至第 87 条的有关规定。

（3）本法第 1 条中所指涉的犯罪行为，其未遂行为也具有可罚性。

（4）行为人属于该犯罪组织的头目和幕后操控人或者有其他特别严重的情形的，则应当判处 6 个月以上、5 年以下有期徒刑。如果该犯罪组织成立的目的和活动涉及《刑事诉讼法》第 100c 条第 2 款第 1 目第 a、c、d、e 和 g（第 239a 条和第 239b 条除外）项以及 h 项至 m 项、第 2 目至第 5 目以及第 7 目所列举的犯罪行为的，则应当判处 6 个月以上、10 年以下有期徒刑。

（5）对于参与者，如果其罪责轻微而且其在组织中的作用不重要的，则法院可以根据第 1 款和第 3 款免除其刑罚。

（6）有下列情形者，法院可以根据本法第 49 条第 2 款的规定，减轻处罚或者免除刑罚：

①行为人自愿而且做出了真诚的努力，以阻止该组织继续存在或者实施该组织所欲实现的犯罪行为；

②行为人自愿、及时地向有关机关告知其所知悉的犯罪计划并能够阻止其实施。

行为人如果成功地阻止了该犯罪组织继续存在或者即便是没有他的努力和贡献，也能够阻止该犯罪组织继续存在的，则可以不追究其刑事责任。

（四）成立恐怖组织

《德国刑法典》第 129a 条

（1）行为人组织成立以实施下列犯罪为目的或其主要活动为实施下列犯罪的团体的或者以成员的身份参加上述组织的，处 1 年以上、10 年以下有期徒刑：

①谋杀（第 211 条）、故意杀人（第 212 条）、种族屠杀（《国际刑法典》第 6 条）、反人类罪（《国际刑法典》第 7 条）、战争罪（《国际刑法典》第 8、9、10、11 和 12 条）；

②刑法典第 239a 条和第 239b 条中的侵害个人自由的犯罪。

（2）该组织的成立的目的和活动涉及下列犯罪行为的，同样应当根据本条定罪：

①对他人造成严重的生理和心理上的伤害，尤其是以本法第 226 条中规定的方式实施的犯罪行为；

②实施本法第 303b、305、305a 条或者第 306 条至第 306c 条，第 307 条第 1 款至第 3 款，第 308 第 1 款至第 4 款，第 309 条第 1 款至第 5 款，第 313、314 条，第 315 第 1、2、4 款，第 316b 条第 1 款和第 3 款，第 316c 条第 1 款至第 3 款，第 317 条第 1 款所规定的危害公共安全的犯罪；

③实施本法第 330a 条第 1 款至第 3 款规定的环境犯罪；

④实施《控制战争武器法》第 19 条第 1 款至第 3 款、第 20 条第 1 款至第 2 款、第 20a 条第 1 款至第 3 款、第 19 条第 2 款第 2 目和第 3 款第 2 目、第 20 条第 1 款和第 2 款、第 20a 条第 1 款至第 3 款并结合第 21 条或者第 22a 条第 1 款至第 3 款的规定中的犯罪行为；

⑤《武器法》第 51 条第 1 款至第 3 款规定的犯罪行为。

行为人参加上述恐怖组织并实施了本款第 1 目至第 5 目的犯罪行为，给民众带来极大的恐慌、对国家机关或国际组织进行违法的暴力威胁或者对国家和国际组织的政治、宪法、经济和社会基本结构造成严重危害以及通过实施上述行为或者其行为的影响对国家和国际组织构成严重危害的，也应当按照本条的规定追究其刑事责任。

（3）该组织的成立的目的和活动只是威胁实施本条第 1 款和第 2 款规定犯罪行为的，则应当判处 6 个月以上、5 年以下有期徒刑。

（4）行为人属于该恐怖组织的头目和幕后操控人并且实施了本条第 1 款和第 2 款规定的犯罪行为，则应当判处不低于 3 年的有期徒刑。如果实施了本条第 3 款的犯罪行为，则应当判处 1 年以上、10 年以下有期徒刑。

（5）行为人支持恐怖组织实施本条第 1 款和第 2 款规定的犯罪行为，处 6 个月以上、10 年以下有期徒刑。行为人支持恐怖组织实施本条第 3 款规定的犯罪行为，处 5 年以下有期徒刑或判处罚金。行为人为了帮助恐怖组织实施本条第 1 款和第 2 款的犯罪而招募成员和支持者的，处 6 个月以上、5 年以下有期徒刑。

（6）对于参与者，如果其罪责轻微而且其在组织中的作用不重要的，同时触犯本条第 1、2、3 和 5 款规定的，法院可以根据本法第 49 条第 2 款减轻处罚。

（7）本法第 129 条第 6 款的规定同样适用。

（8）如果行为判处 6 个月以上有期徒刑的，法院根据本法第 45 条的规定可以判处剥夺其相关权利和担任公职资格以及选举权和被选举权。

（9）在本条第 1、2 和 4 款的情形下，法院可以做出行为监督的决定。

（五）境外犯罪组织和恐怖组织、没收和征收其财产

《德国刑法典》第 129b 条

（1）本法第 129 条和第 129a 条的规定同样适用于在境外的犯罪组织和恐怖组织。如果其犯罪行为发生在欧盟成员国以外，则只有其行为符合本法有关空间效力的规定或者犯罪行为人或被害人为德国公民或者目前在德国逗留之人，本条规定才予以适用。对本条第 2 句中的规定，启动刑事追诉必须事先获得联邦司法部的授权同意。联邦司法部考虑是否授权同意时，应当综合具体个案中的具体情形以及考虑对将来实施的类似的犯罪行为启动刑事追诉的一般情形。在做出决定的过程中，联邦司法部同时也应当考虑该组织所追求的目的是否与国家秩序应当尊重的人的尊严的基本价值相违背或者与和平稳定的民众的共同体生活相违背而且权衡其所有情形，该行为是值得谴责的。

（2）第 129 条和第 129a 条规定的情形中，结合本条第 1 款的规定，本法第 73d 条和第 74a 条的规定同样适用。

（六）煽动民众

《德国刑法典》第 130 条

（1）行为人通过下列行为对公共和平产生危害的，处 3 个月以上、5 年以下有期徒刑：

①针对民族、种族、宗教或者对特定群体的种族来源身份、针对部分民众或者因其群体归属针对单个人而激起仇恨、呼吁采取暴力等措施；

②针对某一群体或部分民众或者因其群体归属针对单个人进行侮辱、恶意和轻蔑的中伤或者诋毁等方式侵害他人人格尊严。

（2）行为人有下列情形者，处 3 年以下有期徒刑或判处罚金：

①传播或者使其他公众能够获取的方式获得下列文字材料或者向不满 18 周岁的人提供、转交或使其能够获得的方式获取下列文字材料：

a）激起针对本条第 1 款第 1 目所称的群体、部分民众或者因其群体归属针对单个人的仇恨；

b）呼吁针对第 1 目中所提及的个人或群体采取暴力等措施；

c）针对第 1 目中所提及的个人或群体进行侮辱、恶意和轻蔑的中伤或者

诋毁等方式侵害他人人格尊严。

②通过广播、电讯传媒使不满 18 周岁之人或者其他社会公众能够获知的方式散布本条第 1 款第 1 目第 a 项至第 c 项的内容；

③生产、购买、运输、存储、提供、申请获取本条第 1 款第 1 目第 a 项至第 c 项所指的文字材料或者对该文字材料进行摘抄或改编，使该材料或该材料中的部分内容用于第 1 条第 1 目和第 2 目所列之目的或者使他人用于实现上述目的。

（七）引导他人实施犯罪行为

《德国刑法典》第 130a 条

（1）行为人传播和使其他公众能获取到唆使他人实施本法第 126 条第 1 款所列的犯罪行为而且其内容能推动和引发他人实施这类犯罪的决心的文字材料的，处 3 年以下有期徒刑或判处罚金。

（2）行为人为了推动和引发他人实施这类犯罪的决心而实施下列行为的，根据本条同样具有可罚性：

①传播和使其他公众能获取到能为引导他人实施本法第 126 条第 1 款所列之违法行为所用的文字材料；

②公开或者在集会上唆使他人实施本法第 126 条第 1 款所列之违法行为。

（3）行为人通过广播或电讯传媒使得公众能够获知的方式实施本条第 1 款和第 2 款的行为，应根据本条第 1 款的规定判处刑罚。

（4）本法第 86 条第 3 款的规定相应适用。

（八）宣扬暴力内容

《德国刑法典》第 131 条

（1）行为人有下列行为的，处 1 年以下有期徒刑或判处罚金：

①a）传播或使其他公众能获取的文字材料中含有描述针对人和其他动物实施的残忍或者非人性的暴力行为、表达对此类暴力行为的赞美或轻视或者对该残忍和非人性的暴力过程以违背人的尊严的方式进行描绘；

b）向不满 18 周岁的人提供、转交和使之能够获取上述文字材料。

②通过广播或者电讯传媒使得不满 18 周岁的人或其他社会公众能够获知本条第 1 款所指的内容；

③生产、购买、运输、存储、提供、申请获取本条第 1 款所指的文字材

料或者对该文字材料进行摘抄或改编，使该材料或该材料中的部分内容用于本条第1目第a项或第b项，第2目所列之目的或者使他人用于实现上述目的。

本条第1款第1目和第2目所规定的行为，其犯罪未遂也同样具有可罚性。

（2）本条第1款的规定不适用于媒体对事件经过和历史事实的新闻报道。

（3）（本款涉及的内容，与本次任务不相关，故省去翻译）

（九）与传播淫秽信息物品有关的犯罪

《德国刑法典》第184条　传播①淫秽信息物品罪

（1）行为人有下列具体行为，涉及淫秽信息物品的，处以一年以下有期徒刑或判处罚金：

1. 向不满十八岁的人提供、转交或者使其能够接触到的②；

2. 在不满十八岁的人能够进入或者能够看到的场所③展示、悬挂、张贴、放映或者其他方式使之能够接触的；

（2）[……]④

《德国刑法典》第184a条传播含有性暴力或与动物交配行为的淫秽信息物品罪

行为人有下列具体行为，涉及性暴力或与动物进行性交为内容的淫秽信息物品的，处以三年以下有期徒刑或判处罚金：

①传播⑤；

---

① 这里的传播（Verbreiten）指的是广义上的传播，而第184a、184b、184c条中规定的传播是指狭义上的传播，即指通过CD、DVD、USB或移动硬盘之类的有形物为载体的传播，不包含通过互联网来传播的行为。所有通过互联网传播淫秽信息物品的行为都被涵盖在“是他人能够接触（Zugänglichmachung）”这一概念之下。

② “提供（Anbieten）”、“转交（Überlassen）”和“使其能够接触（Zugänglichmachung）”这三种具体行为需要进一步区分。前两种指通过有形的、外在于人的、通过身体的动作来传播淫秽信息物品，如当面转交，现场交易买卖等。“使其能够接触（Zugänglichmachung）”主要指通过互联网传送、接收淫秽信息物品的行为。

③ 与网络色情犯罪有关的场所指的是公共网吧、学校的计算机房等。也就是说，如果网吧、学校的计算机房等场所的负责人未尽到相关义务，使不满十八岁人接触到淫秽信息物品的（如下载、上网浏览淫秽信息的），可以依据此条款来处罚。

④ “[……]”指本法条内容与网络犯罪不相关，故不作翻译。（下同）

⑤ 这里的传播（Verbreiten）指的是狭义上的传播。

②公开展示、悬挂、放映或其他使他人能够接触到的[①]；

③为实施本条前两款所规定的犯罪行为，而制造、运输、存储、贩卖的。[②]

《德国刑法典》第184b条 传播、贩卖、持有含有儿童色情内容的淫秽信息物品罪[③]

（1）行为人有下列具体行为，涉及含有儿童色情内容的淫秽信息物品的，即该内容含有儿童之间的性行为、针对儿童的性行为以及在儿童面前进行性行为的，处以3个月以上5年以下有期徒刑：

①传播[④]；

②公开展示、悬挂、放映或其他使他人能够接触到的；

③为实施本条前两款所规定的犯罪行为，而制造、运输、存储、贩卖的。

（2）[……]

《德国刑法典》第184c条传播、贩卖、持有含青少年色情内容的淫秽信息物品罪[⑤]

（1）行为人有下列具体行为，涉及含有青少年[⑥]色情内容的淫秽信息物品的，即该内容含有青少年之间的性行为、针对青少年的性行为以及在青少年面前进行性行为的，处以3个月以上5年以下有期徒刑：

①传播[⑦]；

②公开展示、悬挂、放映或其他使他人能够接触到的；

③为实施本条前两款所规定的犯罪行为，而制造、运输、存储、贩卖的。

（2）[……]

---

① "使他人能够接触到的"主要指通过互联网传播的接触。（下同）

② 即本条第3款的行为是第1款和第2款的预备行为，这种预备行为同样具有可罚性。

③ 本条规定是2003年通过《修改有关侵犯性自主权的犯罪以及其他规定》法案（GesetzzurÄnderung der Vorschriftenüber die Straftatengegen die sexuelleSelbstbestimmung und zurAnderunganderer Vorschriften）时新增的，并在基于2008年10月31日欧盟理事会通过的《关于打击对儿童的性奴役和儿童色情》的框架决议（Rates der EU zurBekämpfung der sexuellenAusbeutung von Kindern und der Kinderporno－graphie v 31. 10. 2008）而转化为国内法时被再次修订。

④ 这里的传播（Verbreiten）指的是狭义上的传播。

⑤ 本条规定是基于2008年10月31日欧盟理事会通过的《关于打击对儿童的性奴役和儿童色情》的框架决议（Rates der EU zurBekämpfung der sexuellenAusbeutung von Kindern und der Kinderporno－graphie v 31. 10. 2008）而转化为国内法时新增的。

⑥ 本条中的青少年是指已满14周岁不满18周岁的未成年人。

⑦ 这里的传播（Verbreiten）指的是狭义上的传播。

《德国刑法典》第184d条通过广播、电视和电讯传播淫秽表演罪①

行为人通过广播、电视②或电讯③传播淫秽表演的，按照第184条到第184c条的有关规定进行处罚。但在第184条第1款第1目规定的情形下，如果已经采取了技术性或其他安全措施④使得不满18周岁的未成年人正常情况下无法接触到的，则不构成第184条第1款规定的犯罪。

二、关于网络犯罪的国际公约与国际刑事司法协作

2001年3月，欧盟成员国签订了《网络犯罪公约》（Übereinkommenüber Computerkriminalität，以下简称："公约"），除欧盟成员国外，美国、加拿大、日本及南非，也以非成员国身份签订了"公约"。该公约是全世界第一个有关网络犯罪的国际公约。"公约"规定了缔约国需要对以下九种类型的网络犯罪行为进行处罚：

1. "非法侵入计算机系统和数据的行为"（Rechtswidriger Zugang）。该行为是指任何蓄意威胁或攻击计算机系统及计算机数据的行为，包括计算机黑客等活动。

2. "非法截取信息"（Rechtswidriges Abfangen），是指以技术手段从事非法截取，包括非法截取计算机系统传送的非公开性质计算机数据。

3. "干扰计算机数据"（Eingriff in Daten），包括蓄意毁坏、删除、破坏、更改或隐瞒计算机数据的行为。

4. "干扰计算机系统"（Eingriff in ein System），蓄意而且严重阻碍计算机功能的行为，包括输入、传输、破坏、删除、毁损、变造或抑制计算机系统的行为。与上述"干扰计算机数据"不同，该行为针对那些严重地妨碍计算机系统合法使用的行为。

5. "滥用计算机设备"（Missbrauch von Vorrichtungen），是指生产、出售、入口、发布或以任何方式提供任何从事用于或主要用于上述网络犯罪的设备

---

① 淫秽表演（pornografische Darbietung）主要指进行"实时"（Live）直播淫秽表演，这区别于刑法典第184、184a、184b和184c条规定的"淫秽信息物品"，后者不具有实时性或现场性，而是在行为之前已经存在的，如已经录制好的淫秽视频或电影。

② 电视（Medien）主要是指付费电视收视端（Pay－TV－Sender）。

③ 电讯（Teledienste）主要指电话或互联网。典型的犯罪行为是通过电脑摄像头实时进行有关性行为的表演。

④ 例如设置了家长控制密码。

（包含程序）以及计算机口令、访问代码、其他类似数据，通过这些数据可以部分或完全访问计算机系统的行为。

6.“伪造计算机数据”（Computerbezogene Fälschung），包括输入、变造、删除、或隐瞒计算机数据，致使产生虚假数据的行为。

7.“计算机诈骗”（Computerbezogener Betrug），包括输入、更改、删除或隐瞒任何计算机数据，或干扰计算机系统的正常运作，导致他人财产损失以谋取个人利益的行为。

8.“儿童色情犯罪的行为”（Straftatenmit Bezugzu Kinderpornographie），包括在计算机系统生产、提供、发布或传送、取得及持有儿童的色情数据的犯罪行为。

9.“侵犯版权等知识产权的行为”（Straftaten in Zusammenhangmit Verletzungen des Urheberrechts und verwandter Schutzrechte），包括侵犯有关知识产权的国际公约所保护的版权的行为。

根据“公约”第23条的规定，各个缔约国应当按照本法的规定进行相互合作，在犯罪相关事宜上采取相应的国际措施，基于统一或互惠的立法目的，实现最大程度的调查或起诉与计算机系统或数据相关的犯罪，或收集犯罪行为电子证据的合作可能性。

在紧急情形下，各个缔约国可以在适当的安全和鉴别级别（包括使用必要的加密方式）上，要求相互协作或采取相应的紧急通信方式，包括传真或电子邮件。在被请求方的要求下，请求方应当提供正式的确认。被请求方应当对请求方的紧急通信方式做出接受和回应。（“公约”第25条）

除本法有特殊规定的情形外，司法协助应当遵循被请求方的国内法规定或可适用的协助公约的规定，包括被请求方拒绝合作的事由。被请求方不得以请求方提及的犯罪属于国事犯（fiskalische Straftat）而对第2条至第11条规定的犯罪拒绝提供协助。（“公约”第25条）

各个缔约国应当指派一个或多个中央主管机关负责发送和回复协助请求，应当由有能力执行请求或传递的主管机关承担。被请求方可以基于以下两个事由而拒绝提供协助：其一，请求所涉犯罪为被请求方认为是政治犯或与政治犯罪相联系；其二，执行请求可能会损害主权、安全、公众秩序或其他实质利益。（“公约”第27条）

如果执行协助请求可能对被请求方本国正在进行的调查或起诉程序构成危害的，被请求方可以推迟请求行动。在被请求方拒绝或推迟协助之前，必要时与请求方协商之后，应当考虑协助请求是否可以部分批准或遵循必要的条件。另外，被请求方应当及时向请求方告知协助请求的执行结果、拒绝协助请求或推迟请求的理由。（“公约”第25条）

除了“公约”规定了相关国际刑事司法协助外，德国国内法《数据保护法》（Datenschutzrecht）中也有进一步的规定。《数据保护法》第4条则规定，本法以及其他法律中存在容许性规定或者依据其做出了相关决定或者数据所有者自己同意的情况下，调取、加工和使用相关个人数据属于合法行为。

《数据保护法》第4b条第1款规定，根据欧盟相关协定，可以依据《数据保护法》第15、16条以及第28条至30a条的规定，将个人相关数据提交给欧盟成员国的相关机构。但如果需要将个人相关数据提交给非欧盟成员国的，可以参照《数据保护法》第4b条第1款规定进行处理，但是该请求国在个人数据保护方面无法提供足够保障的话，可以拒绝其移交数据的请求。

另外，针对国际刑事司法协助，德国《国际刑事司法协助法》（Gesetzüber die internationaleRechtshilfe in Strafsachen）中也有详细的规定。该法律包括刑事司法协助的适用范围、引渡、过境引渡、对外国判决的承认与执行以及欧盟成员国之间的司法协助和非欧盟成员国之间的司法协助等，属于刑事司法协助的一般性规范。

根据与各个国家签订的司法协助，在与德国法律秩序和欧盟条约中的基本原则不相抵触的情况下，秉持互惠原则（Gegenseitigkeit），德国向其他国家所提出的司法协助请求提供协助（《国际刑事司法协助法》第76条）。德国联邦司法部为国际刑事司法协助的主管机关，负责与其他国家进行刑事司法协作的合作。

三、网络平台对用户行为承担刑事责任的原理与学说

在探讨网络平台对用户行为承担刑事责任时，会涉及“中立的帮助行为”理论。在德国法学理论上，所谓“中立的帮助行为”（neutrale Handlungen）也称“日常生活行为”（Alltagshandlung）或“正常业务行为”（übliche Geschäftstätigkeit）。根据其字面含义，“中立”（Neutralität）指人们试图保持客观性的行为或态度。在日常生活中，存在着大量的外表上具有客观中立性的法律行为或者为他人行方便的行为，但这些行为却对他人的犯罪行为起到了实质上的促进作用，如面包店老板向顾客出售面包，而该顾客却将面包用于

毒杀他人；五金店老板向顾客出售螺丝刀，随后该螺丝刀被用于入室盗窃；银行职员为顾客办理资金转账，该顾客通过此行为达到了偷逃税款的目的。

上述情形中，假如行为人对于他人所实施的犯罪行为，主观上存在间接故意（*doluseventualis*）的认知，即认识到他人有可能利用自己的“帮助行为”而实施犯罪，则是否应当将行为人的外在客观中立性的行为评价为“帮助犯”？如果将这些“中立的帮助行为”全部入罪，是否会扩大刑罚的适用范围，从而限制公民的基本行动自由？对于这一疑问，理论和实务中一直富有争议。

Welzel所提出的“社会相当性”（Sozialadäquanz）理论来限制“中立的帮助行为”的可罚性。Welzel对传统教义学中的“法益侵害理论”（Rechtsguts-verletzungslehre）提出批判并提出了“社会相当性”的概念。Welzel认为，法益并非一个绝对的存在。在他看来，但凡社会生活，必然存在着利用和消耗法益的过程，就如同所有的生命存续同时意味着消费生命本身。唯有人们的行动自由受到一定的限制，社会共同体的生活才成为一种可能，譬如艰苦的劳动需要消耗人们的体能，同时也意味着身体健康遭受损害；又譬如在道路交通领域中，只有人们的自由受到一定程度的相互限制，正常的道路交通才能得以良性运转。人们应当仔细思考一个问题：在日常生活中，我们究竟主动实施，同时又被动忍受了多少损害、威胁和侵害法益的行为。因此，如果我们坚持“法益侵害理论”，将所有的法益侵害都看作客观的不法而予以禁止的话，则毫无疑问会使得社会的共同体生活陷入停滞，就如同人类置身于博物馆一样，对于文物展品，“只看不能摸”。从这个意义上来讲，法律的意义不在于抵御任何可能侵害法益的行为，而在于化解“公道有序”（sittlich－geordnet）的社会共同体中无法调和的矛盾并予以禁止。因此，刑法的作用并不在于禁止所有的侵害法益的行为，而仅是保障法益免受超越了一定限度的特定类型的侵害。至于行为在何种情况下超越了一定的限度，从而成为刑法所禁止的侵害法益的行为，Welzel在此提出了所谓“社会相当性”的概念，认为只要行为处于“历史形成的民族共同生活秩序”（geschichtlichgewordenen Ordnung des Gemeinschaftslebenseines Volkes）的范围之内，则该行为就属于具有“社会相当性”的行为，也就可以被排除在不法的概念之外。

具有“社会相当性”的行为属于社会行动自由的正常状态（Regel-zustand），如果“中立的帮助行为”完全属于社会秩序范围内的行动的话，则该行为根本无法成为帮助犯的客观构成要件要素中的“提供帮助”（Hilfeleistung）行为。“中立的帮助行为”虽然在客观上有助于他人实施犯罪行为，但“帮助”行为本身并没有具有侵害他人法益的意向，构成要件中的结果出现，完全属于正犯行为人自我负责的范畴，因为正犯之人利用的是他人具有“社会相当性”的行为。因此，行为人为故意杀人罪的犯罪人提供膳食等日常行为，并不能构成故意杀人罪的帮助犯。

因此，从“社会相当性”的概念出发，网络平台为互联网事业的发展只是提供了一个基础服务，从社会有益性和相当性的角度来看，网络平台对于网民之间获取和交换信息具有非常重要的意义。在这一背景下，平台用户利用网络平台从事违法犯罪活动，在任何一个国家和社会都是无法根绝的。当网络平台对于他人利用该平台从事违法犯罪活动，在主观上存在直接故意或者间接故意的，则可以根据帮助犯的理论来解决其刑事责任的归属问题。但如果网络平台对此事并不存在直接故意或间接故意，以及无法从客观角度来证明平台对此存在直接故意或间接故意的情况下，网络平台只要做到了对于违法信息采取了及时的删除和封锁措施的，则不应当追究平台的刑事责任。总而言之，对于网络平台所提供的服务具有“社会相当性”的，不应当从法律归责的角度过分强调网络平台的义务，否则将会限制网络平台的创造力和活力。

四、网络平台对用户实施的犯罪行为所负义务的典型案例

德国联邦最高法院在2007年曾经做出一项有关网络平台与青少年保护责任的重要判决。该判决涉及在eBay上销售对青少年成长不利的商品所产生的责任问题。[①] 本案原告是一个影像制品行业协会，其在全德国境内有超过1600家加盟影像制品店。该协会成立的目的旨在保障和增进其会员的商业利益。而被告则是经营互联网平台的eBay。在该平台中，买家可以通过最高出价竞价获得其他由卖家所提供的任何商品。买方和卖方预先在eBay平台上注册，接受eBay在注册时所申明的“一般交易条款”和其他使用条件。eBay将该注册须知通过电子邮件发送给双方。“一般交易条款”和其他使用条件的第1条规定：

“eBay本身并不是买卖双方签订合同的缔约方，通过eBay达成的合同所

① BGH，MMR 2007，634.

应当履行的权利和义务完全存在于买卖双方之间。”

根据《一般交易法》（AGB）第5条之规定，如果发现用户有涉嫌违反一般交易条款或违反其他法律买卖被依法禁止的物品，如对儿童成长有害的物品，eBay有权进行广泛的随机抽查，并从其网站上清除该非法信息。在eBay网站上每一个交易信息下方，eBay都明确规定了以下内容：“就所买商品，卖方承担全部责任。在交易中如有疑问，买方应当及时联系卖家，以便在出价前澄清任何可能存在的问题。整个竞价拍卖过程完全是由计算机程序自动进行的，eBay没有主动介入。”

本案中原告称：2001年7月21日，eBay的拍卖平台上提供了“Wolfenstein 3D”游戏以及“BöhseOnkelz”、“Der Clou”和“The nice man”的录音带，该商品中的内容涉嫌触犯刑法中的“煽动民众罪”而被有关机关查获。此外，2001年7月，在被告eBay的互联网平台上提供了诸如“Mortal Kombat2”的游戏和“Brainddead - Uncut”的DVD，其中含有宣扬暴力的违法信息。原告向eBay举报，eBay得知后立即删除了相关商品信息。另外，原告还指责在2001年8月和2002年5月期间，eBay的拍卖平台上出现过有关电影制品的交易，该交易内容涉嫌侵权。eBay在接到原告的举报后立即采取了删除措施。

在本案中，原告方向法院诉请要求被告eBay在以后的交易中，不得出现类似的有害青少年成长的违法商品以及涉嫌侵犯知识产权的商品。2004年，勃兰登堡州高等法院在一审判决中驳回了原告的诉讼请求。① 原告不服判决，向德国联邦最高法院提起上诉。

在上诉审中，联邦最高法院首先认为，eBay作为电商平台，对个人所出售的商品原则上不承担违反《反不正当竞争法》（Gesetzgegen den unlauteren-Wettbewerb）中第4条有关禁止出售的商品的规定所产生的责任，因为个人在电商平台所上传的出售商品的信息和竞价拍卖行为完全属于个人行为，这一过程是基于个人用户在eBay上注册账户后自由支配和操作的过程。该商品信息经由用户上传后自动化的出现在eBay平台上，eBay对此并没有任何的将该信息转为自有信息的意图。另外，eBay在竞价拍卖过程中也不可能做到对所有信息完全知情（zurKenntnisgenommen）。基于此，eBay可以免除违反《反不正当竞争法》第4条所产生的责任。

---

① OLG Brandenburg WRP 2004，627.

但法院在判决中认为，eBay 作为电商平台，仍应当承担《反不正当竞争法》第 3 条所规定的交易安全的义务（Verkehrssicherungspflicht），根据该义务，在市场经济交往中，电商平台为第三人所进行的交易行为提供了机会的同时，也产生了一定的风险。基于此，电商平台应当承担将该风险发生的可能性进行适当（zumutbar）限制的义务。由于保护青少年的健康成长属于社会中具有较高位阶的价值，因此，为了有效保护青少年成长，电商平台应当尽到识别（Identifizieren）个人用户出售危害青少年成长的商品的义务。

但需要注意的是，法院认为，电商平台的识别义务（Identifizieren）并非对所有出售商品的全面监督义务（überwachen）。在此，法院援引了《欧盟电子商务指令》的导言第 48 条的规定：成员国可以要求托管提供者承担发现和阻止违法行为之合理的谨慎注意义务。基于此，法院认为，电商平台对于个人用户出售的违法商品，应当进行“适当的控制”（angemessene Kontrolle），针对此类型违法行为做到及时发现和制止。

如前所述，托管提供者对于他人所存储在自己服务器中，以供他人使用的信息，如果托管提供者对违法行为或违法信息并不知情（keine Kenntnis），则不承担任何责任。但当其知道违法信息存在时，应当采取及时的封锁措施以及删除该违法信息。删除违法信息是指从托管提供者的系统中彻底删除该信息。及时的封锁措施是指，移除指向该违法信息的链接、将该违法信息的接入与互联网断开以及对该信息进行解码并固定证据，以便刑事侦查所需。

德国柏林地区法院在 2001 年的判例中提到：在及时的封锁措施方面，如果托管提供者并没有及时删除，而只是使得他人获取该违法信息的路径上增加难度和障碍时，并不属于“及时的封锁措施”，因为该网站虽然在主页上删除了接入违法信息的超链接（Hyperlinks），但是并没有全部删除违法信息，用户仍能够通过其他路径进入并接触违法信息，因此网站应当对此违法信息承担责任，即不能依据《德国电信媒体法》第 10 条的规定而免责。①

小结

总而言之，《德国电信媒体法》虽然规定了网络平台提供者的法律责任，但在一定程度上这些规定却是提供者的免责条款，起到了责任过滤机制的功

① LG Berlin, Beschluss vom 10. 12. 2001 - 16 O 69/01.

能。如果网络平台对此事并不存在直接故意或间接故意，以及无法从客观角度来证明平台对此存在直接故意或间接故意的情况下，网络平台只要做到了对于违法信息采取了及时的删除和封锁措施的，则不应当追究平台的刑事责任。在探讨网络平台对用户行为承担刑事责任时，理论上可能会涉及“中立的帮助行为”问题。同样，该理论也“限定”提供者承担刑事责任的范围。

当然，如果网络平台对于他人所利用网络来实施犯罪行为，主观上存在直接故意或者间接故意的，则可以根据帮助犯的理论来解决其刑事责任的归属问题。具体的罪名适用问题除了德国刑法分则中较为典型的违法罪犯行为之外，2001 年的《网络犯罪公约》也规定了缔约国需要对以下九种类型的网络犯罪行为进行处罚。从德国司法机关的判例来看，多数情况下，并没有要求网络平台要为他人利用该平台所实施的犯罪行为承担责任，因为从客观上，很难有直接的证据证明网络平台与他人的犯罪行为之间有直接的关联性。

第五章

英国法上的网络平台法律责任制度

第一节　英国网络平台法律责任的共通性规则

一、英国《电子商务条例》的制定背景

2000 年 6 月欧盟发布了《关于信息社会服务特别是内部市场电子商务的法律问题的指令》（以下简称《电子商务指令》）[①]，对于信息社会服务提供者的法律责任进行了限定，其所指“信息社会服务提供者”，包括网络平台在内的网络服务提供者。英国作为欧盟成员国于 2002 年颁布了《2002 年电子商务条例》，从而将欧盟的《电子商务指令》转化为英国的国内法。

英国《2002 年电子商务条例》关于包含网络平台在内的“信息社会服务提供者”的法律责任的规定主要体现在该条例的第 17、18、19 条，其基本上系欧盟《电子商务指令》第 12、13、14 条的翻版。但是，较之欧盟的《电子商务指令》，英国《2002 年电子商务条例》的适用范围更广，其不仅适用于民事责任或行政责任，还适用于刑事责任，因此，它是英国网络平台法律责任的共通性规则。

另外，关于判断信息社会服务提供者对于侵权事实是否知情的标准，欧盟《电子商务指令》并未作规定，英国《2002 年电子商务条例》第 22 条则对此做出了规定。

二、英国《电子商务条例》的主要内容

英国《2002 年电子商务条例》第 17、18、19、22 条的规定如下

第 17 条　单纯通道

（1）如果信息社会服务的提供构成对服务接受者所提供的信息的网络通信传输，或者属于通信网络的接入服务，那么，在下列条件下，服务提供者

① Electronic Commerce Directive, 2000/31/EC.

将不对信息传输的结果承担任何的损害赔偿或其他金钱救济的责任，或任何的刑事责任。

（a）不是信息传输的发起者；

（b）没有挑选信息传输的接收者；

（c）没有挑选或更换该信息传输中的信息。

（2）第（1）款中的信息传输与接入行为，包括传输中的信息在下列情形下的自动化的、中介性质的、临时性的信息储存；

（a）信息传输为该网络通信的唯一目的；以及

（b）信息不会在超出传输所合理的必要的需求的时间外长期储存。

第 18 条　高速缓存

如果信息社会服务的提供构成对服务接受者所提供的信息的网络通信传输，那么，在下列条件下，服务提供者将不对信息传输的结果承担任何的损害赔偿或其他金钱救济的责任，或任何的刑事责任。

（a）该信息是自动化的、中介性质的、临时性地储存，且该储存的唯一目的在于基于其他信息接受者要求而提高信息上传的效率；并且

（b）服务提供者：

（i）没有更改信息；

（ii）符合获取信息的条件；

（iii）符合与信息更新有关的规则，尤其是被行业广泛认同与使用的规则；

（iv）没有为了使用信息而在获取数据时违背该被行业所认可和遵循的对技术的合法使用；以及

（v）一旦事实上获知该信息在其传输的源头已被从网上移除，或已被禁止访问，或者法院或行政机关已命令将其移除或禁止访问，立即采取行动将该信息移除或禁止对其访问。

第 19 条　主机托管

如果信息社会服务的提供构成对服务接受者所提供的信息的存储，那么，在下列条件下，服务提供者将不对信息存储的结果承担任何的损害赔偿或其他金钱救济的责任，或任何的刑事责任。

（a）该服务提供者：

（i）对非法活动或信息并非实际知晓，并且，当有人提出索赔请求时，并不知晓可以明显显示该活动或信息非法的事实或情况，或者

（ii）一旦获知或知晓，迅速采取措施移除该信息或禁止对其访问；并且

（b）该服务的服务接受者并非是在服务提供者的授权或控制下进行活动的。

第 22 条　可认定实际知晓的通知

为了决定服务提供者是否有第 18（b）（V）及第 19（a）（i）规定目的之实际知晓，法院应对相关特定情况下之所有方面予以考虑，应考虑以下情况：

（a）服务提供者是否依照第 6（1）（c）项规定，通过有效途径收到通知，并且

（b）该通知的详尽程度应包括：

（i）通知发出者的全名及地址；

（ii）所提到之信息的详细位置；以及

（iii）所提到之活动或信息违法性质的详情。

三、小结

英国《2002 年电子商务条例》系关于网络平台法律责任的一般性规定，其不仅适用于民事责任或行政责任，还适用于刑事责任。英国《2002 年电子商务条例》关于网络平台法律责任的核心条款集中体现在该条例的第 17、18、19 条，其基本上系欧盟《电子商务指令》第 12、13、14 条的翻版。其将网络平台区分为三类：即单纯信息传输平台、提供缓存服务的平台和提供主机托管服务的平台。另外，值得注意的是，英国《2002 年电子商务条例》第 22 条对于判断网络平台对用户实施的非法活动或发送的非法信息是否实际知情，规定了判断标准。

第二节　网络平台的民事责任

一、网络平台在名誉侵权中的民事责任

（一）关于名誉侵权的基本规则

在英国普通法中，自 17 世纪以来，名誉侵权被分为两种类型，即书面诽

谤（libel）和口头诽谤（slander）。做出这种分类的意义在于：法律在对待书面诽谤时要比对口头诽谤严厉得多。对于书面诽谤而言，只要原告能够证明此种行为的存在，便可以提起民事侵权诉讼；对于口头诽谤而言，只有特定类型的口头诽谤可以仅仅基于该行为本身而被提起民事侵权诉讼，而对于其他类型的口头诽谤，原告还必须证明其遭受到了实际损害。对于书面诽谤而言，其不仅会导致民事侵权，而且，严重的还可以构成犯罪，即诽谤罪；对于口头诽谤而言，其仅构成民事侵权，不构成犯罪，诽谤者无需承担刑事责任。①

名誉侵权的法律规则一直都在跟随大众传播技术的发展而变化。最初的书面诽谤仅指狭义的“书面”，后来，随着广播、电视技术的发展，书面诽谤的含义被扩展至可以永久形式固定下来的言词，从而将广播、电影、电视等形式纳入其中。互联网用户在网络世界所发表的言词大多数都可以数字形式永久保存，因此，亦可归入书面诽谤的范围。目前，比较模糊的是网络直播的内容可否归入书面形式。②

目前，英国有名誉权的成文法主要包括《1952 年名誉权法案》、《1996 年名誉权法案》、《2013 年名誉权法案》和英国的《2002 年电子商务条例》。其中，关于网络平台在用户实施的名誉侵权行为中应承担何种责任，主要见于后三部法律。

1. 英国《1996 年名誉权法案》

英国《1996 年名誉权法案》第 1 条第（1）款中规定了名誉权诉讼中被告的抗辩事由：（a）他不是被诉文章的作者、编辑或出版者；（b）他在与出版有关的事项中尽到了合理的注意，并且（c）他不知道，且没有理由相信，他的所作所为引起了或促成了侵害他人名誉的文章的出版。

在第 1（2）款中，法案规定：所谓“作者”，是指文章的创作者，但不包括没有意图将其文章发表的人；所谓“编辑”，是指对于文章内容或出版决定具有编辑职责或与之等同职责的人；所谓“出版者”，是指商业出版机构，即以向公众或一部分公众发行出版物为主业的人或含有此项经营业务的人。

2. 《2013 年名誉权法案》

《2013 年名誉权法案》第 5 条对于网站经营者在网络名誉侵权责任中的法律义务与责任做出了专门规定。

---

① 参见薛波主编：《元照英美法词典》，法律出版社 2003 年版，第 1264 页。

② Andrew Murray, Information Technology Law, Oxford University Press, 2013, p. 166.

（1）该条适用于对网站经营者提起的与在网站上发表的言论有关的名誉侵权诉讼。

（2）该经营者可提出其不是发表涉诉言论的发表者的抗辩。

（3）如果原告能够证明下列事项，网站经营者的上述抗辩将被击败：

（a）原告无法识别是谁发布的涉诉言论。

（b）原告就该言论向网站经营者提出了投诉通知。

（c）网站经营者未能按照条例的规定对投诉通知做出回应。

（4）就第（3）项而言，只有当原告能够获取对他人提起诉讼所需要的足够的信息时，才可以认定其能够“识别”出该人身份。

（5）条例可以对以下事项做出规定：

（a）网站经营者为了回应投诉通知而应采取的行动（尤其是可以规定与言论发布者的身份或联系信息相关的行动，以及与删除相关的行动）。

（b）采取上述行动的期限。

（c）授予法院以自由裁量权，法院可以适时地将在上述期限届满后采取的行动等同于期限届满前采取的行动。

（d）其他事项。

（6）除第（7）项的规定外，一项投诉通知应当满足下列条件才被认定为合格的通知：

（a）列明投诉者的姓名。

（b）列出投诉的言论，并说明为什么认为该言论侵害了投诉者的名誉。

（c）注明该言论发布的网址。

（d）条例规定的其他信息。

（7）条例可以规定一些特殊情形，即使一项投诉通知不满足通知的条件，亦被认定为通知。

（8）……（与主题关联不大，略去翻译）

（9）……（与主题关联不大，略去翻译）

（10）本条所称“条例”是指国务大臣发布的条例。

（11）如果原告能够证明网站经营者对于所涉言论的发布是有恶意的，那么，网站经营者的抗辩将不能成立。

（12）不能仅仅因为网站经营者对于他人发布的言论进行了自律审核就认为其抗辩不能成立。

另外，根据第13（1）（a）的规定：

13（1）当法院在名誉权诉讼作出有利于原告的判决时，可以命令：

（a）载有侵害他人名誉权言论的网站的经营者移除该言论。

3.《2013 年名誉权条例》

《2013 年名誉权条例》系根据《2013 年名誉权法案》第 5 条的授权而制定的，由国务大臣发布。该条例详细规定了网站经营者在网络名誉权诉讼中应当采取的行动。

第 2 条（投诉通知）除第四条规定外，一项投诉通知必须：

（a）写明可与投诉人联系的电子邮箱。

（b）说明投诉所针对的言论的意义。

（c）说明投诉者相信该言论存在。

（i）事实不准确；

（ii）观点没有事实支持。

（d）投诉者确认其不拥有对发布言论者提起诉讼所需要足够信息。

（e）投诉者确认是否同意网站经营者将以下信息提供给言论发布者。

（i）投诉者的姓名；

（ii）投诉者的电子邮箱地址。

第 3 条（经营者对投诉通知的反应）除第 4 条的规定外，原告若要依据《2013 年名誉权法案》5（3）（c）提出主张，必须证明网站经营者未按本条例的附件要求做出回应。

第 4 条（将缺陷通知视为合格通知）

（1）当投诉者向网站经营者发出一份投诉，声明其名誉遭受损害，但是，该通知并不包含《2013 年名誉权法案》5（6）（a）至（c）以及本条例第 2 条所要求的全部信息，该通知将被看作《2013 年名誉权法案》5（3）（b）和（c）规定中的通知。

（2）根据第 1 项的规定，在以下情形中，可以将一项有缺陷的通知视为合格的通知：

（a）条例第 3 条不适用。

（b）根据《2013 年名誉权法案》5（3）（c）的规定，原告必须证明网站经营者未能在收到通知 48 小时内，以书面的形式告知。

（i）该通知不符合《2013 年名誉权法案》5（6）（a）至（c）以及本条例第 2 条的要求，并且

（ii）上述规定的具体内容。

第5条（期限：法院自由裁量权）

在名誉权诉讼中

（a）网站经营者基于《2013年名誉权法案》5（2）提出抗辩，并且

（b）对于网站经营者是否是在条例4（2）（b）或附件中规定的期限内对投诉通知做出回应有疑问。

法院可以，在它认为符合正义的要求的情况下，将期限届满后采取的行动视同期限届满前采取的行动。

4. **《2013年名誉权条例》附件：**网站经营者为了主张法案5（2）抗辩而应当对投诉通知采取的行动

从网站移除言论

1.（1）本条在以下情形适用：根据附件规定，经营者必须在规定的期限内将投诉通知针对的言论从网站上移除。

（2）如果在期限届满以前另一个人已经将涉诉言论从其发布的位置移除，那么，将视为经营者已经在规定的期限内将相关言论从特定位置移除。

对投诉通知的回应：第一步

2.（1）除适用第3条或第9条外，经营者必须在收到投诉通知48小时内向言论发布者发送：

（a）投诉通知的副本，如果经营者收到投诉者的确认书不同意经营者将其姓名或地址提供给言论发布者，那么，应当隐去其姓名、地址信息。

（b）以书面的形式通知：除非满足下列条件，投诉的言论将被从网站上移除：

（i）经营者在通知中指定的截止日期的午夜之前从言论发布者处获得书面的答复（该截止日期必须是在通知发送后第五天以后）；

（ii）该答复符合（2）的规定。

（c）以书面的形式通知：除非符合下列条件，否则，不会将（2）（b）（i）或（ii）中提到的信息披露给投诉者。

（i）言论发布者同意，或者

（ii）法院命令经营者披露。

（2）依据本款做出的回应必须：

（a）告知经营者言论发布者是否希望将被投诉的言论从网站上移除。

（b）如果言论发布者不希望被移除，那么，应当：

（i）提供言论发布者的全名；

（ii）提供言论发布者的居住或营业的通信地址；

（iii）告知经营者言论发布者是否同意经营者将上述（i）和（ii）中提到的信息提供给投诉者。

3.（1）如果经营者没有办法联系到言论发布者，第 2 条将不适用，并且，经营者必须在收到投诉通知后 48 小时内，将投诉针对的言论从网站位置上移除。

（2）除非经营者可获得的联系方式中包括私人电子通讯方式（如电子邮箱或其他私人电子通信方式），否则，不能认为经营者拥有与言论发布者进行联系的方法。

4.（1）除第 9 条规定外，经营者必须在收到投诉通知 48 小时内，以书面形式向投诉者发布确认函。

（2）确认函必须：

（a）在适用第 2 条的情形下，声明经营者已采取了符合该条要求的行动。

（b）在适用第 3 条的情形下，告知投诉者被投诉的言论已被从网站上移除。

对投诉通知的回应：言论发布者未做出回应

5.（1）本条适用于经营者按照第 2 条对投诉通知采取了行动，而言论发布者未在第 2（1）（b）（i）规定的时间里做出回应。

（2）在适用本条时，经营者必须在期限结束后的 48 小时以内：

（a）将投诉的言论从网站上移除。

（b）以书面形式通知投诉者该言论已被网站上移除。

对投诉通知的回应：回应未包含法律要求的所有信息。

6.（1）本条适用于以下情形：

（a）经营者按照第 2 条对投诉通知采取了行动；

（b）言论发布者在第 2（1）（b）（i）规定的时间里做出了回应；并且

（c）该回应不符合第 2（2）的规定。

（2）在适用本条时，经营者必须在收到回应后 48 小时内：

（a）将投诉的言论从网站上移除；并且

（b）以书面形式通知投诉人该言论已被从投诉所指网址移除。

（3）如果一名理性的网站经营者会认为根据第（2）（b）（i）或（ii）提供的姓名或通信地址是明显虚假的，那么，可以认为该回应未包含第 2（2）（b）所提到的信息。

对投诉通知的回应：言论发布者希望将言论从网站移除。

7.（1）本条适用于

（a）经营者按照第 2 条对投诉通知采取了行动；

（b）言论发布者在第 2（1）（b）（i）规定的时间里做出了回应；并且

（c）言论发布者希望将言论从投诉通知中列明的网址移除。

（2）在适用本条时，经营者必须在收到回应的 48 小时内：

（a）将言论从投诉的网址移除。

（b）以书面形式通知投诉人该言论已被从投诉所指网址移除。

对投诉通知的回应：言论发布者不希望将言论从网站移除。

8.（1）本条适用于：

（a）经营者按照第 2 条对投诉通知采取了行动；

（b）言论发布者在第 2（1）（b）（i）规定的时间里做出了回应；并且

（c）言论发布者不希望将言论从投诉通知中列明的网址移除。

（2）在适用本条时，经营必须在收到回应的 48 小时内：

（a）以书面形式告知投诉者。

（i）言论发布者不希望该言论被删除；

（ii）该言论还没有被从投诉所指网址移除。

（b）当言论发布者。

（i）已经同意经营者将言论发布者的姓名或地址提供给投诉者的时候，以书面的形式将该信息提供给投诉者；

（ii）未作出上述同意时，以书面的形式将上述事实告知投诉者。

对投诉通知的回应：持续再次发布相同的或实质相同的材料。

9.（1）本条适用于：

（a）经营者已经从同一投诉者那里在两种以上情形中收到以上与相关言论有关的投诉通知。

（b）在每一种情形中，该言论都已被依据本附件的规定而被移除。

（c）经营者再次收到该言论相关的投诉通知。

（d）投诉者在向经营者发送投诉通知的同时告知其先前已经向经营者发送过两次以上与该言论相关的投诉通知。

（2）在适用本条时，第 2 条至第 8 条不适用，并且，经营者必须在收到投诉通知后 48 小时将该言论从投诉所指网址予以移除。

（3）当一项言论符合下列条件时，可认定其构成本条所指相关言论。

（a）与投诉通知相关的言论都具有相同的或实质相同的可归责性，以至于（1）（a）中所指的先前的每一次投诉通知都是相关的；

（b）被发布在同一网址；并且

（c）被同一个人发布在该网址。

5. 小结

英国《1996年名誉权法案》规定了出版者的责任，网络平台可否被看作出版者而被要求承担责任，便成了一个需要进行解释的法律问题，英国有许多法院判例（见下文）都涉及了这一点。英国的《2002年电子商务条例》从反面规定了网络平台的免责条件，而《2013年名誉权法案》及相关条例、规章则细化了网络平台在处理网络名誉权纠纷事件中的义务。当网络用户的言论涉嫌侵害他人名誉权时，网络平台要想免责需要对受害人的投诉及时地做出符合法律要求的回应，并且，在涉及提供用户的身份信息时，亦应遵守法律所规定的程序，在这方面，英国的相关法律、法规有着非常细致的规定。

（二）涉及网络平台的典型判例：

1. 网络平台的法律地位、责任与抗辩

（1）Godfrey诉Demon Internet Ltd案①

案情简介：

该案是英国法院审理的第一起涉及网络名誉侵权的案件，当时互联网刚流行时间不长。在该案中，原告是一名居住在英格兰的物理、数学和计算机学的讲师。被告是一家互联网服务提供商（ISP）。1997年1月13日，有人假冒原告的名义在被告经营的网站上的“新闻组”中发布了一个帖子，该帖子的内容黄色下流而有损原告声誉。1月17日，原告向被告发传真告知该帖子是伪造的并要求将从服务器中删除。被告收到通知后置之不理而听任该帖子继续存在直至1月27日自然期满。原告向被告提起诉讼，要求被告就1月17日发出通知后至1月27日之间帖子存在期间承担侵害名誉权的责任。被告抗辩称其并非法律上的“出版者”，即使被认定为出版者，亦享有《1996年名誉权法案》第1条规定的抗辩。

裁判要旨：

法官认为，在被告接到原告的投诉通知后，其对于其服务器上存储的帖

① Godfrey v. Demon Internet Ltd［1999］EWHC QB 244.

子含有侵害他人名誉的内容是知情的，在这种情况下，被告应立即删除相关侵权内容，否则将对此承担出版者的责任，而无权主张《1996 年名誉权法案》第 1 条规定的抗辩。为了支持其判决，法官还引用许多美国法院的类似判例。

(2) Bunt 诉 Tilley 案①

案情简介：

原告 Bunt 指控 Tilley 和其他两人在网上发布了损害其名誉的言论，其除了指控发布这些言论的作者外，还起诉了为这三个人提供互联网接入服务的网络服务提供商（ISP）。原告认为网络服务提供商通过给他人提供互联网服务而使得损害其名誉的言论得以发表。

裁判要旨：

法院判决驳回了原告的诉讼请求。法院认为，在名誉权法的背景下，充当传播媒介，被告的主观状态非常重要。如果传播媒介明知他人传输的内容含有侵害他人名誉的内容并且有机会来阻止此传输，那么，其应对侵权内容承担责任。如果要求他人承担出版者的责任，至少应证明其对于相关内容是明知的或愿意对此承担责任。本案中被告所担当的是一种消极的信息传输角色，而非对信息内容的积极的编辑者，因此，不属于普通法上的出版者。本案被告提供的互联网服务符合英国《2002 年电子商务条例》所规定的“信息社会服务”，因此，其可以主张《2002 年电子商务条例》第 17 条至第 19 条规定的抗辩，并受其保护，从而不必对信息传输内容承担名誉侵权责任。

(3) 都市国际学校诉 Designtechnica 公司案②

案情简介：

本案是英国法院审理的第一起涉及搜索引擎服务商的网络名誉侵权案。在该案中，原告指控他人发布有损其名誉的不实信息，在原告所起诉的被告中包括搜索引擎服务商谷歌公司。当使用谷歌公司的搜索引擎进行搜索时，搜索结果不仅包括网址链接，还包括一段语词，该语词中就含有原告所指控的侵犯其名誉的内容，基于此，原告指控谷歌公司是侵权内容的出版（发表）者，进而主张谷歌公司应与其他被告共同承担连带赔偿责任。

---

① Bunt v. Tilleyand others EWHC 407 (QB); [2006] 3 All ER 336.

② Metropolitan International Schools Ltd v. Designtechnica Corp. [2009] EWHC 1765 (QB).

裁判要旨：

法院认为，谷歌公司不是被控侵权内容的出版者或发布者，因为其对于搜索结果所呈现的内容并无控制权。对于谷歌公司在接到他人的投诉通知后是否会因此而成为涉诉言论的出版者，法院认为，一个人不会仅仅因为默许侵害他人名誉的内容存在而对其承担出版责任，因此，不宜要求谷歌公司对于搜索结果中的内容承担出版者的责任或删除责任。同时，法院还指出，搜索引擎是一种特殊的网络中介服务，其不同于对网站提供的服务器托管服务，因此，在法律未进行修订之前，不宜将《2002 年电子商务条例》第 17 条至第 19 条的适用范围扩展至搜索引擎服务。

（4）Davison 诉 Habeeb 等①

案情简介：

Blogger. com 是谷歌公司下属的一个网站，它允许世界各地的用户在上面发布博客，在 Blogger 上发表的博客数量巨大，约有五千亿个单词，并且每分钟增加大约 250，000 个单词。原告指控本案中的第二被告在 Blogger 上发布了一篇含有损害其名誉的博客文章，并将第五被告谷歌公司告上法庭。原告认为应将谷歌公司看作该博客文章的“出版者”，从而应对其承担侵权责任。

裁判要旨：

法官将本案与“Bunt 诉 Tilley 案”进行了比较，认为在 Bunt 诉 Tilley 案中网络服务提供者所发挥的作用仅限于为信息传输提供一个通道，而本案中的 Blogger 则更类似于大型公告版，但是，其上面的帖子数量巨大，因此，在未接到通知之前，Blogger 网站将无法分辨哪些帖子含有侵权内容，从而不宜将其看作普通法上的出版者，然而，在接到投诉通知以后明知存在侵权内容仍拒不删除的，在一定程度上可以争辩地认为应将 Blogger 看作侵权言论的出版者并承担相应的责任。

与此同时，法官还提出，谷歌公司通过 Blogger 提供的供他人发布博客的服务属于《2002 年电子商务条例》所规定的“信息社会服务”，从而可以依据该条例第 19 条受到保护。法院经审理后认为，原告没有证据能够证明被告谷歌公司明知或应当知道第二被告发表的博客含有侵害他人名誉权的内容，即使是在接到原告的投诉通知之后，因为第二被告提出了相反的主张，因此，对于谷歌公司而言，其无法判断是否真的存在侵权内容，也就无从决定是否

---

① Davison v. Habeeb [2011] EWHC 3031 (QB).

应将其移除，所以，根据《2002 年电子商务条例》第 19 条的规定，无论是在接到通知之前还是之后，谷歌都不对涉诉博客承担损害赔偿责任。

（5）Tamiz 诉谷歌公司案①

案情简介：

Blogger. com 是谷歌公司下属的一个网站，为用户提供博客服务，其中有一个博客名为“伦敦的穆斯林”，原告在该博客中发现有几条评论含有侵害其名誉权的内容，于是谷歌公司提出投诉通知，谷歌公司将投诉转发给博客主人，博客主人接到通知后自愿将原告投诉的评论全部删除。原告并没有向发表该评论的作者或博客的主人提起诉讼，而是向谷歌公司提起诽谤之诉，要求其对涉诉评论在被删除前的那段时间的存在承担侵权责任。

裁判要旨：

一审法官 Eady 认为，依照英国普通法，谷歌公司不应被看作涉诉评论的“出版者”，无论其是接到投诉通知之前还是之后。即使将谷歌公司看作普通法上的出版者，其亦可主张《1996 年名誉权法案》第 1 条所规定的抗辩事由，因为其在收到通知后将投诉转发给了博客主人并尽到了合理的注意。Eady 法官还认为，从谷歌公司接到原告的投诉通知到相关评论被删除之间的时间间隔很短，因此，即使相关评论会给原告造成损害，也是微乎其微，可不计的，因此，应驳回原告的诉讼请求。随后，Eady 法官还讨论了被告依据《2002 年电子商务条例》提出抗辩的可能。

原告方不服而提起上诉。其在上诉中主张：谷歌公司是一家从事出版业务的公司，其不仅通过其雇员，而且还通过人数众多的博客主人和在博客上发表评论的人开展业务。谷歌公司对于博客主人具有控制权，而博客主人可以控制他人发表在博客上的评论，因此，应将谷歌公司看作侵权言论的“主要出版者”，并应对发表在博客上的侵害他人名誉的内容承担责任，而无论其是否明知或有过失，也无论其是否收到过他人的投诉通知，但其可享有成文法上的抗辩权；或者被告应作为“次要出版者”承担责任，并享有普通法上的抗辩权。

在上诉审中，谷歌公司是否为涉诉言论的“出版者”成为争论的焦点：

一审的 Eady 法官认为，将谷歌公司看作博客上言论的出版者是不合理的，因为在 Blogger 上面有超过一万亿的单词，每一分钟都会增加 250，000 新

---

① Tamiz v. Google Inc.［2012］EWHC 449（QB）.

单词，如果要求谷歌公司对其驻存的博客的内容进行编辑控制将是不可行的。另外，谷歌公司的法律地位不应因其收到他人的投诉通知而发生变化，因为谷歌公司对于与博客内容有关的争议是持中立的立场的，其作用是消极的，其不负有积极作为的义务，即使其在技术上能够删除有关评论，也不能将其看作作者或出版者。

二审法官部分地赞同一审法官意见，部分地表达了不同意见。二审法官认为：在本案中，谷歌公司所扮演的角色并非完全消极。谷歌公司通过 Blogger 网站不仅为用户发布博客提供了平台服务，而且还提供相关技术和广告服务，其通过用户协议获取了一定的参与权。但是，谷歌公司对于博客的参与程度尚不足以使其成为博客内容的出版者，因为，其既不创作博客，也对于他人发布的博客无从事先知晓或进行内容控制，因此，不可将其等同于诽谤文章的作者或编辑，亦不同于印刷有侵权文章的报社。对于报社而言，其雇员会参与侵权文章的出版，而对于谷歌公司而言，其雇员并没有参与博客的发布，博客主人与谷歌公司之间并无雇佣关系，谷歌公司亦无须对其行为负雇主责任，因此，谷歌公司不是博客的“主要出版者”。

对于谷歌公司可否构成“次要出版者”，或类似于发行者（Distributor）的角色。在二审法官看来，在接到投诉通知以前，谷歌公司不应被认为是次要出版者，因为，依照先前的判例，对于被卷入到信息传播中的主体而言，只有当其明知或尽到合理注意后应知传播的言论有可能侵害他人名誉时，才会被作为出版者对待。对于谷歌公司在接到投诉通知以后是否属于次要出版者，二审法官表达了与一审法官不同的意见。二审法官认为，谷歌公司在接到投诉通知后，有可能被认定为“将要出版者”。但是，二审法官认为，就本案而言，由于涉诉博客文章从被投诉之后到被删除之前的期间很短，因此，即使谷歌公司的行为构成侵权，其对原告名誉的损害亦是微不足道的，所以，最终法官以原告所遭受损害轻微为由驳回了原告的诉讼请求。

2. 网络平台披露用户身份的判例法规则

由于许多网络用户在网上发表言论时都是匿名或使用假名的，因此，对于那些遭受名誉损害的受害者而言，其欲对发表侵权言论的作者提起诉讼所面临的首要问题就是要获取发言者的真实身份。在网站对用户实施注册管理的情况下，网站有可能获得用户的某些真实身份信息。声称名誉遭受损害的原告，是否有权利请求网站披露用户的真实身份，或者，对于网络经营者而言，在什么条件下，或依照什么程序，应当或可以披露用户的真实身份，是许多诉讼案件所面临的共同问题。

谢菲尔德星期三足球俱乐部等诉 Hargreaves 案①

案情简介：

被告拥有并经营一家网站（www. owlstalk. co. uk），谢菲尔德星期三足球俱乐部的球迷们可以在上面发表与俱乐部有关帖子。任何人均可登陆该网站，用户可以通过提供电子邮箱和密码而注册为会员，并登记一个用户名，其可以是假名。用户在注册为会员时须同意用户协议，其中包括允诺不在公告版上发表明知虚假的或有损他人名誉的言论，并且规定，网站有权利在其认为必要时删除有异议的言论。

原告发现在该网站有 11 条用户发布的有损其名誉的帖子，但是，对于这些帖子发布者的真实身份一无所知。于是，原告向法院提起诉讼，以被告允许一些用户在网上发表有损原告名誉的虚假的言论而与这些用户一同构成侵权为由，请求获得 Norwich Pharmacal 救济，即请求法院发布命令要求被告披露发布涉嫌侵权言论的用户的真实身份信息。被告对此表示既不同意，也不反对，要求法院就此做出裁判。

裁判要旨：

法院认为：当法院发布一项要求披露网络用户的真实身份信息的命令时，必须要小心谨慎，不得不合理地侵犯用户的隐私权。同时，依照英国《数据保护法》的要求，除非法院已经首先考虑到了该披露对于数据主体的权利、自由或法益是否合理，否则，不得发布命令要求披露数据主体的身份。

所谓的“Norwich Pharmacal 救济”，源自“Pharmacal 诉 Customs & Excise Commissioners 案”所确立的原则“如果一个人自己没有过错，但被卷入到他人实施的侵权案件中并为他人的侵权行为提供了方便，即使他本人不会对此承担责任，但他有义务向侵权受害人提供可识别侵权行为人的信息。”在“Mitsui Ltd 诉 Nexen Petroleum UK Ltd 案”中，法官进一步总结出适用 Norwich Pharmacal 救济应满足的三项前提条件：（1）最终侵权行为人实施的侵权，已经实际发生，或可以争辩称其已发生；（2）为了对最终侵权行为人提起诉讼而有必要获得法院命令；（3）法院命令所针对的人必须是被卷入到侵权中并为其提供便利，并且，能够或有可能、有能力提供起诉最终侵权行为人所必需的信息。

---

① Sheffield Wednesday Football Club Ltd and others v. Hargreaves［2007］EWHC 2375（QB）.

即使前述条件都得到满足，法院仍然有自由裁量权决定是否发布命令。在“Totalise PLC 诉 The Motley Fool Ltd 案”中，法官提出了在决定是否发布命令时应考虑的因素：原告指控侵权行为人的胜诉概率，原告遭受名誉损害的程度；这些侵权行为人是否对原告采取了协同行动；潜在读者的范围与规模；侵权人在网站进行匿名活动的事实；原告是否有其他手段可以识别侵权行为人；被告对于网站用户是否实行保密政策。

就本案而言，法官认为，原告所起诉的有些帖子的内容给原告造成的名誉损害是微不足道的，对于此类明显属于言词过激或开玩笑的言论，其他人也通常不会对此认真对待，如果法院强制命令披露发布此类帖子的网络用户的身份，将是不符合比例原则且不公正地损害了网络用户对于隐私的期待。法官认为，在原告所起诉的 11 条帖子中，有 7 条帖子属于此类情况。

而对于另外 4 条对原告名誉损害比较严重的帖子，法官认为，原告有权利采取行动来维护自身名誉，并且其重要性要超过发帖子的作者保持匿名以及言论自由的权利。同时，法官还提及在本案中，这些帖子的内容实际上违反了被告制定的公告版的规则，且被告并未制定有保护用户秘密的条款政策。对于此类帖子，法官同意发布命令，要求被告披露作者的身份信息。此类帖子共有 4 条。

3. 网络名誉权诉讼时效问题

受害人提起侵害名誉权之诉要受到诉讼时效的限制，通常是从被告发表含有侵害他人名誉权内容的陈述之日起起算，因此，如何确定发表日期是至关重要的。在网络环境下，如何认定“发表”，是以含有侵权内容的文章首次被上传至相关网站的服务器之日为准，还是应以读者首次下载阅读为准？如果以读者下载为准，那么，应以第一个读者首次下载为准，还是说每当有一位读者下载阅读，均构成一次重新发表，从而重新计算诉讼时效？

在 2002 年的“道琼斯公司诉 Gutnick 案”中，被诉侵权的文章发表在被告的刊物上，该刊物即存在纸质版，亦存在网络版，供订阅者下载阅读。被告道琼斯公司声称被诉侵权的文章虽然可以在互联网上下载，但是，应认定只存在一次发表，即该文章首次公开之日；原告 Gutnick 则声称读者每阅读一次均应被看作一次发表。澳大利亚高等法院的判决认为：只有当含有诽谤他人内容的作品能够被他人所阅读和理解时，原告的名誉才会遭受实际损害，因此，在网络世界中，侵害他人名誉的后果并不是发生在侵权作品被上传和存储在网络服务器时，而是在读者从网站上下载并阅读含有侵权内容的作品时开始发生的。[①] 这意味着，每当有一个读者从网站上下载并阅读侵权作品一次，就构成侵权作品的一次发表，多次下载就构成多次发表。

一部作品的多次发表在名誉权法中有着重要的意义。在“Loutchansky 诉泰晤士报”案中，原告指控被告发表的一篇文章侵犯了其名誉权，被告抗辩称从涉诉文章首次发表日起算原告的起诉已经超过了诉讼时效，但是，原告辩称被告已将涉诉文章上载至网站，从而每当一名读者从网上下载便构成一次新的发表，从而产生新的诉权，诉讼时效应当重新计算，因此，其起诉并没有超过诉讼时效。最终，法院采纳了原告的主张，从而确立网络环境下多次发表并重新计算时效的规则。[②]

多次发表并重新计算时效的规则对于原告有利，而对于被告则明显不利。为了校对这种失衡，英国《2013 年名誉权法案》正式确立了“一次发表规则”（Single Publication Rule），从而推翻了先前法院所确立的“多次发表规则”。依照英国《2013 年名誉权法案》第 8 条规定：如果一个人在第一次向公众发表了言论以后，后续又（无论是否面向公众）发表了实质上相同的言论，那么，在对该人就其后续发表的言论提起侵害名誉权之诉时，就诉讼时效而言，应从其第一次公开发表之日起开始计算。需要注意的是，依照法案的规定，如果首次发表的方式与后续发表的方式存在重大差别，那么，就不能适用一次发表规则，而应适用多次发表规则。对于如何判断后续发表的方式与首次发表的方式是否存在重大差别，法案明确规定，法院可以将以下因素考虑在内：（a）发出言论时的突出程度；（b）后续发表的范围。英国立法机构之所以对上述一次发表规则的适用条件做出限制，主要是担心出现规则被滥用的后果。在网络环境下，如果侵权人在第一次发表侵权言论时选择发布在一个隐蔽的网站上，在等待诉讼时效届满后再将其转发至其他人气旺的网站，那么，该侵权人将没有资格主张以第一次发表时间作为计算诉讼时效的起点。

4. 诉讼管辖权问题

在 2013 年之前，对于侵害名誉权之诉，英国法院在确定管辖权时通常适用“侵权行为地原则”。在通常情况下，受害人在损害结果发生地法院可以提起损害赔偿之诉。网络环境的特殊性在于网络是不分国界的，当一个人在网上发表一份言论时，几乎全世界的人都可以从网上看到。如果每当世界上的

---

① Dow Jones v. Gutnick [2002] HCA 56.

② Loutchansky v. Times Newspapers [2002] 2 WLR 640.

一个读者阅读一次便发生一个损害后果的话，那么，受害人是否可以随意选择从世界上任何地方提起诉讼。其实，这种情况是极有可能发生的，因为，世界上不同国家的法律对名誉权保护的程度和方式是有所差异的。例如，英国和美国同属英美法系国家，但是，在对待名誉权保护问题的态度并不相同。在言论自由与名誉权保护相冲突时，美国法律更加注重保护言论自由，对于名誉权保护特别是公众人物的名誉保护有许多限制，而英国法律则较为偏重保护受害人的名誉权，因此，许多人都愿意选择在英国而不是美国提起名誉权诉讼，特别是针对传媒的诉讼。

（1）Berezovsky 诉福布斯公司案①

案情简介：

原告 Berezovsky 是一位俄罗斯商人，被告是美国的一家著名杂志。被告在 1996 年刊登的一篇文章将原告描述为俄罗斯黑帮头目并称其与一些犯罪活动有牵连。原告指控被告侵犯了其名誉权。原告在英国有一处公寓，其有亲属在英国，但其当时正在俄罗斯工作和生活，并且在俄罗斯联邦政府担任职务。被告在美国和加拿大发行的杂志总数为 785710 份，在英格兰和威尔仕为 1915 份，在俄罗斯为 13 份，另外，该杂志在英格兰、威尔仕和其他地方可以从网上获取和阅读，阅读此类文章的大多数为商业和金融界人士。但是，原告却选择在英国提起诉讼，其声称其在英国有许多商业往来和人际交往，因此，其在英国遭受了名誉损失。被告向法院提起管辖权异议，并最终上诉至英国上议院。被告称其刊物在世界许多国家都有发行，因此，应当集中到一处法院来进行管辖而不应在世界各地分别进行诉讼，并认为，美国而不是英国才是与侵权指控关系最密切的国家，因此，应当由美国而不是英国的法院来进行管辖。

裁判要旨：

英国上议院的大法官 Steyn 驳斥了被告的观点，其认为原告在英国遭受了名誉损失，而在俄罗斯或美国进行诉讼对于恢复其在英国的名誉并无意义，因此，原告有权利在英国法院进行诉讼。

（2）侵权行为地的确定

在网络环境下如何确定侵权行为地，直接关系到诉讼管辖地的确定，以下案例揭示了关于一问题的争议。

---

① Berezovsky v. Forbes, Inc.（No. 1）［2000］1 WLR 1004.

道琼斯公司诉 Gutnick 案①

案情简介：

本案系澳大利亚的案件，但对英国法院亦有一定影响。在该案中，原告 Gutnick 是墨尔本的一名商人，被告公司出版的一本杂志 Barron’s 是美国有名的金融类杂志。该杂志曾刊登了一篇文章，称 Gutnick 与股票操纵等金融丑闻事件以及洗钱事件有牵连，于是，原告在澳大利亚的法院提起侵害名誉权之诉。被告以不方便管辖（forum non conveniens）为由向法院提起管辖权异议。被告认为，涉诉文章系在美国纽约完成撰写和编辑，然后通过计算机网络传输至位于美国新泽西的杂志社的两台计算机中，再传输至其他六台服务器中，供读者下载阅读，上述所有服务器均位于美国新泽西，因此，应当由美国法院而不是澳大利亚的法院来管辖。

裁判要旨：

澳大利亚高等法院认为，只有当读者能够理解传播的内容时才构成发表（出版），因此，在网络出版环境下，应当以读者从网站上下载文章时作为构成发表（出版），而不是以上传或存储至服务器为准。被告的杂志在澳大利亚有 1700 多名网络订购用户，因此，可以认定在澳大利亚有发表（出版）行为，依照侵权行为地管辖原则，澳大利亚法院有管辖权。

在 Gutnick 案之后，英国的法院也做出了类似的判决。在“King 诉 Lewis 案”中，原告是一名美国有名的拳击手，三名被告都是美国公民或公司，但是，原告却选择英国起诉，原告指控被告发布在网络上的文章侵害了其名誉权，双方就诉讼管辖权问题发生争执，英国的法院认为，依照英国普通法，对于书面诽谤诉讼，应适用侵权行为地原则，应将诽谤言词发表地作为侵权行为地，而在网络环境下，应将侵权文章的下载地作为发表地，而在该案中涉诉文章是可以在英国下载的，因此，英国法院有管辖权。②

上诉案例在英国社会引发了热议，最终导致英国《2013 年名誉权法案》的出台。该法案对于英国法院的诉讼管辖权进行了限制，以避免当事人有意挑选诉讼管辖地（Forum Shopping）和滥用司法资源的现象。该法第 9 条明确规定，对于在英国、欧盟成员国或《卢加诺公约》缔约国没有住所的人提起的侵害名誉权诉讼，英国法院没有管辖权，除非法院认为在涉诉言论所发表

---

① Dow Jones v. Gutnick [2002] HCA 56.

② King v. Lewis [2004] EWCA Civ. 1329.

的各个地方中英格兰和威尔士是很明显最适合提起诉讼的地方。《2013 年名誉权法案》第 9 条的实施或许可以改变前述案例的后果，但仍有待权威判例来进行解释。

（三）小结

名誉侵权，古已有之。英国传统法律对于名誉侵权责任的构成要件有着较为完备的规定，其中，英国《1996 年名誉权法案》规定的“出版者”是一个非常重要的法律概念。当网络用户涉嫌实施侵害他人名誉的行为时，网络平台往往成为被告。网络平台是否构成名誉侵权法中的“出版者”便成为一个法律焦点问题。

英国的《2002 年电子商务条例》从反面规定了网络平台的免责条件，而《2013 年名誉权法案》及相关条例则细化了网络平台在处理网络名誉权纠纷事件中的义务。当网络用户的言论涉嫌侵害他人名誉权时，网络平台要想免责，需要对受害人的投诉及时地做出符合法律要求的回应，并且，在涉及提供用户的身份信息时，亦应遵守法律所规定的程序，在这方面，英国的相关法律、法规有着非常细致的规定。特别值得注意的是，英国法律非常注重保护用户的身份信息，网络平台不可因他人投诉某一网络用户的言论，而随意将该网络用户的注册身份信息予以披露。即使投诉者向法院提出请求，法院亦应在考虑相关因素并进行权衡后才可做出决定。

网络无国界，网络名誉侵权所导致的损害后果有可能跨国界。然而，在保护名誉权的法律制度方面，不同国家之间存在较大差距，即使是同为英美法系的英国和美国，亦存在明显的法律差异。正是由于这种法律差异，有可能导致受害人选择对其有利的国家或某一国家的特定法院管辖区进行起诉，因此，在网络时代，诉讼管辖规则亦非常重要。依照英国《2013 年名誉权法案》第 9 条的规定，对于在英国、欧盟成员国或《卢加诺公约》缔约国没有住所的人提起的侵害名誉权诉讼，英国法院没有管辖权，除非法院认为在涉诉言论所发表的各个地方中英格兰和威尔士是很明显最适合提起诉讼的地方。

二、网络平台在知识产权领域的民事责任

英国网络平台在知识产权侵权领域的民事责任主要体现为版权法上的侵权责任和商标法上的侵权责任，其中，以版权法上的侵权责任最为突出。

（一）网络平台在版权侵权领域的民事责任

1. 主要法规

关于网络平台在版权侵权领域的民事责任，最主要的成文法规为英国《1988 年版权、设计与专利法》和《2010 年数字经济法》。

（1）英国《1988 年版权、设计与专利法》

该法详细规定了英国版权法的主要法律规则，其不仅规定了版权人享有的各种权利，还规定了侵害版权的行为类型，既包括了各种直接侵权类型，也包括间接侵权类型（Secondary Infringement of Copyrights）。其中，与网络环境下的版权侵权，特别是有可能涉及网络平台的法律责任相关的条款而言，以下条款值得注意：

首先，该法第 16（2）条规定，侵害他人版权既包括侵权人直接实施侵权行为，也包括侵权人“授权”他人实施。英国判例法中有关网络平台在用户直接实施的版权侵权行为中的民事责任的案例，许多都是援引该条款，以网络平台“授权”用户实施侵权行为为由，判处网络平台承担侵权责任。

其次，该法第 20 条明确规定未经版权人许可而向公众传播受版权保护的作品即构成侵权。所谓的向公众传播，既包括对作品的广播，也包括“通过电子传输的方式向公众提供作品，使得公众可以在其选定的时间和地点获得该作品”。“向公众传播”的概念在认定网络环境下版权侵权具有至关重要的作用。

最后，该法第 97A 条规定了对网络（信息社会）服务提供者的禁令：“（1）当服务提供者实际知道他人使用其服务从事侵害版权的行为时，高等法院有权发布针对服务提供者的禁令。（2）在判断服务提供者是否‘实际知道’时，法院应根据具体情形考虑各种因素，其中，应注意：（a）服务提供者是否通过一定的联系方式而收到了通知；（b）通知内容包括：发送通知的人的姓名全称和地址；侵权问题的详情。”由于现实中许多从事版权侵权的网站的服务器都是设在英国国外，对于这些网站经营者，英国往往没有管辖权，但是，英国的用户可以通过互联网访问这些网站，因此，对于知识产权人而言，其维护知识产权的最有效的途径往往是向法院申请对侵权网站进行屏蔽。

（2）《2010 年数字经济法》

针对网络平台上出现的盗版问题，该法规定了逐步升级回应的解决方案，其包括“初始义务”和“限制网络接入义务”两个阶段。

在初始义务阶段，网络服务提供者的义务包括以下三步，具体如下：

第一步：当版权所有者发现有人利用网络接入服务从事侵害其版权的行为时，可以向网络服务提供商提交“侵害版权的报告”。该侵害版权的报告应当包括：版权所有者的权利明显受到侵害的声明；对侵权的具体描述；能够证明实施侵权行为的用户的 IP 地址，以及收集证据的时间。该侵害版权的报告应在证据收集之日起一个月之内向网络服务提供商提交。

网络服务提供商应当在收到侵害版权的报告之日起一个月内查找到并通知被投诉的用户。该通知应当包括：声明该通知是为回应侵害版权的报告而发出的；制作该报告的版权所有者的姓名；对明显侵权的具体描述；能够显示用户 IP 地址的证据及其采集时间；关于用户可以提出申诉的信息；关于版权及其目的的信息；关于如何合法地获得版权作品的信息以及如何获取上述信息的建议或信息；关于用户应采取措施防止他人未经授权而使用其网络服务的信息以及如何获取上述信息的建议或信息。除此以外，通知中还可以包括其他“初始义务准则”所要求的事项，特别是：声明网络服务商可以保存与侵权有关信息；版权所有者可以请求网络服务提供商提供用户的详细信息；版权所有者可以向法院申请获取用户的身份信息以对其提起侵权诉讼。①

第二步：依照通信办公室批准的初始义务行为准则，如果在首次通知的一个月以后且十二个月以内，网络服务提供者又收到了针对同一用户的侵害版权的报告，网络服务提供者应向该用户发出“中间通知”（Intermediate Notification）。该中间通知除应包含初始通知的内容外，还应告知该用户这已是十二个月内的第二次通知，并且警告其如果再次收到侵害版权的报告将被列入版权侵权名单。

第三步：如果在中间通知之后的一个月后且初始通知之后的十二个月内，网络服务提供者收到了针对同一用户的第三次侵害版权的报告，那么，网络服务提供商应通知该用户其已被列入“版权侵权名单”。

一旦某一网络用户被列入版权侵权名单，版权所有者可以要求网络服务提供商向其提供一份匿名的版权侵权名单，但网络服务提供商应保障用户的身份不被识别出来。版权所有者获得版权侵权名单以后，可以向法院请求获取名单上的用户的真实身份信息，并对其提起侵权诉讼。

依照通信办公室制定的网络服务商的初始义务行为准则，在初始义务阶

① 英国《2010 年数字经济法》第 3 条。

段所产生的通知费用将由版权所有者承担，包括向网络服务提供者支付的费用和向通信管理局支付的费用。如果被投诉的用户提出申诉，那么，申诉机构的费用将由用户承担。

依照法案要求，如果国务大臣认为法律所规定的“初始义务”的实施效果不够理想，不足以导致网络盗版的减少，那么，可以发布命令给网络服务提供商施加第二阶段的义务，即“限制网络接入的义务”。该义务要求网络服务提供商要对收到版权侵权报告的次数达到或超过准则规定的最低次数的用户采取一定的技术措施，对其互联网接入进行限制，其具体包括限制连接的速度或能力，阻止用户获得特定的网络服务，以及暂停用户的网络接入等。当网络服务提供商对用户采取限制网络接入的技术措施时，受限制的用户可以提出申诉或向法院提起诉讼。

依照法案第 14 条规定，如果网络服务提供商违反了其负有的初始义务或限制网络接入的义务，会受到不超过 250，000 英镑的罚款。法案第 17 条还授权国务大臣可以制定条例以授权法院发布屏蔽禁令（Blocking Injunction），对于被用于或可能被用于从事侵害版权活动的网址或与之有关的网址实施技术上的封锁。网络服务提供商在收到该屏蔽禁令后应采取封锁措施，防止有人利用其网络服务进入该网址。立法者在做出这一规定时非常谨慎，要求国务大臣只有在其认为版权侵权活动对商业或消费者造成严重不利后果时才可实施，并要求法院在决定是否发布屏蔽禁令时应当慎重考虑相关因素，如证据的充足性、侵权活动的严重性以及言论自由的重要性等。法案第 18 条还要求国务大臣在制定上述条例时应与议会进行协商。对于屏蔽禁令，关于其必要性、有效性以及副作用，在立法时曾产生了严重争议，在该法案通过后争议仍未平息。最终英国议会在《2015 年放松管制法》（第 56 条）中明确废止了《2010 年数字经济法》第 17、18 条关于屏蔽禁令的规定。

2. 行业自治规范

2014 年 7 月英国政府发布了“英国原创内容”（Creative Content UK）计划。该计划系由英国电影、音像产业界和网络服务商共同倡导的，在《2010 年数字经济法》所规定的通知制度框架的基础之上开展版权教育活动，其主要内容是，如果发现某一网络用户利用互联网服务，特别是 P2P 工具，在网络上传输盗版内容，网络服务提供商将对其发出警告通知，并对其展开教育，告知其尊重版权的意义，指导其如何获取和利用受版权保护的合法作品。

3. 典型判例

(1) 20世纪福克斯电影公司等诉Newzbin有限公司案①

案情简介:

本案原告系20世纪福克斯、环球影城、华纳、派拉蒙、迪士尼等电影公司，他们指控被告侵害了其版权。本案被告是Newzbin网站的经营者，Newzbin网站系为Usenet网络提供服务的。Usenet网络成立于20世纪80年代，最初为电子形式的公告版，供用户进行交流，后来随着技术的发展，其不仅支持文本内容，也支持音频、视频等非文本内容。Usenet的用户可以在该网站上自由地上传或下载内容，这些文件被置入“新闻组”，存储在Usenet的服务器里面。这些文件中有相当一部分都是对受版权保护的视频文件的盗版作品。Usenet的作用在于为Usenet上的内容编制索引，进行分类，从而为用户提供搜索服务。Usenet上有海量的文件，并且一部影视作品会分割成多个文件，如果没有Usenet提供的检索和搜索服务，那么，用户将很难查找并下载影视作品。Newzbin仅向会员提供服务，高级会员需要每周支付0.3英镑，可以使用Newzbin下载文件；普通会员是免费的，但只能获取样本文件。截至2009年年底，Newzbin已拥有700,000会员，收入超过一百万英镑。

裁判要旨:

原告向被告提出了三项指控，英国高等法院对此进行了逐一分析和判定。

第一，原告指控被告“授权”(Authorize)其会员从事侵害版权的行为。对此，英国高等法院援引英国上议院在C. B. S. Songs Ltd and ors v. Amstrad Consumer Electronics Plc ([1988] 1 A. C. 1013)中的判决意见认为，版权法上的“授权”是指授予或声称授予他人从事某项行为的权利，而单纯的促成、帮助或鼓励并不构成“授权”。在判断是否构成“授权”时应考虑以下因素：授权人与主要侵权行为人之间的关系；授权人给主要侵权行为人提供的设备或物品是否构成侵权工具；该设备或物品是否是专门用来从事侵权活动的；工具提供者对于被提供者是否有控制力，其是否采取了预防侵权的措施。在法院看来，在本案中，确实存在被告的高级会员侵害原告版权的事实。被告与高级会员之间存在有偿合同关系，高级会员通过付费而获得搜索服务，可以从Usenet上搜索并下载影视作品，而绝大多数影视作品都是盗版作品，被告对此是知情的，但其并没有采取任何过滤措施，因此，可以认定被告授权

① Twentieth Century Fox Film Corporation & Anor v. Newzbin Ltd, [2010] EWHC 608 (Ch) (29 March 2010).

其高级会员从事侵害原告版权的行为。

第二，原告指控被告采购并从事与其会员共同谋划侵害原告版权。对此，法院认为，从被告所运营的 Newzbin 的设计架构来看，其意图在于提供给其高级会员一个从事复制、传播和下载盗版影视作品的工具。被告鼓励和唆使其编辑人员对享受版权的影视作品的盗版作品进行编辑和制作索引，并诱导其高级会员从事侵权行为，并且，被告从中获利，因此，法院认定原告的指控成立，这意味着被告应与从事侵权行为的高级会员承担连带侵权责任。但是，在本案中，原告无法识别出从事直接侵权行为的具体人，对此，法院认为，这完全是因为被告的使用的技术和编辑工作故意所致。

第三，原告指控被告将原告享有版权的作品向公众，即被告的会员，进行传播（Communication）。对于“传播”的含义，英国《1988 年版权、设计与专利法》有明确的界定，其包括“通过电子传输的方式向公众提供作品，使得公众可以在其选定的时间和地点获得该作品”。在本案中，被告的高级会员可时随时随地从网上下载原告享有版权的影视作品，对此并无疑问，关键在于可否认定这些作品是由被告向其提供的。被告对此抗辩称其所提供的仅仅是搜索服务，如同谷歌一样，其既没有上传，也没有存储盗版作品。被告还宣称其在为 Usenet 上的文件提供检索编辑工作时，并不问其内容如何，因此，亦不知其是否盗版作品。对此，法院认为，被告对这些影视作品的传播所提供的服务绝非仅限于搜索，而是提供了极其复杂的技术服务，参与了文件检索编辑和文件整合，使得其会员可以实现“一键下载”其选定的影视作品，若不是被告提供的服务，被告的高级会员若要查找并下载一部完整的影视作品，将要花费很长的时间和力气，因此，在被告的高级会员们看来，他们是通过被告提供的服务来获取影视作品的，因此，是被告在向他们提供作品。基于此，法院认为，被告向其高级会员提供影视作品，属于向公众传播作品。

除此以外，法院还认为，被告知道其所编辑的影视作品文件夹中的绝大多数作品都是受版权保护的作品，其会员下载此类作品会构成侵权，但被告仍为其提供服务，因此，构成对原告版权的威胁，所以法院会根据具体情形判决赔偿金和发布禁令。对于原告依据英国《1988 年版权、设计与专利法》第 97A 条主张将被告看作网络服务提供者，并以被告明知他人使用其服务从事侵害版权的行为而仍为其提供服务为由，请求法院发布禁令，禁止被告为 Usenet 上文件提供编制索引的服务，法院认为，原告的主张过于宽泛，超出了保护自身权利所必需的限度，因而予以驳回。

(2) 20世纪福克斯电影公司等诉英国电信公司案①

案情简介：

该案系前述Newzbin案的延续，因此，又被称为Newzbin2案。在前述Newzbin案判决后，Newzbin公司依照法院禁令而停止了其业务，然而，随后又有人在英国海外开办了Newzbin2网站，继续提供与Newzbin相同的服务，于是20世纪福克斯电影公司等原告继续维权。由于Newzbin2位于英国海外而超出了英国法院的管辖权，因此，原告将选择英国最大的网络服务接入商英国电信公司（BT）作为被告，以英国《1988年版权、设计与专利法》第97A条作为依据，请求法院向其发布禁令，要求其对Newzbin2采取屏蔽措施，禁止其用户访问该网站。

裁判要旨：

英国高等法院在对该案做出判决时非常谨慎，因为，对于网站进行屏蔽涉及对言论自由的阻碍，所以，阿诺德法官在其判决中详细考察了《1998年人权法案》《欧洲人权公约》《欧盟电子商务指令》《执行电子商务指令的国内法》《欧盟信息社会指令》《执行欧盟信息社会指令的国内法》《欧盟实施知识产权的指令》《执行欧盟实施知识产权指令的国内法》等欧盟和英国的相关法律，最终，法院认为，发布屏蔽从事版权侵权活动的网站的禁令，符合英国的法律，也并不违反欧盟的相关法律。

值得一提的是，在Newzbin2案审理过程中，欧盟法院正在审理比利时法院提交的"Scarlet诉SABAM案"②。但是，阿诺德法官在Newzbin2案的判决意见中，将Newzbin2案与比利时的SABAM案进行了区分，其指出，SABAM案中，原告诉求的是要求网络服务提供商自负成本承担无时间限制的且无特定内容指向的信息过滤义务，而在Newzbin2案中原先的诉讼请求非常明确、具体，并且要求网络服务提供商使用已有的屏蔽技术而非新开发一种过滤技术，因此，不会给网络服务提供商带来过多的负担，因此，应对两案区分对待。

Newzbin2案的判决在英国社会产生了巨大影响。在该案判决后，英国议会在《2010年数字经济法》第17、18条中正式规定了法院可以发布屏蔽禁

---

① Twentieth Century Fox Film Corp &Ors v. British Telecommunications Plc [2011] EWHC 1981 (Ch) (28 July 2011).

② Scarlet Extended SA v. SABAM, Case C-70/10.

令，然而，该规定在《2015 年放松管制法》（第 56 条）中被废止了。在 Newzbin2 案的判决做出后，英国的音像行业提起了一系列诉讼，要求屏蔽海外盗版网站，如 Dramatico 娱乐公司等诉英国天空广播公司等案、EMI 录音公司等诉英国天空广播公司等案、足球协会超级联赛公司诉英国天空广播公司等案、派拉蒙家庭娱乐公司等诉英国广播公司等案。

（3）Dramatico 娱乐公司等诉英国天空广播公司等案①

案情简介：

海盗湾（TPB），系一家从事文件分享的 P2P 网站，其上面存在大量的盗版文件，但其服务器设在英国境外。本案原告系音像行业的公司代表，其对被告等英国六大网络接入服务提供商提起诉讼，这些被告占据英国 94% 的市场份额，原告要求被告采取屏蔽等技术措施限制其用户访问海盗湾网站。

裁判要旨：

在该案件中，英国高等法院分两次做出判决。第一份判决认定，无论是海盗湾网站还是其用户均构成侵权。首先，海盗湾的行为构成了对原告享有版权的作品的“向公众传播”，其次，海盗湾网站授权其用户对他人享有版权的作品进行复制和传播，构成侵权，另外，海盗湾网站诱导、鼓励其用户从事侵害他人版权的行为，从而与其用户构成共同侵权。

在第二份判决中，法院同意原告的请求，依据《1988 年版权、设计与专利法》第 97A 条发布了要求被告采取屏蔽措施的禁令。

（4）EMI 录音公司等诉英国天空广播公司等案②

案情简介：

本案原告为英国音像录制业的代表企业，被告为英国六大网络接入服务提供商。原告请求法院发布禁令，要求被告对 KAT 等在英国国外经营的 BT 网站进行屏蔽，限制英国网络用户访问这些网站。本案中的 KAT 等网站是一些为 BT 下载提供索引和链接服务的公司，其上面存在大量的盗版内容。

裁判要旨：

英国高等法院依据 Newzbin2 案判决意见，支持了本案原告的诉讼请求。

---

① Dramatico Entertainment Ltd &Ors v. British Sky Broadcasting Ltd &Ors [2012] EWHC 268 (Ch) (20 February 2012); Dramatico Entertainment Ltd &Ors v. British Sky Broadcasting Ltd &Ors [2012] EWHC 1152 (Ch) (02 May 2012).

② EMI Records Ltd &Ors v. British Sky Broadcasting Ltd &Ors [2013] EWHC 379 (Ch) (28 February 2013).

（5）足球协会超级联赛公司诉英国天空广播公司等案①

案情简介：

在该案中，原告拥有英国足球协会超级联赛的转播权和相关知识产权，“FirstRow”是一家体育节目直播视频聚合网站，其内容来自若干“用户制作内容”（UGC）的网站，FirstRow 为其提供检索和聚合服务。FirstRow 的网站经营者不明，且其使用了多个虚假域名，并设在英国境外，但英国的网络用户可以访问。被告系英国六大网络接入服务提供商。原告向法院提起诉讼，要求被告对 FirstRow 采取屏蔽技术措施，限制其用户访问该网站。

裁判要旨：

英国高等法院沿用了 Newzbin2 案以来的先前判例的一致意见，支持了原告的诉讼请求。

（6）派拉蒙家庭娱乐公司等诉英国广播公司等案②

在该案中，原告请求法院颁布禁令，要求被告采取技术措施，屏蔽两家主流媒体网站。这两家主流媒体网站的性质与 FirstRow 非常类似，其本身不制作或驻存视频内容，而是对其他网站上的视频提供索引，为用户提供搜索和链接服务，其中，绝大多数的视频都是盗版的。英国高等法院沿用了先前判例的一致意见，支持了原告的诉讼请求。

（7）1967 有限公司等诉英国天空广播公司等案③

在该案中，原告系英国音像录制行业的公司代表，其要求被告采取技术措施屏蔽 12 家 P2P 网站，英国高等法院沿用了先前判例的一致意见，支持了原告的诉讼请求。

（8）20 世纪福克斯电影公司等诉英国天空公司等案④

在该案中，原告是以 20 世纪福克斯电影公司为代表的美国影视公司行业，其向法院申请禁令，要求被告对九家 P2P 网站进行屏蔽。该案同先前案件的不同之处在于，本案中的 P2P 网站使用的是一种被称为“爆米花时间”（Popcorn Time）的新的应用程序。爆米花时间是一种开源软件，网络用户可

① The Football Association Premier League Ltd v. British Sky Broadcasting Ltd &Ors [2013] EWHC 2058 (Ch) (16 July 2013).

② Paramount Home Entertainment International Ltd &Ors v. British Sky Broadcasting Ltd &Ors [2013] EWHC 3479 (Ch).

③ 1967 Ltd &Ors v. British Sky Broadcasting Ltd &Ors [2014] EWHC 3444 (Ch) (23 October 2014).

④ Twentieth Century Fox Film Corporation &Ors v. Sky UK Ltd &Ors [2015] EWHC 1082 (Ch) (28 April 2015).

以自行免费下载，用其搜索和下载影视作品，其与传统 BT 技术相比的优势在于，使用传统 BT 技术需要将影视文件完整下载后才可播放，而使用爆米花时间应用程序，则可以实现部分下载便可播放观看的效果。英国高等法院在判决中认定爆米花时间应用程序是一种版权侵权工具，不具备任何合法用途，使用该技术的 P2P 网站构成侵权，从而支持了原告的诉讼请求。

4. 小结

对于网络平台上的侵权内容，英国法律并没有采取简单地“通知—删除”规则，而是采取了逐步升级回应的处置方案，在被通知人拒绝删除且多次涉嫌侵权的情况下，由版权权利人向法院直接对侵权人提起诉讼的方式来解决纠纷。虽然英国的法律规定了对版权侵权人的网络接入限制措施，但是，在实施中非常慎重。

在实践中，令版权人比较头痛的在于许多侵权网站的服务器都是设在英国国外，因此，版权人通常倾向于要求网络接入服务提供商对侵权网站采取屏蔽措施，但是，通常只有在法院发布禁令的情况下，网络接入服务提供商才会采取屏蔽措施。

（二）网络平台在商标侵权领域的民事责任

在商标侵权领域，英国最主要的法律是《商标法》，在实践中，在网络领域出现的商标侵权现象主要是在一些购物网站存在假冒商标的商品流通，而这些网站大多都是设立在英国境外，因而给商标权人维权带来很大难度，于是，许多商标权人都选择了向法院申请屏蔽侵权网站的维权方式。

1. 欧莱雅诉 eBay 案①

案情简介：

本案原告欧莱雅（L'Oréal）公司系世界知名的香水、化妆品和护发用品的制造商。被告 eBay 公司系网上销售平台，eBay 欧洲公司负责管理其欧洲的业务和网站。欧莱雅公司指控有 eBay 的用户，即本案的第四至第十被告在 eBay 上销售含有假冒原告商标的商品，侵犯了其商标权。同时，欧莱雅公司对 eBay 提出指控：首先，其要求 eBay 公司作为辅助侵权人，应对其用户的实施的商标侵权行为承担连带的侵权责任；其次，因使用谷歌等第三方搜索引擎搜索原告商标时会在相关链接中出现原告商标和被告网址及相关信息，这

① LOreal SA & Ors v. EBay International AG & Ors [2009] EWHC 1094 (Ch) (22 May 2009).

说明 eBay 公司购买了相关关键词以进行促销，因此，eBay 公司应当作为主要侵权行为人对相关链接中的标识问题承担主要侵权责任。

为反对假冒商品，eBay 公司也采取了许多措施，如通过用户协议以及 VeRO 项目等。法官也承认，抗击假货——特别是假冒化妆品越来越困难，即使对于专家而言也很难通过目视来辨别真伪，只能借助化学分析才可识别。但是，欧莱雅公司认为 eBay 公司的 VeRO 项目有许多缺陷，尚不足以制止侵权，如商标权人只等卖方将假冒商品在网上挂出时才可提出投诉，而等到投诉处理时可能假冒商品已经卖出，另外，某些假冒商品因被投诉而被移出后，过一段时间，卖方还会再次在网上挂出。欧莱雅公司称 eBay 公司原本可以在抗击假冒商品方面做得更好。

裁判要旨：

法官认为，从技术的角度，eBay 公司的确可以采取更多的预防措施，如加强对待销售商品的事先过滤或筛查等，但技术上可行并不等于 eBay 公司在法律上有义务如此去做。

原告的第一项指控涉及辅助侵权。本案不仅涉及英国的商标法，还涉及对欧盟的《商标指令》（89/104/EEC）的解释与适用。但是，关于辅助侵权，欧盟的《商标指令》并未有明确规定。从英国国内法来看，普通法上一直承认辅助侵权。欧莱雅公司指控 eBay 公司与其用户共同谋划（Common Design）了商标侵权，因此，应对此承担连带侵权责任。欧莱雅公司提出的理由包括：eBay 公司对于假冒商品提供了促销行为，帮助其在网站上销售；eBay 公司对于网上销售的商品有一定的控制能力，可以对此进行过滤；eBay 公司基于用户协议对卖家有一定的控制权；eBay 公司对于整个网上销售过程有一定的控制能力；eBay 公司在众网络销售中赚取了利润。对此，eBay 公司反驳称，eBay 公司在法律上没有义务阻止第三方从事实施侵犯原告商标权的行为，网站坚持中立立场而不管第三方销售是侵权商品还是非侵权商品，并不存在鼓励或帮助他人实施侵权行为，另外，最多能够证明 eBay 公司知道在其网站上销售的商品中可能含有侵权商品，但这尚不能使得其承担连带侵权责任。对此，法官认可 eBay 公司的主张，其认为，依照英国国内普通法，eBay 公司没有法律上的义务阻止第三方实施商标侵权行为。

关于 eBay 公司是否应因链接标识的问题而承担侵权责任，法官认为这涉及对欧盟的《商标指令》的解释，需要欧盟法院做出裁决。关于 eBay 公司是否可以依据欧盟的《电子商务指令》而主张抗辩，这涉及对相关条款的解释，如 eBay 公司是否属于《电子商务指令》中的“主机托管机构”（Host）而享有相关抗辩，法国和比利时等国的判决曾有不同主张，因此，有待欧盟法院对此做出裁决。

基于上述原因，英国高等法院将该案提交欧盟法院就相关法律问题做出裁决。

欧盟法院在 2011 年的判决中对于英国法院提交的相关问题做出了裁决，其认为：如果网络销售平台在其用户实施的直接侵权行为（销售假冒商品行为）中发挥了“积极的作用”，或者，如果该网络服务提供商应当知道其用户利用其服务实施了非法销售行为，那么，它就不能依据《电子商务指令》主张抗辩或责任豁免。另外，根据欧盟法院对欧盟的《实施知识产权指令》第 11 条的解释，知识产权人不仅有权请求法院颁发命令，要求网络销售平台的经营者采取措施制止其用户的侵权行为，而且，还有权利要求网络销售平台的经营者采取措施预防此类侵权行为再次发生。①

在收到欧盟法院的裁决后，英国的该案件最终以和解的方式结案。

2. 卡地亚公司等诉英国广播公司等案（第一起）②

该案例系英国乃至欧盟范围内第一起法院发布命令要求网络服务提供商屏蔽从事商标侵权的网站的案例。

案情简介：

在该案中，原告是以卡地亚（Cartier）公司为代表的一些著名商标的所有者，被告是英国的五大网络服务提供商。原告请求法院发布命令，要求被告采取技术措施屏蔽或限制其用户访问一些目标网站，原告声称这些网站在销售假冒原告商标的产品，从而侵犯了原告的商标权。

裁判要旨：

由于在英国《商标法》中并不存在像《1988 年版权、设计与专利法》第 97A 条那样准许法院对网络服务提供商颁布禁令的条款，因此，英国高等法院的阿诺德法官在其判决中详细说明了其做出判决的理由。

首先，阿诺德法官介绍了英国网络服务提供商为了屏蔽儿童受性虐待照片等目的而采用的网络屏蔽技术，包括 DNS 域名屏蔽技术、IP 地址屏蔽技

① European Court of Justice, L’Oréal SA and Others v. eBay International AG and Others, C-324/09, July 12, 2011.

② Cartier International AG &Ors v. British Sky Broadcasting Ltd &Ors [2014] EWHC 3354 (Ch) (17 October 2014).

术、以 DPI 为基础的 URL 屏蔽以及两段式屏蔽等，并指出这些屏蔽技术都可以在一定程度上被规避，但其主要用意是表明这些屏蔽技术已经存在而无须网络服务提供商花费大量成本去开发。

其次，阿诺德法官提出，欧盟《实施知识产权的指令》（2004/48/EC of 29）第 11 条以及英国为贯彻该欧盟指令而制定的《2006 年知识产权条例》可以作为法院颁布禁令的依据。欧盟《实施知识产权的指令》第 11 条规定："成员国应当确保：当司法判决认定侵犯知识产权的行为成立时，司法机构可以对侵权人发布旨在禁止侵权持续的禁令。成员国可以通过国内法规定，对于不遵守禁令的行为可以处于罚金，以确保禁令得以遵守。成员国还应确保：当第三人使用网络中间商的服务从事侵犯知识产权的行为时，在不违反欧盟指令2001/29 第 8（3）条的条件下，权利人有权利申请针对网络中介机构的禁令。"上述规定是法院做出判决的最主要的依据。

阿诺德法官进一步指出，法院在发布针对网络中介机构的禁令时应当满足以下四个条件：第一，法院命令所针对的网络服务商应当是一个中介机构（Intermediary）；第二，屏蔽命令所指向的网站上出现了商标侵权现象；第三，目标网站的经营者利用了该网络中介机构提供的网络服务从事商标侵权；第四，该网络中介机构必须事实上知道商标侵权的事实。

法官对于禁令的颁发非常谨慎，除了上述条件外，还进一步指出的适用禁令应当遵守的几项原则：必要性原则；有效性原则；劝诫原则；不会导致不必要的复杂或成本；避免对合法商贸带来障碍；公平、公正和利益平衡；比例原则；防止滥用原则。

基于上述原则，法官详细分析了本案的情况，充分考虑了其他可能的解决方案，如针对网站经营者提起诉讼、通知网站托管者移除、冻结支付、没收域名、禁令检索、海关没收等，但是，在法官看来，在侵权网站是在英国国外运营的情况下，上述方案都无法发挥有效作用，最终法官同意了原告的请求，发布了屏蔽禁令。

为了防止禁令被滥用，法官为禁令施加了一引起条件：第一，在情况发生重大变化时，允许网络服务提供商向法院申请变更或取消法院命令；第二，允许被屏蔽网站的经营者向法院申请取消或变更法院命令；第三，为法院命令设置必要的期限，以避免无期限地实施，法官建议的期限为两年。

3. **卡地亚公司等诉英国广播公司等案（第二起）**①

在“卡地亚”案的第一个判决做出后发现，有其他网站与屏蔽对象网站使用同一个 IP 地址，在采取封堵 IP 地址的屏蔽方法时，其他网站亦会受影响，对此是否需要调整法院的禁令是本案争议的焦点。禁令申请方认为，使用同一 IP 地址的其他网站都是一些进行非法活动的网站，不值得保护，因此，采取 IP 地址封堵的措施并无法不当之处，而网络服务提供商则认为，所谓“非法活动”的概念太宽泛，不应使其受屏蔽影响。法院经审理后认为，原禁令措施并无不当，有证据表明共享同一 IP 地址的其他网站都是从事儿童色情的网站，其违法性是显而易见的，其被禁止并无不当。

4. **卡地亚公司等诉英国广播公司等案（第三起）**②

该案系卡地亚系列案件的第二起，与前两起不同，该案的主审法官为 Hacon 法官。在该案件中，原告继续申请追加一些网站作为屏蔽对象，原告声称在这些网站上有许多假冒原告商标的商品流通，从而侵犯了原告的商标权。法官援用 2014 年卡地亚案的判决意见，同意了原告的申请。在本案中，被告提出作为屏蔽目标的网站上也有一些合法的商品在流通，如果实施法院命令，该部分商品流通将会受到影响，对此，法官的意见是，原告方已尽到最大努力对网站经营者进行警告，若其仍然置若罔闻，则应承担被屏蔽的风险。对于有一些合法网站与屏蔽目标网站共享同一 IP 地址，该案法官对此进行了关注，并对禁令做出了调整，要求网络服务提供商采取屏蔽域名系统（DNS）的方式来解决这一问题，以避免合法网站受影响。

三、网络平台在个人数据保护方面的民事责任

网络平台在运营过程中，不可避免地会涉及对用户的个人数据的收集与处理，因此，明确网络平台在处理个人数据方面的法律责任非常重要。在个人数据保护领域，英国最重要的法律为《1998 年数据保护法》。

（一）个人数据保护领域的损害赔偿范围的界定

英国《1998 年数据保护法》第 13 条第 1 款明确规定个人因数据管理者的

① Cartier International AG &Ors v. British Sky Broadcasting Ltd &Ors [2014] EWHC 3765 (Ch) (13 November 2014).

② Cartier International AG &Ors v. British Sky Broadcasting Ltd &Ors [2016] EWHC 339 (Ch) (23 February 2014).

违法行为而遭受损害可以要求损害赔偿，其第 2 款对于精神损害赔偿做出了限制规定。在司法实践中，对于违反《数据保护法》而产生的损害赔偿的具体范围和条件，可通过以下司法判例来进行理解。

谷歌诉 Vidal – Hall 等案①

案情简介：

原告是三名苹果电脑的用户，他们使用 Safari 浏览器上网，该浏览器的默认设置为未经用户同意不允许第三人使用 Cookie。原告指控被告谷歌公司在其不知情且未征得其同意的情况下，使用 Cookies 收集其上网浏览信息，并将其与广告商分享，从而便于后者投放精确广告。原告声称被告的行为构成对其私密信息的滥用（Misuse of Private Information），违反了保密义务，损害了其人格尊严，给其带来了精神上的痛苦，其依据《1998 年数据保护法》第 13 条要求被告对其承担精神损害赔偿责任。

裁判要旨：

该案主要涉及两项法律问题：一是对私密信息的滥用是否会构成民事侵权，特别是服务提供商位于英国管辖权之外的背景下；二是如何理解英国《1998 年数据保护法》第 13 条中的"损害"的含义，特别是其是否包括非金钱损害。

关于第一个问题，法官经审理后认为，在当前背景下，应当认为，对私密信息的滥用构成民事侵权，受害人可以此作为诉因而提起民事诉讼。

关于第二个问题，英国《1998 年数据保护法》第 13 条规定："（1）因数据管理者违反本法的要求而遭受损害的个人有权要求数据管理者对其进行损害赔偿。（2）因数据管理者违反本法的要求而遭受痛苦的个人，在满足以下条件的情况下，有权要求数据管理者对其痛苦进行赔偿：（a）该个人也因数据管理者的违法行为而遭受了损害；（b）数据管理者的违法行为与基于特殊目的而处理个人数据有关。"所谓的"特殊目的"，根据《数据管理法》第 3 条规定，其包括：新闻的目的、艺术目的和文学目的。而在本案当中，从文字表面来看，原告既不符合第 13 条第（2）款（a）项的条件，也不符合 13 条第（2）款（b）项的条件，因为其既没有主张金钱损害，也与"特殊目的"无关。在本案中，原告并不是在要求金钱损害赔偿的同时也要求对其附带的精神痛苦进行赔偿，而是单纯地要求对其精神痛苦进行赔偿。很明显，

---

① Google Inc v. Vidal – Hall & Ors [2015] EWCA Civ 311 (27 March 2015).

英国的立法机构有意识地通过《数据保护法》第13条第（2）款对精神损害赔偿进行限制，这种规定与欧盟《个人数据保护指令》第23条的含义解释并不相符，并且，严格贯彻《数据保护法》第13条第（2）款也与《欧盟基本权利宪章》第47条规定的每个人有权获得公正审判的规定不符。基于上述考虑，法官认为，应当放弃适用《数据保护法》第13条第（2）款，而改为适用第13条第（1）款，可对其中的“损害”进行扩张解释，使其包含单纯的精神损害。

另外，本案还提出了一个问题，即被告使用Cookie所收集的浏览器所产生的信息是否属于《数据保护法》意义上的“个人数据”，原被告双方对此展开了激励的辩论，上诉法院的法官亦难以做出裁判，因而决定留有事实审来做出决定。

（二）网络平台的删除、屏蔽责任

2014年欧盟法院在“谷歌西班牙公司案”中确立了数据主体的“被遗忘权”，并对谷歌之类的网络平台施加以删除或屏蔽义务，该判决做出后，对英国的类似案件审理产生了重要影响。

莫斯利诉谷歌案①

案情简介：

原告莫斯利曾在2008年的一个私人聚会活动中被一家新闻媒体唆使的一名妓女用隐蔽摄像机偷拍，后来其照片被该媒体在报纸上公开，其录像在该媒体的网站上被公开。原告通过法院诉讼，由法院判决认定该新闻媒体侵犯了其隐私权，并要求该新闻媒体损害赔偿和永久禁止公开原告的照片或录像。令原告没有想到的是，还有人持有原告的照片并继续在网上公开，而且可以通过被告谷歌公司的搜索引擎搜索到。于是，原告于2014年7月向法院提起诉讼，要求被告谷歌公司对其进行赔偿，并要求法院发布命令要求被告删除或屏蔽有关原告的照片或视频等个人信息。

裁判要旨：

原告诉讼请求的法律依据涉及英国《1998年数据保护法》第10、13条和第14条。该法第10条主要是规定当数据管理者的数据处理行为有可能导致个人遭受不合理的损害或精神痛苦时，其有权以书面的方式通过数据管理者，

① Mosley v. Google Inc& Anor [2015] EWHC 59 (QB) (15 January 2015).

要求其停止或不得开始对其个人数据进行处理；如果数据管理者拒绝停止，那么，该个人可以请求法院发布命令，要求数据管理者采取措施遵守通知中的要求。该法第13条主要是规定当数据管理者违反了数据保护法时，遭受损害的个人有权要求数据管理者对此进行损害赔偿。该法第14条主要是规定，当数据管理者违反了数据保护法致使他人遭受了损害的情况下，并且该数据管理者很有可能还会再次做出违法行为，法院可基于数据权利人的要求，命令数据管理者更正、屏蔽、删除或销毁相关数据。

原告的律师曾依据《数据保护法》第10条的规定向被告谷歌公司发出书面通知，要求被告删除有关原告的个人信息，但是，被告回复称其并非原告个人信息的管理者。欧盟法院曾在“谷歌西班牙公司”案中明确认定谷歌公司之类的搜索引擎公司为数据管理者，因此，被告谷歌公司的抗辩不再成立。

在本案中，被告谷歌公司又提出，如果法院发布命令要求其删除原告的个人信息将会违反欧盟的《电子商务指令》第13条和第15条，但是，该观点并未得到法院的支持。在法院看来，对于儿童受性虐待照片，谷歌公司现已开发出屏蔽的技术，因此，要求谷歌公司对于原告的照片采取屏蔽技术，并不会给谷歌公司带来不合比例的负担或成本。

（三）小结

在商业模式的驱动下，网络平台收集、存储了大量的个人数据，同时也增加了网络平台的法律责任风险。英国现行的《1998年数据保护法》在很大程度上是贯彻欧盟1995年的《个人数据保护指令》（95/46/EC）的产物。虽然欧盟于2016年通过了《一般数据条例》，但是，英国已宣布脱欧，目前，英国正在对《1998年数据保护法》进行修订，其最终走向仍尚待观察。

在个人数据保护领域，网络平台民事责任的最终落实，尚存在许多争议，如如何界定损害赔偿的范围，特别是精神损害赔偿的认定，虽已有判例涉及，但仍有待进一步的解释和澄清。在欧洲法院和欧盟的《一般数据条例》已承认“被遗忘权”的情况下，英国法院亦承认这一制度，并对网络平台施以采取删除、屏蔽等技术措施的义务。

第三节　网络监管与网络平台的行政责任

一、英国的网络监管体制

（一）通信与网络服务监管

英国政府依据《通信法案》成立了通信管理局（Ofcom）。通信管理局负责对英国的电信业务进行监管，其主要义务是维护公民在通信领域的利益，以及通过适当地促进竞争的方式来维护消费者的利益。① 另外，通信管理局依据《2010 年数字经济法》的授权，为网络服务提供商制定了应对网上版权侵权行为的“初始义务行为准则”。该行为准则主要是程序性的行为准则，并不涉及对网络内容的管制。

（二）网络内容监管

在英国，对于网络平台上传播的内容的管制主要是通过行业自律监管，其中，最主要的一个机构为“互联网守望基金”（Internet Watch Foundation，简称 IWF）。互联网守望基金是英国的一家注册的慈善基金，其具有独立的法人资格，其资金主要来自网络服务提供商、移动电话运营商、网络存储服务商、过滤公司、搜索引擎、硬件设备制造商、网络信息内容提供商、通信软件公司、支付清算协会，以及欧盟等。

互联网守望基金的产生是英国网络服务行业应对互联网内容监管的产物。早在 1996 年，英国城市警察署向英国的网络服务提供商协会（ISPA）发出警告，告知其有一些网络新闻小组在互联网上传播一些涉及儿童受性虐待的照片，认为其违反了《1978 年儿童保护法案》，要求各网络服务提供商对此采

---

① 英国《2003 年通信法案》第 3 条。

取措施清除非法内容。① 英国政府宣称，如果网络服务提供商们不能通过自律监管屏蔽掉违法信息，那么，政府将对此采取直接监管措施。在政府的压力下，英国的网络服务提供商行业成立了“安全网络基金”（Safety Network Foundation），该基金后来更名为“互联网守望基金”。

安全网络基金成立之后，在英国贸易与工业部的协调下，其与英国国内的各主要网络服务提供商、城市警察署、内政府部经共同协商，最终达成了《R3 安全网络协议》。所谓 R3 是指保障网络内容安全的三重机制，即分级（Rating）、报告（Reporting）和责任（Responsibility）机制。随后，英国的网络服务提供商协会和伦敦网络协会（LINX）都签署了该项协议。“互联网守望基金”以《R3 安全网络协议》为基础，为网络服务提供商拟定了《执业行为准则》，要求网络服务提供商承担起对内容合法的责任。

互联网守望基金会对网络内容的自律监管措施主要体现在以下方面：一是建立举报热线。公众可以通过电话、电子邮件向基金会匿名举报非法的网络内容，主要是包括发生在世界各地的儿童受性虐待的照片、视频等，在英国存储的构成犯罪的淫秽内容，在英国存储的煽动种族或宗教仇恨的内容，以及极端色情内容。基金会在收到举报后将交由专家进行评估，一旦确认为非法内容，将采取技术措施对其进行追踪定位，确定存储该非法内容的服务器的地理位置，然后再采取相关措施。如果该服务器位于英国国内，基金会将立即通知网络服务提供商将该非法内容予以移除（Takedown），并告知警察局等执法机构进行处理，通常在几个小时内非法内容就会被删除。如果存储非法内容的服务器设在英国境外，那么，基金会可以通知英国的网络服务提供商对此采取屏蔽措施。二是建立黑名单制度。基金会通过公众举报和自身主动查找，识别并追踪非法内容，确定其网络地址（URL），将其纳入到黑名单中，然后再将黑名单内容通知给英国各网络服务提供商、移动电话运营商、搜索服务商和过滤公司，由其自主采取屏蔽措施，并通报给警察局等执法机构。三是基金会与网络服务提供商合作，对于不违法、但可能引起用户反感的内容，进行分级和标注，以便用户在上网浏览时会受到提示，并由用户自主决定是否继续进行浏览。

互联网守望基金的监管是非常有效的，它使得英国本地存储的儿童受性虐待照片、视频内容降到了 1% 以下。互联网守望基金是一家独立的民间机

---

① 参见互联网守望基金官方网站对其历史的介绍，网址：https：//www. iwf. org. uk/what - we - do/why - we - exist/our - history。

构，其监管权的有效行使一方面来自互联网行业的认可与积极合作，另一方面也来自其与英国政府部门的合作。英国的贸易工业部、内政部等政府机构对互联网守望基金予以了大力支持，从而增强了其权威性。虽然互联网守望基金只是一个民间机构，不是政府机构，其通知或命令并不具有法律上的强制执行效力，但是，英国的各网络服务提供商都会遵照执行，因为基金会的背后有着强大的政府支持。如果网络服务提供商不对非法内容采取措施，将会受到政府执法机构的直接监管。

在互联网守望基金成立后的相当长的时间内，英国普通民众对此并不熟知，真正引起人们注意和引发争议是在2008年的“维基事件”之后。1976年德国乐队Scorpions发布名为“Virgin Killer”的专辑，该专辑的封面为一张裸体女童照，该专辑已行销三十余年，但在2008年被人举报至互联网守望基金会。基金会决定对“维基百科”上有关对该专辑的介绍以及相关图片实施屏蔽，由于技术的原因，其结果导致英国用户无法访问整个维基百科的网站。用户们起初不知无法访问的原因，在经过调查后才知道是互联网守望基金会的原因。至此，互联网守望基金会浮出水面，被公众所知晓。尽管后来，经过维基网站的申诉，基金会将其从屏蔽名单中撤销，但是，关于互联网守望基的监管做法在英国国内产生了许多争议。

首先，由于绝大多数存储儿童受虐待等非法内容的服务器都设在英国国外，因此，屏蔽存储非法内容的网址成为最主要的监管手段，然而，其在一定程度上限制了公众获取信息的自由和表达自由。对此，尽管英国的电信企业和网络服务商不断优化其技术，从最初的屏蔽整个网站发展到仅屏蔽含有非法内容的网页，但是，相关争议仍未消失，特别是，基金会将P2P文件分享亦纳入到其监管范围后。其次，互联网守望基金会仅是一个民间机构，却可以下达屏蔽网址的命令，其权力的合法性受到质疑。最后，互联网守望基金会的监管规则和做法缺乏足够的透明度。在许多时候，当一名用户在试图浏览一个网页时会得到“404 - page not found”之类的回复，用户无从判断是因为网络通信原因而无法打开该网页，还是因为该网页存在非法内容而被基金会列入屏蔽名单。

在网络内容监管方面，除了互联网守望基金外，英国的内政部等政府部门亦在发挥监管作用，特别是在涉及煽动种族仇恨和反恐怖主义信息方面。

（三）个人数据监管

依照《英国数据保护法》规定，英国政府为保护个人数据而设置了专门的机构，即信息专员办公室（ICO），信息专员可基于法律授权，对政府和企业收集、使用和存储个人信息的行为进行监管，并对违反数据保护法的行为采取相应执法措施。

信息专员办公室可以对包括网络平台在内的数据处理机构发出“信息通知”（Information Notice），要求其提交有关数据处理的信息，以判断其行为是否与法律的要求相一致；信息专员办公室还可发布“执行通知”（Enforcement Notice），要求违规的数据处理机构停止从事违法行为并按执行通知中的要求进行整改，对于执行通知中的内容，数据处理机构必须依照执行，否则，会受到行政处罚，甚至刑事责任。

2017 年，英国议会拟对《数据保护法》进行修订，由于英国已启动脱欧程序，其对英国的个人数据保护制度会带来多大的影响，尚未可知。目前，民众关注的是，“被遗忘权”有可能被写入新修订的《数据保护法》，赋予网络用户可以要求网络服务提供商删除与自己有关的在线记录的权利。同时，立法还强化了信息专员办公室的处罚权，根据修订草案，信息专员办公室可以对网络服务提供商处以 1700 万英镑或 4% 的全球收入的罚款。

二、关于对色情和淫秽内容的监管

在英国法上，色情内容被区分为四类：挑拨性（Erotic）内容、色情（Pornographic）内容、淫秽（Obscene）内容和极端内容。极端内容主要是指儿童受性虐待的图片、视频以及暴力或极端淫秽内容。[①] 对于含有挑拨性内容的制品，可以在英国合法自由地流通，所受管制较少。对于含有色情内容的制品，其出售和流通则受到严格的管制，只能在获得政府执照的经营场所出售，并且，通常只能向成年人出售。对于含有淫秽内容的制品，则是非法的，被法律禁止制作、出售、出版或进口。对于含有极端内容的制品，则不仅被禁止制作、出售、出版或进口中，还被禁止持有。[②] 关于区分合法色情与非法淫秽的标准，在《1959 年淫秽出版物法案》颁布之前，在英国主要是依赖于英国普通法，即法院判例。此后，英国逐步引入社区判断标准，即以社区民众的价值观念为判断标准，确定某一信息是否属于淫秽内容。另外，根据 1984 年《视频记录法》的要求，视频在发布之前必须经英国电影分级委员会

① 对于极端淫秽内容，在英国《2008 年刑事司法和移民法案》第 63 条中有界定。

② Andrew Murray, Information Technology Law, Oxford University Press 2013, p. 352.

（British Board of Film Classification，BBFC）审查。

随着数字化时代和网络时代的到来，英国原有的对色情内容的监管体制受到了挑战。其中一个重要原因在于，几乎绝大多数色情网站的服务器都设在英国境外，英国政府无法对其进行监管而英国民众却可以通过互联网进行访问。在物理世界中，英国政府可以依据《海关法案》将淫秽物品阻挡在国门之外，而在网络世界中却难以做到。因此，在网络世界对于淫秽物品的监管必须进行国际合作，然而，其中的难题在于世界各国对淫秽物品的界定标准不一。例如，美国依据联邦宪法第一修正案对于言论自由予以充分保护，而对于色情内容持宽松态度。虽然英国和美国都属于英美国家，但对于淫秽内容的界定标准却存在明显差异。

尽管对“淫秽”的标准存在国际差异，但是，对于儿童受性虐待内容的禁止是得到世界各国一致认可的。被英国法律所禁止的对象不仅包括儿童受性虐待的照片和视频，还包括由计算机合成的以儿童受性虐待为主题的虚假的或虚拟的照片。在对儿童受性虐待信息进行监管方面，英国的“互联网守望基金”发挥了最为重要的作用，其坚持使用“儿童受性虐待”（Child Sexual Abuse）的用语，而拒绝使用“儿童色情”（Child Pornography）之类的用语，因为，在其看来，儿童不可能也没有能力对性行为表示同意，其更深层次的意义是，“色情”有可能是合法的而“儿童受性虐待”则绝对是非法的，“儿童色情”的表述会给人造成合法的感觉。[①] 从这一点也可以看出，互联网守望基金对儿童受性虐待内容的严厉打击的态度。在基金会看来，从儿童受性虐待的照片或视频本身就可以看出，儿童是受害者，因此，禁止儿童受性虐待照片或视频的传播对于保护儿童具有至关重要的意义。

英国的互联网守望基金致力于在全世界范围内打击儿童受性虐待的照片或视频，其接受全球举报。在收到举报之后，基金组织专家对此进行评估，一旦确定为属于儿童受性虐待，将运用多种技术手段对其进行追踪，确定存储儿童受性虐待的照片或视频的服务器的地理位置。如果该服务器位于英国国内，则适用“通知—删除”规则，基金会将通知英国国内的网络服务提供商，由其将照片或视频内容删除，并同时报告给警察机关，由其展开执法行动。在英国政府和互联网守望基金合作打击下，英国国内存储的涉及儿童受性虐待的照片或视频已经极少了，99% 以上的儿童受性虐待的内容都是存储

① 参见互联网守望基金官方网站，网址：https：//www. iwf. org. uk/what - we - do。

在英国境外的服务器上。对此英国互联网守望基金积极开展国际合作，发起设立了以保护儿童和禁止儿童受性虐待内容传播为宗旨的国际 INHOPE。据英国互联网守望基金宣称，有 98% 的为儿童受性虐待的照片视频提供存储或主机代管的服务器都是在 INHOPE 国家，对于该部分，互联网守望基金会将依据 INHOPE 设置的程序进行举报，并由其通知相关成员国进行处置。另外，如果服务器是设置在美国，那么，依据英国互联网守望基金会和美国的负责打击儿童色情的举报热线和儿童保护机构（NCMEC）之间的谅解备忘录，英国的互联网守望基金会可以直接向有关网络服务提供商发出通知，并同时通知 NCMEC，以敦促相关网络服务商将非法内容予以及时删除。如果存储非法内容的服务器是设在 INHOPE 国家之外，基金会可将其追踪到的信息提交给英国的国家犯罪局，由其提交给国际刑警组织，然后，交由有关国家对此进行处置。

三、对仇恨言论的监管

发表仇恨言论，在英国被认为是一种违反公共秩序的违法和犯罪行为。对于仇恨言论的监管必然会涉及言论自由的限制，而言论自由系《欧盟人权公约》第 10 条所明确承认和保障的，也是英国《1988 年人权法案》所明确承认的。因此，这一权利冲突不仅呈现在英国国内法层面，也会发生在欧盟法层面。对于此问题，欧洲法院在 2000 年的一起法国法院提交的案件中曾裁决:《法国刑法典》关于否认大屠杀的言论构成犯罪的规定并未违反《欧盟人权公约》第 10 条，从而确认了对仇恨言论管制的正当性。尽管如此，但并非世界上所有国家对于仇恨言论管制的态度都一致。例如，欧洲理事会发起缔结《网络犯罪公约》（Convention on Cybercrime），曾试图将仇恨言论包括在内，但是，遭到了美国的强烈反对，其认为对仇恨言论入罪将与美国联邦宪法修正案关于保护言论自由的规定相冲突，最终，关于仇恨言论的部分被从公约中移除，被置入附加议定书中，即《与通过计算机系统实施的具有种族主义和仇外性质的行为的罪行化有关的网络犯罪公约附加议定书》，对于该议定书，美国和英国均未签署，由此可以看出欧美各国之间关于对仇恨言论管制的意见分歧。

虽然各国关于对仇恨言论进行管制的法律有差异，各国的执法权限受制于其领土范围，但是，网络世界是不区分国界的，在一国合法发表的言论在另一国有可能被法律所禁止，然而，全世界的人们都可通过网络进行访问，这对一国的执法权提出了挑战。例如，在“Sheppard 与 Whittle 案”中，两名被告系英国居民，但他们在美国加州开设一个网站，宣扬白种人至上主义和新纳粹思想，并且，他们在该网站上发表了一篇关于否认大屠杀的文章。英国警方以其违反《1986 年公共秩序法》为由将其逮捕，后两被告被认定为有罪并被判处监禁。在审判过程中，两被告曾以其网站服务器设在美国，且其言行并未违反美国法律为由，主张其行为无罪且英国法院无管辖权，但是，遭到了英国法院的驳斥。[①] 然而，令英国司法机关无奈的是，尽管两被告被捕，但其网站仍然在美国运行，相关内容仍然可以被访问和阅读。最终，该案被告与英国司法机关达到协议，其被提前释放但许诺从网站上删除相关违法内容。[②]

四、对恐怖主义内容的监管

英国《2006 年恐怖主义法》将传播恐怖主义出版物确定为一种犯罪，对于网络平台而言，被司法机关定为恐怖主义内容的言论，其有义务对相关内容予以删除。对于网络服务提供商而言，如果法律所禁止的宣扬恐怖主义的内容位于境外网站服务器上，其应当采取技术措施，对境外网站或网页实施屏蔽，限制英国网络用户对其访问。

英国警察总长协会于 2010 年成立反恐怖主义网络建议组（Counter Terrorism Internet Referral Unit，CTIRU）。该组织由伦敦警察厅（Metropolitan Police Service）负责运行，其主要职能是根据 2006 年《恐怖主义法》第三章的规定，对煽动或拥护恐怖主义行为的网站和内容制定过滤名单，并将该名单提供给网络服务提供商；同时 CTIRU 有权针对本国网站上的此类信息发布移除命令。2013 年，针对境外网站上发布的恐怖主义和极端主义内容，首相卡梅隆要求英国网络服务提供商按照 CTIRU 提供的列表，对此类网站进行封锁屏蔽。[③]

---

① R v. Sheppard and anor [2010] EWCA Crim 65.

② 参见 Andrew Murray, Information Technology Law, Oxford University Press 2013, p. 130。

③ See “Ministers Will Order ISPs to Block Terrorist and Extremist Websites”, available at https://www.theguardian.com/uk-news/2013/nov/27/ministers-order-isps-block-terrorist-websites. Accessed June 21, 2017.

2016年，英国伦敦遭受恐怖袭击后，英国首相公开批评网络社交平台助长了恐怖主义的传播，谷歌、推特、FACEBOOK等互联网平台公司纷纷表示，愿意与英国政府部门加强合作，及时清除宣扬恐怖主义的内容。

五、关于信息过滤机制

目前，从法律的角度来看，在对网络信息内容进行监管方面，网络平台承担的主要是被动应对义务，即接到通知后履行及时移除违法内容的义务。有争议的是，网络平台是否有义务采取积极的防范措施，如建立信息过滤机制，对非法内容进行主动地筛查和过滤。

基于《欧盟电子商务指令》第15条第1款的规定，欧盟成员国不得对网络服务提供者施加一般性义务，使其在提供服务的过程中对其传输或储存的信息进行监控，亦不得对其施加积极查找涉嫌违法活动的事实或情况的一般性义务。正是基于该规定，欧洲法院在比利时法院提交的SABAM案中做出裁决，为了保护知识产权人的权利不受侵犯而要求网络服务提供商安装过滤装置，势必构成对网络通讯的一般性的监控，自负成本且无时间限制、无内容限制，违反了《欧盟电子商务指令》第15条，打破了保护知识产权人的权利与保护网络服务提供商的营业自由之间的平衡。①

欧盟自2014年起致力于推进网络中立（Net Neutrality），② BEREC在2016年8月针对Regulation（EU）2015/2120正式发布指南③，均主张限制网络服务提供商的信息过滤机制。

因此，在英国，严格地来讲，对于网络平台之类的网络服务提供者而言，通常并不负有法律上的一般性的网络信息过滤义务。尽管英国政府一直试图通过立法将该网络信息监控设定为网络服务提供商的强制义务，但一直未获成功。在英国脱欧之后、反恐形势日趋严峻的情况下，英国能否通过类似立

① 参见Scarlet Extended SA v. SABAM, Case C－70/10，SARM v. Netlog, Case C－360/10。

② 其中关键的文件是2015年正式出台的Regulations（EU）2015/2120 of the European Parliament and of the Council of 25 November 2015, available at http：//eur－lex. europa. eu/legal－content/EN/TXT/PDF/? uri＝CELEX：32015R2120&from＝EN. Accessed June 21, 2017。

③ See "BEREC Guidelines on the Implementation by National Regulators of European Net Neutrality Rules", available at http：//berec. europa. eu/eng/document_ register/subject_ matter/berec/regulatory_ best_ practices/guidelines/6160－berec－guidelines－on－the－implementation－by－national－regulators－of－european－net－neutrality－rules. Accessed June 21, 2017.

法，尚不得而知。

在实践中，英国的网络服务提供商在政府的鼓励和支持下，通过行业自律的方式建立起了网络信息过滤机制，这是英国的特色之所在。

2004 年，英国 Organce，O2，T－Mobbile 等移动网络服务商联合制定和发布了《针对移动设备内容新形式进行自我规范的行业规则》①，由此开启英国针对移动电话的网络信息过滤。该行业自律规则主要针对的是未满 18 周岁的未成年用户，过滤的内容主要涉及自杀、自我伤害、歧视性语言、频繁使用侮辱性语言、色情、暴力等。2014 年 2 月专门针对未满 12 周岁的手机用户提供了更为严格的信息过滤选项。

自 2013 年起，英国开始针对新的互联网用户实施网络信息过滤计划，并且该计划逐渐扩展至全部网络用户。该计划起源于 2010 年卡梅隆政府提出的"过于商业化和色情化的童年"一题②，2013 年，卡梅隆承诺截至年底，英国所有网络服务提供商将采用网络过滤系统。基于该政策，英国四大网络服务提供商 TalkTalk、Sky、BT 和 Virgin 建立起网络信息自动过滤系统。2016 年 1 月，Sky 向其全体用户发送邮件询问是否愿意启动自动过滤系统，如果用户不回应该邮件，则自动过滤系统直接启动。英国网络服务提供商所进行过滤或屏蔽的对象主要涉及约会、毒品、烟酒、文件分享、赌博、游戏、色情、裸露、社交、自杀或自残、武器或暴力、淫秽、犯罪技巧、仇恨、媒体流、网络霸凌、黑客、网络封锁技术（Web－blocking）等。

2013 年首相卡梅隆曾要求网络搜索引擎针对特定搜索关键词制定黑名单。黑名单的来源可以多元，如针对儿童色情内容，微软采用了儿童剥削和网上保护中心（Child Exploitation and Online Protection Center，CEOP）提供的黑名单，当用户登录英国版必应搜索并输入黑名单词汇时，搜索页面会弹出警告。

---

① UK Code of Practice for the Self－Regulation of New Forms of Content on Mobiles, available at http：//www. mobileuk. org/documents/mbg_ content_ code_ v2_ 100609. pdf. Accessed June 21, 2017.

② See HM Government, "The Coalition：Our Programme for Goverment", issued in May 2010, available at https：//www. gov. uk/government/uploads/system/uploads/attachment _ data/file/78977/coalition _ programme_ for_ government. pdf. Accessed June 21, 2017.

第四节　网络平台的刑事责任

一、概述

英国网络平台引发刑事责任的风险主要集中在五个领域：（一）色情信息的传播；（二）侵犯个人信息或隐私；（三）网络诽谤或侮辱；（四）侵犯知识产权；（五）违反监管义务或规定。

网络平台刑事责任的来源存在差异，以此为标准我们可以将网络平台的刑事责任划分为两类：一类是基于服务所产生的刑事责任，另一类是基于监管所产生的刑事责任。在以上五个领域中，第（二）（三）（四）项属于第一类，第（五）项属于第二类，第（一）项涉及严重犯罪时，也会引发第二类责任。

就网络平台基于服务所产生的刑事责任而言，主要关注的是网络平台在非法信息传播、散布过程中所承担的角色，普遍确立的原则是网络平台基于业务实施之目的所进行的信息传播、缓存或代存行为，一般不认为是犯罪。构成犯罪通常需要满足两个条件：其一是对于信息性质或内容的明知或推定明知，并且在此情形下没有做出及时处理，如对于非法信息进行超出服务运营所需合理期限的存储；其二是对非法信息的形成、传播、发布等活动实施了为正常运营所需之措施以外的附加行为，如对信息进行筛选或修改等。总体而言，就此类刑事责任，立法原意在于限制网络平台刑事责任的启动，从而尽可能保证网络服务的正常提供。

就网络平台基于监管所产生的刑事责任而言，其主要适用的是针对严重犯罪的侦查活动，以及对可能引发严重犯罪的高风险领域进行管控这两种情形，网络平台的责任来自于未能按照有关规定履行或拒不履行相应的配合义务。以义务履行的方式为标准，又可进一步将其划分为两种类型：一种是积极义务，即为配合有权机关需积极采取的措施，如数据存留、解密、配合数据监听等；另一种是消极义务，即为实现特定公权行为，网络平台不得实施特定行为，如在特定案件中，不得向监控对象透漏其数据被相关权力机关提取这一事实。

网络平台的刑事责任研究之所以复杂，不仅在于在犯罪领域，基于服务所产生的刑事责任与基于监管所产生的刑事责任有所交叉，还因为该责任的形成、形式、范围等因素与其他法律部门有所交叉。特别就基于监管所产生的刑事责任而言，与网络平台在社会治理和犯罪治理方面所承担的行政义务联系紧密。基于此，以下内容主要分三个部分：第一部分集中探讨网络平台基于服务所引发的刑事责任；第二部分集中探讨网络平台基于监管所引发的刑事责任；第三部分分析英国当前的网络监管和犯罪侦查活动中，网络平台承担的义务。

二、基于服务所产生的刑事责任

（一）侮辱、诽谤方面的犯罪

除一般性的侮辱或诽谤行为外，网络平台的行为也可能涉及特殊类型的犯罪，这里主要提及两种：报复性发布私人色情影像，以及恶意通讯。

1. 报复性色情影像

2015 年《刑事司法和法院法》第 33 条规定，未经他人同意散播其私人性影像，以期造成他人精神创伤的，其行为构成犯罪。信息社会服务提供者为正常经营活动所进行的传输、缓存或代存行为原则上构成该罪名的免责事由，2015 年《刑事司法和法院法》附录 8 对具体条件进行了规定，内容与前文所述之儿童色情影像的免责条件相同。

2. 恶意通讯

根据 1988 年《恶意通讯法》（Malicious Communications Act）第 1 条的规定，向他人发送任何不雅或者具有强烈侵犯性的事物，以期造成他人沮丧或焦虑的，此种行为构成犯罪。2003 年《通讯法》（Communications Act）第 127 条列举了不当使用公共电子通讯网络所构成的犯罪，主要包括：（一）通过公共电子通讯网络（Public Electronic Communications Network）发送具有强烈侵犯性的信息的行为或使该类信息得以发送；（二）以致使他人过度焦虑、沮丧等为目的，通过公共电子通讯网络发布其明知虚假的信息、使此类信息得以发送或长期使用公共电子通讯网络。

（二）侵犯个人信息及隐私的犯罪

1. 针对被害人的信息保护

1992 年《性犯罪（修订）法》专门就性犯罪案件被害人的匿名处理进行了补充规定，禁止在被害人有生之年公布其姓名、地址、影像等任何可以识别出该人的信息。2015 年《严重犯罪法》（Serious Crime Act）第 71 条针对女性割礼犯罪中被害人匿名处理进行了规定，其中将在被害人有生之年公开发布其身份信息的行为规定为简易犯罪。

与 2015 年《严重犯罪法》第 69 条规定的犯罪相类似，网络平台的三种行为可能会涉及构成此类犯罪，免责情形与第 69 条相同。①

2. 针对未成年诉讼参与人的信息保护

1999 年《少年司法和刑事证据法》（Youth Justice and Criminal Evidence Act）第 45A 条就针对未满 18 周岁的刑事诉讼参与人的报道进行了限制，2015 年《刑事司法和法院法》第 78 条进一步明确对未满 18 周岁的刑事案件证人和被害人的终身报道限制制度，第 79 条修正了 1933 年《儿童和青年法》（Children and Young Persons Act）第 39 条关于其他诉讼程序中，针对未成年诉讼参与人的报道限制制度。

针对以上罪名，信息社会网络服务商的传输、缓存和代存行为在特定条件下可以构成该罪，具体条件规定在 2015 年《刑事司法和法院法》附录 15 以及对 1999 年《少年司法和刑事证据法》附录 2A 的修订，内容与儿童色情影像的免责条件相同。

（三）与色情、淫秽制品有关的犯罪

1. 儿童色情影像

依照英国《1978 年儿童保护法案》和《1988 年刑事司法法案》，制作、传播和持有涉儿童的色情图像构成犯罪。欧盟发起的《网络犯罪公约》（Convention on Cybercrime）亦将传播儿童色情制片列为犯罪。2009 年《验尸官和司法法》第 62 条至第 68 条将持有儿童禁止性图像入罪，其中也包括持有儿童色情动漫图片。2015 年《严重犯罪法》（Serious Crime Act）第 69 条将持有任何涉及儿童性虐待的信息（Paedophile Manual）的物品规定为犯罪，该罪名

① S 71, Schedule 1, para 6 – 7 of the Serious Crime Act 2015.

适用于包括 ISP 在内的信息社会服务提供者（Providers of Information Society Services），主要涉及服务提供者的三类行为。①

第一类行为是信息发布行为。

如果服务提供者只提供通讯网络接入服务，或者只在通信服务中对用户提供的信息进行传输的，则其行为不构成“公开发布”（Publication），除非该服务提供者主动发起了该信息的传输、选择特定的传输对象或者对被传输的信息进行了筛选或修订。②

第二类行为是信息缓存行为（Caching）。

就缓存行为而言，如果服务提供者为提供网络接入或通信服务，对相关信息进行短暂存留的，一般不构成犯罪。该免责事由需同时符合以下两个条件：首先，该存储仅为通讯接入或传输服务之目的，以自动、立即并暂时的方式存储；其次，服务提供者没有修改该信息，遵守任何与解除该信息相关的预设条件，并且在知晓该信息为违法时立即移除或屏蔽接入。③

第三类是平台代存行为（Hosting）。

就平台代存行为而言，如果服务提供者在存储时并不知晓该信息的性质或内容，并且在获知其性质或内容之后立即予以移除或屏蔽接入，则其存储行为不构成犯罪。

2. 极端色情影像

除儿童色情以外，另外一类受到严格限制的色情内容是“极端色情”（Extreme Pornography），主要是指涉及强奸、勒杀、折磨、恋尸、兽奸等在内的色情内容。英格兰和威尔士在《2008 年刑事司法和移民法》（Criminal Justice and Immigration Act）第 63 ~ 66 条将占有极端色情图像列为非法行为，《2015 年刑事司法和法院法》（Criminal Justice and Courts Act）第 37 条对该法第五章进行修正，进一步明确描绘强奸行为等高度不雅、侵犯性的色情图片非法。

网络平台之类的信息社会网络服务商的传输、缓存和代存行为在特定条件下可以免除刑事责任，具体条件规定在《2008 年刑事司法和移民法案》附录 14，内容与儿童色情影像的免责条件相同。

① 关于“信息社会服务提供者”的定义，2015 年《严重犯罪法》采用的是欧盟《电子商务指令》的定义。

② Para 4, Schedule 3 of the Serious Crime Act 2015.

③ Para 5, Schedule 3 of the Serious Crime Act 2015.

（四）与仇恨言论有关的犯罪

发表仇恨言论，有可能因违反英国《1986年公共秩序法》（Public Order Act 1986）第17条而触发刑事责任。《2006年种族与宗教仇恨法》将违反公共秩序的禁止性言论范围扩大至煽动宗教仇恨的言论。《2008年的刑事司法与移民法案》进一步将仇恨言论的范围扩大至基于性取向的仇恨言论。

对于网络平台之类的信息社会网络服务提供商而言，其在仇恨言论方面的刑事责任受到法律的明确限制，英国的《电子商务指令（2006年种族与宗教仇恨法）条例》和《2010年电子商务指令（基于宗教或性取向仇恨他人）条例》规定了网络平台法律责任的避风港规则，传输、缓存和代存行为在特定条件下可以免除刑事责任，其所设定的规则与英国《电子商务指令条例》《2008年刑事司法和移民法案》附录14基本相同。

（五）与恐怖主义有关的犯罪

英国《2006年恐怖主义法》将传播恐怖主义出版物确定为一种犯罪，其法案还特别提到了以电子方式传播恐怖主义出版物。但是，网络平台之类的信息社会网络服务提供商对于其传输或存储的含有恐怖主义性质的内容所承担的刑事责任，受到英国的《电子商务指令（2006年恐怖主义法）条例》的明确限定，其所设定的规则与英国《电子商务指令条例》《2008年刑事司法和移民法案》附录14基本相同。

三、基于监管所产生的刑事责任

网络服务提供商违反针对特定内容的监管义务可能引发刑事责任。

（一）视频点播服务领域

在视频点播服务领域，2014年《音像媒体服务条例》（Audiovisual Media Services Regulations）要求在线视频流服务遵守BBFC制定的电影或视频分级许可制度（R18 certificate of BBFC），该要求原先仅适用于在线下提供的视频点播服务。目前英国负责管理点播视频的机构是通信办公室（Office of Communications，Ofcom），该职权原本归属于电视点播管理局（Authority for Television on Demand，ATVOD）。网络视频点播服务提供商未能按照BBFC R18 Certificate 就视频进行分级处理的，Ofcom 可以对其处以罚款或网站关闭等处罚。网络视频点播服务提供商未能遵守 Ofcom 或 ATVOD 的规定，未就成人视频点播设定准入限制的，其行为构成犯罪。

2013 年 J. P. Media 和 S. Hilder 案①

"Jessica Pressley" 和 "Pleasuring Herself" 两家网站均提供色情影像点播服务，并且在两个方面违反了 ATVOD 的相关规定：其一是允许用户免费观看具有明确色情内容的宣传视频或图片；其二是只要用户付费，不加区分地提供原本仅应向成人提供的色情点播服务。ATVOD 向两家网站发出了通知，要求其或者设置严格的服务门槛，或者将此类影像从网站上删除。接到通知后，"Pleasuring Herself" 网站被关闭，但 "Jessica Pressley" 网站继续运营并且拒绝遵守 ATVOD 的通知。基于此，ATVOD 要求通信管理局（Ofcom）对 J. P. Media 进行处罚。通信管理局通过审查全案，根据《2003 年通讯法》（Communications Act）第 368K 条第（3）款第（a）项的规定，对 J. P. Media 从事任何点播服务的资质进行无限期冻结。

（二）违反保密义务

根据 2016 年《侦查权法》（Investigatory Powers Act）第 58、134 条的规定，通信服务提供商对侦查权主体要求提供数据这一事实负有保密义务，若通信服务提供商对外进行披露的，其行为构成一项简易罪（Summary Case）。

四、网络平台在犯罪侦查活动中的配合义务

近年来，英国政府基于反恐的目的，对于网络信息监控日趋强化。自 2014 年，位于法国巴黎的旨在促进言论自由的无国界记者组织（Reporters without Borders，RWB）将英国列为"网络敌人"（Enemies of the Internet）。②

2016 年 12 月 30 日生效的《侦查权法》（Investigatory Powers Act）又称为

---

① 相关案情参见 "Pornographer Barred from Providing Video on Demand Service", issued on November 15, 2013, available at https://web.archive.org/web/20131203053908/http://www.atvod.co.uk/news-consultations/news-consultationsnews/pornographer-barred-from-providing-video-on-demand-service. Accessed June 21, 2017。

② See RWB, "United Kingdom: World Champion of Surveillance", available at http://12mars.rsf.org/2014-en/2014/03/10/united-kingdom-world-champion-of-surveillance/. Accessed June 21, 2017.

“刺探者大宪章”(Snooper's Charter),源于该法引入了包括大规模用户信息监控等侦查手段。2016 年 11 月欧洲法院(Court of Justice of European Union)明确宣告不加区分和普遍适用的信息存留非法,① 但随着英国退欧程序的启动,可以预见的是,欧洲法院一系列旨在限制数据监控和存留的措施难以对英国形成有效制约。

《侦查权法》中与网络平台相关的规定主要包括:

1. 要求通信服务提供商(Communication Service Provider,CSP)对英国网络用户的网络链接记录进行为期一年的存留,该记录仅限于浏览的网站而非具体的网页。

2. 警察、情报人员和其他政府部门负责人有权在特定侦查或排除性侦查活动中,不经令状查看网络链接记录。

3. 对 CSP 设定义务,要求其在特定侦查活动中,协助对数据和通讯的监听,以及设置监控仪器;境外 CSP 可以不参与对数据或通讯的大规模收集。(第 128 条)。

4. 在 CSP 上安装后门装置以解密相关数据;境外 CSP 可以不移除加密装置。

5. 将 CSP 或其工作人员非法披露“数据被要求提供”这一事实规定为简易类犯罪[第 57 ~ 59 条(大规模监听)、第 132 条(令状)、第 158 条(特定监听)]。

① Court of Justice of the European Union, Judgement in Joined Cases C - 203/15 Tele2 Sverige AB v Post - ochtelestyrelsen and C - 698/15 Secretary of State for the Home Department v Tom Watson and Others, available at https://curia.europa.eu/jcms/upload/docs/application/pdf/2016 - 12/cp160145en.pdf. Accessed June 22, 2017.

第六章

日本法上的网络平台法律责任制度

第一节　网络平台的民事责任

一、日本网络平台的民事责任的一般规则

在日本，关于网络平台因其用户所发送的信息侵害第三人的民事权益而有可能致使网络平台承担民事责任，以及关于网络平台的民事责任的限制方面，最重要的一部法律为日本国会于2001年11月颁布的《关于特定电信服务提供者的损害赔偿责任限制及向服务提供者请求提供发送者信息的法律》（“特定電気通信役務提供者の損害賠償責任の制限及び発信者情報の開示に関する法律”，以下简称《赔偿责任限制与信息提供法案》），该法于2002年5月开始实施，此后曾进行过修订。

（一）《赔偿责任限制与信息提供法案》的适用范围

与美国所采取区分不同的法律领域而分别为不同类型的网络平台分别制定责任规则不同，也与欧盟所采取的从技术的角度区分网络平台的类型而为其制定责任规则亦不同，日本的《赔偿责任限制与信息提供法案》非常独特，首先，其没有区分知识产权侵权、名誉侵权、隐私侵权等领域而是一概适用，从而成为网络平台承担民事责任的一般规则；其次，其没有像欧盟的《电子商务指令》那样从技术的角度区分信息传输通道平台、高速缓存平台和主机托管与存储平台，也没有明确区分搜索平台、社交平台或电子商务平台等类型，而只是以“特定电信服务提供者”进行界定。

首先，《赔偿责任限制与信息提供法案》的适用对象限于“特定电信服务提供者”。所谓“特定电信”，是指以不特定的人接收信息为目的的电信传输服务，但广播、有限广播除外。所谓“特定电信服务提供者”，是指“使用特定电信设备，为他人通信提供中介服务或向他人提供特定电信设备的人”。①

① 《关于特定电信服务提供者的损害赔偿责任限制及向服务提供者请求提供发送者信息的法律》第2条。

由此可以看出，“特定电信服务提供者”的含义非常广，不限于通常意义的网络服务提供商，亦包括特定电信设备提供商，如向用户提供服务器的企业或机构，但是，其将向特定的对象提供信息通信服务的企业或机构排除在外了。

其次，《赔偿责任限制与信息提供法案》的适用情形包括两类，一类是因用户使用特定电信服务提供者提供的信息传输服务进行信息发送而侵害他人权利而导致特定电信服务提供者的损害赔偿责任问题，而不适用于因特定电信服务提供者自身向外界发送信息而导致的损害赔偿责任问题；另一类是受害者向特定电信服务者请求其提供发送有害信息的用户的身份信息的问题。由此可以看出，该法的适用范围与本课题所研究的网络平台责任问题是非常契合的，尽管该法案从头至尾都没有出现网络平台之类的字眼。

（二）特定电信服务提供者的损害赔偿责任的限制

依照日本《赔偿责任限制与信息提供法案》第 3 条第 1 款的规定，为他人提供特定电信的信息传输服务的服务提供者，对于其用户利用其服务而发送的信息造成他人权利受到损害的，如果其能够从技术上阻止向不特定的人传输侵权的信息，那么，除非符合下列情形之一，否则，将对该损害不承担赔偿责任：（1）服务提供者知道他人使用特定电信进行信息传输，并知道他人权利因该信息传输而受损；（2）服务提供者知道他人使用特定电信进行信息传输，并且有足够的理由可以认定服务提供者知道该信息传输给他人的权利造成了损害。

从该条款的规定可以看出，特定电信服务提供者承担损害赔偿责任的前提条件之一就是，其能够从技术上阻止向不特定的人传输侵权信息。这意味着，如果网络平台在技术上无法做到阻止侵权信息的传播，那么，其无须承担责任。其中的逻辑在于，直接实施侵权行为的是网络用户，而网络平台之类的特定电信服务提供者自身并未对外发送侵权信息，因而并未直接实施侵权行为，网络平台承担责任的基础在于其对于他人发送侵权信息的不作为，而这种不作为是以其负有法律上的作为义务和技术上的作为的可能为前提的。如果网络平台在技术上无法阻止侵权信息的传播，那么，其就不负有阻止侵权信息的作为义务了，也就不会因未阻止侵权信息传播而承担法律责任了。

网络平台之类的特定电信服务提供者对其用户发送的信息承担赔偿责任是以其明知或应当知道他人利用其电信服务发送侵权信息为条件的。关于如何认定特定电信服务提供者“明知”或“应当知道”，法案并未作具体规定。

在实践中，自认为其权利受到损害的当事人可以通过向网络平台发送侵权通知的方式来试图证明网络平台对侵权事实的知晓。有一些侵权情形比较容易认定，如在著作权领域中的对他人享有版权的作品的全部复制，但是，也有一些侵权指控难以被认定，如是否侵犯他人的名誉权等。

（三）“通知—删除”规则与特定电信服务提供者的责任限制

对于网络平台之类的特定电信服务提供商而言，其不仅有可能因其用户的行为而对第三人承担损害赔偿责任，还有可能因其采取信息屏蔽或删除等技术措施而对发送信息的用户承担赔偿责任，为此，《赔偿责任限制与信息提供法案》第 3 条第 2 款对此做出了规定。

首先，特定电信服务提供者有足够的理由相信信息发送者利用特定电信服务而发送的信息侵害了他人权利时，可以在必要的范围内采取技术措施阻止该信息的传输，对于由此而给信息发送者造成的损害，特定电信服务提供者不承担损害赔偿责任。

其次，自认为因特定电信的信息传输而使自身的权利受到损害的当事人通知特定电信服务提供者并提交相关侵权信息，并要求其采取技术措施阻止该信息的传输时，特定电信服务提供商向信息发送者出示相关侵权信息并询问其是否同意采取阻止信息传输的措施，如果该信息发送者自收到相关问询之日起 7 天内未回复不同意采取阻止信息传输时，特定电信服务提供者可以采取阻止信息传输的措施而无需对信息发送者承担损害赔偿责任。

从以上法律规定可以看出，日本法上的“通知—删除”规则与美国和欧盟的相关规则均有所差异。依日本法，对于权利人发出的侵权通知和删除请求，除非明显构成侵权，网络平台并无义务立即执行删除。对权利人发出的侵权通知和删除请求时，网络服务商可转发给信息发送者并征求其意见。如果信息发送者未在 7 日内回复，网络服务提供商可以将相关信息删除。如果信息发送者回复拒绝删除请求，网络服务商则应自主判断是否应该删除该信息。对于明显构成侵害他人权利的信息，即使信息发送人反对信息删除，网络服务提供商亦有权利将其删除。但是，对于那些并非明显侵权的信息，对于网络服务商而言则存在判断的困难，其无论删除或不删除，均存在法律风险。如果其不当删除，则应对其用户承担违约责任；如果其应删除而未删除，则需对第三人承担侵权责任。依照《赔偿责任限制与信息提供法案》第 3 条第 2 款的规定，当信息发送者明确反对删除时，只有在网络服务提供商“有足够理由”相信信息传输构成侵权时，才可对其删除行为免责。

为了缓解网络服务提供商所面临的困境和压力，日本的“电信服务业协会”专门制定了《电信服务协会指导方针》，为其会员企业提供指导。依照该指导方针的规定，网络服务提供者收到权利人的申请之后，首先，应当确认申请人是否为当事人，应当审查其身份证件信息。对于著作权管理组织，应审查其组织登记号码。其次，应当确认申请人是否是著作权人。如果申请人事先进行了著作权登记，则应提供登记证复印件；如果是含有署名的出版物，申请人应当提供其复印件，以及其他能够证明申请人为著作权人的证明材料。对于信息发送者发送的信息是否侵犯了申请人的著作权，可区分两种不同情形：如果明确构成侵权，网络服务提供商应当采取删掉信息等适当的措施，采取措施前后，服务提供者可以通知申请人和信息发送者，如果信息发送者有意见，网络服务提供者可以要求申请人协助；对于难以判断是否构成侵权的，可要求申请人将其请求提交给“确认可信性团体”，即专业的权威机构，进行专业鉴定，如果经鉴定被认定为构成侵权，网络服务提供者应当采取删掉信息等适当的措施，采取措施前后，网络服务提供者可以通知申请人和信息发送者，如果信息发送者有意见，网络服务提供者可以要求申请人协助。①

（四）特定电信服务提供者在提供用户信息方面的责任限制

网络环境通常是一个匿名化的世界，网络平台依据用户协议而对其用户的身份信息承担保密义务。当主张权利的人认为网络用户发送的信息侵害了其权利时，可以向法院起诉该信息发送者，但是，其必须知道该信息发送者的真实身份。当主张权利的人请求网络平台披露其所指控的用户的身份信息时，网络平台会面临两难的法律困境，为此，《赔偿责任限制与信息提供法案》第四条为网络平台提供了行为指引和责任限制保护。

首先，当用户发送的信息明确侵犯了权利主张者的权利时，且该用户的身份信息是权利主张者行使损害赔偿请求权所必要的信息，或具有其他正当理由要求披露该发送信息的用户的身份信息时，权利主张者可以请求特定电

① 确认可信性团体要具备以下要件：(1) 法人（包括没有法人资格，但有代表人的社团）；(2) 能确认申请人的权利内容；(3) 有与著作权有关的专业知识和经验；(4) 有能力确认申请书所写的内容。具体说，著作权集体管理组织、按照著作权法所授权的文化厅（政府部门）指定团体、保护著作权的组织，包括与上述组织有关的国际组织。[日] 萩原有里：《网络服务提供者的损害赔偿责任——以日本法为中心》，载《科技与法律》2004年第2期，第28~29页。

信服务提供者向其披露该用户的身份信息。

其次，特定电信服务提供者在收到请求披露用户信息的申请后，除无法与被控侵权信息的发送者取得联系或存在其他特殊情况外，应当询问该信息发送者是否愿意披露其身份信息。

权利主张者请求特定电信服务提供者披露的用户身份信息可以包括用户的姓名或名称、地址、电子信箱、与侵害信息有关的 IP 地址、传输侵权信息的日期和时间等。如果信息发送者拒绝同意披露其身份信息时，特定电信服务提供者能否应权利主张者的请求而披露其身份信息，法案并未从正面做出规定，而是交由服务商自己来判断，但是，为其提供了宽松的免责条件，即当服务商拒绝披露其用户的身份信息时，只有当其存在故意或重大过失时，才对权利主张者承担损害赔偿责任。对此，权利主张者承担举证责任。实践中，除非信息传输明显构成侵权，否则，权利主张者若要证明网络服务提供者存在故意或重大过失将非常困难，这实际上使得权利主张者获得用户的身份信息非常困难。

二、知识产权保护方面

（一）日本法上的共同侵权理论

当网络用户利用网络平台所发送的信息侵害了他人的知识产权时，网络平台是否或在何种条件下需要为此承担民事责任，涉及侵权法的一般性问题。无论是日本的侵权法，还是知识产权法，都未像美国法那样明确区分“直接侵权”和“间接侵权”，而是在共同侵权理论的指导下来解决这一问题的。

日本《民法典》第 719 条第 1 款规定，因数人共同实施侵权行为加害于他人时，各加害人负连带赔偿责任。该条第 2 款规定“教唆人与帮助人，视为共同行为人”，从而可适用第 1 款所规定的连带赔偿责任。在日本，网络平台所面临的潜在法律风险就是有可能被认定为侵权用户的教唆人或帮助人，从而被迫与其用户承担连带赔偿责任。

除了民法上的损害赔偿责任外，知识产权人还可依据知识产权法的相关规定向法院请求禁令救济。例如，日本《著作权法》第 112 条还规定了著作权人对侵害人或有侵害危险的人的停止请求权，包括停止侵害危险请求权、停止侵害请求权、废弃侵权结果物请求权、销毁侵权工具请求权，以及采取其他预防侵害的必要措施的请求权。值得注意的是，依照法律条文的表述，权利人申请禁令救济所针对的对象是侵害人或有侵害危险的人，即主侵权行为人。对于帮助侵权或教唆侵权的人可否请求禁令救济，则取决于法院认定其是否属于主侵权行为人的范围，如果是，则可以适用禁令救济；如果不是，则不适用禁令救济。

（二）日本《著作权法》上的相关规定

日本现行《著作权法》第 23 条规定作者享有向公众传播其作品的专有权利，并且，在自动公众传播的情况下，还享有“传播可能化”的专有权。依照日本《著作权法》第 2 条的定义，所谓“公众传播”，包括无线传播、有线传播和自动公众传播三种形式。所谓“自动公众传播”，是指应公众的请求自动进行的公众传播，但播放和有线传播除外。例如，一些互联网网站向公众提供可以点击下载的受知识产权保护的文件时，即构成自动公众传播。所谓的“公众”，既包括不特定的人，也包括特定的多数人。

与公众传播紧密相连的另一个概念是“传播可能化”。所谓“传播可能化”，通俗地讲，是指将相关内容上载到互联网站上，使其自动公众传播成为可能的行为，其具体包括两类：一类是指，将信息上传到与互联网相连接的服务器上以供向公众进行自动公众传播的行为、将已经存储了信息的存储媒介与互联网的服务器相连接使其可以向公众进行自动公众传播的行为、将存储了信息的存储媒介转换为自动公众传播服务器的公众传播用储存媒介的行为（例如，将存储了信息的文件使用 P2P 软件将其转换为可供公众进行信息网络传播使用的文件夹的行为），以及在自动公众传播用的服务器中上载信息的行为（例如，对现场表演进行网络直播）。另一类是指，将存储了信息的公众传播存储媒介或者上载了信息的自动公众传播服务器与供公众使用的电信线路进行连接的行为（指由架设线路、启动自动公众传播服务器、启动传播用或者接收用的计算机程序等一连串行为组成的行为）。①

在对著作权的限制方面，日本《著作权法》并没有一般性的合理使用的条款，而是采取具体列举的方式，来对著作权进行限制。依照《著作权法》第 30 条的规定，除法定情形外，为了个人或家庭等私人目的而对作品进行复制属于合理使用，然而，日本在 2009 年对《著作权法》进行修订时在合理使

① 参见《日本著作权法》第二条（九之五）及相关注释，李扬译，知识产权出版社 2011 年版，第 4~5 页。

用的法定例外情形中增加了一款，规定“明知属于侵害著作权的自动公众传播（包括在国外进行的自动公众传播，但如果该行为发生在国内的话会侵害著作权的自动公众传播）而接收并进行数字化方式录音或录像的复制。”这意味着，即使是出于个人或家庭娱乐等私人目的而从网站上下载音乐或电影等，如果其明知该网站提供作品属于侵害他人著作权的作品，那么，其行为将构成侵权。①

日本在2009年对《著作权法》进行修订时新增加的第47条之六特别对网络信息检索服务做出了规定，依其规定，信息检索服务提供者为了提供信息检索服务，可以在必要的限度内，对于已经在互联网上的公开的信息进行复制、存储、改编和提供，从而不构成侵犯著作权，但是，其需要满足两个限制条件。一是对于在互联网上采取了措施明确禁止信息检索服务提供者收集的信息，不得进行收集；二是信息检索服务提供者明知其提供的信息侵犯他人著作权的，不得再提供。② 该条款为网络信息检索服务提供商开了绿灯。

（三）“卡拉OK”规则在网络环境下的扩展适用

1.“猫眼俱乐部”案与“卡拉OK”规则

在著作权法领域，日本最高法院在1988年的“猫眼俱乐部”案中确立了“卡拉OK”规则，该规则影响深远，在今天的网络时代仍有影响力。

“猫眼俱乐部”案③

案情简介：

在该案中，有一个餐馆老板在餐馆中安置了卡拉OK设备，放置了卡拉OK的录音带，录音带里的乐曲是受著作权保护的乐曲。餐馆的女招待和其他雇员负责管理卡拉OK设备，向顾客提供伴奏乐曲目录，邀请顾客演唱并为其提供话筒。有时女招待单独演唱，有时与顾客一起唱，或由顾客演唱。日本音乐著作权协会（JASRAC）向法院提起诉讼，指控该餐馆老板侵犯其著作权。

裁判要旨：

日本最高法院的多数法官的判决意见认为，不仅餐馆女招待的演唱行为，而且顾客的演唱行为，都应被视为被告餐馆老板的演唱行为，因其演唱具有

① 参见《日本著作权法》第三十条（三），李扬译，知识产权出版社2011年版，第23页。

② 参见《日本著作权法》第四十七条之六及相关注释，李扬译，知识产权出版社2011年版，第23页。

③ 最高法院判决昭和63年3月15日，昭和59（才）1204。

公开性和营利性，因而，构成对原告著作权的侵犯。其判决理由是：第一，虽然表面上是顾客在演唱，但是，顾客无法进行独立的卡拉OK演唱，而是在被告的管理与控制下实施的，顾客演唱是受餐馆服务员邀请的，并且因伴奏音乐磁带也是由餐馆提供的，卡拉OK设备是歌厅提供和管理的。第二，被告也承认，其邀请顾客演唱的目的在于创造了一种环境氛围，通过吸引喜欢此种氛围的顾客而从中获得商业利润。因此，最高法院认定，“从著作权法的规定的角度来看，上述顾客的演唱行为应等同于上诉人自己的演唱”。

“猫眼俱乐部案”的判决意见确立了一项规则：即使服务商本人并未直接从事侵权行为，若其对客户实施的行为拥有管理和控制能力且从中获得了利益，那么，应将客户的行为视为服务商的行为，并有可能需要对此承担侵权责任。因该规则源起于卡拉OK演唱，所以又被人称为“卡拉OK”规则。日本法院之所以发明了“卡拉OK”规则，主要是为了解决一个法律适用的难题，因为，在该案发生的年代，顾客为了个人娱乐的目的而对他人享有著作权的作品进行演唱属于著作权法规定的合理使用范围而不构成侵犯他人著作权，但是，如果将演唱行为认定为餐馆所为，那么，其演唱行为就构成了侵权，并可以对其采取禁令措施。

“卡拉OK”规则一产生便存在许多争议，值得一提的是，在该案中，最高法院负责审理该案的法官的意见并非全部一致，有一位法官在判决中公开表达了自己的不同意见，其认为，将顾客单独演唱的行为视为餐馆老板的演唱行为，超出了普通人的理解，纯粹是法律的拟制，而且，这种拟制走得太远了，从而不合情理。①

虽然该规则诞生于网络社会出现之前，并且，多年以后对其本身的合理性在日本法学界仍存在许多争议②，但是，其对网络社会时代所出现的网络平台的法律责任规则却有着持续的影响力。在网络时代，许多情况下直接实施侵权行为的往往是用户而非网络平台，然而，依据“卡拉OK”规则，网络平台却有可能被认定为是实施侵权行为的主体。并且，“卡拉OK”规则通常会在以下背景下适用，即某些行为若由用户个人来实施，有可能被认定为是合法的，或属于合理使用的范围，但是，若被认定为是网络平台所实施的，则是非法的，是需要承担侵权责任的。

---

① 参见伊藤正己法官的判决意见，最高法院判决昭和63年3月15日，昭和59（オ）1204。

② 参见近藤剛史「カラオケによる歌唱」『小野昌延先生喜寿記念最高裁判所判例評釈大系3』。

2. File Rogue 案

在“File Rogue 案”中，“卡拉 OK”规则被扩展适用于 P2P 平台责任案件。该案被称为日本“Nepster 案”。

File Rogue 案[①]

案情简介：

有一家名为“日本 MMO”的日本企业开设了一个免费交换文件的网站“File Rogue”。该网站的性质为 P2P 网站，但存在一个可提供文件检索和搜索服务的中央服务器。网站的注册用户可以将文件上传到网上，同时，用户可利用该网站服务器提供的检索服务搜索到其感兴趣的音乐文件并可下载到自己的计算机上。截止到 2001 年 12 月 3 日，File Rogue 日本版的注册用户约为 4.2 万人，上传到服务器上的音乐文件数量达到了 120 万，但 96.7% 的音乐文件都属于用户非法复制的文件。社团法人日本唱片协会（RIAL）会员的 19 家唱片公司与社团法人日本音乐著作权协会（JASRAC）以“File Rogue”侵犯其著作权为由，向东京地方法院提起诉讼，请求被告日本 MMO 停止侵权和赔偿损失。

原告认为，网络文件交换行为侵犯了其公众传播权，日本 MMO 的服务器以及该公司发布的客户软件使得其用户交换文件成为可能，因此，应对此承担侵权责任。被告辩称，为了让特定的用户以下载为目的将特定的电子文件保存于共享文件夹中的情形不属于自动公众传播、传播可能化，并且，文件接收人的复制行为亦属于合理使用范围，因此，不构成侵权。

裁判要旨：

该案的一审法院东京地方法院向日本 MMO 发出临时禁令，并于 2003 年 12 月判决日本 MMO 一方赔偿总额达 7100 万日元的经济损失。该案的二审法院东京高等法院于 2005 年 3 月 31 日做出二审判决，驳回了日本 MMO 的上诉，支持了一审法院的判决。法院认为，被告侵犯了原告的复制权、自动公众传播权和传播可能化权。其判决理由是：虽然文件的上传和下载都是用户实施的，但是，如果没有被告的网站及中央服务器所发挥的索引作用，文件交换是无法实现的；被告明知用户交换的文件中有近 97% 的 MP3 文件都属于侵犯他人著作权的，但未采取任何防范措施，也没有依照其所设定的“通知—删除”规则及时删除侵权文件，并且，被告通过在 File Rogue 网站设置广

① 东京地方法院判决平成 15 年 12 月 17 日；东京高等法院判决平成 17 年 3 月 31 日。

告从而获得了经济收入，因此，可以认定被告是实施文件复制、向公众传播和传播可能化行为的主体，因而，对其可以适用禁令救济措施。另外，因法院将被告认定为“文件的传播者”，所以其没有资格依据《关于特定电信服务提供者的损害赔偿责任限制及向服务提供者请求提供发送者信息的法律》享受损害赔偿责任限制。

整体来看，在“File Rogue 案”中，法院在认定网络服务商是否应承担侵权责任时主要考虑了三个因素，即被告在侵权中所发挥的作用；被告对侵权的发生是否采取了防范措施；被告有无从中获利。另外，值得注意的是，在该案中，法院并未将被告网站认定为帮助侵权人，而是将其认定为实施侵权行为的主要侵权人，在网络环境下，这是非常有意义的，其效果在于，第一，可以对其适用禁令；第二，使其无法满足《赔偿责任限制与信息提供法案》所规定的适用责任限制的条件。

3. MYUTA 案①

“卡拉 OK”规则的影响是深远的，其不仅适用于 P2P 网站法律责任问题，而且，其对于云存储平台的法律责任问题亦有影响。在日本有许多提供在线存储服务的网络服务商，其向用户提供文件箱、网盘之类的服务，注册用户可以在其网站上开设一个账户，设置一个文件夹，用户将自己的文件上传至该文件夹，也可以将文件从网上下载至自己的计算机、手机等设备中。关于此类网络平台的法律责任，可以通过日本法院在 MYUTA 案的判决意见来观察。

案情简介：

有一家名为影像城的网络服务商向其用户提供一种名为“MYUTA”的服务，用户可以将其在 CD 中存储的音乐文件用计算机转录为数字文件后，上传至其在网上的私人文件箱中，且该文件箱设有密码，存储在影像城的服务器上，然后，用户可以将该音乐文件下载至其手机中以供收听。日本音乐著作权协会（JASRAC）认为影像城侵犯了其著作权，于是向其发出警告通知书。影像城向法院提起诉讼，请求法院确认其所提供的 MYUTA 的合法性。

裁判要旨：

2007 年东京地方法院做出判决，认定影像城实施了非法复制、向公众传播等行为，侵害了 JASRAC 的著作权。法院的判决理由是：无论是将文件从 CD、计算机上载到网站服务器，还是从网站服务器下载到手机中，都属于对

---

① 参见东京地方法院判决平成 19 年 5 月 25 日判时 1979 号第 100 页。

文件的复制，应当认定这种复制行为是由影像城实施的，因为网站服务器是处于该公司的管理和控制下，若离开了影像城的服务器或其提供的软件，单靠用户自身要完成此类音乐文件的转录复制行为是相当困难的。关于向公众传播，影像城认为，只有将文件存储在服务器上的特定的用户才能够获取该文件，因此，不存在向不确定的公众传播的问题，不会侵害著作权人的公众传播权。对此，东京地方法院认为，影像城通过其服务器对外实施了传播行为，其用户就是传播的对象，而其用户是不确定的群体，因此，可以认定影像城的行为构成向公众传播，从而侵犯了著作权人的自动公众传播权和传播可能化权。

MYUTA案的判决意见发布后，其在日本社会产生了一定的争议①，其将复制、传播等行为认定为网络服务提供商所为，势必会对云存储等技术的发展带来潜在的法律风险。

（四）网络平台在商标侵权中的责任

在网络交易平台兴起以后，商标侵权日渐成为网络交易平台所面临的问题。关于网络交易平台上的商户侵犯了第三人的商标权时网络交易平台在何种情况下应承担何种责任的问题，日本知识产权高等法院在2012年所做出的“乐天市场案”的判决意见具有指导性质。

“乐天市场”案②

案情简介：

被告乐天公司开设了一家网上商城“乐天市场”，允许零售商户在该网站上开设虚拟商店。原告是一知名商标的商标权人，其指控乐天市场上有商户销售的商品侵犯了其商标权，向法院申请禁令救济，要求被告停止侵权，并请求损害赔偿。

裁判要旨：

东京地方法院在一审判决中认定：被控侵权的商品的流通转让和展示都是由网上商城的零售商户而非网上商城自身实施的，因此，应当由这些商户而非网上商城的经营者来承担侵权责任。当事人上诉后，作为二审法院的知识产权高等法院对一审判决做出改判，并发表了如下判决意见：

---

① 参见北村行夫「ストレージ・サービスを著作権侵害と認定—『MYUTA 事件判決—』」『コピライト』2007年11月号28页。

② 知识产权高等法院判决2012年2月14日。

作为网站的经营者，其不仅为零售商户创设网页提供了机会，而且还为其提供了操作系统，对每一家虚拟商店的建立、维持和删除都拥有控制权和管理权，并且，其通过要求网店商户交纳开户费和使用费从中获得了收益。因此，当网上商城的经营者知道或有合理根据认为其能够知道有商户从事商标侵权行为时，其应当对此承担商标侵权责任，除非其在知道或能够知道侵权后合理时间内将含有侵权内容的网页予以删除。

在本案中，知识产权高等法院认为，被告在知道商标侵权发生后的八天内将相关网页予以删除属于在合理时间内，因此，不再对商标侵权承担责任。

三、侵害名誉权方面

（一）Nifty Serve公司案

1997年的Nifty Serve公司案是日本第一起针对网络平台的名誉侵权案。

Nifty Serve公司案①

案情简介：

在该案件中，Nifty Serve公司开设了网络论坛网站，供用户在上面交流信息。论坛设有管理者，由Nifty公司聘用的人担任。有一名会员在“现代思想论坛”上发表了对另一会员的诽谤性言论。管理者知道侵权后，因在采取删除方式方面未能与该受害人达成一致意见而未采取任何措施。后来，受害人向法院提起诉讼，要求删除诽谤言论、公开道歉和进行精神损害赔偿。原告起诉以后，Nifty公司才删除相关言论。

裁判要旨：

对于该案，东京地方法院在一审判决中认为，被告用户发表的言论构成侵犯他人名誉权，应对此承担侵权责任。论坛管理者明知他人在网络论坛上发表侵害他人名誉权的言论时，有删除该言论的义务，应当立即采取适当的措施，但在本案中，论坛管理者在该言论发表了一个多月仍没有删除，也没有采取其他措施，因此，论坛管理者对此负有侵权责任，Nifty公司作为其雇主，亦应承担相应的责任。② 一审判决公布后，日本的社会舆论哗然，有人认为，若网站对于发表在网上的言论可以轻率地删除，将会危及公民依据宪法

① 参见东京高等法院判决2001年9月5日《判例时报》1786号第80页。

② 参见东京地方法院判决1997年5月26日《判例时报》1610号第22页。

所享有的言论自由。东京高等法院在二审中做出了改判，其认为：论坛管理者对于诽谤性言论负有删除义务，但是，基于民主社会的讨论规则，论坛的管理规则准许管理者可以允许相关言论保留一段时间。在本案中，虽然论坛管理者没有立即删除原告请求删除的言论，但并不能说过于迟缓，因而没有违反法律义务，因此，论坛管理者无须对此承担侵权责任，Nifty 公司自然也无须承担侵权责任。

（二）东京都立大学案

在 1999 年的东京都立大学案中，法院对网站运营机构的法律义务展现了宽松的一面。

东京都立大学案①

案情简介：

在该案例中，东京都立大学有两个关系对立的学生团体，有一方学生在学校的网站上发表了有损另一方学生名誉的言论。受害学生请求学校采取适当措施以删除该内容，但学校拒绝删除，于是，受害学生向法院提起诉讼，要求东京都立大学和其开办者东京市政府删除言论并承担损害赔偿责任。

裁判要旨：

东京地方法院认为：对于侵害他人权利的信息，网站管理者有权利为了维护网站的声誉而采取措施阻止其在网络上传输，因而有权将其予以删除，但是，这不等于网站管理者有义务将其删除。网站管理者在决定是否删除时，享有自由裁量的权利，除非其滥用权利，否则，不属于非法。关于网站管理者是否负有阻止损害发生的义务，法院认为，应当依照案件的具体情形来判断。对于网站管理者而言，也许知道在其网站上存在侵害他人名誉的言论，但是，往往很难具体判断某一言论是否侵害了他人名誉，因而，其通常并不负有阻止侵害发生的义务。只有对于那些普通人看一眼就可发现言论发表者具有主观恶意且侵害结果非常严重的言论，网络管理者才负有阻止其传播的义务。最终，法院认定本案被告对丁相关言论未予删除并违反其法定义务，无须承担损害赔偿责任。

① 参见东京地方法院判决 1999 年 9 月 24 日《判例时报》1707 号第 139 页。

（三）动物医院案

前述两起案件均是发生在《赔偿责任限制与信息提供法案》颁布之前。在《赔偿责任限制与信息提供法案》颁布之后，法律规则发生了变化，关于应当如何认定网络服务商在名誉侵权中的责任，“动物医院案”的判决意见提供了指引。

动物医院案[①]

案情简介：

2channel（2ちゃんねる，简称2ch）是日本最大的网络论坛，在其中的宠物论坛中，有用户发表了对原告动物医院及院长有损的言论，于是原告请求2ch网站予以删除，但是，该网站仅删除了一小部分而保留了大部分，于是，原告向法院提起诉讼，请求删除侵权言论并赔偿。

裁判要旨：

2002年6月，东京地方法院做出判决，其认为：在网络论坛实行匿名化的情况下，受害人很难直接起诉到加害人，因此，请求网络服务商删除有关言论就变得非常重要，但是，网络论坛上每天有80万帖子，要求网络服务提供商进行常态化的监督审查是不可行的，但是，如果其知悉有言论侵害了他人名誉，或者后来得知，则有义务立即采取删除措施。就本案而言，一审法院认为，被告未尽到删除义务，判决命令其删除有问题的言论并赔偿原告损失。被告以其不知道也不应当知道网络论坛上的帖子存在侵权为由而主张免责，并提出上诉。后来，该案上诉至日本最高法院。东京高等法院于2002年12月25日，驳回了2ch的上诉主张，认定2ch的侵权责任成立，其在判决中指出，鉴于到该网络论坛中存在大量的侵害他人名誉和不可信的内容，并不要求2ch对每一个帖子是否存在侵权都确切知晓，只要其知晓有帖子中存在侵害他人名誉的风险即可。

四、保护隐私、个人数据方面

虽然日本《民法典》并未明文规定隐私权，但法院通过一系列的判例确立了对公民隐私权保护的规则，肯定了公民享有“私生活无正当理由不受公

① 东京高等法院2002年12月25日《判例时报》1861号第52页。

开的权利”，并将其作为人格权的一种来进行保护。在进入计算机和网络时代以后，隐私保护与个人信息密切关联。日本国会于 2003 年通过了《个人信息保护法》，确立了个人信息保护的法律规则，违反这些法律规则，如发生数据泄露、向他人不当披露个人信息等，有可能构成民法上的违约责任或侵权责任。

另外，依照《个人信息保护法》的规定，个人信息处理机构负有应本人的要求而对其持有的个人信息进行公开、更正、停止利用等义务。在 2015 年进行修订时，法案增加了司法救济途径，但是，为了回应产业界对于滥诉的担忧，修订后的《个人信息保护法》第 34 条规定，个人信息的主体在提前诉讼之前应先行向被告提出请求且经过两周后才可起诉，或者先前请求时被拒绝的情形下，才可以提起诉讼。

网络环境下的隐私保护日渐呈现出其特殊之处。在欧盟法院关于谷歌公司的“被遗忘权案”的判决做出后，日本也先后出现了数起个人请求谷歌公司删除有关搜索结果的诉讼，其中有一起案件一直诉至日本最高法院，日本最高法院于 2017 年 1 月 31 日做出判决。

案情简介：

原告在 2011 年因违反了《对买春儿童、与儿童色情制品有关的行为进行处罚的条例与相关的儿童保护法》而被逮捕，后被判处罚金。在其被捕时，有新闻媒体对此进行报道，其中有些内容被上传至一些网站的电子公告板中。三年以后，当原告使用被告谷歌公司的搜索引擎以其居住的辖区名称和其姓名为关键词进行时搜索，其搜索结果包括一些网址（URLs）、标题和内容摘要等信息，其中包含原告 2011 年的犯罪记录。于是，其向法院提起诉讼，请求法院命令谷歌公司在搜索结果中删除其有关 2011 年的犯罪记录。

裁判要旨：

一审法院支持了原告的主张，要求谷歌公司删除相关链接，并且在其判决中还特别提到了原告享有“被遗忘权”。谷歌公司不服而上诉至东京高等法院，二审判决推翻了一审判决，驳回了原告的诉讼请求，于是，原告上诉至最高法院。

最高法院在本案的判决中首先承认个人隐私受到法律保护，未有正当理由不得披露与他人隐私相关的事实。日本最高法院在 1981 年的“律师协会前科照会案”以及“纪实文学《逆转》案”等案件中，曾确认了当事人对于其犯罪记录不予公开享有值得法律保护的利益。

关于搜索服务，最高法院发表了以下判决意见：

搜索服务提供者从互联网上收集信息、保存副本，并通过创建索引目录而对信息进行编排，为用户提供搜索服务，尽管这些行为是由计算机程序自动完成的，但是，其对检索结果的提供是与其制定的政策相一致的，因此，搜索服务提供商对搜索结果的提供在性质上属于一种言论表达方式。搜索服务在现代社会中发挥着十分重要的作用，它是人们通过互联网传播信息和从海量信息中获取自己需要的信息的基础。因此，如果搜索服务提供商提供的搜索结果被认定为非法，其将被迫予以删除，这意味着，不仅前述提到的言论表达会受到限制，而且，搜索服务在现代社会中发挥的作用也会受到限制。鉴于上述考虑，最高法院认为：当搜索结果中包含有与他人隐私相关信息或含有此类信息的文章的时候，认定该搜索结果是否非法应当权衡禁止披露该信息的法律利益与允许正常提供搜索结果的法律利益，其中，应当考虑以下因素：(1) 该信息的性质与内容；(2) 该信息被传播的范围，以及当事人因搜索结果的提供而遭受损害的程度；(3) 当事人的社会地位和影响力；(4) 包含有该信息的文章的目的与价值；(5) 文章公开时的社会背景以及随后的变化；(6) 该文章是否需要将此类事实或信息包括在内。基于对上述因素的考虑，如果禁止披露此类信息的法律利益明显地大于允许公开披露的法律利益，可以合理地解释为当事人可以要求搜索服务提供商在搜索结果中删除网址等相关信息。

就本案争议而言，最高法院认为，虽然原告因涉嫌儿童性犯罪而被捕的事实属于原告不想公开的隐私，但是，考虑到招揽儿童从事性行为被认为是对儿童的性虐待和性剥削，其受到社会的强烈谴责和法律的禁止与惩罚，该事实事关社会的公共利益。另外，考虑到只有同时使用上诉人的住所辖区地名和其姓名作为搜索条件进行搜索时才可以搜索出相关隐私信息，因此，可以说相关事实的传播是被限制在一定的范围内的。考虑到上述情况，即使如上诉人所言，其与其妻子和孩子一同生活，并且，在被处罚后已受雇于一家私人公司且在一段时间内没有犯罪，仍不能说不披露相关事实的法律利益明显大于公开的法律利益。因此，最高法院判决支持了二审判决，驳回了上诉。[①]

尽管在日本最高法院的判决做出之前，曾经有一些地方法院支持被遗忘

① 日本最高法院判决2017年1月31日，平成28年（许）第45号。

权的主张而曾判决谷歌公司删除有关个人信息，但是，在最高法院的判决做出后，地方法院在做判决时会非常谨慎。在日本最高法院看来，搜索服务商对于搜索结果的呈现亦是一种言论表达方式，并且，鉴于搜索引擎在信息社会中扮演着基础设施服务提供者的角色，如果对搜索结果进行干预，会产生不利的社会后果。因此，除非原告能够举出干预搜索结果巨大的社会价值，否则，将很难获得支持。

第二节　网络监管与网络平台的行政责任

一、对儿童网络环境的监管

（一）《青少年网络环境优化法》概述

在互联网上充斥着大量的不利于儿童健康成长的内容，为了净化网络环境，保障儿童的健康成长，避免儿童接触到不良信息，日本制定了《关于优化青少年可放心上网的环境的法律》（原文为《青少年が安全に安心してインターネットを利用できる環境の整備等に関する法律》），俗称《青少年网络环境优化法》（原文为《青少年インターネット環境整備法》）。[①]

《青少年网络环境优化法》规定了政府和地方公团体、为儿童提供互联网服务的企业、儿童的家长与监护人都负有积极采取措施、防止儿童接触到互联网不良信息并帮助儿童掌握正确使用互联网的能力的义务。[②]

为了避免儿童接触到网络上的不良信息，《青少年网络环境优化法》所采取的最主要的手段是通过过滤软件对互联网上供公众浏览的信息进行筛选，从而限制儿童接触到互联网不良信息。所谓不良信息，是指对儿童健康成长有害的不良信息，法案对其作了如下列举：直接且明确介绍或诱导其从事犯罪或触犯刑罚的行为，或者直接且明确诱导其自杀的信息；描述人为性行为

---

① 在日本法中，所谓“青少年”是指未满18周岁的人，而日语中的“未成年人”则是指未满20周岁的人。

② 《青少年网络环境优化法》第4～7条。

或性器官等的淫秽画面以及其他能够引起人强烈性欲的色情信息；杀人、处刑、虐待等惨烈画面的描写及其他内容残暴的信息。①

（二）相关主体的法律义务

网络环境的净化，离不开相关硬件生产厂商、软件开发者和网络服务提供者的配合，因此，《青少年网络环境优化法》也分别对其施加了义务。

对于服务对象是儿童且具有上网功能的通信设备制造商而言，只有当其设备上安装有互联网不良信息过滤软件，或者采取了其他措施，可以采取互联网不良信息过滤服务的，才可以在市场上销售其设备，但是，行政法规所认定的对儿童浏览互联网不良信息影响甚微的情况除外。②

对于开发互联网不良信息过滤软件的企业和提供互联网不良信息过滤服务的企业，《青少年网络环境优化法》要求其采取措施尽可能减少对儿童有害但未设置浏览权限的不良信息的数量的同时，能够根据青少年的成长阶段以及用户的选择设置多样化的浏览权限，并尽可能地减少对无须设置浏览权限的信息设置浏览权限。③

鉴于大量的不良信息都是出现在手机互联网领域，因此，法律对于提供手机接入互联网服务的企业的义务做出了专门规定：当手机接入互联网服务的签约对象或者手机终端或 PHS 终端的使用者是儿童时，提供手机接入互联网服务的企业必须将安装互联网不良信息过滤软件作为提供接入互联网服务的必要条件，但是，儿童监护人要求不使用互联网不良信息过滤软件的除外。④

对于互联网接入服务提供者而言，如果其用户提出要求时，其必须为其提供互联网不良信息过滤服务，但是，行政法规所认定的对儿童浏览互联网不良信息影响甚微的情况除外。⑤

（三）特定服务器管理者的法律义务

《青少年网络环境优化法》还对提供供公众浏览网络内容的服务器的管理

① 《青少年网络环境优化法》第 2 条第 4 款。
② 《青少年网络环境优化法》第 19 条。
③ 《青少年网络环境优化法》第 20 条。
④ 《青少年网络环境优化法》第 17 条。
⑤ 《青少年网络环境优化法》第 18 条。

者（以下简称“特定服务器管理者”）的义务做出规定，其相关规定将适用于网络平台。这些规定包括：

首先，特定服务器管理者在知道他人利用其管理服务器传播对儿童有害的不良信息或者自身计划发送对儿童造成不良影响的内容时，必须采取有效措施，以确保儿童无法通过互联网浏览此不良信息。①

其次，特定服务器管理者必须建立健全互联网不良信息举报受理机制，及时受理公众对不良信息的举报。②

最后，特定服务器管理者对于其所采取的防止儿童浏览互联网不良信息的措施，应当进行记录并保存。③

二、为保护儿童而对异性交友网站的监管

鉴于有许多儿童因接触异性交友网站而成为性犯罪的受害人，日本国会于2003年颁布了《规制利用网上介绍异性的业务引诱儿童的法律》。该法律明文禁止任何人利用异性交友网站从事下列行为：（1）引诱儿童成为性交等行为（包括性交、性交类似行为，或为了满足自己的性好奇心而触摸他人的性器官或让他人触摸自己的性器官的行为）的对象；（2）引诱他人（儿童除外）与儿童进行性交等行为；（3）表示愿意提供报酬，引诱儿童成为异性交际（性交等除外）的对象；（4）表示愿意提供报酬，引诱他人成为与儿童进行异性交际（性交等除外）的对象；（5）引诱儿童成为异性交往的对象或引诱成年人与未成年人进行异性交际的对象。

为了实现立法目的，避免儿童成为性犯罪的受害人，立法除了要求为异性交友网站提供通信服务的电信服务商必须为儿童上网提供信息过滤服务，要求儿童的监护人为供儿童使用的通信终端安装自动过滤软件或采取其他措施防止儿童访问异性交友网站，法律重点对异性交友网站进行了规制。④

首先，开设异性交友网站必须要向当地公安委员会进行申报，并且网站的开办人必须符合法律规定的各项资质条件。

其次，异性交友网站的经营者在进行广告宣传时，必须明示儿童不得使

① 《青少年网络环境优化法》第21条。
② 《青少年网络环境优化法》第22条。
③ 《青少年网络环境优化法》第23条。
④ 《规制利用网上介绍异性的业务引诱儿童的法律》第6条。

用，另外，对于欲访问该网站的用户必须明示“儿童不得利用该网站”。

再次，异性交友网站的经营者在应希望进行异性交际的人的要求，通过网络将其相关信息置于公众可浏览的状态并向公众传播或传达给其他人，或将为异性交往提供当事人的通信信息时，必须提前确定欲进行异性交际的人不是儿童。①

最后，异性交友网站的经营者在知道他人利用其网站实施法律所禁止的对儿童的引诱行为后，必须及时采取措施以确保公众无法浏览到相关信息。除了被动采取措施外，网站经营者还应积极采取措施，防止他人利用其网站从事法律所禁止的对儿童的引诱行为。②

为了确保异性交友网站规范运作，《规制利用网上介绍异性的业务引诱儿童的法律》还规定了行政监管措施。如果发现异性交友网站存在法律所禁止的对儿童的引诱行为或其他危害儿童的行为，网站经营者所在地的公安委员会可以对其采取发出指示、暂停营业或终止业务的命令，并有权要求其提交有关资料。

三、对色情、淫秽信息的监管

日本法对色情、淫秽信息的监管，包括对普通的色情、淫秽信息的监管，也包括对两种特殊类型的色情、淫秽信息的监管，即与儿童色情相关的信息和报复性色情信息。本部分重点对两种特殊类型的色情信息监管进行介绍。

（一）对儿童色情信息的监管

为了防范对儿童的性榨取或性虐待，保护儿童的利益不受侵犯、禁止与儿童有关的性行为、儿童色情作品的传播，日本国会于 1999 年（平成 11 年）颁布了《对买春儿童、与儿童色情制品有关的行为进行处罚的条例与相关的儿童保护法》③。

该法案明确禁止买春儿童、持有或传播儿童色情制品，或其他对儿童的性榨取或性虐待行为。该法中的“买春儿童（児童買春）”，是指以向儿童本人、儿童的监护人或儿童性交的中介者提供报酬或约定提供报酬的方式，与

---

① 《规制利用网上介绍异性的业务引诱儿童的法律》第 11 条。

② 《规制利用网上介绍异性的业务引诱儿童的法律》第 12 条。

③ 童買春，児童ポルノに係る行為等の処罰及び児童の保護等に関する法律。

儿童进行性交等行为（包括性交、性交类似行为，或为了满足自己的性好奇心而触摸他人的性器官或让他人触摸自己的性器官的行为）。所谓儿童色情制品，是指包含下列内容的照片、可由计算机识别处理的电磁记录或其他可实现视觉再现的存储介质：（1）与以儿童为对象或儿童相互之间实施的性交或类似性行为相关联的儿童形态；（2）能够满足或刺激性欲的，他人触摸儿童性器官或者儿童触摸他人性器官的相关儿童形态；（3）没有穿衣服或者只穿一部分衣服，特别是露出或强调儿童性部位（生殖器或其周边部位、臀部或者胸部），从而满足或刺激性欲的儿童姿态。①

依照该法律，向儿童买春、为儿童买春提供中介或进行劝诱的均构成犯罪，制造、持有、运输、进口儿童色情制品的，亦构成犯罪。对于网络服务提供者而言，其有义务与政府执法部门合作，积极采取措施防止儿童色情制品的传播。②

（二）对报复性色情物品的监管

报复性色情（Revenge Porn）物品是一种非常特殊的色情物品，通常表现为一方在与其配偶或性伙伴分手后将其前配偶或性伙伴的私人性照片、视频之类的图片公之于众，其受害人以女性居多。报复性色情物品一经传播，特别是在网络上传播，往往会给受害人带来巨大的精神伤害，并可能会受到许多骚扰。为了制止报复性色情物品的传播，保护受害人的权利，2014 年 11 月 19 日日本国会通过了《预防因提供私人性照片而受害的法案》。

日本的《预防因提供私人性图片而受害的法案》将擅自公开传播他人的私人性照片的行为定性为犯罪。根据该法第 2 条的规定，所谓“私人性图片”，是指描述下列人的行为的电磁记录形式或其他形式的图片：（1）从事性交或类似行为的图片；（2）性器官或其他器官（阴茎、肛门或乳头）被他人触摸的图片，或触摸他人性器官或其他器官、刺激性欲的图片；（3）旨在暴露其隐私部位（性器官或其他部位，以及相邻的部位，屁股或乳房）以刺激性欲为目的的全裸或半裸。

根据《预防因提供私人性图片而受害的法案》第 3 条规定，通过电信通道提供不确定的人或多人私人性图片并且图片所描述的人可以被第三人所识

① 《对买春儿童、与儿童色情制品有关的行为进行处罚的条例与相关的儿童保护法》第 2 条。

② 《对买春儿童、与儿童色情制品有关的行为进行处罚的条例与相关的儿童保护法》第 16 条（三）。

别，将被处以三年以下有期徒刑，或50万日元以下罚款，但是，刑事追诉采取不诉不理的原则，只有当受害人要求追究时公诉机关才可以此提起公诉。

为了保护受害人能够及时制作私人性图片的传播，该法案第四条为受害人及其近亲属提供了快捷的救济途径。受害人或在受害人已死亡时其近亲属（配偶、直系亲属或兄弟姐妹）可以请求网络服务提供商或网站的管理者移除被曝光的私人性图片，网络服务提供商或网站的管理者应当在收到请求后立刻通知上传该图片的用户，除非该用户在两天内明确表示拒绝移除，否则，网络服务提供商或网站的管理者有权将投诉的图片移除。与日本先前制定的《关于特定电信服务提供者的损害赔偿责任限制及向服务提供者请求提供发送者信息的法律》相比，网络服务提供商或网站的管理者的移除时限由7天缩短为2天，并且请求移除的主体从受害人扩展至受害人的近亲属。当受害人提出移除请求的时候，如果网络服务提供商或网站管理者未尽到及时移除义务，将对受害人承担损害赔偿责任。

四、对仇恨信息的监管

在日本国内，有部分极右翼团体和个人通过报纸、网络等传播媒体对外散播种族仇恨言论，歧视外国人，特别是针对在日韩国人和朝鲜人，有时甚至宣扬暴力。2014年8月，联合国消除种族歧视委员会对日本的种族仇恨言论和种族歧视现象提出批评，要求日本采取对策。日本众议院于2016年5月24日通过了《努力消除针对非日本人的不公正的歧视言论和行为的法案》（以下简称《仇恨言论对策法》）。

《仇恨言论对策法》旨在消除针对在日本合法居住的非日籍出身的人群及他们的后代的“不公正的歧视性言行”。该法第二条将“仇恨言行”定义为：鼓励和诱导对在日本合法居住的在日本以外的国家和地区出身的人群及他们的后代进行歧视为目的，通过公开宣称将危害对方生命、身体、自由和财产及具有明显的对他人的侮辱，煽动将这些在日本以外的国家和地区出身的人驱逐出去的不公正的言论和行为。

由于立法规定得比较模糊，而且对仇恨言论的管制涉及对宪法上的言论自由权利的限制，因此，许多地方政府和民间自治团体都感觉难以把握具体标准。2017年2月，日本法务省应23个都道府县的约70个自治体要求汇总了《仇恨言论对策法》的基本解释，并列举了构成“不公正的歧视性言论”

的具体参考例子，如“滚回你的国家”等关键词。[①]

由于担心可能会侵害宪法所保障的言论自由，日本的《仇恨言论对策法》未设禁止规定和罚则，其主要是公开宣示对仇恨言论的反对态度，明确提出中央政府和地方政府有责任积极采取措施消除仇恨言论，其反仇恨言论的具体措施包括：要求国家和地方政府建立和健全与仇恨言论相关的咨询体制、预防体制和争议解决机制；加强反仇恨言论的教育和宣传活动。

五、对恐怖主义信息的监管

2017年6月日本国会通过了《组织犯罪处罚法》，旨在打击恐怖组织和黑社会组织。该法案扩大了政府进行监听、监视的权力。对于互联网企业而言需要注意的是，对于网络上散布的恐怖主义言论，网络服务提供商在接到举报或知情后，有义务将其删除。

六、个人信息保护的监管制度

（一）日本的个人信息保护立法

日本对个人信息保护一向非常重视，早在1973年，日本德岛市就制定有《关于保护电子计算机处理的个人信息的条例》，随后，许多地方自治团体都相继制定了相关条例。2003年，日本内阁向国会提交了个人信息保护方面的五部法案，全部获得通过，其分别为《个人信息保护法》、《关于保护行政机关所持有之个人信息的法律》、《关于保护独立行政法人等所持有之个人信息的法律》、《信息公开与个人信息保护审查会设置法》以及《对〈关于保护行政机关所持有之个人信息的法律〉等的实施所涉及的相关法律进行完善等的法律》，这五部法律又被称为“个人信息保护关联五法”。[②] 其中，《个人信息保护法》是基础性的也是最重要的一部法律，该法第3条规定：“在尊重个人

① 参见《日本公布“仇恨言论”标准和实例》，载日本经济新闻中文网，网址：http://cn.nikkei.com/politicsaeconomy/politicsasociety/23576-2017-02-06-13-39-27.html，访问时间：2017年9月11日。

② 吕艳滨：《日本的个人信息保护法制》，载田禾主编：《亚洲法论坛》（第一卷），中国人民公安大学出版社2006年版，第222页。

人格的理念下，个人信息应被慎重对待，鉴于此，应当实现个人信息之正当处理。”由此可以看出，日本法是从对个人人格的尊重与保护角度来对待个人信息保护问题的。

2015 年 9 月日本国会对《个人信息保护法》进行了修订，此次修订的规模较大，影响也比较大。依据修订后的《个人信息保护法》，从其第 1 条关于立法目的的规定和第 60 条关于个人信息保护委员会的任务的规定中可以看出，该法律是立足于对个人信息利用的大背景下，通过规范个人信息处理业者的行为与义务，来实现个人信息的保护。法律明确肯定对个人信息的合理的有效率地利用对于保障新兴产业的创新能力和经济发展的活力具有重要意义，并基于此来制定个人信息利用中的个人信息保护问题。

（二）个人信息保护的监管体制

在实践中，网络平台与个人信息保护关系密切，网络平台在收集、使用和向第三人提供个人信息时都应遵循《个人信息保护法》的规定，否则会受到相应的处罚，甚至刑事责任。在个人信息保护行政监管方面，在 2015 年法案修订之前，主要是由消费者厅主管，监督实行主任大臣制度，另外，还有许多个人信息保护民间团体。2015 年法案修订时，创设了具有全面监管权的个人信息保护委员会。

个人信息保护委员会由委员长和八名委员组成，委员中 4 人为非常任委员。委员长和委员的任命，从人格品行高尚、见识高远的人中选出，在征得参众两院同意后，由内阁总理大臣任命。为了保证委员会的中立性，法律还规定了委员长和委员的专业的平衡，其要求委员长及委员中应当包括具有个人信息的保护及正当且有效的利用的相关学识经验的人士、在消费者保护方面具有丰富的知识和经验的人士、具有信息处理技术的相关学识经验的人士、具有利用特定个人信息的行政领域的相关学识经验的人士、在民间企业的实务方面具有丰富的知识和经验的人士以及联合组织所推荐的人士。委员会的议事由出席者的过半数通过。赞成与反对票数相同时，由委员长决定是否通过。由于委员会只有九人而事务繁多，因此，法律规定，委员会可以为调查专门事项而设置专门委员。在相关专门事项的调查结束后，应当解任专门委员。另外，委员会可以为处理委员会的事务而设置事务局。

个人信息保护委员会的主要职责包括：制定与个人信息保护相关的指南、对个人信息保护和匿名加工信息的处理进行监管、对个人信息保护团体进行认定。其监管权力包括：收取报告以及现场检查的职权、指导以及提出建议的职权、劝告以及命令。

当个人信息处理机构或匿名加工信息经营者违反《个人信息保护法》上的相关规定时，个人信息保护委员会可以在其认为为保护个人的权利或利益而有必要时，劝告其中止该违法行为及纠正其他违法而采取必要的措施。个人信息处理业者等无正当理由而未采取该劝告中的措施，则个人信息保护委员会可以在其认为对个人的重大权利或利益的侵害已经迫近时，命令该个人信息处理机构或匿名加工信息经营者等采取该劝告中的措施。

另外，对于违反《个人信息保护法》所规定的特定的条款（参见附表），个人信息保护委员会可以在其认为因已存在侵害个人的重大权利或利益之事实而有必要采取紧急措施时，可以不经过劝告程序直接发布命令要求信息处理机构采取相关措施。①

劝告的对象（第42条第1款）紧急命令的对象（同条第3款）		
条文	劝告对象的概要（无正当理由不遵从时命令）	紧急命令对象
16	使用没有取得同意，超出利用目的实现的范围的个人信息	是
17	以不正当手段取得的个人信息，没有得到同意的需要注意的信息	是
18	将利用目的向本人通知、公开	否
20	为了防止遗失、毁损才去的必要的安全措施	是
21	为了保证个人数据的安全对从业者采取必要的监督	是
22	在个人数据委托使用的场合对受托者的必要监督	是
23④以外	将个人信息向第三者提供时的通知以及向委员会提交申请手续	只有第1款（除去不需要本人同意即可以向第三者提供的情形）
24	向国外的第三者提供数据时的限制	是
25	将个人数据提供给第三者时的相关记录做成等	否
26②以外	接受提供的个人数据时的确认、记录等	否

① ［日］関啓一郎：《对于个人信息保护法和其时隔十年之后的修改的说明》，载《知识产权创造》2015年10月，第18页。

续表

劝告的对象（第42条第1款）紧急命令的对象（同条第3款）		
27	保存个人数据相关事项（保存目的）的公开等	否
28①以外	个人数据的公开	否
29②③	个人数据的修正等	否
30②④⑤	停止个人数据的利用等	否
33②	利用目的的通知以及公开等相关的手续费（实际合理费用）	否
36②以外	匿名加工信息相关的加工方法·安全管理·公开·禁止识别	只有第1款
37	经营者将匿名加工信息向第三者提供时的公开	否
38	禁止经营者对匿名加工信息进行识别	是

如果个人信息处理机构或匿名加工信息经营者违反个人信息保护委员会的命令，将被处以六个月以下的有期徒刑或三十万日元以下罚金。

（三）个人信息利用的规则

对个人信息利用的规制是日本《个人信息保护法》的核心内容。互联网企业对个人信息利用所面临的一个关键问题是，其对个人信息的使用目的有可能超出最初收集个人信息时所确定的目的，这在大数据时代进行数据分析和应用时更为经常出现。日本《个人信息保护法》在修订前对此规定为：个人信息处理业者变更利用目的，不得超过可合理地认为与变更前的利用目的具有相当的关联性的范围。2015年修订后的《个人信息保护法》第15条删除了该条原规定中关于“相当的”要求，从而进一步拓宽了互联网企业对个人信息进行利用的范围。例如，电力公司为了促进顾客省电，收集、分析家庭内的电器使用情况而获得的信息也可以用在电力相关技术的研究开发、该顾客的安全确认服务等方面。依照现行法律规定，如果数据处理机构的使用目的没有超出合理的可预见范围的话，是不需要获取本人同意的，但是，向本人通知或者公开义务是不能省略的；如果数据处理机构的使用目的超出了前述范围，构成变更利用目的的，必须取得本人的同意。

关于个人数据流通问题，日本《个人信息保护法》规定，个人信息的处理机构在将个人数据提供给第三人的时候，原则上应取得本人同意，并应按照个人信息保护委员会制定的规则将有关事项通知本人，或者置本人于容易知悉的状态，并向个人信息委员会提出申报。个人信息处理机构在向第三方提供个人数据时，应当按照个人信息保护委员会制定的规则记录受领者的名称等信息，并且根据规则保存一定的时间，并且，个人数据的受领机构也要根据委员会制定的规则，记录提供者的名称和数据取得的经过并且保存一定的时间。即使是在本人同意的场合下，也不能免除上述记录做成的义务。

对于数据跨境流通问题，依照《个人信息保护法》的规定，在以下情形可以向外国的第三人提供个人数据：（1）同等性认定国：在对个人数据保护方面具有与日本具有同等的保护水准的外国；（2）体制健全的国家：符合个人信息保护委员会制定的规则的国家；（3）根据法令，保护生命、身体、财产的必要性，即使是在国内也不需要本人同意的场合（第23条第1款各项）；事先征得本人同意的场合（第24条）。

另外，依照《个人信息保护法》的规定，个人信息处理机构负有应本人的要求而对其持有的个人信息进行公开、更正、停止利用等义务，并且设定了相应的行政监管机制和诉讼机制。

（四）有关匿名加工信息的规定

日本的《个人信息保护法》在2015年进行修订时的一个突出亮点就是对匿名加工信息以专门一节进行了规定，这在世界上各国立法中尚属首次。所谓匿名加工信息，是指对个人信息中可识别出个人的部分进行处理后，使其无法识别出特定的个人且无法恢复。个人信息处理机构在制作和向第三人提供匿名加工信息时，应当遵循个人信息保护委员会所制定的标准。除了规定加工方法外，法案还制定了关于信息处理机构对于匿名加工信息的公开、再识别的禁止、安全管理的相关规则。由于匿名加工信息不符合个人信息的条件，因此，有关个人信息保护的许多规定都不适用于匿名加工信息。匿名加工信息的处理机构在向第二人提供匿名加工信息时，应向该第三人明示相关信息为匿名加工信息，并公开其所含有的个人相关信息中的项目及提供的方法。

（五）行政处罚

依照《个人信息保护法》第88条的规定，对于个人信息处理机构未如实记录从第三人处取得个人数据的行为，将处以 10 万日元以下的罚款。其他一些违法行为则有可能招致行政责任。

第三节 网络平台的刑事责任

一、侵犯名誉权和著作权的刑事责任

日本《刑法典》第 34 章对于侵犯名誉权的犯罪作了规定，包括毁损名誉罪和侮辱罪。对于毁损名誉罪，日本刑法规定的特色在于，不问事实是否成立，均可构成毁损名誉罪。言论属实并不能构成免责的抗辩事由，这对于保护受害人的隐私是有益的。日本《著作权法》在其第八章“罚则”部分规定了侵犯著作权的刑事责任。

在实践中，许多涉嫌侵犯他人名誉权的言论或者侵犯他人著作权的文件都是用户自主上传至互联网的，而不是网络平台上传的，因此，网络平台被直接认定为毁损名誉犯罪或侵犯著作权犯罪的主要犯罪行为人极少，其刑事责任的风险主要在于其行为是否构成“帮助犯”。日本《刑法典》第 62 条和第 63 条规定了帮助犯的构成和刑事责任。关于网络平台应在何种情况下承担帮助他人实施犯罪的刑事责任，在法律边界上不甚清晰，但是，日本最高法院在 Winny 案中的判决意见可以提供一些参考。

Winny 案

案情简介：

在 Winny 案中，被告是一名从事计算机软件研究人员，其自行开发了一款名为 Winny 文件分享软件，并把它发布在网上，供不确定的人或多数人免费使用，并且，被告还陆续发布升级版本。Winny 采用 P2P 技术，没有中央服务器，但具备保障用户匿名传输、搜索等技术特征，可以便于用户高效率地交换数据资料，其可以被用于多种用途，当然，也包括被用于侵害他人的版权。有两人因使用 Winny 软件程序对受著作权保护的游戏软件程序进行了处理并把它发布在网上而侵犯了他人著作权中的向公众传播权，违反了《著作权法》并构成犯罪，被认定为实施犯罪行为的主犯。本案被告则以帮助犯

的名义被提起刑事公诉。

裁判要旨：

一审法院认为，Winny使用的技术具有价值中立性，若无限制扩张帮助犯的范围而将提供中立技术的行为都看作犯罪，是不适当的。向他人提供一项中立技术是否违法最终取决于社会上使用该项技术的事实场景、提供者对技术使用场景的认识，以及提供者的主观态度。基于此，一审法院认为，人们使用Winny和其他文件分享软所交换的文件中绝大多数都是侵犯他人著作权的，Winny软件在社会上被人们认为是一种可以从事盗版活动而不被发现的软件。法院认为被告明知该软件的使用场景并期待会出现一种与之相关的商业模式而向社会公众提供该软件，并导致主犯从事了侵权犯罪活动，因此，构成帮助他人犯罪，判处被告150万日元的罚金。

一审判决作出后，公诉人和被告都提起了上诉，二审法院认为，将向他人提供软件的行为看作帮助犯，这是一种新型帮助犯类型，对于是否对其施加刑事责任，需要慎重考虑。二审法院认为："为了证明在网上向他人提供价值中立的软件使得主犯从事犯罪行为更为容易，仅仅证明被告能够认识到在不确定的公众用户中有人会使用该软件从事违法活动是不够的，要想证明帮助犯成立，必须要证明软件提供者不仅仅提供了软件，而且还向其他人推荐将该软件专门用于或主要用于从事违法活动。"基于此，二审法院认定，虽然本案被告能够认识到他人有可能将其提供的软件用于违法用途，但被告并无向其推荐用于侵权用途的行为，因此，认定被告无罪。

日本最高法院判决认为，二审法院对于帮助犯要件的解释是错误的，并非只有在被告推荐他人违法使用时才构成帮助犯。同时，一款软件存在多种用途，不能仅仅因为其存在被用于违法用途的可能便认定开发和提供软件的行为构成犯罪。只有在以下情形下，才可认定为帮助侵犯他人著作权成立："(1) 当事人在发布和提供软件时认识到并接受该软件存在具体的而迫切的被用于侵犯著作权的风险；(2) 考虑到该软件的性质、使用目的和提供方法，在获得该软件的人群中有大量的人会将其用于侵犯他人著作权，并且达到了令人难以容忍将其看作是例外的程度，软件的提供者在提供或发布时也认识到并接受其存在如此高概率的违法用途，并且，有主犯实际上利用该软件从事了犯罪行为。"

基于上述几点，日本最高法院认定：被告在提供Winny软件时并没有认识到或接受该软件存在侵权的具体而迫切的风险；Winny软件是一款高效率的保密性的文件交换软件，其既可以被用于合法用途，也可以被用于违法用途，并且很难客观查证其真实概率；被告认识到了该软件可能会被有些人用于侵权用途，但是，尚不能认定被告已认识到并愿意接受该软件被用于侵权用途的概率如此之高以至于达到无法将其作为例外来容忍的程度。相反，被告在知道他人有可能使用其软件用于侵权用途时，被告多次发布警告，警诫人们不要将其用于侵犯他人著作权。因此，日本最高法院认定，被告的行为不构成帮助他人犯罪。①

该案在日本社会引发了极大的关注。被告人在被提起刑事指控后，引发了许多软件程序员的忧虑。如果一个人仅仅因为开发了一款计算机软件而有可能受到刑事控诉，将会影响软件产业的发展，因此，我们可以从该案中看到日本法院在对待这一问题的谨慎态度，并且，二审法院和最高法院都明确提出了“技术中立”的原则。值得注意的是，在该案中，被告所设计的软件所采用的P2P技术架构不同于“File Rogue”，其不存在中央服务器，完全是点对点的传输，并且是匿名的，因此要求被告对软件使用的行为进行控制是难以做到的。

曾有学者研究发现，日本的版权界较之美国的版权界更热衷于追究侵权人的刑事责任，其中，一个重要原因在于，日本法院判决的著作权损害赔偿金额往往都比较低，难以完全填补受害人的利益损失或起到威慑侵权人的作用；另一个重要原因在于，在网络传播环境下，网络平台发挥着极其重要的作用，而其通常并不是直接侵权行为人，而是帮助侵权人，依日本的《著作权法》的规定，对于帮助侵权人并不能适用禁令救济。因此，对于著作权人而言，如果想制止网络环境下的侵权行为，在难以获得禁令救济的情况下，寻求刑事控诉将是一个比较有效的办法。另外，对于像Winny案中的被告而言，由于所涉P2P技术系去中心化的技术架构，即使著作权人能够获得对被告的禁令，被告也无力控制实施侵权行为的直接行为人，即使被告不再推出新版本的软件，但已有版本的Winny软件仍会被使用。②

① 平成21（あ）1900著作権法違反幇助被告事件，平成23年12月19日，最高裁判所第三小法庭。

② Salil K. Mehra, Software as Crime: Japan, the United States, and Contributory Copyright Infringement, 79 Tul. L. Rev. 265 (2004).

二、异性交友网站的刑事责任

依照《规制利用网上介绍异性的业务引诱儿童的法律》的规定，当异性交友网站因违反法律规定受到当地公安委员会的暂停或终止业务的命令后而拒不履行的，将被处以一年以下有期徒刑或一百万日元以下罚金，或数罪并罚。①

异性交友网站未按法律规定向公安委员会提出申报便私自开设的，或者向他人出借名义开设异性交往网站的，未遵守公安委员会发布的指示的，将被处于6个月以下有期徒刑或100万日元以下罚金。②

异性交友网站在开办、变更、终止时向公安委员会提交虚假资料的，或者在其经营过程中应公安委员会的要求而提交的资料存在虚假的，应当被处以30万日元以下罚金。③

三、传播淫秽信息的刑事责任

依照《日本刑法典》第175条规定：散发、贩卖或公然陈列淫秽的文书、图画或其他猥亵物的，或者，出于贩卖的目的而持有该类物品的，均构成犯罪。所谓散发，是指无偿交付给不特定的人或特定的多数人。贩卖则是指有偿转让。所谓公然陈列，是指将淫秽物品置于不特定的人或特定的多数人可以看到的状态下。将存储淫秽图片或视频的计算机硬盘与网络相联使其上传到网络以供公众浏览的行为构成公然陈列淫秽物品罪。如果网络平台招募或积极鼓励用户上传淫秽物品，特别是网站管理者具有营利目的的时候，其有可能触犯《刑法典》第175条而承担刑事责任。

四、违反《个人信息保护法》的刑事责任

日本国会在2015年修订《个人信息保护法》时新增加了非法提供个人信息数据库罪。个人信息数据库的经营者或者其从业人员，为了谋取不正当利

① 《规制利用网上介绍异性的业务引诱儿童的法律》第31条。
② 《规制利用网上介绍异性的业务引诱儿童的法律》第32条。
③ 《规制利用网上介绍异性的业务引诱儿童的法律》第34条。

益而提供、盗用个人信息的，将被处以一年以下的拘役或者50万日元以下的罚金。个人信息的经营者包括法人的董事会成员、法定代表人或高级管理人员。另外，对于犯罪主体为法人的，实行法人与行为人的双罚制。

对于违反个人信息保护委员会的命令的机构或个人，将处以六个月以下的有期徒刑或30万日元以下罚金。对于违反如实报告义务，提供虚假答复，或拒绝、妨碍或回避检查的，将被处于30万元以下的罚金。

违反《个人信息保护法》的刑事责任可参见下表：①

① ［日］関啓一郎：《对于个人信息保护法和其时隔十年之后的修改的说明》，载《知识产权创造》2015年10月，第20页。

表3　个人信息保护法上刑罚的适用

提供个人信息数据库罪（第83条）	违反委员会命令（第84条）	报告违反（第85条）	国外适用（第86条）	双罚制（第87条）
个人信息处理业者［在其是法人（包括章程规定有代表人或管理人的非法人团体）的情形，为其高管人员、代表人或管理人］或其员工，或者曾经是这些主体的主体以为自己或第三人谋求不正当利益为目的而提供或盗用其在业务中处理过的个人信息数据库等（包括对其全部或某一部分的复制或加工）的，处一年以下有期徒刑或五十万日元以下罚金。	在以下的场合处以6个月以下的拘役或者30万日元以下的罚金 ①违反劝告（第42条第2款） 没有正当理由，对于不采取委员会劝告措施的经营者，也不遵从委员会的处置命令。 ②违反紧急命令（第42条第3款） 使用没有取得同意，超出利用目的的实现的范围的个人信息。 ·以不正当手段取得的个人信息 ·没有得到同意的需要注意的信息 ·将利用目的向本人通知、公开 为了防止遗失、毁损所才去的必要的安全措施 ·为了保证个人数据的安全对从业者采取必要的监督 ·在个人数据委托使用的场合对受托者的必要监督 ·将个人信息向第三者提供时的通知以及向委员会提交申请手续 ·向国外的第三者提供数据时的限制 ·将个人数据提供给第三者时的相关记录做成等 ·接受提供的个人数据时的确认、记录等 ·保存个人数据相关事项（保存目的）的公开等 ·个人数据的公开 ·个人数据的修正等 ·停止个人数据的利用等 ·利用目的的通知以及公开等相关的手续费（实际合理费用） ·匿名加工信息相关的加工方法·安全管理·公开·禁止识别 ·经营者将匿名加工信息向第三者提供时的公开 ·禁止经营者对匿名加工信息进行识别	以下的情形处以30万日元以下的罚金 ①个人信息经营者（同条第1款） ·没有提交资料 ·提交虚假的资料、报告 ·对委员人员的问题不回答或者虚假回答 ·拒绝、妨碍、规避检查 ②认定的个人信息保护团体（同条第2款） ·不提供认定业务相关的报告或提供虚假报告	以下的情形在日本国外犯罪同样适用 ①委员会相关人员违反秘密保有义务 ②触犯个人新数据库提供等犯罪	法人代表或者法人或者人的代理人、使用人及其他的从业者，对于法人或者人的业务，在违反以下的规定时，在处罚行为者的同时，对于法人或者人也要处以相关的罚金 ①违反个人信息数据库提供罪（第83条） ②经营者违反委员会命令(第84条) ③经营者或者认定的个人信息保护团体违反报告义务（第85条）

第七章

韩国法上的
网络平台法律责任制度

韩国目前并没有关于“网络平台”或“网络服务提供者”的统一的法律规定。但是，一些具体的法律法条中规定了有关网络服务提供者种类的部分内容，以及在不同情形下责任的追究或免除等内容。尤其是在韩国的《著作权法》中，明确引用了“网络服务提供者”这一术语。此外，在《与电子商务等活动中消费者保护相关的法律》（以下简称《电子商务法》）、《电子通讯事业法》、《信息通讯网法》等法律法规中，都存在关于网络服务提供者的相关规定。下面将以韩国不同法律法规中有关网络平台或网络服务提供者的法律规定为基础展开探讨。

第一节　网络平台的民事责任

一、网络平台在名誉、隐私侵权领域的民事责任

依照《韩国民法典》第 751 条规定，公民的名誉权受法律保护，侵害他人名誉应承担民事损害赔偿责任。在网络环境下，发表侵害他人名誉、隐私言论的行为人往往是一些网络论坛的用户，而非网络平台本身，在这种情况下，如何认定网络平台的义务，以及其在何种情况下才承担损害赔偿责任，在韩国法律中存在许多争议。

（一）网络服务提供者的删除侵权言论的义务

在《促进信息通讯网络的利用和信息保护法》（以下简称《信息通讯网法》）2008 年修订之前，韩国大法院（即韩国的最高法院）曾先后做出两个意见不一致的判决。

韩国大法院在 2001 年 9 月做出的另一个判决中认为，负责管理电子公告板的网站运营者，在其知道或应当知道论坛上发表的帖子侵害他人名誉时，有义务采取充分的措施，并认为，其在接到受害人和政府审查机构的删除请求后仍然拒绝删除侵害原告名誉的发言帖子时违反了其义务。①

① 韩国大法院于 2001 年 9 月 7 日做出的“2001 다36801”号判决。

然而，在2003年6月做出的另一份判决中，韩国大法院则认为：在网络论坛上出现有损原告名誉的发言帖子时，法院在认定作为网络论坛管理者的被告是否尽到了及时删除该帖子的义务时，必须仔细综合权衡以下相关因素："该帖子的内容与目的，帖子的方式与持续时间，此帖子所造成的损害的程度，发帖人与受害人之间的关系，围绕该帖子所展开的争辩，该网站是否具有营利目的，该网站对公众的开放程度，网站管理者知道或应当知道帖子内容的时间点，以及删除帖子在技术和经济上的可行性等。"并且，法院认为，除非极端特殊情形外，法院不能仅仅因为网络论坛上的帖子侵害了第三方的名誉以及网站管理者知道或应当知道为由而就此认定网站管理者负有立即移除该言论的法律义务。因此，即使被指控侵权的帖子在网站上存留了多日而未被移除，也不能当然地认为网站管理者违反了及时删除的义务。①

目前，在规制网络服务提供商对于侵权信息处置义务方面，韩国最重要的法律为《信息通讯网法》。该法第2条第1项第3号条款将"信息通信服务提供者"定义为：《电子通讯事业法》第2条第8号规定的电子通讯业者，以及以营利为目的的利用电子通讯业务提供信息或者提供信息中介服务的电子通讯业者②。即，《信息通讯网法》中所规定的"信息通信服务提供者"包括受理互联网业务的经营者在内，而这种信息通信服务提供者也属于一类网络服务提供者。

《信息通讯网法》第44条明确规定："禁止用户在信息网络上传播侵犯他人隐私、损害他人名誉等侵权信息。信息通信服务提供者在自己管理运营的通讯网络里必须尽力防止传播第1项规定的相关信息。为了防止信息通讯网中侵犯他人隐私或损害他人名誉等侵权信息的传播，放送通讯委员会可以推行技术开发、宣传教育等政策，同时还可以对信息通信服务提供者进行劝导。"依照该条款的规定，在信息通信服务提供者所管理经营的信息通讯网络中，服务提供者有必要尽力防止侵害他人隐私或损害他人名誉等侵犯他人权

---

① 韩国大法院于2003年6月27日做出的"2002다72194"号判决。

② 第2条（定义）：本法用语的具体含义如下：

1. 略。

2. "信息通信服务"，是指《电子通讯事业法》第2条第6号所规定的电子通信服务和利用通信服务进行提供信息或者信息中介的服务。

3. "信息通信服务提供者"，是指《电子通讯事业法》第2条第8号所规定的电子通讯业者，与以营利为目的的利用电子通讯业者的电子通信服务提供信息或信息中介服务的人。

4. 以下省略。

利的信息的传播。有争议的是，该条款是否直接规定了网络服务提供者负有防止传播有害信息的法定义务，有学者认为，前项条款字面上的“尽力”不过是一项注意规定，具体而言很难将该条款解释为与侵害第三人权利的责任有关的法律依据。① 在一则韩国下级法院审理的判例解释中，认为该项规定并不属于宣示性规定。② 甚至大法院都认为，“随着使用信息通信服务人数的增长，信息通讯网中信息传播的影响力也越来越大，导致各种泄露个人信息、侵犯他人名誉等的社会性侵权行为不断增多，因而有必要以规制该类侵权行为的泛滥为宗旨进行专项立法”。③ 但是，很难将该规定视为网络服务提供者需要提供某种服务行为的一般法律依据。

2008 年《信息通讯网法》进行修订时增加了第 44 条之 2，明确要求信息通信服务提供者在收到被侵害的第三方请求其删除相关信息要求时，要立即做出删除、临时处置等必要措施。④ 这可以视为“通知移除义务”原则的法律化。但该项规定存在一定的弊端，即并不排除信息通信服务提供者承担必要的损害赔偿义务，导致无法充分保护信息通信服务提供者的相关利益。

2008 年《信息通讯网法》修订法案生效之际，韩国大法院做出一项富有争议的判决，其认为对于明显具有侵权性质的言论，即使受害人没有向其提

---

① 车尚育：《网络市场经营者商标权侵权的法定责任》，载《经济法研究》第 13 卷第 1 号(2014)，第 45 页。

② 韩国首尔高等法院于 2010 年 5 月 10 日作出的“2009 라 1941”号判决（即对“adidas 事件”的抗诉审判决，详见下文第四章第四节标题 1.（3））。

③ 韩国大法院于 2012 年 12 月 4 日做出的“2010 마 817”号判决（即对“adidas 事件”二审抗诉的判决）。

④ 第 44 条之 2（请求删除信息等）

1. 在信息网络中公开信息存在侵犯他人隐私或损害他人名誉等侵权行为的，受害人有权要求管理该信息的信息通信服务提供者对该侵权事实进行解释，并要求作出删除相关信息或者发布澄清公告（下面将用“删除等”代替）的处理办法。

2. 当信息通信服务提供者收到第 1 项所规定的删除信息等要求时，必须采取删除等必要的临时措施，同时及时告知投诉人与信息发布者。同时，信息通信服务提供者必须通过发布公告栏等方式告知用户采取必要措施的事实经过。

3. 信息通信服务提供者必须及时删除其管理的信息通讯网中被上传的违反第 42 条规定的标注方式发布的有害青少年身心健康的不良信息，或者在没有采取第 42 条之 2 规定的限制青少年接触的措施下上传宣传有害青少年身心健康的不良信息等相关内容。

4. 即便信息通信服务提供者收到了第 1 项所规定的删除信息的请求，在无法判断是否存在权利侵害时或者预计当事人双方可能存在矛盾冲突时，可以对相关信息采取临时的拦截措施（以下简称为临时措施）。临时措施的期限在 30 日以内。

5. 信息通信服务提供者必须事先将必要措施的内容、步骤等事项在管理章程中明确表现出来。

6. 信息通信服务提供者对在其管理的信息网络中传播的信息实行了第 2 项所规定的必要措施的，可以减免相应的损害赔偿责任。

出删除该言论的请求，如果信息通信服务提供者对此知情，其亦有删除义务。①

(二) 网络服务提供者的任意临时处置权

《信息通讯网法》在2008年修订时不仅规定了信息通信服务提供者对于侵权言论的删除义务，而且还赋予了信息通信服务提供者对在其管理运营的信息情报网络中传播侵犯他人隐私权、名誉权等权利的信息的行为进行任意临时处置的权利（第44条之3）。②

(三) 关于提供用户身份信息的规则

依据《信息通讯网法》第44条之6的规定，因网络侵权言论而遭受损害的当事人，为了提起民事诉讼或刑事告诉的需要，可以向名誉损害纠纷调处委员会提出请求，要求相关信息通信服务提供者提供其所持有的涉嫌发表侵权言论的用户的信息。名誉损害纠纷调处委员会在收到提供用户信息的请求后，除无法联系到相关用户等特殊情况以外，必须先听取该用户的意见再做出是否提供相关资料的决定。

所谓名誉损害纠纷调处委员会，是指韩国的通讯标准委员会依照《信息通讯网法》第44条之10的规定而设立的一个致力于快捷处理因网络信息传播而引发的侵害他人名誉、隐私等纠纷的机构，其由五名以下成员组成，其中至少有一名具有律师资格。

二、网络平台在知识产权侵权领域的民事责任

(一) 网络平台在著作权领域的法律责任

1. 网络服务提供者的定义

韩国《著作权法》明确采用了“网络服务提供者”的概念，并将其定义

① 韩国大法院2009年4月16日做出的“2008다53812”号判决。

② 第44条之3（任意的临时措施）

1. 信息通信服务提供者认定在其管理的信息网络中传播的信息存在侵害他人隐私、损害他人名誉等侵权行为的，可以任意采取临时性处置措施。

2. 第1项规定的临时措施适用第44条之2第2项后半段、第4项后半段以及第5项的规定。

为“通过信息网络将用户选择的创作品完整地传输到指定位置，为用户提供传输、确定来源、资源链接等服务的人”以及“为用户提供通过访问信息网络或者在信息网络上复制、传输创作品等资源的服务的人，或提供、管理相关服务器的人”（《著作权法》第2条30号）。[①]

2. 有关网络服务提供者责任限定的规定

韩国制定与网络服务提供者责任限定相关的法律规定，始于2011年6月30日《著作权法》的第10807号修正案以及2011年12月2日《著作权法》的第11110号修正案。这两次修正案是在韩欧自由贸易协定以及韩美自由贸易协定签订后，根据协定的宗旨进行的修改。两次修正案参照欧盟电子商务指令的规定，将网络服务提供者分为提供数据传输者（mere conduit）[②]、提供缓存服务者（Caching）[③]、提供托管服务者（Hosting）[④]、提供搜索引擎者（Search Engine）[⑤]，并且基于上述分类而分别为其规定责任免除或限制条件。[⑥]

首先，韩国《著作权法》第102条第1项规定，（1）在侵权人传输创作品前还未选择创作品或收信人时，单纯提供数据传输的网络服务提供者采取删除其账户措施的，或者即使采取识别、保护创作品的标准技术手段也不能防止侵害发生的，不承担损害赔偿责任。（2）提供缓存服务的，首先需要符合（1）的全部条件，并且要在不修改创作品的前提下设置创作品访问条件，只向遵守访问条件的用户开放权限；其次复制人、传输人要遵守行业内普遍认同的数据传输规则下的“创作品的现行化”[⑦]的相关规定，在创作品的发

① 该法第2条（定义）规定，本法用语的含义如下所述：1～29. 略。30. “网络服务提供者”包括以下几种：（1）通过信息网络将用户选择的创作品完整地传输到指定位置（这里所说的信息网络是指韩国“促进利用信息通讯网及信息保护等有关的法律”第2条第1项中规定的信息网络，下同），为用户提供传输、确定来源、提供链接等服务的。（2）为用户提供通过访问信息网络或者在信息网络上复制、传输创作品等资源服务的，或提供、管理相关服务器的。31. 略。

② 将创作品完整地进行传输、确定来源、提供链接的行为，或者在此过程中为传输创作品等资源在合理必要的时间内进行自动临时储存的中介行为（1号）。

③ 为了便于后续用户可以及时进行访问或接收，根据用户的要求而对其上传的创作品等资源进行自动临时储存的中介行为（2号）。

④ 根据复制上传人的要求，在网络服务提供者的电脑内储存创作品等资源的行为（3号）。

⑤ 在信息网络上通过检索引擎为用户提供创作品等资源位置或链接的行为（4号）。

⑥ 与欧盟电子商务指令不同，修正后的韩国著作权法将检索引擎（Search Engine）归于网络服务提供者的一种类型，这可能是受到了美国数字千年版权法（DMCA）的影响。

⑦ “创作品的现行化”并不是IT行业的常用语，因此很难确定其具体含义。由于韩国著作权法与美国数字千年版权法、欧盟电子商务指令的内容相似，根据二者表达的内容可以推测其具体含义为“刷新或更新信息”。笔者认为，对于这种无法直接理解本身含义的法律用语，在相关专业领域也不常见，立法时应加以摒弃。

布网站上使用获得创作品等资源的手段不会对相关行业内普遍认同的技术的使用造成阻碍；同时在收到终止复制、传输创作品的请求时，能够及时终止侵权人的访问的，不承担损害赔偿责任。（3）提供服务器以及（4）检索工具服务的，以符合（1）的全部条件为前提，网络服务提供者拥有管制侵权行为的权限与能力的，并且没有从该侵权行为中获得直接经济利益的，在发现侵权事实时或通过停止复制、传输行为的请求发现侵权事实或情况存在时，能够及时终止创作品的复制、传输行为并且能够指认、公示出该侵权人的，不承担损害赔偿责任。

有学者主张，修正后的韩国著作权法细化了网络服务提供者的类型，导致不属于这四种类型的网络服务提供者的责任限定被排除在外，反而可能使其承担更加严苛的责任。① 但修正后的著作权法制定的免责事由，与其说是为了让网络服务提供者在著作权人与侵权索赔人间的纠纷中摆脱责任，不如说是制定了更加详尽的规定以对网络服务提供者施加压力。

但是，存在问题的网络服务提供者即使不符合以上四种免责情形，也不是立即认定其承担责任的，必须符合以下的不法行为理论的责任要件，才能够追究其所要承担的责任。因此，相关类型的细化并不等于赋予更严苛的责任。但是，以上规定是完全根据欧盟与美国法律的标准加以制定的。免责范围虽然看似广泛，其实从网络服务提供者的角度来看，解释其必须符合所有免责条件的空间很大，导致免责已不再是重点，而在本应作为媒介的免责条件入法后能够规制的责任范围扩大了。这一矛盾的立法规定也受到了学者的批判。② 据悉，迄今为止韩国判例中，还没有哪个判例是通过切实地分析著作权法修正后的条款来判断免责范围的。③ 实务中，有关免责规定具体内容的分析是多种多样的，但是引用上述包含“标准的技术手段”等抽象概念的条款的可能性还是有的。

此外，韩国《著作权法》规定，由于技术条件的限制导致网络服务提供

① 李大熙：《韩美自由贸易协定与网络服务提供者的责任限制》，载《软件与法律通卷》第 4 号（2007），第 122 页。

② 朴正勋：《欧盟有关网络服务提供者权利责任的法律规定：与韩国法制相比较》，载《庆熙法学》第 48 卷第 1 号（2013），第 567 页。

③ 在韩国“声海事件”中，法院详细分析了网络服务提供者免责条款的适用范围，但这是著作权法修正后实行前的案例。法院在刑事判决中虽然对相关云盘企业详细讨论了免责条款的具体内容，（一审“2008 고단 3683”号判决：韩国首尔中央地方法院于 2009 年 2 月 12 日宣判；二审“2009 노 723”号判决：韩国首尔中央地方法院于 2011 年 1 月 11 日宣判；三审“2011 도 1435”号判决：韩国大法院于 2013 年 9 月 26 日宣判）。但适用的还是修正前的著作权法。

者无法采取满足以上免责条件的处置方式时，网络服务提供者不需承担责任（第 102 条第 2 项）。修正前的著作权法修正只规定了在技术上不可能的情况下与复制、传输业务有关的服务者可以进行免责，而修正后的著作权法则将其他三种类型的服务者也加了进去。而关于“是否符合技术上的不可能”的判断标准，在著作权法修正前，一直以来判例都是将“《著作权法》第 102 条第 1 项规定的免责事由的必备条件之一——‘技术上的不可能的情形’视为服务提供者在全部用户的复制、传输行为中鉴别进而对构成侵犯著作权等权利的行为进行预防、终止，这也被定义为维护网络服务自身运行的行为范围，也就是‘技术上不可能’的技术范围”。因此，“当网络服务的用户利用其相关的网络服务进行复制、传输创作品时对著作权等权利造成损害时，网络服务提供者在知道类似侵权事实后，对构成侵害著作权等权利的复制、传输行为及时进行筛查并采取必要的预防或终止的技术手段的，网络服务提供者不承担该侵害行为的损害赔偿责任。”类似的判决有很多。[①] 即便现行法律的规定与以上内容的解释相关，该类判例的态度依然可以成为一种判决标准。

修正后的著作权法将原来符合责任限定条件和采取了以符合免责条件为目的的处置行为归于技术上不可能的两种情形的规定，改变了必要的免责事由。著作权法修正前，将这两种情形规定为任意性条款，也就是说，即使网络服务提供者符合免责条件，法院也可以根据自身的自由裁量权对网络服务提供者做出承担不同责任的判定。而著作权法修正以后，将两种情形规定为必要的免责事由，意味着法律的稳定性得以强化。

3. 一般性监控、调查义务的排除

著作权法补充规定明确了一点，即对于网络服务中是否有侵权行为发生，网络服务提供者没有进行监控的义务，亦没有积极调查侵权行为义务（韩国《著作权法》第 102 条第 3 款）。这意味着，网络服务提供者只要满足法律规定的要件即可免责，不需要为了免责而承担积极筛查、监督侵权行为的义务，这一点是可以明确的。但是要注意的是，相较于其他类型网络服务提供者，频繁发生侵害著作权行为的特殊网络服务提供者需要履行额外的筛查义务。笔者认为，该规定是在参考了欧盟电子商务指令中有关禁止增加一般性义务的规定的基础上做出的修改。

---

① 韩国首尔高等法院于2007 年10 月10 日做出的“2006 라1245”号判决，此事件中法院虽然接受了申诉人的申诉，但此事因申诉人于2007 年11 月2 日撤销申诉而结束。

4. 终止侵权等处置措施

韩国《著作权法》规定，侵犯著作权的行为发生时，为了终止侵权行为，权利人可以采取的处置措施有：（1）要求网络服务提供者终止复制、传输行为（第103条），（2）在法院命令范围内限制网络服务提供者的行为（第103条之2），以及（3）向文化体育观光部长官申请提供侵权人的信息（第103条之3）。

首先，权利人可以要求网络服务提供者终止复制、传输行为（第103条第1项）。这并不是要求网络服务提供者需要履行积极的筛查义务，而是在通过权利人的被害主张知晓存在侵害事实后，可以采取删除侵权作品等行为的意思。该条款正是吸收了美国数字千年版权法（DMCA）中“通知与删除”原则（Notice and Takedown）的基本精神。该规定明确表示了网络服务提供者无须承担积极的监督义务，这可以视为调和保护著作权人、用户的利益与促进互联网技术与互联网市场的发展的一种新尝试。①

其次，法院强制命令第102条第1项中所列举的各种网络服务提供者对暂时的侵权行为采取终止等必要的处理方式时，著作权法中只规定了法院针对不同类型网络服务提供者可以强制命令其采取注销目标账号、删除不法复制品等特定的处理措施（第103条之2）。即在不同类型网络服务提供者符合其各自免责事由的情况下，法院能够采取的临时性措施也是尽可能的限制在一定范围内的。这样一来，可以最大限度地减少对网络服务提供者增加额外义务的可能性，避免在临时性处置措施阶段过度干扰网络服务提供者的服务活动。

最后，《著作权法》规定，权利人为提起民事诉讼或刑事告诉，有权向相关网络服务提供者请求提供其持有的复制、传输人的姓名与住所等基本信息；该网络服务提供者拒绝提供的，权利请求人可以向文化体育观光部长官申请强制命令该网络服务提供者提供基本信息（第103条之3）。由于著作权人追究侵权人的侵权责任时需要确认其身份信息，而网络服务提供者一般都掌握了该侵权人的基本信息，与其让权利人追究网络服务提供者的间接责任，不如引导权利人直接对侵权人采取法律追诉手段，这样更加合理②。如此看来，

---

① 郑相祚、朴准石：《著作财产权法》（第2版），第468页。

② 金炳日：《关于互联网与SNS中著作权问题的研究》，载《言论与法》（第9卷2号），韩国言论法学会（2010），第120~121页。

该制度的制定还是比较妥当的①。

5. 对特殊网络服务提供者附加严格的处置义务

一方面，韩国《著作权法》第 104 条规定，以为他人提供通过计算机相互传输创作品的服务为主要业务的网络服务提供者，为“特殊类型的网络服务提供者”；同时，规定由文化体育观光部长官确定特殊网络服务提供者范围并加以公示②。据此，文化体育观光部长官将以下三类网络服务提供者定义为特殊类型的网络服务提供者：（1）将个人电脑中储存的创作品上传以便共享，向上传人提供商业利益并为公众提供使用服务的网络服务提供者③；（2）将个人电脑中储存的创作品向公众开放下载功能，向提供人支付费用并为公众提供下载服务为主要营业活动的网络服务提供者④；（3）利用 P2P 技术将个人电脑中储存的创作品进行上传或提供下载等服务而获得商业利益的网络服务提供者。⑤ 当著作权人请求这些网络服务提供者处理侵权行为时，网络服务提供者有采取终止不法行为等必要技术手段的附加义务。

韩国《著作权法》第 104 条及相应的施行令赋予网络服务提供者的监督义务较为模糊，从而大大减少了网络服务提供者的义务负担。而将判断适当性技术措施的具体内容与其标准化方案的任务交给没有任何技术性、专业性的文化体育观光部，导致网络服务的经营人失去了可以自主有效地判断该标准的机会。有学者认为，美国 Grokster 事件的判决中也表示不能仅凭网络服务提供者没有积极地采取筛查等手段而对其问责，加之很多外国法规定或判例法中也并无该类法律渊源，都有力地批判了该项规定的问题。⑥ 但笔者认为相

① 在该制度制定前，著作权人无权直接向网络服务提供者索要直接侵权人的个人信息，只能先行通过对该姓名不详的侵权人提起刑事诉讼，再由搜查机关来确定侵权人的个人信息。（朴准石：《关于对网络服务提供者出具提交信息命令制度立法的积极影响》，载《法律》（第 57 卷第 12 号），法律学会（2008），第 266 页。）该制度的制定使得著作权人能够更加迅速简便地行使权利。

② 第 104 条（特殊网络服务提供者的义务等）规定，主要为他人提供通过电脑相互传输创作品等资源服务的网络服务提供者，在收到权利人的请求后，必须采取一定的技术手段对传输相关创作品等资源的行为进行拦截。有关权利人的请求及必要措施的规定是通过颁布总统令加以规定的。文化体育观光部长官可以依据第 1 项确定特殊网络服务提供者的范围，并加以公示。

③ 为非法共享创作品等资源的人提供返利等诱导性服务，如提供可以购物、看电影、听音乐、兑换现金的累积积分，或者提供电子货币、文件储存空间等便利。

④ 例如，使用创作品等资源时，需要通过消耗累积积分、使用优惠券、支付电子货币、提供空间等方式支付费用的服务。

⑤ 例如，通过在共享创作品等资源的网页或应用程序中打广告、吸引访问者注册会员等方式创收的服务。

⑥ 朴准石：《修正后的著作权法下的 SP 责任》，载《Law & technology》（第三卷第 2 号），首尔大学技术与法中心（2007 年 3 月），第 52 ~ 57 页。

较于一般网络服务提供者，法律赋予特殊网络服务提供者更为严格的作为义务的尝试是否妥当；以及法律只规定了极其有限的条件，其相应的大部分内容是在施行令与告示中规定导致法律的稳定性收到极大等影响等，与此类似的批判是无法避免的。

（二）网络平台在商标权领域的法律责任

韩国《著作权法》对于网络平台在著作权侵权领域的法律义务与责任做出了具体规定，《信息通讯网法》对网络平台在侵犯公民名誉、隐私领域的法律义务与责任也做出了具体规定，但是，对于网络平台在侵犯商标权领域的法律义务与责任并没有具体的法律规定。曾经有商标权人试图援引《信息通讯网法》来主张电子商务平台对其负有防止用户侵权的义务，但是，并没有得到法院的支持。

阿迪达斯（Adidas）诉 eBay 韩国案①

案情简介：

阿迪达斯公司指控称在 eBay 韩国的网上拍卖平台上有假冒原告商标的产品在对外出售，并向法院申请禁令救济。原告所寻求的并不仅限于对其所指认的假冒产品请求下架，而是主张被告应积极采取预防侵权的措施，如建立对商品的正品品质的验证机制、对假冒产品的过滤机制等，其所提出的法律主张的理由是，eBay 韩国负有《信息通讯网法》第 44 条第 2 款所规定的尽力防止其所传输的信息侵害他人根据第 44 条第 1 款所享有权利的义务。该法 44 条第 1 款规定“禁止用户在信息网络上传播侵犯他人隐私、损害他人名誉等侵权信息”。在该条款中并没有明确地将商标权包括在内。

裁判要旨：

法院认为：法律规定中“等”字的表现形式一般是涵盖了包括前款规定所列举的具体内容在内，并且通常都是按其包含的词义进行解释的。但是，比如前款法律规定中的“等他人的权利”，仅从字面意思就将其随意解释为“他人所有的权利”的话就会无限扩大该权利的范围，使得法律规定的界限变得异常模糊。而导致信息通讯提供者为预防该类界限不明的信息传播行为需要付出的努力程度、范围都变得无限大，法律怎样才能防止过度附加义务也变得不确定起来。考虑到这一点，前述法律第 44 条第 1 项规定，“侵犯个人

---

① 韩国大法院于 2012 年 12 月 4 日做出的“2010 마 817”号判决。

隐私或损害他人名誉等侵犯他人权利的信息”应仅限于“侵害他人隐私的信息”、“损毁他人名誉的信息”以及“相同标准的侵害他人权利的信息”。因此，此处规定不应包括“侵害他人商标权的信息”在内，对侵害著作权、商标权等与财产性利益相关的信息的行为不适用该规定。

三、网络平台在数据保护领域的民事责任

《信息通讯网法》比较具体地规定了网络服务提供者在收集、使用和向他人提供用户的个人信息时应当遵守的各项法律义务，确立了知情同意的基本原则，并且，赋予了用户可以随时撤回其对网络服务提供者所做出的对其个人信息的收集、使用、提供和处理的“同意”，并且，用户有权向网络服务提供者查询其个人信息被收集情况，并有权要求其纠正错误的信息。[①]

《信息通讯网法》第32条明确规定：用户因信息通信服务提供者违反了其负有的保护用户个人信息的各项法律义务而遭受损失的，有权向信息通信服务提供者请求损害赔偿。对于信息通信服务提供者而言，除非其能够证明自己没有故意或过失，否则，将对用户遭受的损失承担赔偿责任。

四、电子商务平台的法律地位与民事责任

（一）韩国《电子商务法》的基本规定

韩国的《电子商务法》中并未直接使用“网络服务提供者”这一术语。但《电子商务法》所规定的“通讯销售业者”（第2条第3号）和“通讯销售中介人”（第2条第4号）[②] 属于本文所提及的“网络服务提供者”的范

① 《信息通讯网法》第30条。

② 有学者认为，既然电子商务法中使用了“中介”一词，那么通讯销售中介人就可以被理解为一种商事中介人或者民事中介人，通讯销售中介人可以适用与商事中介、民事中介相关的法律原理（卢忠川：《E－commerce中通讯销售中介人的法定地位与责任》，载《民事法学第39－1号》2007年12月，第297～302页）。

畴。[1] 韩国旧电子商务法（1999年2月8日颁布，第5834号法案）的第2条第6号将其规定为，以“Cyber Mall（网络购物中心）”命名并且“通过电脑等信息通讯设施为商品或劳务交易提供场所的虚拟经营场所”。但新法删除了“Cyber Mall”一词。

虽然通讯销售业者、通讯销售中介人可以是指为买卖双方提供虚拟经营场所“Cyber Mall（网络购物中心）”。但在“Cyber Mall（网络购物中心）”刚刚出现时，不同法律对其的称呼也不尽相同，只是现在将其统称为“Cyber Mall（网络购物中心）”。有理论认为除此之外还可以将其称作Internet Shopping Mall、Cyber Shopping Mall、虚拟商场、Internet Cyber Mall等不同称谓[2]。此外，有学者认为，实际生活中是否真的都在统一使用“Cyber Mall”还有待商榷，相较而言“Internet Shopping Mall”一词的使用范围可能更加广泛[3]。笔者认为，既然现行法中已经删除了“Cyber Mall”一词，加之包括Internet Shopping Mall在内的一系列外来用语都不能涵盖电子商务的所有类型。因此，法律中已经确定下来的“通讯销售业者、通讯销售中介人”等用语更加准确。

电子商务法还规定了交易记录的保存（第6条）、操作等失误的预防（第7条）、通讯销售中介人的告知及提供信息义务（第20条）、通讯销售中介人对消费者承担的连带责任（第20条之2），还规定了通讯销售业者或通讯销售中介人与用户之间的法律关系。但是，并未规定通过电子商务平台，进行仿冒品交易等侵犯第三人权利的行为如何承担责任等相关内容。

（二）《电子商务法》中通讯销售中介人的类型与责任

通讯销售中介人可以说是网络服务提供者中的一个特殊类型，根据其参

---

① 第2条（定义）本法用语的意思如下：

1~2. 略。

3. “通讯销售业者”是指以通讯销售为业的人，或者与其约定从事通讯销售业务的人。

4. “通讯销售中介”是指允许通过Cyber Mall（网络购物中心，通过电脑等信息通讯设施为商品交易等提供交易场所的虚拟经营场所，下同）或者除此之外的通过总理令规定的方式为交易双方的通讯销售提供中介的行为。

5. 以下省略。

② 李钟勋：《网络购物中心经营者的标示与广告责任》，载《互联网法律36号》2006年10月，第194页。

③ 李钟勋在其论文《互联网通讯销售中介人的法定责任》［互联网法律38号（2007年4月）］第27页的脚注3中也认为“互联网购物中心”一词的使用范围比“Cyber Mall（网络购物中心）”更广。同时，卢忠川在《E-commerce中通讯销售中介人的法定地位与责任》一文第284页中引用了适用范围更广的“网络商业中心（Online Market Place）”一词。

与方式及形态可以分为：（1）网络购物中心使用许可人；（2）提供信息型通讯销售中介人；（3）参与交易型通讯销售中介人①。

首先，网络购物中心使用许可人，是指设立一个网络购物中心并允许网络卖家在此进行商业交易的第三方网络平台。这好比是建立了一座吸引商家在此设立店铺经营买卖的市场。作为网络服务提供者，有关网络购物中心使用许可人的责任规定可以直接参考美国伍德测试（Inwood Test）的相关法律规定，但是笔者发现目前有关网络卖家承担行为责任的规定少之又少。

其次，提供信息型通讯销售中介人，是指以自己的名义为网络销售提供广告服务，或者以平台的名义发布广告并通过提供该网络销售信息的方式进行提供中介服务的第三方平台。通过检索引擎提供商品实时信息的门户网站②，以及专门提供价格比较信息的价格比较网站③等网站都属于该类的第三方平台。而关于此类提供信息型的通讯销售中介人的商业参与情况，网络卖家与消费者之间的买卖合同通常是转移到网络卖家的网站中另行签订成立的。因此，需要注意的是这与提供信息的门户网站或价格比较网站和网络卖家之间签订的合同是完全不同的。

最后，参与交易型通讯销售中介人，是指以自己的名义为网络销售提供广告服务或者以自己的名义进行广告宣传并通过接受网络买卖要约等部分销售行为来为交易双方提供中介服务的第三方平台④。消费者登录该类第三方网站并选择网站内特定商家的商品后，双方通过该网络购物中心的页面统一签订买卖合同。因此，这与单纯提供广告或信息中介服务不同，该类第三方平台是作为参与者直接参与到该买卖合同的签订过程中去的。

虽然，提供信息型通讯销售中介人从始至终完全不参与到买卖合同的签订与实行过程中，但近年来，在提供信息型通讯销售中介人的网站中消费者可以利用该平台的ID与密码直接购买商品的、发行打折券的、累积消费积分的、可以使用电子货币进行购物等属于可以促进网络销售的活动的，并且属于通过自身的信誉诱导网络销售的行为，都可以扩大解释为网络销售行为。

---

① 关于通讯销售中介业者的类型，本文是根据吴炳哲《通讯销售业者的侵权行为的通讯中介业者（公开市场）的责任》[《财产法研究》第26卷第1号（2009年6月），第186～190页] 一文整理而成。

② 例如，“shopping. naver. com”“shopping. daum. net”等。

③ 例如，www. enuri. com，www. danawa. com 等。

④ 例如，“www. gmarket. co. kr”“www. auction. co. kr”“www. 11st. co. kr”“www. interpark. co. kr”等。

究竟是要将此类第三方平台网站归于提供信息型通讯销售中介人，还是参与交易型通讯销售中介人，必须具体分析其实际的服务内容以及告知的责任范围及制定的条款内容，进而加以判断。

“Cyber Mall”网站案①

案情简介：

原告起初经营一家网站，后来又开始运营一个名为“Daum”的Cyber Mall，其并不直接从事商品的买卖、存货管理或销售等，而是与商户签订协议，为这些商户提供销售平台。这些商户会在网站上展示与产品相关的信息，其中，许多信息属于广告性质。Cyber Mall的消费者通常也都认识到这些产品的卖家并不是Cyber Mall自身。在引发本案的营销广告中，入驻商家的名称一共出现了四次，因此，其足以显示出该商品的卖家与Cyber Mall是相互独立的。在Cyber Mall网站与入驻商家之间的合同中明确规定，Cyber Mall对于商家独立从事商品或服务交易不提供担保，并且，在该网站的下端也显示对商品的描述内容的著作权和法律责任由内容提供者承担，不代表Daum的立场。本家的争议是Cyber Mall是否应因其入驻商户的广告行为而作为广告主承担行政责任。

裁判要旨：

大法院认为：“Cyber Mall”网站的经营者是否要因入驻商家的不当广告行为与商家共同承担行政责任，还是由商家单独承担责任，这需要通过综合考虑、单独判断该网站经营者与入驻商家之间交易合同的内容、网站经营者所使用的条款内容、网站与商家各自对发行不当广告所起的作用程度以及广告的具体内容误导消费者的可能性大小等因素来进行。

大法院根据本案的案情认定，该网站的网页可以充分显示出广告的主体是入驻商家而不是Cyber Mall，因此，Cyber Mall不应作为广告主体而对虚假广告承担行政责任。

该判决虽然是一个涉及通讯销售中介人的行政责任的判例，但是，其对于认定通讯销售中介人的民事责任亦具有参考价值。在该判决中，存在问题的通讯销售中介人“下一个Shopping Daum”属于第二类电子商务平台，至于其余两类通讯销售中介人是否能够适用大法院的解释还有待商榷。一般来说，很难认定第一类通讯销售中介人在不当广告行为中的主体地位，但认定第三

① 韩国大法院于2005年12月22日对“2003 두8296”号案件做出的判决。

类通讯销售中介人的主体地位的可能性还是很高的。有学者认为，该判决中如何判断虚假广告的不当性的核心在于误导消费者的可能性以及与经营者相关的广告行为所导致的主体混同问题。如果不考虑这两个问题，就必须从拥有一般注意力的普通消费者的角度进行判断。在此视角下，就需要研究购物网站经营者与入驻商家之间签订的交易合同的内容，或者在不当广告中相关购物网站经营者与入驻商家的作用大小以及关联程度，甚至包括为一般消费者不知的内部交易关系等。但是以此视角来判断广告行为主体的话，还是存在一定的法理问题的。[①] 该判决的案例与广告流程方面的行政法律责任相关，甚至将内部交易关系等因素都考虑在判断标准内，是一则具有先导性的判决。笔者认为，一旦牵扯到消费者、有权第三人之间的关系问题，就没有必要以此判决为准，将内部交易关系等因素都纳入判断标准中了。

第二节　网络监管与网络平台的行政责任

一、《电子通讯事业法》关于对网络服务提供者的分类监管

韩国《电子通讯事业法》第 2 条 8 号规定，利用电子通讯设备为他人通讯提供媒介或为他人通讯提供电子通讯设备等电子通信服务的，为“电子通讯业者”。并且规定电子通信服务分为两种，通过拨号上网的方式提供照实传送、接收音频、数据、视频等电子通信服务以及出租用于传送、接收音频、数据、视频等内容的电子通讯线路设备的电子通信服务为“基础通信服务”（第 2 条 11 号），以及除此之外的电子通讯业务为“附加通信服务”（第 2 条 12 号）。并且，韩国著作权法第 104 条还特别规定了特殊网络服务提供者的附

① 罗志远：《电商运营者标示在广告法上的责任》，载《法律新闻》（第 3485 号）2005 年 12 月 22 日。

加通信服务为特殊附加通信服务（第2条第13号1项）①。而《电子通讯事业法》一般将提供基础通信服务、附加通信服务以及特殊附加通信服务的各种电子通讯业者都视为网络服务提供者中的一种。

韩国《电子通讯事业法》于2014年10月15日修改完成，并于2015年4月16日开始施行。修改后的《电子通讯事业法》对电子通讯业者新增了相关的义务性规定，特别是针对特殊附加通讯业者的信息过滤义务（第22条之3）②。为了防止登记特殊附加通信服务的经营者传播淫秽作品，该法对其增加了必须采取一定技术性处置措施的义务性规定，同时规定与青少年签订提供电子通信服务协定时必须采取拦截有害青少年健康成长的不良信息以及淫秽作品的措施（第32条之7）③。如果网络服务提供者未遵照法律的要求采取必要的技术措施将会导致行政处罚。

二、《信息通讯网法》中有关对网络服务提供者的监管规定

《信息通讯网法》比较全面得规定了网络服务提供者在收集、使用、处理，以及向第三方提供个人信息时应遵守的规定，网络服务提供者对于其网络用户应当尽到的义务，以及维护网络安全方面的义务，并较为具体地规定了网络服务提供者违反上述规定而应承担的法律责任。

---

① 第2条（定义）本法用语的意思如下所述。1～6. 略。7. “电子通讯业”是指提供电子通信服务的行业。8. “电子通讯业者”是指经本法许可或登记申报（包括免于申报的情况）后提供电子通信服务的人。9～10. 略。11. “基础通信服务”，是指通过拨号上网的方式提供照实传送、接收音频、数据、视频等电子通信服务以及出租用于传送、接收音频、数据、视频等内容的电子通讯线路设备的电子通信服务。但不包括未来创造科学部长官所规定并加以公示的电子通信服务（第6号规定的电子通讯业务的个别具体服务，下同）。12. “附加通信服务”，是指基础通信服务以外的电子通信服务。13. “特殊类型的附加通信服务”包括以下几种业务类型：（a）著作权法第104条规定的特殊网络服务提供者的附加通信服务。（b）略。

② 第22条之3（特殊类型的附加通讯业者的技术措施等）：登记从事第22条第2项规定的特殊类型附加通讯业的人中（以下简称“特殊附加通讯业者”）属于第2条第13号1项规定的从业人员必须根据“促进利用信息通讯网及信息保护等有关的法律”第44条之7第1项第1号规定，采取由总统令确定的防止不法信息流通的技术手段。以下略。

③ 第32条之7（关于拦截有害青少年身心健康的不良信息）：使用电波法所分配的频率的电子通讯业者，按照青少年保护法的规定与青少年签订提供电子通信服务的合同时，必须对青少年保护法第2条第3号规定的有害青少年身心健康的不良信息及“促进利用信息通讯网及信息保护等有关的法律”第44条之7第1项第1号规定的淫秽信息采取一定的拦截措施。

韩国放送通讯委员会可以对第1项规定的拦截措施进行检查。而第1项所规定的拦截措施方式及顺序等必要的事项是通过总统令加以规定的。

特别需要强调的是，韩国《信息通讯网法》第44条之7明确规定，禁止用户在信息网络上传播淫秽、侵犯他人名誉、恐吓等信息，并规定韩国通讯委员会有权要求网络服务提供者或网络论坛的管理者采取措施杜绝、暂停或限制上述法律所禁止的信息进行传播。如果网络服务提供者未遵守上述法律要求，将会受到行政处罚，甚至刑事责任。

三、《与儿童、青少年性保护相关的法律》中有关网络服务提供者的规定

《与儿童、青少年性保护相关的法律》（以下简称《青少年性保护法》）第2条第8号①规定，"通过信息通讯网为他人提供在线使用网络资料服务的，属于信息通讯网法中所规定的信息通讯网服务提供者"，也属于"网络服务提供者"的范畴。与著作权法的规定相同，该法也使用了"网络服务提供者"这一表述方式，同时还将信息通讯网法中的信息通信服务提供者归于该类提供者的范畴。将该法的表述方式与内容进行比较的话，如果脱离法律的字面意思，灵活理解信息通讯网法所规定的信息通信服务提供者的含义，就内容而言可以将其归于网络服务提供者的范围内。

同时，该法规定，"网络服务提供者在其管理的信息通讯网中，有义务进行：1. 为查出利用儿童、青少年制作的淫秽作品而采取一般性措施，或者2. 将已查出的利用儿童、青少年制作的淫秽作品进行及时删除、防止传输或中断传输等人为的技术性手段"（该法第17条②）；该法的施行令规定，"在条款1规定的情形下，（i）网络服务提供者有义务采取措施，以便于用户在发

---

① 第2条（定义）本法用语的意思如下：

1~7. 略。

8. "网络服务提供者"，是指总统令规定的通过信息通讯网（"促进利用信息通讯网及信息保护等有关的法律"所规定的信息通讯网，下同）为他人提供在线使用网络资料服务的人。

② 第17条（网络服务提供者的义务）1. 网络服务提供者存在以下情形的，处以三年以下有期徒刑或两千万以下的罚金：在自身管理经营的通讯网络中没有采取总统令所规定的措施查找利用儿童、青少年制作的淫秽信息的，或者没有对查到的利用儿童、青少年制作的淫秽信息采取及时删除、防止传输或者拦截等技术手段的。但是，网络服务提供者在信息通讯网中对查找利用儿童、青少年制作的淫秽信息已经尽到相当的注意义务的，或者对已查到的利用儿童、青少年制作的淫秽信息采取拦截、中断传输措施的过程中存在显著的技术难度的除外。

2. 用户通过电脑等设备搜索、上传或下载已存的创作品等资源时，韩国《著作权法》第104条规定的特别网络服务提供者应当根据总统令等规定在相应界面或上传系统上明确标注制作、传播、持有利用儿童、青少年制作的淫秽信息的人将受到法律处罚的警告。

现疑似利用儿童、青少年制作的淫秽作品的网络资料时向其申报，以及（ii）有义务通过技术手段分析网络资料的特征或名称辨认利用儿童、青少年制作的淫秽物品，并将其找出。”（同法施行令第 3 条第 1 项）①。

网络服务提供者违反上述义务性规定的，有可能会受到刑事处罚（同法第 17 条第 1 项原文）。但网络服务提供者在其信息通讯网中已在调查利用儿童、青少年制作的淫秽作品方面尽到必要的注意义务的，或者由于技术条件限制未能防止、制止已发现的利用儿童、青少年制作的淫秽作品的传播的，不需承担刑事责任（同法但书）。但该法中有关追究网络服务提供者刑事责任的规定是不存在争议的。特别是对关于条款 2 中规定的发现利用儿童、青少年制作的淫秽作品，明确规定网络服务提供者有义务认定不法创作品以及采取能够轻易用技术手段拦截已经发现的有害作品的措施，同时规定了相对应的免责标准。但是，韩国学界就条款 1 中规定的情形仍然存在争议。例如，关于为了调查利用儿童、青少年制作的淫秽作品而采取的相关措施中，规定网络服务提供者承担义务的具体范围是什么（例如，满足消极的筛查义务即可，还是必须尽到积极的筛查义务），以及其采取的措施在技术层面存在问题的话是否需要承担责任等方面。

四、《著作权法》中有关对网络服务提供者的监管规定

为了保护著作权人的利益不受侵害，《著作权法》规定了多项监管措施，其中，特别值得注意的是，该法第 104 条要求特殊类型的网络服务提供商应采取必要的技术措施以阻止侵权内容的复制或传播。依照政府的相关法令的要求，这些技术措施包括：对作品身份标识的识别，通过关键词过滤等措施限制对非法提供的作品的搜索或传播，以及禁止侵权的警示等；依照该法第 142 条第 1 款的规定，如果特殊网络服务提供者未依照第 104 条的规定采取特

① 第 3 条（查找利用儿童、青少年制作的淫秽信息的措施）

1. 著作权法第 17 条第 1 项中的“总统令所规定的处置措施”即指下面各项措施。但是，由于该措施是通过其他法律加以确定的，能够查到利用儿童、青少年制作的淫秽信息的措施并不是单指以下各项措施的全部或部分。

（1）用户发现疑似利用儿童、青少年制作的淫秽信息的网络资料时，能够向网络服务提供者详细举报的措施。

（2）网络资料的特征或名称进行技术分析，能够识别查找出利用儿童、青少年制作的淫秽信息的措施。以下省略。

别处置措施，将被处以不超过三千万韩元的罚款。

依照《著作权法》第133条之2的规定，如果一名网络用户或网络公告板因违法复制或传播而收到三次以上警告的，文化体育观光部可以命令网络服务提供商暂停其账户最长不超过六个月。如果网络服务商未执行该命令，那么，依照第142条第2款，其将被处以不超过一千万韩元的罚款。

依照《著作权法》133条之3的规定，对于提供电子公告板服务的网络服务提供者，如果其收到文化教育观光部的要求删除或停止对非法复制品传输的命令达三次以上，出现严重混乱，影响到著作权使用秩序时，会被文化教育观光部命令停止公告板服务。

五、《国家信息化基本法》中有关对网络服务提供者的监管规定

从2014年11月19日开始实行的韩国《国家信息化基本法》规定，韩国电子通讯事业法第2条第8号规定的电子通讯经营者与以营利为目的利用电子通讯经营者的电子通讯技术提供信息服务或者信息中介服务的，即“信息通信服务提供者”（第13条第18号[①]）。该“信息通信服务提供者”也属于网络服务提供者的范畴。该法在防止国家信息化的副作用，保障信息使用的健全性、完整性，以及预防、消除互联网网瘾问题、保障信息使用的安全性、信赖性等方面，都做出了相关规定。但并没有规定信息通信服务提供者的一般性义务以及免责条款。

六、其他法令中有关对网络服务提供者的监管规定

韩国《电子文书及电子商务基本法》第2条第6号规定，全部或部分的货物或服务的交易系通过使用电子文件进行并以此为业的为“通讯销售业

---

① 第3条（定义）本法用语的意思如下所述：

1~16. 略。

17. “信息通信服务”，是指《韩国电子通讯事业法》第2条第6号所规定的电子通信服务和利用服务进行提供信息或者信息中介的服务。

18. “信息通信服务提供者”，是指根据《韩国电子通讯事业法》第2条第8号所规定的电子通讯经营者与以营利为目的利用电子通讯经营者的电子通讯技术提供信息服务或信息中介服务的服务提供者。

19. 以下省略。

者”；该法第 31 条之 18 的规定，为他人提供发送、接收电子文件服务的或提供信息中介服务的，为“电子文件认证中介机构”。上述通讯销售业者及认证机构都属于广义上的网络服务提供者。

此外，韩国《图书馆法》第 2 条第 10 号规定，通过信息通讯网提供公开传输可传输的网络资料服务的，为“网络资料提供者”。以上就是本文所提及的“网络服务提供者”的全部内容。但这两部法令所规定的网络服务提供者，由于不太可能发生因第三人的不法行为导致的责任归属问题，因此并没有规定相关的责任条款。

第三节 网络平台的刑事责任

网络平台承担刑事责任的情形主要分为两类，一类是由于违反了相关监管法规或监管机构的命令的要求而被施以刑事处罚，对此，《电子通讯事业法》和《信息通讯网法》等法律都有明确的处罚规定；另一类则是因为网络平台上的用户利用网络平台所提供的服务从事某种法律所禁令的行为，如传播法律所禁止的信息，如淫秽内容或侵害他人合法权益的内容，如盗版作品，而有可能引发的网络平台的责任。在通常情况下，此类法律所禁止的信息或侵权信息并不是网络平台自己制作或提供的，而是由其用户上传至网络上的，因而，网络平台是否承担刑事责任的关键在于其是否构成“帮助或教唆”他人犯罪。

一、网络平台的不作为是否可能构成“帮助犯”

韩国大法院在 2006 年的一起判决中确认，不作为亦可构成《刑法》的帮助行为。其认为：“《刑法》上的帮助行为，是指一切以直接或间接的方式为正犯的实行提供便利的行为，其不仅包括通过作为的方式实施的帮助，也包括通过不作为实施的帮助。在法律上负有防止侵害《刑法》所禁止侵犯的利益的行为的义务的人，如果其能够通过履行义务而易于防止侵害行为的发生，但没有履行该义务而致使侵害行为发生，如果此种不作为与通过作为侵害法益在刑法上具有同等的价值，那么，对于此种不作为应与作为一样受到处罚。

作为义务不仅可基于法律、法律行为和先前的行为所产生，也可以基于诚实信用原则、习惯法或其他符合社会常理的情形而产生。”①

在上述案例中，被告1是一家互联网站的负责管理娱乐频道的小组的组长，被告2是负责动漫业务的雇员。该网站将从免费模式转变为收费模式，为了吸引用户，其对成人动漫室采取特殊管理，与一家从事内容生产的企业签订合同，由后者向网站提供动漫作品内容，供用户有偿下载，网站与内容生产企业按约定比例分配利润。对于网站上刊登了哪些内容，被告可以通过软件控制系统进行查看和监管。两名被告曾因了解成人动漫室存在淫秽作品而删除了一些作品，但仍有大量的淫秽作品存在。韩国大法院据此认定，两名被告对于内容生产企业刊登在成人动漫室的动漫内容拥有监督和管理的权限和能力，且早已认识到有淫秽动漫持续刊登的事实，负有要求删除淫秽内容的法律义务。大法院认定两名被告的不作为构成帮助犯。

二、“过失”可否构成“帮助犯”

如果网络平台故意教唆或帮助其用户实施侵权或犯罪行为，自然可以构成帮助侵权或帮助犯罪，但是，如果网络平台在主观上仅仅是“过失”而非直接故意，那么，其可否构成帮助侵权或帮助犯呢?

韩国大法院在2007年1月25日作出的一起关于P2P网站的判决中确认“过失”亦有可能构成帮助侵犯著作权。法院认为：帮助侵犯著作权的行为是指，所有直接地或间接地为他人实施侵犯著作权提供便利的行为，不仅放任他人实施著作权侵权行为可以构成帮助侵权，过失亦可构成帮助侵权。在基于过失的帮助侵犯著作权的情形中，此类过失的实质是指违反了避免帮助侵权的注意义务。在确定是否构成此类帮助时，并不要求帮助者具体地认识到著作权侵权的时间、地点、复制的对象或实际复制人的身份。该案涉及的是一家名为“Soribada”的P2P网站，韩国大法院认为，“Soribada”网站的网络服务提供者主观上存在放任，或至少能够意识到，其用户有可能使用其提供的软件从事侵犯他人著作邻接权的行为，而仍然研发并免费发放该软件，并且提供服务器服务，便于用户将原存储在CD中的受版权保护的音乐作品转化为MP3文件并通过P2P软件上传到网络和与他人分享，从而构成帮助他人侵

① 韩国大法院于2006年4月28日做出的“2003Do4128”号判决。

犯著作权。①

三、提供网络链接是否构成帮助犯罪

如果有用户在网络平台上发布一个链接，其他用户点击该链接而进入另一网页或网站，并可从中下载受著作权保护的作品，那么，载有该链接的网络平台服务提供者是否构成帮助侵犯著作权罪呢？韩国大法院在2015年发布的一则判决意见中对此做出了否定的回答。

网络链接案②

案情简介：

在该案例中，有用户在被告管理和运营的网站的公告板上发布了一则消息，其中含有指向一外国博客的链接，用户点击该链接可以不经著作权人同意而浏览或下载日本动画片。该消息一直在被告管理的电子公告板上存留而未被删除。

裁判要旨：

韩国大法院认为：就发布网络链接行为自身而言，并不构成著作权法意义上的复制或传播，因而不构成对他人著作权的侵犯。依照刑法，所谓帮助和教唆是指直接或间接帮助主要犯罪行为人从事犯罪的行为，然而，网络链接行为仅仅是指示目标网页的位置，因此，即使有用户点击该链接而进入该网页，即使该网页上含有侵犯了著作权人的复制权或传播权的内容，也不能认为提供链接的行为构成为他人实施侵权提供便利，因而，亦不构成帮助或教唆他人实施侵权。

对于本案被告而言，其作为网站管理者，为他人发布帖子提供网络空间，即使该帖子中含有前述性质的链接，并且，未将该帖子删除，也不能认为其构成帮助或教授他人实施侵犯著作权的行为，因此，下级法院判决被告无罪的判决是正确的，应当予以维持。

四、小结

因网络平台直接实施的犯罪行为而判决承担刑事责任的判例极少，实践

---

① 韩国大法院于2007年1月25日做出的“2005Da11626”号判决。

② 韩国大法院于2015年3月12日做出的“2012Do13748”号判决。

中，网络平台承担刑事责任的风险主要是来自“帮助犯”。在韩国法上，帮助犯罪的概念很宽泛，包括直接或间接为他人实施犯罪行为提供便利的行为。依照韩国大法院的判决，网络平台的不作为或过失行为亦有可能构成帮助犯罪，并且，在过失的情形下，并不要求网络平台具体地认识到主要犯罪行为人所从事犯罪行为的时间、地点、对象等具体内容。但是，单纯地提供网络链接的行为，并不构成帮助犯罪。

第八章

国外网络平台法律责任制度的比较与总结

网络平台法律责任问题是一个新问题，它是伴随着网络平台的兴起而产生的，而网络平台的广泛应用只是最近二十年才出现的一种社会现象，并且，网络平台的技术特征与商业模式目前仍然处于不断演进的过程中，迭代更新的周期呈现越来越短的趋势，因此，世界上大多数国家关于网络平台法律责任的立法的历史都不足二十年，甚至不足十年，由此而产生两个问题。一是，立法者在立法时所掌握的参考资料、可吸取的法律实践经验往往都比较少，其预见能力往往受到诸多限制，因此，许多国家的相关立法会呈现出修订频繁的特点，这对于研究者而言意味着必须时刻关注相关立法的变化。二是，由于立法和法律实施的历史比较短，一些法律规则所蕴含的优势或固有的缺陷可能在短时间无法充分体现出来，因此，在对相关国家的立法进行比较和评判时，我们需要非常谨慎，不宜轻易地断言孰优孰劣。

任何一个国家在制定有关网络平台法律责任的立法时，都不是在一张白纸上写就的，而是在该国既有的法律体系框架下，在原有的法律规则和法律传统的基础之上，针对特定的且具有特殊性的法律问题而进行的立法，因此，立法者在立法时需要关注新创设的法律规则与原有的法律规则是否相契合，这一点对于我们理解不同国家有关网络平台法律责任制度所存在的差异有着重要的意义。这种差异，其原因未必是源于对网络平台在社会中所扮演的角色存在认识上的差异，而有可能是因为受到原有法律制度的约束所致，或者是既有的相关法律规则的差异在网络法领域的延伸所致。从法律适用的角度来看，网络平台法律责任制度并不是一个独立的、完整的、封闭的法律体系，在许多国家，它都表现为分散的、补充式的立法，因此，当需要解决具体的法律问题时，除了应适用有关网络平台法律责任的专门立法外，还需要适用其他相关的法律制度。

一、基于国别研究的共性比较

通过前述国别研究，我们发现美国、欧盟（德国、英国）、日本和韩国有关网络平台法律责任的法律制度存在以下共同之处：

（一）网络平台的法律责任都受到一定的限制

上述国家都存在关于对网络平台法律责任进行限制或者免责的专门立法或专项法律条款。例如，在美国，《数字千年版权法》第512条对于网络平台的著作权侵权责任提供了避风港规则，而对于知识产权以外的民事责任，《通信正派法案》第230条规定了免责条件；欧盟《电子商务指令》第12、13、14条对网络平台的民事责任规定了免责条件，英国的《电子商务条例》第17、18、19条和《德国电信媒体法》第8、9、10条基本上就是欧盟《电子商务指令》中的免责条款的翻版；日本则是通过《关于特定电信服务提供者的损害赔偿责任限制及向服务提供者请求提供发送者信息的法律》对网络平台的损害赔偿责任做出了一般性的限制规定；韩国在2011年修订《著作权法》时参照欧盟的《电子商务指令》也对网络平台的著作权侵权责任规定了免责条件，并进行了适当的扩展。

（二）关于网络平台法律责任的正面与反面规定

许多国家在其关于网络平台法律责任的立法中，并没有从正面规定网络平台承担法律责任的构成要件，而只是从反面规定了不承担责任的情形，从而为网络平台提供了“避风港”式的保护。这意味着，对于不符合避风港条件的情形，并不必然意味着网络平台要承担法律责任，至于其是否应承担法律责任，还应结合其他相关法律，来判断其是否符合相应的责任构成要件。例如，在判断网络平台是否应承担侵权责任时，应结合侵权法来判断；在判断网络平台是否应承担刑事责任时，应结合刑法典上的相关规定来判断。

（三）网络平台的责任规则受制于宪法

在美国、欧盟（德国、英国）、日本和韩国的司法实践中，几乎都曾经出现过与网络平台法律责任相关的涉及宪法所规定的基本权利的争议或宪法诉讼，或者法院在处理有关网络平台民事责任的诉讼中也需要对所涉及的言论自由、获取信息的自由与名誉权、隐私保护、知识产权等权利和利益进行权衡。因此，网络平台法律责任所涉及的问题并不限于某一部门法，其所涉及的利益主体也并不限于网络平台运营公司或受害者个人，其所产生的社会影响往往具有巨大的辐射面。在这样一种背景下，一个国家有关网络平台法律责任的具体规则往往受限于该国的宪法制度与宪法理念，换言之，一国与他国之间关于网络平台法律责任规则的差异在一定程度上反映了其对待各类基本权利的态度上的差异。

（四）网络平台通常不负有一般性的审查义务

在对网络信息的审查与控制方面，上述国家都否认网络平台对于违法信息负有一般性的审查义务。欧盟的《电子商务指令》第 15 条禁止欧盟成员国对网络服务提供者施加一般性义务，使其在提供服务的过程中对其传输或储存的信息进行监控，成员国亦不得对网络平台施加积极查找涉嫌违法活动的事实或情况的一般性义务。美国的《数字千年版权法案》第 512 条第（m）款明确规定，不得将有关网络服务提供者的法律责任或免责条款解释为网络服务提供者对于用户发布的网络信息负有监控或审查的义务，美国国会在制定《通信正派法案》第 230 条时明确宣称其立法目的在于避免网络服务提供者背负对内容提供者发布的信息的审查义务。韩国的《著作权法》第 102 条第 3 款亦明确规定对于网络服务中是否有侵权行为发生，网络服务提供者没有进行监控的义务，亦没有积极调查侵权行为义务。韩国的《信息通讯网法》第 44 条虽然要求信息通信服务提供者须尽力防止侵害他人名誉权和隐私权的信息的传播，但通常认为这只是一项宣示性的条款，并不会从中产生法律义务或损害赔偿责任。立法者之所以不要求网络平台承担起对违法信息的一般性审查义务，一方面是顾及平台上每天都有海量的信息上载，若对这些信息进行逐一审查将会面临技术上的难题，另一方面则是担心对网络信息的审查与过滤会构成对公民的言论自由和获取信息的自由的侵犯。

虽然网络平台在法律上并不负有积极进行审查或屏蔽违法信息的一般性的义务，但并不意味着在上述国家并不存在任何的网络信息审查机制，事实上，在上述国家的网络平台的经营实践中都存在着各式各样的信息审查或屏蔽机制，只不过其在形式上并不是政府依照法律强制网络平台实施的，而是采取互联网行业自律的方式，或互联网企业与政府相关部门自愿合作的机制来实施的。

在对网络信息的控制方面，上述国家都将淫秽信息、儿童色情、仇恨言论、宣扬恐怖主义的信息列为重点防控的对象，有的国家还通过立法要求网络服务提供者提供信息过滤服务，或在接到通知后履行删除、屏蔽的义务。尽管各国之间对于上述违法信息的认定标准存在差异和不一致，但是，有一点是共同的，即各国政府都试图采取某种措施避免儿童（未成年人）接触到对其身心有害的信息，并且，对于儿童色情信息都给予了最严厉的打击，并建立起国际合作机制。

（五）网络平台对重复侵权行为负有特殊防范义务

在阻止重复侵权行为领域，网络平台，特别是提供 P2P 服务的网络平台负有较重的防控责任。从美国、欧盟、英国、德国、韩国法院的司法判例可以看出，网络平台对于一再重复出现的侵权信息，负有较高的防范义务。例如，《欧盟电子商务指令》第14条第3款允许成员国在各自法律框架内针对终止或者预防侵权以及删除或者屏蔽信息进行进一步规定，并允许成员国可要求网络平台对于发现和预防侵权信息尽到合理的注意义务。英国的《2010年数字经济法》《2013年名誉权条例》都对重复侵权行为现象作出了特别规定，并且要求网络服务提供商对于重复侵权者应采取"三振出局"的措施。美国联邦第二巡回法院在BMG和EMI案中确认了网络服务提供者对于重复侵权行为负有采取积极防范措施的义务。依照韩国的《著作权法》，对于频繁发生侵害著作权行为的特殊网络服务提供者需要履行额外的筛查义务；对于提供电子公告板服务的网络服务提供者，如果其收到文化教育观光部的要求删除或停止对非法复制品传输的命令达三次以上，出现严重混乱，影响到著作权使用秩序时，会被命令停止公告板服务。

二、基于国别研究的差异性比较

通过前述国别研究，我们可以发现，美国、欧盟（德国、英国）、日本和韩国有关网络平台法律责任的法律制度，在以下方面存在一些差异：

（一）关于网络平台法律责任的专门立法的适用范围

尽管上述国家都存在关于网络平台法律责任的专门立法或专项条款，但是，其适用范围及规制方法都有所差异。就适用范围而言，包括适用主体和适用事项两方面。前者主要关注是否对网络平台进行类型区分，以及依照何种标准进行分类，以对其法律责任进行分类规制；后者主要关注是否区分民事责任、行政责任与刑事责任，以及是否区分侵犯知识产权的责任与侵犯他人名誉、隐私的责任，而进行区分对待。

日本的《关于特定电信服务提供者的损害赔偿责任限制及向服务提供者请求提供发送者信息的法律》适用范围最广，其既不区分网络平台的类型，也不区分侵犯知识产权与侵犯名誉权，只是以"特定电信服务提供者"的概念对适用主体进行界定，适用事项限定为损害赔偿责任与提供用户身份信息事项。

美国法则是对侵犯知识产权与侵犯名誉权、隐私权进行了区分，分别适用不同的法律规则。在著作权侵权责任领域，可适用《数字千年版权法》第512条，而在知识产权以外的民事损害赔偿领域则适用《通信正派法案》第230条，并且，依照《通信正派法案》的规定，其有关免责条款并不适用于依照联邦刑事法律而提起的刑事诉讼，但可适用于依照州法而产生的各种法律责任，包括民事责任、行政责任和刑事责任。

欧盟的《电子商务指令》所规定的免责条款，可适用于全部民事责任领域，而未区分侵犯知识产权的责任与侵犯名誉权、隐私权等人格权的责任，而且，其也不要求欧盟成员国将其适用于网络平台的刑事责任领域，然而，有些欧盟的成员国在对欧盟的指令进行转化时，则将免责条款的适用范围扩展至包括刑事责任在内的全部法律责任领域，如英国的《电子商务条例》。另外，在英国，立法者在《电子商务条例》之外又制定了一些关于网络平台的法律责任的条款，其对侵害名誉权与侵害知识产权进行了区分立法，对于前者主要规定在《2013年名誉权法案》第5条；对于后者则主要规定在英国《版权、设计与专利法》和《2010年数字经济法》中。在韩国，对于侵害名誉权、隐私权等人格权的民事责任，适用《促进信息通讯网络的利用和信息保护法》，而对于侵犯著作权的民事责任，则适用《著作权法》中的相关规定。

在对主体分类规制方面，美国1998年颁布的《数字千年版权法》第512条在对网络服务提供者规定免责条件时，基于其技术特征的不同而将网络服务提供者区分为四种类型，并分别规定其免责条件，且各项规定相互独立，这四种类型分别为：暂时性数字网络传输、系统缓存、根据用户指示在系统或网络中存储信息和信息搜索工具。欧盟在2000年分布的《电子商务指令》则将网络服务提供商划分为三类，即仅提供信息传输通道的服务提供者、高速缓存服务提供者、主机托管服务提供者，然而，其遗漏了信息搜索服务提供者，而且，从立法的文字含义来看，信息搜索服务似乎难以归入到上述三类中的任何一类，因此，欧盟成员国在处理搜索服务平台的法律责任案件时往往意见不一，有的成员国通过扩张解释或类比的方法来将其归入上述三种服务提供者中的某一种，以便依法给予其免责待遇，而有的成员国则另辟蹊径寻求诉诸其他法律规则来解决搜索引擎的法律责任问题。[①] 韩国在2011年修订《著作权法》时参照了欧盟的《电子商务指令》和美国的《数字千年版

① 参见 Nicolo Zingales, Internet Intermediary Liability: Identifying Best Practice for Africa, p. 9。

权法》，将网络服务提供者分为提供数据传输者、提供缓存服务者、提供托管服务者和提供搜索引擎者。值得注意的是，美国和韩国对于网络服务提供者的上述分类规制是限于著作权侵权领域的，而欧盟的《电子商务指令》的分类规制与免责条件的设定则不限于著作权领域，而是扩展至全部民事责任领域，并且，在有些欧盟成员国，还被扩展至刑事责任领域。

除了基于技术特征而进行分类规制外，有些国家还基于网络平台所提供的服务内容和商业模式对网络平台进行分类，并针对特殊类型的网络平台采取专门的立法方式予以规制，如韩国制定有《电子商务法》，对于电子商务平台予以特别规制。德国最近制定了《加强社交网络中的网络执行法》，对于社交平台予以特别规制。

（二）网络平台法律责任的归责理论

依据责任基础，网络平台法律责任可分为两类，即网络平台对其注册用户的责任和网络平台对第三人的责任。对于前者可以适用违约责任来处理，而后者可依侵权责任来处理。就后者而言，又可分为两类，即网络平台因自己提供的信息而招致的侵权责任和网络平台因其用户或第三方内容提供者提供的信息而导致的侵权责任，问题与分歧主要集中在后一种类型。当被指控构成侵权的网络信息内容系由第三方提供，而非网络平台提供时，应依何种归责理论基础来认定网络平台应对此承担侵权责任呢？

在英美法上，侵权责任可分为直接侵权责任和间接侵权责任。网络平台对于自己提供的信息内容而产生的侵权责任属于直接侵权责任，而网络平台对第三方提供的非法信息内容所承担的责任被认为属于间接侵权责任，所谓协助侵权责任理论、替代侵权责任理论，以及引诱侵权责任理论，均属于为间接侵权责任提供理论基础。①

然而，在大陆法系国家的传统侵权法理论和刑法理论中都没有间接侵权这一法律概念，其在处理英美法国家所谓的间接侵权问题时使用的理论框架实际上是共同侵权理论或共同犯罪理论，更为具体地是指帮助者的责任和教唆者的责任。从日本和韩国有关网络平台侵权责任的判例中可以清晰地看到对这一归责理论的阐释和应用。然而，将网络平台看作帮助侵权人而非主侵权行为人，对于受侵害的权利人而言，其往往并不能获得充分的救济或圆满

① 参见本文关于美国网络平台的民事责任部分的论述，特别是关于侵犯知识产权部分的论述。

的权利保护。例如，依照日本的《著作权法》的规定，只有对主侵权行为人才可适用禁令救济，而对于帮助侵权人并不能适用禁令救济，这就使得知识产权人在寻求对知识产权的保护时，其倾向于依据日本著作权法上的“卡拉OK”理论主张网络平台本身就是侵权信息内容的“传播者”，属于主侵权行为人而非帮助侵权人，以此来获取相应的禁令救济。

在德国，在知识产权领域，法院在司法实践中发展出了“妨害者责任”（亦称为“干扰人责任”）理论来处理网络平台的间接侵权责任问题，其较之帮助侵权责任原理的优势在于，权利人在起诉网络平台承担侵权责任的同时不必再对直接侵权行为人提起诉讼，可以向网络平台单独索赔，并且其归责理论基础与帮助侵权责任亦有所不同。依照德国最高法院的判例，要成立妨害者责任（干扰人责任），服务提供者应当是违反了可期待的审查义务、违反了可期待的预防义务或者诱导了第三人的侵权行为。然而在反不正当竞争法领域，德国法院则摒弃了干扰人责任理论，而是以网络平台是否违反安全注意义务为标准，判断其是否承担“行为人责任”，从而与知识产权领域的平台责任形成显著差异，造成这种差异的法学理论方面的原因在于，依据德国法理论，反不正当竞争法规制的是“行为不法”，而非知识产权、人格权侵权那样的“结果不法”。①

（三）网络平台在保护名誉权、隐私权领域的义务与责任

言论自由与保护他人名誉、隐私之间存在着一定的紧张关系，立法机构和司法机构必须要对此做出权衡和决断。在这方面，我们透过立法和司法判例可以发现美欧日韩之间存在着较为明显的差异。

美国联邦宪法第一修正案将言论自由置于优先的保护地位，并成为保障言论自由畅通无阻的利剑。相比较而言，《欧盟基本权利宪章公约》和《欧洲人权公约》不仅将言论自由规定为一项基本权利，还将人格尊严受尊重和个人私生活受保护作为一项基本权利加以规定，彼此之间无一般意义上的优劣之分，并且，其对言论自由的规定并不是绝对的或无条件的，而且设置了限制条件。当言论自由与名誉权保护相冲突时，应当如何解决，欧盟法并没有给出一个简单、直接的答案，而是留给法院在个案中依据比例原则进行权衡。相较之美国，欧洲国家更加注重对人格尊严的维护，这是与其在“二战”期

---

① 参见本文关于德国网络平台民事责任部分的论述。

间遭受纳粹的黑暗统治的经历有一定关系的。这种在基本权利认识方面的差异直接影响到了对网络平台的义务与责任的塑造。网络平台是信息在网络中进行传播的重要载体，因此，对于言论自由的维护在很大程度上体现为对网络平台的责任的减免。一个有意思的现象是，英国和美国同属英美法国家，但是，两国法院在对待网络名誉权诉讼方面的态度却存在明显差异，其导致的后果便是一些索赔者通常会选择在英国而不是美国的法院起诉美国的网络平台侵犯其名誉权。另一项差异的事例是对于“被遗忘权”的态度。欧盟先是通过欧洲法院在司法判例中承认了公民在网络世界中的“被遗忘权”，并对互联网企业施以删除数据的义务，继而通过《一般数据保护条例》对该项权利以立法的方式正式予以确认。然而，美国的多数学者则对此持反对态度，其最强有力的理由便是承认该项权利将会影响言论自由。

在日本和韩国的宪法中，言论自由亦被列为一项基本权利，在司法实践中，其在对待言论自由与保护他人名誉、隐私冲突时所采取的方法与欧盟国家更为接近，当然，其在个案得出的具体结论则未必与欧盟国家的法院的结论相一致。另外，需要指出的是，韩国的《信息通讯网法》第 44 条明确禁止用户在信息网络上传播侵犯他人隐私、损害他人名誉等侵权信息，并且要求信息通信服务提供者在自己管理运营的通讯网络里必须尽力防止传播侵权信息。

在具体规制方式方面，美欧日韩亦存在明显差异。在网络以外的世界中，各国都存在保护名誉权、隐私权的法律规则，这些规则是否可以当然地全部适用于网络世界中，是各国立法机构和司法机构所面临的问题。网络平台是信息在网络世界中进行传播的媒介，其类似于物理世界中的出版者，对于出版者在保护他人名誉权、隐私权领域的义务与责任，传统民事法律都有着成熟的完整的规则体系，但是，如果要求网络平台像出版机构那样对网络信息承担起法律义务和责任，将是其无法承受之重负。为此，各国都采取了一些缓解措施，然而，其程度与路径都有所不同。美国国会在《通信正派法案》第 230 条中明确宣布不应将网络平台看作内容提供者提供的信息的“出版者”，从而彻底免除了其因他人在平台上发布侵权信息而产生的民事责任。而在英国则不存在此类明确的规定，因此，法院在审理涉及网络平台的诽谤案件时，时常会考虑网络平台是否属于出版者，这成了网络平台挥之不去的阴影。

在“通知—删除”规则的设计方面，各国的法律规则亦有所不同。例如，依照英国的《2013年名誉权法案》第5条和《2013名誉权条例》的规定，网络平台在接到自称名誉遭受侵害的权利人的投诉通知后，应将其转交给发布信息的用户，由该用户自主决定是否将争议信息删除并通知网络平台，如果信息发布者未在规定的限期内做出回应，那么，网络平台有权将争议信息予以删除；如果信息发布者明确拒绝删除信息，网络平台应及时通知投诉人，由其向法院提起诉讼来解决相关争议。在接到法院支持原告的判决后，网络平台应将涉诉信息予以删除。而依日本的《关于特定电信服务提供者的损害赔偿责任限制及向服务提供者请求提供发送者信息的法律》，网络平台在接到投诉通知后应转交给争议信息的发布者，若发布者未在七天内做出回复，网络平台有权予以删除，但是，如果发布者明确表示反对删除，网络平台则应对此做出是否删除的判断。对于明显构成侵权的，网络平台仍负有删除信息的义务；对于非明显构成侵权的信息，网络平台应当如何进行判断，日本的立法者未给出指引。依韩国的《信息通讯网法》，对于无法判断是否存在权利侵害时或者预计当事人双方可能存在矛盾冲突时，网络平台可以对相关信息采取临时的拦截措施。

（四）著作权领域的“通知—移除”与类似规则的比较

自美国在《数字千年版权法案》中确立了“通知—移除”规则以来，世界上已有许多国家都建立起了类似的规则，但在具体的制度设计方面存在一定的差异。

“通知—移除”规则的最典型的立法为美国的《数字千年版权法案》第512条，其规则可概括为：网络平台在接到权利主张者的投诉通知后，应及时将被指控侵权的信息内容从网站上删除或屏蔽，并立刻通知发布该信息的用户，用户在接到通知后如果认为其发布的信息不构成侵权，可向网络平台发出反通知。网络平台在收到反通知后应立刻将其转发给权利主张者，并告知其将在10天恢复被删除或被屏蔽的信息。网络平台应当在收到反通知之日起不少于10个工作日且不超过14个工作日的期间内恢复被删除或被屏蔽的信息，除非其在采取行动之前收到了权利主张者已向法院提起诉讼请求用户停止实施侵权行为的通知。对于美国式的“通知—移除”规则，在美国国内亦存在一些批评的声音。有学者认为，该规则在对待争议双方时未做到公平，明显倾向于保护权利主张者，如依照《数字千年版权法案》的要求，权利主张者在发出通知时只需要声明其对争议信息享有合法权利即可，而被投诉的对象在发出反通知时则必须宣誓声明其善意地相信相关信息内容被移除是错误的，这意味着，如果其虚假陈述，那么，将构成伪证罪而需对此承担刑事责任。

在美国法的模式下，网络平台并不需要对于投诉内容是否构成侵权作出实质性判断，然而，依照日本的《关于特定电信服务提供者的损害赔偿责任限制及向服务提供者请求提供发送者信息的法律》的规定，在接到投诉通知后，网络平台在通常情况下并不需要立即将投诉信息进行删除，而是可以有七天的时间等待投诉对象的答复，如果被投诉的用户拒绝同意移除，对于是否构成侵权存在争议的情况下，网络平台需要自主判断是否构成侵权并自主决定是否应当删除争议信息。这实际上是将网络平台推向了争议裁判者的地位。

在欧盟的立法层面，未对“通知—移除”的具体规则做出规定，而是留给各成员国对此做出规定。依照英国的法律，网络平台仅需要及时转发通知和反通知的义务，而无需对投诉讼通知的内容是否构成侵权作出实质判断。如果我们把视野进一步放宽，可以发现其他制度选择。例如，依照智利的《著作权法》，当对有关内容是否构成侵权存在争议时，其要求将争议提交给有关政府机构来裁决，但对此有人担心会影响“通知—移除”规则的实施效率，不利于保护知识产权人的利益。①

（五）网络平台披露用户身份信息的规则

网络用户在网络平台上发布信息时通常是匿名的，这对权利人维权带来了困难，因此，许多国家在免除网络平台的侵权责任的同时，对其施加了向权利人披露涉嫌侵权的用户的身份信息的义务，以便权利人对侵权人提起民事诉讼，然而，身份信息的披露会危及网络用户的个人隐私，因此，为了防止信息披露制度被滥用，许多国家对于用户身份信息的披露施加了许多限制。网络用户身份信息披露制度的关键在于，当对于用户发布的信息是否侵犯他人权利尚不明显且存在争议的情况下，由谁来决定是否向权利主张者披露被指控的用户的真实身份信息。

依照美国的《数字千年版权法案》的规定，著作权人在向网络平台发出请求移除侵权信息的通知后，可以为了提起民事诉讼的需要而向联邦地区法

---

① Nicolo Zingales, Internet Intermediary Liability: Identifying Best Practice for Africa, p. 18.

院的书记员请求签发传票，由法院命令网络平台向著作权人披露涉嫌侵权的用户的身份信息。在网络平台接到法院的传票后应立即向著作权人披露其掌握的用户的身份信息。

依照欧盟的《电子商务指令》第15条第2款规定，成员国可要求网络平台向有资格的公共机构披露平台用户的身份信息。对此，英国在《2010年数字经济法》中规定，如果网络服务提供者连续收到针对同一用户的三次侵害他人版权的报告，那么，网络服务提供者可将该用户列入“版权侵权名单”，并可向版权人提供一份匿名的版权侵权名单，版权人可以依据该名单向法院请求获取名单上的用户的真实身份信息，并对其提起侵权诉讼。对于版权侵权以外的事项，如侵害他人名誉权，权利人可以依据英国普通法上的Norwich Pharmacal救济规则，请求法院发布命令要求网络平台披露发布涉嫌侵权言论的用户的真实身份信息，法院在决定是否发布命令时应当谨慎权衡各种因素，包括：原告指控侵权行为人的胜诉概率，原告遭受名誉损害的程度；这些侵权行为人是否对原告采取了协同行动；潜在读者的范围与规模；侵权人在网站进行匿名活动的事实；原告是否有其他手段可以识别侵权行为人；被告对于网站用户是否实行保密政策。①

依据日本的《关于特定电信服务提供者的损害赔偿责任限制及向服务提供者请求提供发送者信息的法律》的规定，当网络平台收到权利人发出的请求其披露涉嫌发送侵权信息的用户的身份信息的通知后，应当询问该用户是否愿意披露其身份信息。如果用户拒绝披露其身份信息，网络平台应当如何处置，对此，日本法未明确规定，而交由网络平台来自主判断，并规定除非网络平台有故意或重大过失，否则，将不对权利人承担损害赔偿责任，因此，在实践中，除非明显构成侵权，否则，权利人很难获得用户的身份信息。

韩国则将是否应披露用户身份信息的最终决定权赋予了法定的政府机构和公共机构。依照韩国的著作权法规定，权利人为提起民事诉讼或刑事告诉，有权向相关网络服务提供者请求提供其持有的用户的身份信息。如果网络服务提供者拒绝提供的，权利请求人可以向文化体育观光部长官申请强制命令该网络服务提供者提供基本信息。对于侵害名誉权的纠纷，依据《信息通讯网法》第44条之6的规定，受害人为了提起民事诉讼或刑事告诉的需要，可以向名誉损害纠纷调处委员会提出请求，要求相关信息通信服务提供者提供

---

① Sheffield Wednesday Football Club Ltd and others v. Hargreaves [2007] EWHC 2375 (QB).

其所持有的涉嫌发表侵权言论的用户的信息。名誉损害纠纷调处委员会在收到提供用户信息的请求后，除无法联系到相关用户等特殊情况以外，必须先听取该用户的意见再做出是否提供相关资料的决定。

（六）个人数据保护

在个人数据保护领域，欧美日韩亦显现了差异。欧盟通过1995年《个人数据保护指令》在欧盟成员国范围内实现了个人数据保护水平的一致性，并协调各国之间的差异。2016年欧盟颁布了《一般数据保护条例》，其将于2018年生效。欧盟在个人数据保护方面一直都坚持比较高的水平，并且，要求各成员国设置专门的公共机构来受理投诉、监管个人数据处理业务。相比之下，美国并不存在统一的一般意义上的个人数据保护法，而是采取分行业、分领域制定个人数据保护制度的策略，并且，不存在专门的个人数据保护的政府机构，而是由多个政府机构分别执法，其中，最为重要的机构是美国联邦贸易委员会。美国联邦政府在个人数据保护领域更多的是采取行业自律的方式，联邦贸易委员会的执法行动主要是针对互联网行业的欺骗性的商业行为和不正当的商业行为。日本制定有《个人数据保护法》，并设置个人信息保护委员会，其突出特色在于对于匿名加工数据做出了规定。而韩国则是在《信息通讯网法》中详细规定了网络服务提供者在收集、使用和向他人提供用户的个人信息时应当遵守的各项法律义务，并明确规定了网络服务提供者的损害赔偿责任。

（七）网络信息监管

在网络信息监管方面，尽管欧美日韩均对淫秽信息、儿童色情、仇恨言论、宣扬恐怖主义的信息持否定态度，但是，他们对于上述违法信息的认定标准却存在明显差异。相比较而言，在对淫秽信息和仇恨信息的监管方面，美国较之欧盟、日本、韩国更为宽松，以至于一些欧洲人在美国设置相关网站用以发布有关色情、仇恨言论，以试图规避欧洲国家的法律监管，这种法律上的差异，不仅给欧洲国家的执法带来困难，亦给跨国经营的互联网企业带来合规的难题。①

---

① 参见R v. Sheppard and anor［2010］EWCA Crim 65.

（八）刑事责任的适用

刑事责任是对网络平台最为严厉的一种制裁措施，然而，在美国、德国的司法实践中，极少出现网络平台被认定负刑事责任的判例，权利人通常是通过民事诉讼而非刑事诉讼来进行维权的，相比较而言，在日本和韩国则较为容易发现此类案例。例如，在著作权保护领域，日本的“winny 案”被称为“Napster 案”，但是，日本的该起案件是通过刑事诉讼来解决的，而美国的 Napster 案则是通过民事诉讼来解决的。造成上述差异的原因在于，一方面，知识产权人因其权利被侵犯而依照日本法律的规定获得的损害赔偿数额，通常要比依照美国的法律获得的赔偿额低许多，并且，依照日本法的规定，知识产权人要获得针对网络平台的禁令救济也比较困难，因此，在日本法的背景下，单纯依靠民事损害赔偿往往并不能给知识产权人提供充分的救济；另一方面，这种差异也体现了在网络管制领域，日韩国家要比欧美国家更为严格。①

三、基于网络平台类型的比较

（一）纯粹的信息传输平台

1. 共同之处

对于纯粹的信息传输平台，即仅提供信息传输通道的平台，如 WhartsApp 之类的即时通讯平台，欧盟、美国和韩国的相关法律都展现出了宽松的一面。在各种类型的网络平台中，纯粹的信息传输平台所受到的规制是最轻的，其因用户的违法行为或违法信息而承担法律责任的风险是最低的。最先对纯粹的信息传输平台的法律责任进行专门规制是美国的《数字千年版权法》第 512 条，其通过规定免责条件而为此类网络平台提供了避风港式的保护。此后，欧盟的《电子商务指令》第 12 条，以及英国的《电子商务条例》第 17 条和《德国电信媒体法》第 8 条，韩国 2011 年修订后的《著作权法》，也都做出了与美国《数字千年版权法》第 512 条类似的规定。

从实践来看，对于纯粹的信息传输平台而言，因其用户发布违法信息或

① 参见 Salil K. Mehra, Software as Crime: Japan, the United States, and Contributory Copyright Infringement, 79 Tul. L. Rev. 265 (2004)。

从事违法活动而被施加法律责任的判例极为少见。此类平台所面临的法律责任风险主要来自平台与用户因服务协议而产生的合同纠纷，以及因不履行执法协助义务而产生的法律责任。

2. 差异之处

严格来说，美国的《数字千年版权法》仅适用于著作权保护领域，而对于纯粹的信息传输平台在名誉权、隐私权等人身保护领域的法律责任及其限制，在美国，则适用《通信正派法案》第230条的保护。而欧盟的《电子商务指令》第12条所提供的免责范围则扩大至全部民事责任，而不限于知识产权领域，并且，在德国、英国等国，免责范围还可涵盖行政责任和刑事责任。而在韩国，虽然其相关法律条款的设计与欧盟的《电子商务指令》第12条非常类似，但是，其仅规定在《著作权法》中，使其适用范围受到限制，从而又与美国法比较类似。日本的《关于特定电信服务提供者的损害赔偿责任限制及向服务提供者请求提供发送者信息的法律》则将面向特定的人信息传输平台排除在外。

（二）用户生成内容的平台

用户生成内容的平台，系本文研究的重点，也是各国立法规制和司法判例集中的领域，此种类型的网络平台包括博客、微博、类似facebook之类的社交平台、类似youtube之类的视频分享平台，以及带有分享功能的网络存储平台。

美国通过颁布《通信正派法案》，给予用户生成内容的网络平台以免责保护。依照该法案的规定，不得将此类网络平台看作用户生成内容的“出版者”，因而，即使用户发布的信息含有侵害他人名誉权、隐私权的内容或从事违反行政管理法规的行为，网络平台亦可免除自身责任。对于网络平台涉嫌侵犯他人知识产权或触犯联邦刑事责任的，则不受《通信正派法案》的保护，但是，美国的《千年数字版权法案》第512条为网络平台提供了避风港规则，一般来讲，如果网络平台对用户的侵权行为不知道，也不存在推定知道的情形，或者，其在接到侵权通知后尽到了及时删除的义务，就可以免责。而对于用户生成内容的网络平台被判处承担刑事责任的案例，在美国极为少见。由于受到美国联邦宪法第一修正案的限制，联邦政府不得强制网络平台对于用户发布的信息进行一般性的审查，但是，《通信正派法案》授权网络平台可以自主对不良信息采取审查、屏蔽等措施而免予承担责任，从而鼓励网络平台以自律的方式加强对用户发布信息的管理。

在欧盟国家，用户生成内容的平台可以归入欧盟《电子商务指令》中的提供主机服务（Hosting）的网络服务提供者，从而可享受类似于美国的《千年数字版权法案》第512条所规定的免责待遇。与此同时，欧盟《电子商务指令》明确禁止成员国要求网络平台对用户发布信息进行事先的一般性审查。然而，随着反恐形势日趋加重，英国、德国等国政府机构一直希望能够加强对网络信息的监管，但是，由于受到欧盟宪章和所在国宪法所规定的言论自由原则的限制，而难以对网络平台直接施加审查义务。值得注意的是，德国最近通过了《改善社交网络中法律执行的法案》，强化了网络平台对违法信息投诉的及时处理义务，并规定了罚则。

在日本，在民事损害赔偿责任方面，用户生成内容的网络平台可适用《赔偿责任限制与信息提供法案》，在符合条件的情况下，从而使其民事赔偿责任得以免除或受到限制。该法案亦规定了“通知—删除”规则，但是，其与美国和欧盟国家的规则有所差异。依照日本法的规定，只有在其“有足够理由”相信信息传输构成侵权时，才可对其删除行为免责。对于公法上的网络信息监管，日本法律侧重保护少年儿童免受不良信息或性侵的影响，如《青少年网络环境优化法》《规制利用网上介绍异性的业务引诱儿童的法律》等法律，另外，日本还制定有对儿童色情信息、报复性色情物品进行管制的法律。依照上述法律，网络平台对相关违法信息负有删除、屏蔽的义务。另外，日本国会还制定了《仇恨言论对策法》，但并未规定罚则。

在韩国，用户生成内容的平台的民事责任应适用《信息通讯网法》，该法在规定了“通知—删除”规则的同时，还要求网络平台应当“尽力防止”侵犯他人隐私、名誉的信息在网络上传播，对于该规定是否可产生法律上的注意义务或法律责任，还是仅仅为宣示性规定，存在一定的争议，一般认为，其尚不足以使他人对网络平台产生民事诉权。关于用户生成内容的平台在知识产权方面的责任则应适用于韩国的《著作权法》，其相同规定与欧盟、美国的法律比较类似。

值得一提的是，韩国和日本的立法都明确地提到技术上的可能性问题。依照韩国《著作权法》的规定，如果网络平台在技术上不可能对用户发布的信息进行审查或无法采取屏蔽、删除等预防或终止侵权措施时，网络平台可以免责。而依照日本的《赔偿责任限制与信息提供法案》，网络平台承担对用户发布的信息承担责任的前提条件之一就是，其能够从技术上阻止向不特定人传输侵权信息。

（三）P2P 文件分享平台

P2P 文件分享平台亦属于用户生成内容的平台，其与一般的用户生成内容平台的差别之处在于，后者存在中心服务器存储、上传和下载服务，而 P2P 平台则通常采用去中心化的设计和分布式存储的架构，可以实现用户与用户之间的直接的点对点的信息传输。由于技术架构的差异，在不同的 P2P 平台中，平台服务提供者的参与程度是不同的，有的存在提供检索、缓存服务的中心服务器，有的则不存在中心服务器。实践中，在 P2P 平台上传输的信息内容中相当一部分属于盗版作品，因此，在欧美日韩都发生了针对 P2P 平台提起的侵权诉讼。

美国联邦法院通过 Napster、Grokster 等判例，逐步限缩了“实质性非侵权用途”原则（技术中立原则）的适用范围，使得 P2P 平台的法律责任日趋严格。特别是在 Grokster 案中，美国联邦最高法院的大法官一致认为，如果一项软件的主要功能是为他人实施侵权提供便利，那么，即使其还拥有非侵权用途，该软件的发布者亦有可能承担协助侵权责任（Contributory Infringement Liability），特别是在其明知存在大量的侵权，仍向用户宣传可使用该软件从事盗版行为，或引诱用户利用该软件从事侵权，并且，其不去开发能够预防或降低用户侵权的过滤机制，而是从中直接地或通过广告费等形式间接地获利的时候。①

在欧盟，随着“海盗湾”被认定为非法后，许多成员国法院开始对 P2P 平台施以法律责任，于是，为 P2P 提供检索等服务的行为人转移至海外。为了防止英国居民通过国际互联网继续访问 P2P 网站或从事非法下载活动，英国法院应知识产权人的要求多次给网络服务提供商发布命令，要求对其海外 P2P 网站采取封堵、屏幕措施。在德国法院看来，对于去中心化的 P2P 平台而言，P2P 软件程序的生产者并非《德国电信媒体法》意义上的“服务提供者”，因而只能适用一般的侵权法规则。P2P 客户端软件本身不一定被用于侵权行为，但如果软件的生产商通过广告等手段宣传软件的非法用途或者将非法使用设计为产品的主要目的，则其应当承担间接侵权的责任（妨害者责任）。

---

① MGM Studios Inc. v. Grokster, Ltd. 545 U. S. 913 (2005).

在日本，法院对于存在中心服务器服务的P2P平台的法律责任要求得比较严格，甚至会依据“卡拉OK”原则将其看作主侵权行为人而对其发布禁令或判决赔偿。对于完全去中心化的P2P平台，法院在认定其法律责任时往往会比较谨慎，会考虑P2P软件服务的合法用途与非法用途，被告对于用户侵权的态度等多种因素，如在日本的Winny案中，日本最高法院最终认定P2P软件开发者无罪。①

对于P2P平台，韩国《著作权法》将其归为“特殊类型的网络服务提供者”，并以专门条款进行规制，其较之普通网络平台要承担更严格的义务，并要求其对从事侵权的用户采取更为有力的阻止侵权的措施。

（四）电子商务平台

世界各国的电子商务平台都面临一个共同的棘手问题，即平台上的入驻商户销售假冒他人商标的商品的问题，在欧美日韩都有这方面的典型案例，并且，有许多案件都是起诉eBay的案件，因而，具有比较研究的价值。另外，电子商务平台有时还会收到专利侵权的通知，因而，在理论上亦有可能产生侵犯专利权的责任风险，但是，这方面的公开报道的典型案例较少，说明这一问题在实践中并不是十分突出。

在美国联邦法院审理的“Tiffany诉eBay案”中，法院判决认为，电子商务平台对于有商户在其平台上销售假冒他人商标的产品仅有概括性知晓，尚不足以认定其“知道”假冒商标行为的存在；欲让电子商务平台承担协助侵权责任，须证明电子商务平台对于特定的商品构成假冒他人商标存在具体的知情。由于在eBay之类的电子商务平台上存在着大量的商品，电子商务平台无法对这些商品进行事先的具体的查验，因此，电子商务平台所承担的仅是收到侵权通知后的及时删除义务。② 关于电子商务平台在商户侵犯他人专利权方面的民事责任，美国法院认为，鉴于专利侵权的认定需要专业知识，因此，在涉及专利侵权的事项中，仅凭专利侵权通知，不足以认定被告实际知道侵权。③

英国的法院亦审理过起诉eBay侵权的案件，后来，该案件被提交给欧盟

---

① 平成21（あ）1900著作権法違反幇助被告事件，平成23年12月19日，最高裁判所第三小法庭。

② Tiffany（NJ）Inc. v. ebay Inc.，600 F.3d 93（2d Cir. 2010）.

③ Blazer v. eBay，Inc.，2017 WL 1047572（N. D. Ala. March 20，2017）.

的欧洲法院。欧洲法院认为，网购平台提供的服务如果仅是便于其用户在其经营活动中展示自己带有商标的商品，则不能认为网络平台自己从事了使用商标的行为。但是，如果为用户的销售行为提供了帮助，如为其商品的展示进行优化设计，以及为商品的销售进行广告宣传等，则等于是在用户的商标侵权行为中充当了“积极”的角色，此时，《电子商务指令》的免责规则无法适用。即使网购平台没有发挥积极的作用，如果其知道相关的事实，根据这些事实一个理性的经济人可以推断违法行为的存在，并且在其知道相关事实后没有不迟延的删除或屏蔽相关信息，则同样不能适用免责。①

在韩国法院所审理的一起针对 eBay 的案件中，原告要求依据《信息通讯网法》对 eBay 施加积极措施以预防商标侵权事件的发生的法律义务，但是，遭到了法院的拒绝。② 在一起涉及 Cyber Mall 的广告行政责任案件中，韩国法院认为，是否要求电子商务平台与商户一同就不当的广告承担行政责任，需要综合考虑网络平台与入驻商家之间交易合同的内容、平台规则、平台与商家各自对发行不当广告所起的作用程度，以及广告的具体内容误导消费者的可能性大小等因素来进行。③ 另外，值得一提的是，韩国制定有专门的《电子商务法》，对于提供电子商务平台服务提供者有着具体的规制。

在一起涉及电子商务平台的日本案例中，日本法院认为，当网上商城的经营者知道或有合理根据认为其能够知道有商户从事商标侵权行为时，其应当对此承担商标侵权责任，除非其在知道或能够知道侵权后合理时间内将含有侵权内容的网页予以删除，在该案中，法院认为，被告在知道商标侵权发生后的八天内将相关网页予以删除属于在合理时间内，因此，不再对商标侵权承担责任。④

（五）搜索平台

搜索平台所涉及的法律问题包括排名问题、关键词侵害他人商标权问题，以及使用搜索引擎搜索到的结果信息中含有涉嫌侵害他人名誉权、隐私权或知识产权的问题，其中，最后一类系本文关注的研究对象。谷歌公司系世界上最大的搜索服务提供商，其在欧美日韩均占据较大的市场份额，因此，在

① EuGH, GRUR 2011, 1025 – L'Oréal/eBay.

② 韩国大法院于2012年12月4日做出的“2010마817”号判决。

③ 韩国大法院于2005年12月22日对“2003두8296”号案件做出的判决。

④ 知识产权高等法院判决2012年2月14日。

上述国家中几乎都存在针对谷歌公司的诉讼。

美国在《数字千年版权法案》中针对搜索平台规定了其免责条件，从而限制了搜索平台在知识产权领域的侵权责任。对于搜索结果含有侵害他人名誉权或隐私权的问题，搜索平台可依据美国《通信正派法案》第230条主张免责。除此以外，在美国法院看来，搜索平台对于搜索结果及其排序的呈现，是搜索平台服务提供者的一种“言论表达”，因此，其受到联邦宪法第一修正案规定的“表达自由”的保护，从而可以将许多因搜索结果引发的纠纷排除在外。

欧盟颁布的《电子商务指令》对网络服务提供者进行了分类规制，但是，其未将搜索服务提供者明确地纳入其中某一类型，因此，在实践中便产生了一个问题，即搜索平台是否属于欧盟《电子商务指令》所规定的网络服务提供者，或其中的哪一种类型，并可依法享受免责保护。对此，欧盟的不同成员国的法院有不同的态度。

韩国2011年修订后的《著作权法》明确地将搜索服务提供者纳入法律规制的网络服务提供者的类型中，并为其设定了免责条件，该规定明显受到了美国的《数字千年版权法案》的影响。在目前的日本法律中，并未将搜索服务提供者作为一种特殊的网络服务提供者的类型来单独规制。但是，在日本的司法判例中，法院在认定搜索平台的法律责任时，通常会考虑其特点。在日本最高法院看来，搜索服务提供商对搜索结果的提供在性质上属于一种言论表达方式，该观点与美国法院的看法是一致的。

在欧盟的欧洲法院做出关于“被遗忘权”的判例后，在其他国家也出现了类似的判例，其判决结果不一，主要是取决于法院对于各种考虑因素的综合权衡。例如，在日本最高法院审理的一起案件中，原告请求被告谷歌公司删除有关其涉嫌儿童性犯罪的相关信息，法院认为，该信息事关社会公共利益，基于利益的权衡，法院驳回了原告的诉讼请求。① 在德国法院审理的一起针对谷歌的案件中，原告被他人错误地称为“著名的种族主义者”，并且，可以通过被告的搜索引擎中搜索到相关文章，法院在进行利益权衡后认为，原告有权要求被告删除、屏蔽相关链接，并且，被告应保证类似链接今后不再出现。②

① 日本最高法院判决2017年1月31日，平成28年（許）第45号。

② LG Heidelberg, Urteil vom 09. Dezember 2014 - 2 O 162/13 -, juris.

（六）应用程序分发平台

在笔者的研究视野内，关于应用程序分发平台的法律责任，欧美日韩并没有专门的立法规定，但是，与应用程序分发平台有关的纠纷或争议是存在的，公开报道的有影响力的司法判例主要是发生在美国，而在其他国家较为少见。与应用程序分发平台有关的争议主要包括三类：各应用程序分发平台之间的不正当竞争纠纷，应用程序分发平台与应用程序开发者之间的合同争议，应用程序分发平台因其提供的应用程序所存在的问题而与第三人发生的侵权争议，其中，第三类系本文对象关注的问题。

从实践来看，以苹果公司的应用商店来例，美国的应用程序分发平台会根据开发者应用程序的内容和功能给出相应的评级，但是，该审核主要针对应用程序是否安全可靠，是否携带病毒，是否涉及政治、人权、宗教、色情等敏感问题，其他内容则不做判断。

如果应用程序分发平台对外公开宣称其应用商店中的应用程序安全可靠或具备某种特点，但与实际情况不符，那么，消费者可以对其提起虚假陈述之诉，美国的联邦贸易委员会亦可以其虚假宣传构成欺骗交易行为为由对其采取执法行动。

从美国的相关司法判例可看出，当应用商店中的某应用程序存在侵害他人名誉权或隐私权的行为时，应用商店服务提供者可以基于美国《通信正派法案》第230条主张免责，因为应用商店并非应用程序的“内容提供者”。①如果某一应用程序涉嫌侵犯他人知识产权，那么，则对其适用“通知—删除”规则。

① Evans v. Hewlett - Packard Company , C 13 - 02477 WHA (August 15, 2013).

第九章

我国网络平台法律责任的制度

第一节　网络平台的民事责任

一、网络平台民事责任的概述

目前，我国现行法中关于网络平台的民事责任主要集中在《民法总则》、《网络安全法》、《侵权责任法》、《著作权法》、《全国人民代表大会常务委员会关于加强网络信息保护的决定》、《信息网络传播权保护条例》和最高人民法院的相关司法解释中。

在2017年颁布的《民法总则》对民事主体的民事权利、义务与民事责任做了一般性的规定，其将成为未来的中国民法典的总则篇，从而对物权法、合同法、侵权责任法等民事法律都具有统率的作用。该法在“民事权利”一章通过两个条款对个人信息和数据保护的问题作出了专门规定，即第111条关于个人信息保护的民事法律规则和第127条关于对数据、网络虚拟财产的保护规定。然而，值得注意的是，从上述两个条款的文字表述来看，其虽然是规定在“民事权利”章节，但并未从正面明确肯定其为独立的民事权利，亦未明示其应归属为既有的何种民事权利，也未规定违反此法律规定的法律后果或民事责任的类型。

在2016年颁布的《网络安全法》中，立法者为包括网络平台在内的“网络运营者”规定了多种法律义务，其大多数条款均为公法性质的管制性条款，但在该法第74条做出了一条概括性规定，即“违反本法规定，给他人造成损害的，依法承担民事责任”。因此，《网络安全法》第74条为创设网络平台的民事责任规定了一个入口，然而，有疑问的是，是否违反《网络安全法》所规定的任何一项法律义务均会导致网络运营者的民事责任，或者说，违反哪些义务才会产生民事责任。依据侵权法的一般理论，行为人违反管制性规范所设定的义务并非必然会产生民事责任或赋予受害人以民事诉权。只有当所违反的法律规定具有“保护他人之目的”时，才有可能导致民事责任。然而，对于哪些管制性规范具有“保护他人之目的”，而哪些规范不具有此类属性，法律规范本身往往并没有明确说明，而是需要司法机关结合立法者的意图、特定条款的规范功能、适用情形等因素去做出判断。①

即使违反了《网络安全法》及其配套法规和规章所设定的管制性规范有可能产生民事诉权，也并不意味着网络平台必然会承担民事责任，至于是否需要承担民事责任，尚需要依据《侵权责任法》等法律来判断其是否债权责任的构成要件。我国的《侵权责任法》不仅规定了一般侵权责任的构成要件，而且还对网络服务提供者的侵权责任做出了具体规定。《侵权责任法》第 36 条第 2 款规定："网络用户利用网络服务实施侵权行为的，被侵权人有权通知网络服务提供者采取删除、屏蔽、断开链接等必要措施。网络服务提供者接到通知后未及时采取必要措施的，对损害的扩大部分与该网络用户承担连带责任。"该条第 3 款规定：" 网络服务提供者知道网络用户利用其网络服务侵害他人民事权益，未采取必要措施的，与该网络用户承担连带责任。"一是上述规定的意义在于将原本适用于网络环境下的著作权侵权规则中的"通知—移除"规则扩张适用于网络服务提供者的一般侵权领域，但是，其并未规定反通知与恢复规则。二是该规定明确了网络服务提供者与用户之间的连带责任及其适用条件。虽然从正面来看，《侵权责任法》第 36 条第 2 款规定的是网络服务提供者的民事责任，但是，亦可反推其蕴含了网络服务提供者的免责条件。因为，该款规定网络服务提供者在接到权利人的投诉通知后未及时采取必要措施的，对"损害的扩大部分"与该网络用户承担连带责任，换而言之，网络服务提供者对于其接到通知以前发生的用户遭受的损害并不负有责任，并且，如果网络服务提供者在接到通知后及时采取了必要措施，那么，亦可免责。②

《侵权责任法》第 36 条规定了网络平台承担侵权责任的一般规则，但是，在利用信息网络侵害人身权损害领域与侵犯著作权领域，还需要分别适用更为具体的法律规则。在利用信息网络侵害人身权益领域，最高人民法院于 2014 年发布了《关于审理利用信息网络侵害人身权益民事纠纷案件适用法律若干问题的规定》；在利用信息网络侵害著作权领域，国务院早在《侵权责任法》颁布之前的 2006 年就制定了《信息网络传播权保护条例》，并于 2013 年

---

① 参见解亘：《论管制规范在侵权行为法上的意义》，载《中国法学》2009 年第 2 期；朱虎：《规制性规范违反与过错判定》，载《中外法学》2011 年第 6 期。

② 参见张新宝、任鸿雁：《互联网上的侵权责任：〈侵权责任法〉第 36 条解读》，载《中国人民大学学报》2010 年第 4 期。

进行了修订，最高人民法院于2012年发布了《关于审理侵害信息网络传播权民事纠纷案件适用法律若干问题的规定》，对有关概念进行了进一步的澄清和解释。

网络平台与其用户之间存在合同关系，其常见的表现形式为“用户协议”或“服务协议”等。网络平台对于用户的行为的管理，包括对用户所发布的信息的删除、屏蔽，对用户个人信息的收集、使用与分享，亦是以依据用户协议等合同约定来进行的。因此，合同责任亦是网络平台所面临的民事责任类型之一。尽管用户协议通常是由网络平台单方面制定的格式合同，并且，网络平台通常会在制定格式合同中加入各式各样的免责条款，但是，对于这些免责条款的效力依然需要依据《合同法》第39条和第40条的规定进行评估。该法第39条规定了格式条款提供者对于免责条款的提示和说明义务。[①]该法第40条规定“……提供格式条款一方免除其责任、加重对方责任、排除对方主要权利的，该条款无效”。从上述两项条款的内容可以看出，《合同法》第39条规定的是对格式条款的订入控制，即如果格式合同条款的提供者不对免责条款，特别是令人感到吃惊的免责条款，进行提示或说明，那么，可将该免责条款的内容排除在具有法律约束力的合同内容之外。《合同法》第40条则属于内容控制条款，对于有失公平的条款的效力做出否定性评价。另外，即使是经过《合同法》第39条和第40条考验的格式合同条款，在对合同条款的含义进行解释时，如果存在分歧，那么，依照《合同法》第41条的规定，应当做出不利于提供格式条款一方的解释。对于网络平台制定的用户协议而言，如果用户协议的条款含义模糊，存在两种以上的解释，且网络平台与用户之间就协议条款的解释存在分歧时，法院应该做出不利于网络平台的解释。

在消费者权益保护领域，2013年修订后的《消费者权益保护法》第44条第1款规定：“消费者通过网络交易平台购买商品或者接受服务，其合法权益受到损害的，可以向销售者或者服务者要求赔偿。网络交易平台提供者不能提供销售者或者服务者的真实名称、地址和有效联系方式的，消费者也可以向网络交易平台提供者要求赔偿；网络交易平台提供者作出更有利于消费

---

① 《合同法》第39条：“采用格式条款订立合同的，提供格式条款的一方应当遵循公平原则确定当事人之间的权利和义务，并采取合理的方式提请对方注意免除或者限制其责任的条款，按照对方的要求，对该条款予以说明。格式条款是当事人为了重复使用而预先拟定，并在订立合同时未与对方协商的条款。”

者的承诺的，应当履行承诺。网络交易平台提供者赔偿后，有权向销售者或者服务者追偿。”同时，其第2款规定：“网络交易平台提供者明知或者应知销售者或者服务者利用其平台侵害消费者合法权益，未采取必要措施的，依法与该销售者或者服务者承担连带责任。”

二、网络平台在人身权益保护领域的民事责任

对于网络用户利用网络平台所实施的侵害第三人的人身权益的行为，网络平台服务的提供者应在何种条件下对受害人承担民事责任，除了应当根据《侵权责任法》关于一般侵权责任构成要件的规定，以及最高法院做出的关于人身权益侵权的司法解释外，还应适用《侵权责任法》第36条和《最高人民法院关于审理利用信息网络侵害人身权益民事纠纷案件适用法律若干问题的规定》（以下简称《网络人身权益司法解释》）来做出判断。

第一，需要明确的是，上述《网络人身权益司法解释》的适用范围仅限于利用信息网络侵害人身权益，而不适用侵害财产权益或知识产权。所谓的人身权益，是指姓名权、名称权、名誉权、荣誉权、肖像权、隐私权等人身权益。①

第二，应当区分网络平台服务提供者对于用户所实施的侵权行为是“知道”，还是“不知道”两种情形。在后一种情形中，适用所谓的“通知—移除”规则，即人身权益被侵害的当事人可以向网络平台服务提供者发出投诉通知，要求其采取删除、屏蔽、断开链接等必要措施。如果网络平台服务提供者在收到通知后，及时采取了必要措施，则可以对受害人主张免责，同时，亦可对发布的信息被采取删除、屏蔽、断开链接等措施的网络用户主张免责。② 如果网络平台服务提供者未及时采取必要措施，并最终认定被投诉的行为构成侵权行为，那么，网络平台服务提供者将对于其接到通知后的受害人所遭受的扩大的损害部分承担赔偿责任。

第三，受害人应当以书面形式或者网络平台服务提供者公示的方式发出通知，并应包含下列内容：“（一）通知人的姓名（名称）和联系方式；（二）要

---

① 《最高人民法院关于审理利用信息网络侵害人身权益民事纠纷案件适用法律若干问题的规定》第1条。

② 《最高人民法院关于审理利用信息网络侵害人身权益民事纠纷案件适用法律若干问题的规定》第7条。

求采取必要措施的网络地址或者足以准确定位侵权内容的相关信息；（三）通知人要求删除相关信息的理由。”①

第四，法院在认定网络平台服务提供者采取的删除、屏蔽、断开链接等必要措施是否及时，应当根据网络服务的性质、有效通知的形式和准确程度，网络信息侵害权益的类型和程度等因素综合判断。②

第五，无论是《侵权责任法》，还是最高人民法院的《网络人身权益司法解释》，都未要求网络平台服务提供者在采取删除、屏蔽、断开链接等措施以前，将受害人投诉的通知转发给被指控从事侵权行为的用户，或听取其意见，也未规定任何的反通知的规则。而是仅仅规定：“被采取删除、屏蔽、断开链接等措施的网络用户，请求网络服务提供者提供通知内容的，人民法院应予支持。”③ 最高法院的司法解释虽然规定了，因通知人的通知导致网络服务提供者错误采取删除、屏蔽、断开链接等措施，被采取措施的网络用户请求通知人承担侵权责任，但是，其并没有规定网络平台需要对此承担侵权责任，相反，该司法解释的第 7 条还为网络平台明确提供了免责依据，但是，依据《网络人身权益司法解释》第 8 条第 2 款：“被错误采取措施的网络用户请求网络服务提供者采取相应恢复措施的，人民法院应予支持，但受技术条件限制无法恢复的除外。”然而，其并没有规定由谁何时来认定网络平台所采取的措施是“错误的”，如果等到法院对此做出最终判决，那么，时间将会相去甚远了。

第六，依照最高人民法院的司法解释，在认定网络平台服务提供者对于用户的侵权行为是否“知道”时，应当综合考虑下列因素：（一）网络服务提供者是否以人工或者自动方式对侵权网络信息以推荐、排名、选择、编辑、整理、修改等方式作出处理；（二）网络服务提供者应当具备的管理信息的能力，以及所提供服务的性质、方式及其引发侵权的可能性大小；（三）该网络信息侵害人身权益的类型及明显程度；（四）该网络信息的社会影响程度或者一定时间内的浏览量；（五）网络服务提供者采取预防侵权措施的技术可能性及其是否采取了相应的合理措施；（六）网络服务提供者是否针对同一网络用户的重复侵权行为或者同一侵权信息采取了相应的合理措施；（七）相关的其

---

① 《最高人民法院关于审理利用信息网络侵害人身权益民事纠纷案件适用法律若干问题的规定》第 5 条。

② 《最高人民法院关于审理利用信息网络侵害人身权益民事纠纷案件适用法律若干问题的规定》第 6 条。

③ 《最高人民法院关于审理利用信息网络侵害人身权益民事纠纷案件适用法律若干问题的规定》第 7 条第 2 款。

他因素。①由此可见，所谓的“知道”，已不限于实际知道，法院认为有合理理由可以推定网络平台知悉的情形亦属于“知道”的范围。

第七，获取实施侵权行为的网络用户的真实身份信息，对于保护受害人权益，方便受害人向侵权行为人直接提起诉讼具有至关重要的意义，但是，《侵权责任法》并未规定受害人享有请求网络服务提供者提供涉嫌侵权用户的身份信息的权利。最高人民法院的《网络人身权益司法解释》则采取了迂回的方式规定了网络平台服务提供者的提供用户身份信息的义务。该司法解释第4条第1款规定：“原告起诉网络服务提供者，网络服务提供者以涉嫌侵权的信息系网络用户发布为由抗辩的，人民法院可以根据原告的请求及案件的具体情况，责令网络服务提供者向人民法院提供能够确定涉嫌侵权的网络用户的姓名（名称）、联系方式、网络地址等信息。”值得注意的是，在披露用户身份信息方面，该司法解释赋予法院以自由裁量权。

三、网络平台在知识产权保护领域的民事责任

（一）著作权领域

对于网络环境下著作权保护问题，最高人民法院曾在2000年发布了《关于审理涉及计算机网络著作权纠纷案件适用法律若干问题的解释》，在2006年国务院颁布《信息网络传播权保护条例》之后，最高法院又发布了《关于审理侵害信息网络传播权民事纠纷案件适用法律若干问题的规定》。除了上述专门针对信息网络传播权的行政法规和司法解释外，关于网络平台在著作权保护领域的民事责任，还应受制于《著作权法》和《侵权责任法》的一般规定。

1. 《信息网络传播权保护条例》下的网络平台的民事责任

《信息网络传播权保护条例》将信息网络传播权作为著作权人的一项专有权利予以保护，未经权利人的许可而通过信息网络擅自向公众提供受著作权保护的作品、表演、录音录像制品的，将构成侵权。所谓信息网络传播权，是指以有线或者无线方式向公众提供作品、表演或者录音录像制品，使公众可以在其个人选定的时间和地点获得作品、表演或者录音录像制品的权利。②

① 《最高人民法院关于审理利用信息网络侵害人身权益民事纠纷案件适用法律若干问题的规定》第9条。

② 《信息网络传播权保护条例》第26条。

所谓向公众提供作品，包括通过上传到网络服务器、设置共享文件或者利用文件分享软件等方式，将作品、表演、录音录像制品置于信息网络中，使公众能够在个人选定的时间和地点以下载、浏览或者其他方式获得。①

在该条例中，与网络平台的民事责任最密切相关的规定主要有两部分，一部分是该条例第 14 条至第 17 条规定的“通知—移除”和“反通知—恢复”规则；另一部分是该条例第 20 条至第 23 条为四类网络服务提供者分别规定的“避风港”规则。《信息网络传播权保护条例》的上述规定明显借鉴了美国《数字千年版权保护法》的相关规定。

（1）“通知—移除”和“反通知—恢复”规则

“通知—移除”和“反通知—恢复”规则的适用对象为“提供信息存储空间或者提供搜索、链接服务”的网络服务提供者。该规则的内容可大致描述为：

第一步，“通知”环节：权利人认为网络服务提供者提供的服务所涉及的“作品、表演、录音录像制品”（以下简称作品）侵害了其著作权的，可以向该网络服务提供者提交书面通知，要求网络服务提供者删除该作品，或采取断开链接的措施。该通知书应当包含下列内容：（一）权利人的姓名（名称）、联系方式和地址；（二）要求删除或者断开链接的侵权作品、表演、录音录像制品的名称和网络地址；（三）构成侵权的初步证明材料。

第二步，“移除”环节，网络服务提供者接到权利人的通知书后，应当立即删除涉嫌侵权的作品，或者断开与涉嫌侵权的作品的链接，并同时将通知书转送提供作品的服务对象；服务对象网络地址不明、无法转送的，应当将通知书的内容同时在信息网络上公告。

第三步，“反通知”环节，涉嫌侵权的服务对象接到网络服务提供者转送的通知书后，认为其提供的作品未侵犯他人权利的，可以向网络服务提供者提交书面说明，要求恢复被删除的作品，或者恢复与被断开的作品的链接。书面说明应当包含下列内容：（一）服务对象的姓名（名称）、联系方式和地址；（二）要求恢复的作品、表演、录音录像制品的名称和网络地址；（三）不构成侵权的初步证明材料。

第四步，“恢复”环节，网络服务提供者接到服务对象的书面说明后，应当立即恢复被删除的作品，或者恢复链接，同时将服务对象的书面说明转送

① 《最高人民法院关于审理侵害信息网络传播权民事纠纷案件适用法律若干问题的规定》（法释〔2012〕20 号）第 3 条。

权利人。权利人不得再向网络服务提供者发出要求删除或断开链接的通知。

对于网络服务提供者而言，如果其遵循了上述规则，既可以对权利人的侵权指控主张免责，亦可以对服务对象因其作品被删除或被断开链接而提出的违约责任主张免责。

（2）“避风港”规则

《信息网络传播权保护条例》将网络服务提供者区分为四类，为其分别设定“避风港”规则，使其免于损害赔偿责任。

对于为用户提供自动接入服务或自动传输服务的网络服务提供者而言，在符合下列条件时，不承担赔偿责任：（一）未选择并且未改变所传输的作品；（二）向指定的服务对象提供该作品、表演、录音录像制品，并防止指定的服务对象以外的其他人获得。

对于为用户提供“自动缓存”服务的网络服务提供者而言，在符合下列条件时，不承担赔偿责任：（一）未改变自动存储的作品、表演、录音录像制品；（二）不影响提供作品、表演、录音录像制品的原网络服务提供者掌握服务对象获取该作品、表演、录音录像制品的情况；（三）在原网络服务提供者修改、删除或者屏蔽该作品、表演、录音录像制品时，根据技术安排自动予以修改、删除或者屏蔽。①

对于为用户提供信息存储空间服务的网络服务提供者而言，在符合下列条件时，不承担赔偿责任：（一）明确标示该信息存储空间是为服务对象所提供，并公开网络服务提供者的名称、联系人、网络地址；（二）未改变服务对象所提供的作品；（三）不知道也没有合理的理由应当知道服务对象提供的作品、表演、录音录像制品侵权；（四）未从服务对象提供作品、表演、录音录像制品中直接获得经济利益；（五）在接到权利人的通知书后，根据本条例规定删除权利人认为侵权的作品、表演、录音录像制品。

对于为用户提供搜索或者链接服务的网络服务提供者而言，在接到权利人的通知书后，采取断开与侵权作品链接措施的，不承担赔偿责任；但是，明知或者应知所链接的作品侵权的，仍应当承担共同侵权责任。

（3）关于提供用户身份信息的义务

网络环境是一个匿名化的环境，为了查找侵权通常需要网络服务提供者

---

① 所谓“自动缓存”服务是指，网络服务提供者为提高网络传输效率，自动存储从其他网络服务提供者获得的作品、表演、录音录像制品，根据技术安排自动向服务对象提供。参见《信息网络传播权保护条例》第21条。

来提供涉嫌侵权的用户的身份信息，《信息网络传播权保护条例》并未将其规定为权利遭受侵害的当事人的一项请求权，也未将其规定为网络服务提供者的民事义务，而是将其规定为一项基于行政机关的请求而产生的行政法上的义务。该条例第 13 条规定："著作权行政管理部门为了查处侵犯信息网络传播权的行为，可以要求网络服务提供者提供涉嫌侵权的服务对象的姓名（名称）、联系方式、网络地址等资料。"同时，该条例的第 25 条规定："网络服务提供者无正当理由拒绝提供或者拖延提供涉嫌侵权的服务对象的姓名（名称）、联系方式、网络地址等资料的，由著作权行政管理部门予以警告；情节严重的，没收主要用于提供网络服务的计算机等设备。"

2. 信息网络传播权司法解释背景下的网络平台责任

在《最高人民法院关于审理侵害信息网络传播权民事纠纷案件适用法律若干问题的规定》（以下简称《信息网络传播权司法解释》）中从侵权法的角度对网络平台在侵害信息网络传播权案件中的民事责任作了进一步的规定。

首先，对于用户实施的侵害信息网络传播权的行为，最高人民法院的司法解释将网络平台的责任定性为侵权责任中的"帮助和教唆"责任。其中，教唆行为包括以言语、推介技术支持、奖励积分等方式诱导、鼓励网络用户实施侵权行为。如果网络服务提供者明知或者应知网络用户利用网络服务侵害信息网络传播权，未采取删除、屏蔽、断开链接等必要措施，或者提供技术支持等帮助行为的，可认定为帮助侵权行为。①

其次，网络平台服务提供者的责任适用过错责任原则，只有当网络平台服务提供者存在过错时，才承担侵权责任。网络平台服务提供者的过错包括对于网络用户侵害信息网络传播权行为的明知或者应知。

因此，判断网络平台服务提供者是否应承担侵权责任的关键在于其对于用户实施的侵害信息网络传播权的行为是否存在"明知"或"应知"。

对于权利人而言，要想证明网络平台对其用户实施的侵权行为是"明知"的，往往会非常困难，但是，其如果发现侵权事实后，对书信、传真、电子邮件等方式对网络平台发出了符合法律要求的书面通知，要求对侵权作品实施删除、屏蔽、断开链接等措施，可以认定网络平台对侵权事实构成明知。②

① 《最高人民法院关于审理侵害信息网络传播权民事纠纷案件适用法律若干问题的规定》第 7 条。

② 《最高人民法院关于审理侵害信息网络传播权民事纠纷案件适用法律若干问题的规定》第 13 条。

对于如何判断网络平台对于用户实施的侵权行为“应知”，《信息网络传播权司法解释》要求法院在做出认定时，应根据侵权的具体事实是否明显，综合考虑以下因素：（一）基于网络服务提供者提供服务的性质、方式及其引发侵权的可能性大小，应当具备的管理信息的能力；（二）传播的作品、表演、录音录像制品的类型、知名度及侵权信息的明显程度；（三）网络服务提供者是否主动对作品、表演、录音录像制品进行了选择、编辑、修改、推荐等；（四）网络服务提供者是否积极采取了预防侵权的合理措施；（五）网络服务提供者是否设置便捷程序接收侵权通知并及时对侵权通知作出合理的反应；（六）网络服务提供者是否针对同一网络用户的重复侵权行为采取了相应的合理措施；（七）其他相关因素。①

如果网络平台服务提供者并非单纯地提供信息传输或信息存储服务，而是在提供平台网络服务时实施了特定的行为，如对热播影视作品等以设置榜单、目录、索引、描述性段落、内容简介等方式进行推荐，并且公众可以在其网页上直接以下载、浏览或者其他方式获得的，可以认定其应知网络用户侵害信息网络传播权。②

对于提供信息存储空间服务的网络平台服务提供者而言，在下列情况下，可以认定其对网络用户的侵权行为是“应知”的：（一）将热播影视作品等置于首页或者其他主要页面等能够为网络服务提供者明显感知的位置的；（二）对热播影视作品等的主题、内容主动进行选择、编辑、整理、推荐，或者为其设立专门的排行榜的；（三）其他可以明显感知相关作品、表演、录音录像制品为未经许可提供，仍未采取合理措施的情形。③

在认定网络平台对网络用户的侵权行为是否有过错时，会涉及对网络平台的注意义务的设定。首先，网络平台服务提供者对网络信息不负有主动审查义务，因此，网络平台对用户的侵权行为未主动进行审查的，不构成其有过错；另外，如果网络平台服务提供者能够证明已采取合理、有效的技术措施，仍难以发现网络用户侵害信息网络传播权行为的，法院应当认定其不具

① 《最高人民法院关于审理侵害信息网络传播权民事纠纷案件适用法律若干问题的规定》第9条。

② 《最高人民法院关于审理侵害信息网络传播权民事纠纷案件适用法律若干问题的规定》第10条。

③ 《最高人民法院关于审理侵害信息网络传播权民事纠纷案件适用法律若干问题的规定》第12条。

有过错。① 其次，如果网络平台服务提供者从网络用户提供的作品、表演、录音录像制品中直接获得经济利益的，应当认定其对该网络用户侵害信息网络传播权的行为负有较高的注意义务。对于如何理解“直接获得经济利益”，最高法院将其解释为“网络服务提供者针对特定作品、表演、录音录像制品投放广告获取收益，或者获取与其传播的作品、表演、录音录像制品存在其他特定联系的经济利益”。② 但是，网络服务提供者因提供网络服务而收取一般性广告费、服务费等，不属于直接获得经济利益。

值得注意的是，在最高法院的司法解释中，当网络平台从提供侵权作品中直接获得经济利益时，其法律后果是对用户的侵权行为“负有较高的注意义务”，但这并不等于认定网络平台有过错，是否有过错仍要看其是否违反了应负的注意义务，然而，在司法实践中，有的地方法院则直接将网络平台推定为“有过错”，如北京市高级人民法院在其发布的《关于视频分享著作权纠纷案件的审理指南》中明确规定：“网络服务提供者从网络用户提供作品、表演、录音录像制品中直接获得经济利益，且该提供行为未经权利人许可，推定其主观上有过错。”③

（二）商标权领域

目前，我国现行立法和最高人民法院的司法解释都尚未对网络平台服务提供者在商标权领域内的民事责任作出专门的或特别的规定，因此，其应当适用《商标法》和《侵权责任法》所设定的一般规则。《侵权责任法》第36条所规定的“通知—移除”亦可适用。从司法实践来看，相关案件主要发生在电子商务领域和网络信息搜索领域。

1. 相关案例

《商标法》第57条第（六）项规定，“故意为侵犯他人商标专用权行为提供便利条件，帮助他人实施侵犯商标专用权行为的”，属于侵犯注册商标专用权。“故意”通常是以明知为前提的。网络平台对用户从事的商标侵权行为的一般性或概括性知道是否可以认定为其明知，还是需要对具体侵权行为确

① 《最高人民法院关于审理侵害信息网络传播权民事纠纷案件适用法律若干问题的规定》第8条。

② 《最高人民法院关于审理侵害信息网络传播权民事纠纷案件适用法律若干问题的规定》第11条。

③ 《北京市高级人民法院关于视频分享著作权纠纷案件的审理指南》（2012年12月31日　京高法发［2012］419号）第9条。

定的知道？例如，淘宝网存在大量侵犯商标权的仿冒商品是众所周知的事实，微信中由个人建立的微店中也销售着大量假货，一般认为，这种一般性知晓显然不能作为判定网络服务提供者“知道”被诉商标侵权的标准。在报喜鸟服饰公司诉淘宝案中，法院接受了被告的辩护意见，认为原告在向淘宝公司就该特定侵权行为进行投诉之前，淘宝公司无从得知，因此淘宝公司不存在明知侵犯商标权行为存在而不采取措施的情形。①

网络服务提供者对于用户发布的信息是否负有审查义务是认定其民事责任的关键，在“台山港益电器有限公司等与北京谷翔信息技术有限公司侵犯注册商标专用权上诉案”中，原告港益电器对“绿岛 Nedfon”的商标专有权，原告称，在被告所经营的谷歌搜索引擎中输入“绿岛风”进行搜索后，尽管搜索结果左栏第一项显示为原告公司的名称和网页链接，但是右栏的赞助商链接的第一项却显示为“绿岛风—第三电器厂”及其链接。一审法院认为，被告谷翔公司作为 google. cn 网站的经营者，其提供的“Google AdWords”服务属于互联网广告服务，但是，因其对第三电器厂在“Google AdWords”的网络信息不具备编辑控制能力，对该网络信息的合法性没有监控义务，且在诉讼过程中已及时停止了对第三电器厂在“Google AdWords”上的提供关键词广告服务，因此，被告谷翔公司不承担侵权责任，而二审法院则认为被告谷翔公司作为广告经营者未尽到审查广告内容的义务，其行为客观上帮助实施了商标侵权行为，应当承担侵权责任。②

也有一些案件，法院否认网络平台对用户的行为负有审查义务。例如，在“2001 年 11 月 21 日公司（AKTIESELSKABETAF21. NOVEMBER2001）诉易趣网络信息服务（上海）有限公司等商标侵权纠纷案”中，原告系商标专用权人，其认为亿贝易趣网准许他人在其平台上销售侵权商品，侵犯了该公司的商标专用权，因此将亿贝易趣网和上海易趣贸易有限公司诉至法院。在案件审理中，被告方代理人认为亿贝易趣网只提供一个交易平台，并不参与交易，因而不应该对销售侵权商品承担责任。一审法院认为：“作为网络交易平台服务提供商的被告方在易趣网站上设立了知识产权权利人举报系统，故其为制止网上侵犯知识产权行为尽到了谨慎义务。被告方提供的是网络交易

---

① “浙江报喜鸟服饰股份有限公司与陈才胜、浙江淘宝网络有限公司侵害商标权纠纷案”，参见杭州市余杭区人民法院（2015）杭余知初字第 160 号一审民事判决书。

② “台山港益电器有限公司与广州第三电器厂、北京谷翔信息技术有限公司侵犯注册商标专用权纠纷案”，参见广东省广州市中级人民法院民事判决书（2008）穗中法民三终字第 119 号。

平台服务，该种网络交易平台服务的方式表现为在一个虚拟化的市场上通过计算机系统提供用户注册、登录、查询和浏览功能，使用户之间自行磋商并通过用户的最后确认来达成商品的买卖交易，并且这种交易的实现尤其是商品实物的交付需要交易双方网下来进行交割。在商品成交后，网络用户应当向被告方支付相应的服务费用。在这种交易过程中，被告方并非交易的一方当事人，故其对交易本身并不负责。又由于网上用户及每日登录的商品数量非常多，故对于作为网络交易平台服务提供商的被告方而言，如果要求其对登录易趣网上的每件商品是否涉嫌侵权均进行事前审查或者监督并不现实，且即使被告方尽到了事前审查义务或者监督义务，其也不能完全保证网下交易商品的安全性与合法性，故被告方没有控制在交易平台以外实现交易商品的义务与能力。本案中，原告并未证明其通过与易趣网用户交易所购得的商品以及易趣网上发布的商品交易信息中所出售的商品均为假冒原告注册商标的商品，故要认定被告方明知通过其网上出售的商品是假冒原告注册商标的商品而不去制止即为他人实施销售的侵权行为提供便利尚缺乏事实和法律依据。本院对于原告提出被告方销售了被控侵权商品以及为销售被控侵权商品提供了便利的行为构成商标侵权的诉讼主张不予支持。”①

需要注意的是，如果商标权人针对同一侵权人多次重复投诉侵犯其商标权时，而网络服务提供者对其负有较高的注意义务，需要采取合理的防范措施。如果网络服务提供者未针对该重复侵权人采取相应的合理措施，那么，应被视为其对用户的侵权行为是明知的。例如，在“衣念（上海）时装贸易有限公司诉浙江淘宝网络有限公司、杜某发侵害商标权纠纷”案中，在2009年9月29日至2009年11月11日期间，原告衣念公司发现被告杜某发通过淘宝网销售侵权商品后，先后7次向淘宝公司发送侵权通知函，被告淘宝公司审核后先后7次删除了杜某发发布的商品信息。淘宝公司认为，其已经采取了必要的措施。一审法院认为：网络服务提供者接到通知后及时删除侵权信息是其免于承担赔偿责任的条件之一，但并非是充分条件。网络服务提供者删除信息后，如果网络用户仍然利用其提供的网络服务继续实施侵权行为，网络服务提供者则应当进一步采取必要的措施以制止继续侵权。哪些措施属

① “2001年11月21日公司（AKTIESELSKABETAF21. NOVEMBER2001）诉易趣网络信息服务（上海）有限公司等商标侵权纠纷案”，参见上海市第一中级人民法院2005年沪一中民五（知）初第371号民事判决书。该案二审以法院调解的方式结案，参见上海市高级人民法院（2006）沪高民三（知）终字第99号民事调解书。

于必要的措施，应当根据网络服务的类型、技术可行性、成本、侵权情节等因素确定。具体到网络交易平台服务提供商，这些措施可以是对网络用户进行公开警告、降低信用评级、限制发布商品信息直至关闭该网络用户的账户等。淘宝公司作为国内最大的网络交易平台服务提供商，完全有能力对网络用户的违规行为进行管理。淘宝公司也实际制定并发布了一系列的网络用户行为规则，也曾对一些网络用户违规行为进行处罚。淘宝公司若能够严格根据其制定的规则对违规行为进行处理，虽不能完全杜绝网络用户的侵权行为，但可增加网络用户侵权的难度，从而达到减少侵权的目的。就本案而言，淘宝公司接到衣念公司的投诉通知后，对投诉的内容进行了审核并删除了杜某发发布的商品信息。根据淘宝网当时有效的用户行为管理规则，其在接到衣念公司的投诉并经核实后还应对杜某发采取限制发布商品信息、扣分直至冻结账户等处罚措施，但淘宝公司除了删除商品信息外没有采取其他任何处罚措施。在7次有效投诉的情况下，淘宝公司应当知道杜某发利用其网络交易平台销售侵权商品，但淘宝公司对此未采取必要措施以制止侵权，杜某发仍可不受限制地发布侵权商品信息。淘宝公司有条件、有能力针对特定侵权人杜某发采取措施，但其在知道杜某发多次发布侵权商品信息的情况下，并未严格执行其管理规则，依然为杜某发提供网络服务，此是对杜某发继续实施侵权行为的放任、纵容。其故意为杜某发销售侵权商品提供便利条件，构成帮助侵权，具有主观过错，应承担连带赔偿责任。

一审判决做出后，淘宝公司提起上诉，否认其对用户的侵权行为的“知道”。二审法院认为：衣念公司从2006年起就淘宝网上的商标侵权向上诉人淘宝公司投诉，而且投诉量巨大，然而直至2009年11月，淘宝网上仍然存在大量被投诉侵权的商品信息，况且在上诉人删除的被投诉商品信息中，遭到卖家反通知的比率很小，由此可见，上诉人对于在淘宝网上大量存在商标侵权商品之现象是知道的，而且也知道对于被上诉人这样长期大量的投诉所采取的仅作删除链接的处理方式见效并不明显。上诉人在处理被上诉人的投诉链接时，必然要查看相关链接的商品信息，从而对于相关商品信息是否侵权有初步了解和判断。因此，通过查看相关链接信息，作为经常处理商标侵权投诉的上诉人也应知道淘宝网上的卖家实施侵犯被上诉人商标权的行为。再次，在案的公证书表明被上诉人购买被控侵权商品时原审被告杜某发在其网店内公告：“本店所出售的部分是专柜正品，部分是仿原单货，质量可以绝对放心……”，从该公告内容即可明显看出杜某发销售侵权商品，上诉人在处

理相关被投诉链接信息时对此当然是知道的，由此亦能证明上诉人知道杜某发实施商标侵权行为。最后，判断侵权不仅从投诉人提供的证据考查，还应结合卖家是否反通知来进行判断，通常情况下，经过合法授权的商品信息被删除，被投诉人不可能会漠然处之，其肯定会作出积极回应，及时提出反通知，除非确实是侵权商品信息。故本案上诉人在多次删除杜某发的商品信息并通知杜某发被删除原因后，杜某发并没有回应或提出申辩，据此完全知道杜某发实施了销售侵权商品行为。综合上述因素，法院认为上诉人淘宝公司知道原审被告杜某发利用其网络服务实施商标侵权行为，但仅是被动地根据权利人通知采取没有任何成效的删除链接之措施，未采取必要的能够防止侵权行为发生的措施，从而放任、纵容侵权行为的发生，其主观上具有过错，客观上帮助了杜某发实施侵权行为，构成共同侵权，应当与杜某发承担连带责任。

该案的意义不仅仅在于确立了认定网络服务提供者“明知”的标准，更重要的在于，其要求网络服务提供者在特定情形下对于实施重复侵权行为的用户，除了履行通常的“通知—删除”义务外，还需要依具体情形的需要积极主动地采取相应的必要措施防止侵权再次发生。

2. 北京市高级人民法院的审理指南

我们也可以从一些地方法院发布的“准司法解释”中了解到法院在司法实践中所采用的具体判定规则。例如，北京市高级人民法院于2016年4月13日发布的《关于涉及网络知识产权案件的审理指南》对涉及网络商标权侵权案件的审理规则做了许多具体的规定，从这些规定可以看出，其实际上是借鉴了《信息网络传播权司法解释》中的相关规定。

依照北京市高级人民法院的意见，平台服务商对于商标侵权的民事责任适用过错责任原则。其认为，平台服务商通常情况下不具有事先审查网路交易信息或者交易行为合法性的义务，但是，其又强调，平台服务商应当根据其所属行业提供服务的性质、方式、内容以及通常应具备的信息管理能力和经营能力等，采取必要的、合理的、适当的措施防止侵害商标权行为的发生。[①] 这实际上是为平台服务商施加了一定的注意义务。

平台服务商在提供网络服务时，教唆或者帮助网络卖家实施侵害商标权行为的，应当与网络卖家承担连带责任。平台服务商故意以言语、推介技术

① 《北京市高级人民法院关于涉及网络知识产权案件的审理指南》第19条。

、奖励积分、提供优惠服务等方式诱导、鼓励网络卖家实施侵害商标权的，可以认定其构成教唆网络卖家实施侵权行为。平台服务商知道网络利用网络服务侵害他人商标权，未采取删除、屏蔽、断开链接等必要措或者仍提供技术、服务支持等帮助行为的，可以认定其构成帮助网络卖施侵权行为。[①]

权利人通知平台服务商采取删除、屏蔽、断开链接等必要措施阻止网络侵害其商标权的，应以书面形式或者平台服务商公示的方式向平台服务出通知。通知的内容应当能够使平台服务商确定被控侵权的具体情况且由相信存在侵害商标权的可能性较大。通知应包含以下内容：（1）权利姓名、有效联系方式等具体情况；（2）能够准确定位被控侵权内容的相信息；（3）商标权权属证明及所主张的侵权事实；（4）权利人对通知内容实性负责的声明。平台服务商根据权利人发送的通知，知道网络卖家利用网络服务实施侵害商标权行为的，应当及时采取删除、屏蔽、断开链接等要措施。平台服务商在采取必要措施后，应当在合理期限内将采取措施的况明确告知网络卖家。超过合理期限，且平台服务商存在过错，导致网络家产生损失的，应当承担赔偿责任。[②]

平台服务商“知道”网络卖家利用其网络服务实施侵害商标权行为，包“明知”和“应知”。认定平台服务商知道网络卖家利用网络服务侵害他商标权，可以综合考虑以下因素：（1）被控侵权交易信息位于网站首页、目首页或者其他明显可见位置；（2）平台服务商主动对被控侵权交易信息进行了编辑、选择、整理、排名、推荐或者修改等；（3）权利人的通知足以使平台服务商知道被控侵权交易信息或者交易行为通过其网络服务进行传播或者实施；（4）平台服务商针对相同网络卖家就同一权利的重复侵权行为未采取相应的合理措施；（5）被控侵权交易信息中存在网络卖家的侵权自认；（6）以明显不合理的价格出售或者提供知名商品或者服务；（7）平台服务商从被控侵权交易信息的网络传播或者被控侵权交易行为中直接获得经济利益；（8）平台服务商知道被控侵权交易信息或者交易行为侵害他人商标权的其他因素。[③]

---

① 《北京市高级人民法院关于涉及网络知识产权案件的审理指南》第21条。
② 《北京市高级人民法院关于涉及网络知识产权案件的审理指南》第22至24条。
③ 《北京市高级人民法院关于涉及网络知识产权案件的审理指南》第26条。

（三）专利权领域

目前，专利侵权领域，我国尚不存在对网络平台服务提供者的民事责任的特别规定，因此，其应当适用《专利法》和《侵权责任法》所设定的一般规则。《侵权责任法》第36条所规定的“通知—移除”制度在专利侵权领域原则上亦可适用。但是，从司法实践来看，认定是否存在专利侵权要远较侵犯著作权或商标权更为复杂和困难，其有可能超出网络平台的判断能力。①

2015年12月，国务院法制办公室②所公开发布的《专利法修订草案（送审稿）》第63条对网络服务提供者的责任做出了专门规定，其基本上借鉴了《侵权责任法》第36条所规定的“通知—移除”制度。该条第1款规定：“网络服务提供者知道或者应当知道网络用户利用其提供的网络服务侵犯专利权或者假冒专利，未及时采取删除、屏蔽、断开侵权产品链接等必要措施予以制止的，应当与该网络用户承担连带责任。”其明确使用了“知道或者应当知道”的表述。该条第2款规定：“专利权人或者利害关系人有证据证明网络用户利用网络服务侵犯其专利权或者假冒专利的，可以通知网络服务提供者采取前款所述必要措施予以制止。网络服务提供者接到合格有效的通知后未及时采取必要措施的，对损害的扩大部分与该网络用户承担连带责任。”

四、网络平台在消费者权益保护领域的民事责任

保护消费者的合法权益是网络平台的一项法律义务，特别是对于电子商务平台而言尤其重要。目前，网购已成为许多消费者主要购物渠道之一，因此，在用户所提起的针对网络交易平台的诉讼中，有相当多的案件是消费者所提起的网络购物纠纷案件。对于此类案件，首先要明确的问题是消费者与网络交易平台之间的法律关系的性质。目前，比较流行的观点是消费者与网络交易平台、卖家之间存在居间合同关系，网络交易平台为潜在的交易双方当事人提供交易机会或媒介服务；也有人认为网络交易平台基于其提供的技术服务和平台环境与销售者、服务者之间构成网络服务合同关系，其本质上

---

① “沈阳东辰日用品有限公司与霸州市兴旺家居用品有限公司、浙江天猫网络有限公司等知识产权纠纷案”，参见浙江省高级人民法院（2014）浙知终字第38号民事判决书。

② 现为司法部。

是一种无名合同关系。[①] 除此以外，还存在其他一些观点，如将网络交易平台的法律地位类比柜台出租者或商品交易所等。从目前的司法实践来看，国内最大的网络交易平台淘宝网所涉案件中有相当部分是由该平台经营企业住所地法院，即杭州市的法院，来处理的，其相当一部分判决都采用了居间合同的观点。

2013 年修订后的《消费者权益保护法》第 44 条规定："消费者通过网络交易平台购买商品或者接受服务，其合法权益受到损害的，可以向销售者或者服务者要求赔偿。网络交易平台提供者不能提供销售者或者服务者的真实名称、地址和有效联系方式的，消费者也可以向网络交易平台提供者要求赔偿；网络交易平台提供者作出更有利于消费者的承诺的，应当履行承诺。网络交易平台提供者赔偿后，有权向销售者或者服务者追偿。网络交易平台提供者明知或者应知销售者或者服务者利用其平台侵害消费者合法权益，未采取必要措施的，依法与该销售者或者服务者承担连带责任。"

从司法实践来看，在 2014～2016 年间北京地区有关网络商品交易平台的案件有 70 余件，法院判决商品交易平台承担责任的只占 10%。绝大多数判决都依据《消费者权益保护法》第 44 条，只要网络商品交易平台及时提供了销售者的真实名称、地址和有效联系方式，并且没有明知或应知侵权行为的存在，就不会判决交易平台承担责任。[②]

关于网络平台对于平台上所销售的商品信息的审查义务和注意义务的范围，在司法实践中存在争议，在"中国友谊出版公司诉浙江淘宝网络有限公司、杨海林侵犯著作权纠纷案"[③] 中，一审法院和二审法院的不同意见也印证了这一点。

值得注意的是，在 2017 年 11 月全国人大常委会公布的《电子商务法（草案）》"二次审议稿"中，将"电子商务平台经营者"界定为"是指在电子商务中为交易双方或者多方提供网页空间、虚拟经营场所、交易规则、交易撮合、信息发布等服务，供交易双方或者多方独立开展交易活动的法人或者非法人组织"。[④] 该立法草案不仅规定了电子商务平台负有对申请进入平台

---

① 周荆、杨琳：《网络交易平台民事责任的类型化研究》，载《人民司法》2016 年第 34 期。

② 周荆、杨琳：《网络交易平台民事责任的类型化研究》，载《人民司法》2016 年第 34 期。

③ 参见一审：北京市东城区人民法院（2009）东民初字第 2461 号民事判决书；二审：北京市第二中级人民法院（2009）二中民终字第 15423 号民事判决书。

④ 参见《电子商务法（草案）》（二次审议稿）第 10 条。

销售商品或者提供服务的经营者身份、行政许可等信息进行审查和登记、建立登记档案、定期核验更新的义务，而且，还规定平台应当对平台内的商品或者服务信息进行检查监控。但是，由于上述立法还只是停留在草案阶段，尚未正式通过，也未付诸司法实践，因此，对于上述立法规定应如何解释，其是否会对网络平台的民事责任产生实质性的影响，尚不得而知。

五、网络平台在个人信息保护领域的民事责任

目前，我国尚无个人信息保护方面的专门立法，关于个人信息保护领域的法律规定分散在多部法律、法规和规章中，其中，就民事法律而言，关联最密切的法律包括《民法总则》、《消费者权益保护法》和《侵权责任法》。

《民法总则》在民事权利一章第 111 条规定："自然人的个人信息受法律保护。任何组织和个人需要获取他人个人信息的，应当依法取得并确保信息安全，不得非法收集、使用、加工、传输他人个人信息，不得非法买卖、提供或者公开他人个人信息。"与该章的其他条款不同，该条并不是从正面规定自然人享有个人信息权，而只是声明个人信息受法律保护，并从义务的角度规定"不得……"，这在一定程度上也反映了当前法学界关于个人信息权利的争议。关于个人信息权是否是一项独立的民事权利，其与隐私权有何种区别，其是纯粹的人格权，还是具有财产权的属性，尚存在不同观点。

目前，在个人信息的权利属性尚不明确的情况下，司法实践通常将个人信息保护纳入隐私权的范围来进行保护。例如，在"朱烨诉北京百度网讯科技有限公司案"中，原告是以隐私权受损害为由提起诉讼的，法院亦是在侵犯隐私权的法律框架内来处理该案件的。[①] 该案揭示了从隐私权的角度来处理个人信息案件所面临的问题：一是个人信息的范围与隐私的范围并不重合，在这种背景下，如何界定个人隐私的范围往往会存在争议，如 cookie 是否属于个人隐私信息；二是侵犯隐私权通常是以公开披露他人隐私信息为要件的。更为深层的原因在于，公民对于个人隐私受保护的渴望与互联网企业的商业模式存在冲突。目前，许多互联网企业通过收集、分析用户的个人信息来向其推送定向精准广告，以此来营利。如果限制其获取用户的个人信息，将会影响其收益。更为重要的是，在大数据技术应用的商业背景下，对于个人数

① 参见江苏省南京市中级人民法院（2014）宁民终字第5028号民事判决书。

据的分析变得更为重要，其意义并不限于商业广告的推送，会涉及许多新产品、新服务的开发。

网络平台是个人信息的汇集之处，其所面临的潜在的民事责任威胁一是对个人信息的不当收集与利用；二是个人信息的泄露，特别是大规模的数据泄露。在因数据泄露引发的民事索赔诉讼中，原告所面临着举证的困难，因为，依照侵权法理论，只有当原告能够证明损害已经实际发生的情况下，才能获得赔偿。例如，在“周某某与上诉人中国保险监督管理委员会、北京中科汇联科技股份有限公司网络侵权责任纠纷案”中，二审法院确认了原告的个人信息遭到了泄露，但是，却否认了原告的损害赔偿请求权。在该案中，原告发现个人信息泄露后，为此睡不着觉，担心信息被别人利用造成经济损失，从而提出精神损害赔偿的请求，但是，法院认为：“首先，对于精神损害赔偿来说，其前提是有损害事实，并且必须是确定的，即损害后果在客观上是可以认定的，而周某某以难以确定的、臆测将来可能发生的事件，作为精神损害事实根据，没有法律依据。其次，这种精神损害造成的后果是严重的，但周某某并没有举证证明”。[①] 该案件的被告虽然并不是网络平台，但是，法院的相关判决意见对于网络平台民事责任亦适用。

六、对我国网络平台民事责任制度的检视

我国关于网络平台民事责任的立法最早源于著作权领域，其明显受到美国的《数字千年版权法案》的影响，后经《侵权责任法》的制定而为包括网络平台在内网络服务提供者规定了侵权责任的一般规则。最高人民法院又通过制定《网络人身权益司法解释》从而确立了网络平台在侵犯人身权益领域的民事责任的适用规则。2013 年《消费者权益保护法》修订后亦为网络平台确定了其在消费者权益保护领域的民事责任规则，随着我国《电子商务法（草案）》的制定，《专利法》和《商标法》的修订，在上述领域亦将分别建立起网络平台民事责任的具体规则，由此会导致网络平台民事责任规则的碎片化，由于相关立法用语的模糊性、不一致性和不完备性，从而产生的一些问题值得关注。

---

① 参见海南省三亚市中级人民法院（2016）琼 02 民终 375 号民事判决书。

(一) 对“知道”的界定

网络平台民事责任可分为合同责任与侵权责任，其中，在侵权责任领域，《侵权责任法》第36条确立了网络平台侵权责任的一般规则，该条第3款规定：“网络服务提供者知道网络用户利用其网络服务侵害他人民事权益，未采取必要措施的，与该网络用户承担连带责任。”对于如何理解该条款中的“知道”，在法学界存在一定的争议。大多数学者都主张将该条款中的“知道”解释为“明知”；[①] 也有人认为“知道”既包括“明知”，也包括“应知”；[②] 亦有学者主张，“知道”的含义包括明知和应知，应当将“明知”解释为“实际知道”，将“应知”解释为“推定知道”；[③] 还有学者主张，应将“知道”解释为“已知”。[④]

从《侵权责任法》的立法过程来看，《侵权责任法》第一次审议稿和第二次审议稿都以“明知”作为该款所规定的网络服务提供者承担侵权责任的主观要件。而在第三次审议稿中，立法者采纳了一些意见，将其改为“知道或应当知道”。最终审议时，改为“知道”。[⑤] 然而，立法机关并没有说明做出此种修改的原因或立法理由。

在《信息网络传播权司法解释》中并没有出现“知道”这一用语，而是使用了“明知或者应知”的表述。[⑥] 而《网络人身权益司法解释》则另辟蹊径，不是直接对“知道”的含义进行解释，而是列举法院在认定网络服务提供者是否“知道”时应当综合考虑的因素，从规则的适用结果来看，被认定为“知道”的范围会超出通常理解的“明知”或“实际知道”的范围。《消

---

① 张新宝、任鸿雁：《互联网上的侵权责任：〈侵权责任法〉第36条解读》，载《中国人民大学学报》2010年第4期；王利明：《中华人民共和国侵权责任法释义》，中国法制出版社2010年版，第159页。

② 全国人大常委会法制工作委员会民法室编：《〈中华人民共和国侵权责任法〉条文说明、立法理由及相关规定》，中国法制出版社2010年版，第152页。

③ 吴汉东：《论网络服务提供者的著作权侵权责任》，载《中国法学》2011年第2期。

④ 参见杨立新：《〈侵权责任法〉规定的网络侵权责任的理解与解释》，载《国家检察官学院学报》2010年第2期，作者对此的解释为：“已知与明知是有区别的，明知应当是能够证明行为人明确知道，故意而为；已知是证明行为人只是已经知道了而已，并非执意而为，基本属于放任的主观心理状态。”

⑤ 张新宝、任鸿雁：《互联网上的侵权责任：〈侵权责任法〉第36条解读》，载《中国人民大学学报》2010年第4期。

⑥《最高人民法院关于审理侵害信息网络传播权民事纠纷案件适用法律若干问题的规定》第7、8条。

费者权益保护法》第44条第2款则明确规定:“网络交易平台提供者明知或者应知销售者或者服务者利用其平台侵害消费者合法权益,未采取必要措施的,依法与该销售者或者服务者承担连带责任。”

由此而产生的问题在于:《侵权责任法》第36条第3款中的“知道”应作何种解释,对于网络服务提供者的侵权责任主观要件是否需要作出统一的解释,还是应当区分人身权益、著作权、消费者保护等不同领域而分别作出不同的解释,或者应当区分网络服务提供者的不同类型而适用不同的认定标准。

对于上述问题的回答会影响到其他领域的相关立法和法律适用。例如,在侵犯专利权和侵犯商标权领域也同样会面临此类问题,在目前的《专利法修订草案》《电子商务法(草案)(送审稿)》中对此亦有相关规定。

(二)对网络平台的审查义务的界定

如果将网络平台对于用户发布的信息的民事责任不再限定为“明知”或“实际知道”,而是将“应知”亦包括在内,那么,就会涉及对网络平台的用户发布的信息的审查义务的界定。欧盟的《电子商务指令》明确排除了网络平台对于用户发布的信息的一般性的事先审查义务,并且,在司法实践中通常认为,即使网络平台自愿安装了某种可自动进行的信息筛查措施,通常也不得因此而认定网络平台对于用户发布的违法信息知道或应当知道。然而,在我国却对此未有正式的立法规定,司法意见亦不统一,目前,仅在《信息网络传播权司法解释》第8条第2款对此规定:“网络服务提供者未对网络用户侵害信息网络传播权的行为主动进行审查的,人民法院不应据此认定其具有过错。”然而,该司法解释仅适用于著作权侵权领域,严格来说,其并不能当然地适用于其他领域。另外,关于网络平台对重复侵权行为是否负有审查义务或预防侵权再次发生的义务,网络平台对于实施重复侵权的用户在采取了何种程度的处置措施后才算尽到了合理的注意义务,在司法实践中亦有一定的争议。

(三)关于“通知—删除”和“反通知—恢复”规则

国务院制定的《信息网络传播权保护条例》借鉴了美国《数字千年版权法案》规定了“通知—删除”和“反通知—恢复”规则,然而,我国《侵权责任法》第36条只采用了其中的“通知—删除”规则,而对“反通知—恢复”规则未作规定，这意味着在著作权以外的领域并不要求适用“反通知—恢复”规则，这不利于实现索赔人与被索赔人之间的利益平衡，另外，对于网络平台而言，该规则的实施亦面临许多困境，如对于并非明显构成侵权的指控通知，网络平台往往会面临两难境地，让网络平台这样一个私人机构来裁判复杂的侵权问题是不合理的。在实践中，如何避免“通知—删除”规则或“反通知—恢复”规则被滥用亦是令许多网络平台头痛的事情。

在“通知—删除”和“反通知—恢复”规则的适用过程中，网络平台处于非常关键的地位，如何保障网络平台不会为追求自己的商业利益或避免自身承担责任而滥用此规则，亦是我们所面临的问题。如果仔细留心美国《数字千年版权法案》的相关规定，我们可以发现其特别强调了网络服务提供者须是基于“善意”而采取了删除措施，才可以免责。

（四）关于披露用户身份信息的规则

网络平台经常基于技术中立的理由拒绝对用户实施的侵权行为承担责任，在这种情况下，受害人需要对网络用户直接提起诉讼，然而，在网络匿名的环境下，受害人通常并不掌握实施侵权行为的用户的身份信息，而这些用户在网络平台进行注册时通常都会留有一定的身份信息，另外，网络平台亦可利用信息技术发现一些关于用户的信息，因此，有必要赋予受害人为提起诉讼的需要而请求网络平台提供侵权用户身份信息的权利，但是，如果无限制地允许他人请求或网络平台对外披露用户的身份信息，则不利于保护网络用户的隐私，因此，需要具体的法律规则来对此做出规定。英、美、日、韩等国对此都有具体的法律规定。

关于披露用户身份信息的法律规则，在我国现行法中是不明确的。首先，《侵权责任法》对此未做规定。其次，在著作权法领域，《最高人民法院关于审理涉及计算机网络著作权纠纷案件适用法律若干问题的解释》第 5 条曾规定有：“提供内容服务的网络服务提供者，对著作权人要求其提供侵权行为人在其网络的注册资料以追究行为人的侵权责任，无正当理由拒绝提供的，人民法院应当根据民法通则第一百零六条的规定，追究其相应的侵权责任。”然而，上述司法解释已随《信息网络传播权保护条例》的制定和《信息网络传播权司法解释》的发布而被宣告废止。同时，《信息网络传播权保护条例》只规定了著作权行政管理部门有权要求网络平台提供涉嫌侵权的用户的身份信息，并规定了网络平台拒绝提供时的行政责任，但未规定著作权人享有此种权利。[1]《信息网络传播权司法解释》也未有相关规定。最后，在《网络人身权益司法解释》第4条中虽然规定了法院可以根据原告的请求及案件的具体情况，责令网络服务提供者提供能够确定涉嫌侵权的网络用户的信息，但是，其仅适用于侵害人身权益。

（五）网络平台承担侵权责任的理论基础不明确

通常情况下，实施侵权行为、发布侵权信息的主体为平台上的用户，而网络平台本身并未直接实施侵权行为或发布侵权信息，在这种情况下，应依据何种理论基础来追究网络平台的民事责任，请求其承担何种性质的责任，不仅是一个理论问题，亦直接影响着法律适用问题。

在英美法上，是通过间接侵权理论来解决这一问题的，而在我国，传统的侵权法理论和目前多数侵权法学者均不承认所谓的直接侵权与间接侵权理论。我国《侵权责任法》第36条规定了网络服务提供者与网络用户的连带责任，对于此种责任的性质，在法学界存在不同的理解。除一部分学者主张应遵从英美法的间接侵权理论来对此进行解释以外，[2] 多数学者仍然是从传统侵权法理论框架出发来对此问题进行分析，有的学者认为在网络服务提供者与网络用户之间构成共同侵权，[3] 有的学者则认为并非是共同侵权行为，而是基于公共政策考量而规定的连带责任。[4]

《信息网络传播权司法解释》则明显采用了共同侵权理论，将网络服务提供者的责任界定为“帮助责任”和“教唆责任”。[5] 然而，《网络人身权益司法解释》却没有做出类似的规定，对于是否需要对其做出与侵害信息网络传播权相同的解释尚存疑问。

---

① 《信息网络传播权保护条例》第13、25条。

② 参见最高人民法院研究室编：《中华人民共和国侵权责任法条文理解与适用》，人民法院出版社2010年版，第265页。

③ 参见吴汉东：《论网络服务提供者的著作权侵权责任》，载《中国法学》2011年第2期。

④ 参见杨立新：《〈侵权责任法〉规定的网络侵权责任的理解与解释》，载《国家检察官学院学报》2010年第2期。

⑤ 《最高人民法院关于审理侵害信息网络传播权民事纠纷案件适用法律若干问题的规定》第7条、第8条。

第二节　网络监管与网络平台的行政责任

在我国对于网络平台的规制体系中，行政监管处于最重要的地位，亦是最为复杂的领域，近年来，随着与网络平台相关的法律、法规和行政规章的密集发布，我国已建立起规模日趋庞杂的网络监管规则体系，其内容涵盖网络安全、数据安全、信息内容安全、电子商务、互联网广告、互联网金融、互联网医疗、互联网新闻出版、共享经济、个人信息保护、协助执法等多个领域，其涉及的监管部门包括国家互联网信息办公室（以下简称国家网信办）、工业和信息化部、工商行政管理机关、公安部、文化部、广电总局、食药监局、卫生部、交通部、测绘局、中国人民银行、证监会、银监会，以及著作权行政管理机构等多个行政管理部门。由于篇幅所限，本部分将主要从信息内容监管和协助执法的角度来对网络平台所负有的行政法上的义务与法律责任问题进行论述。

一、网络信息内容监管的主要立法

目前，我国已构建起以《网络安全法》和《互联网信息服务管理办法》为中心，以多部行政规章为主体的网络信息内容监管的立法体系。其所涉及的行政规章包括：《即时通信工具公众信息服务发展管理暂行规定》《互联网用户账号名称管理暂行规定》《互联网信息搜索服务管理规定》《移动互联网应用程序信息服务管理规定》《互联网直播服务管理规定》《互联网新闻信息服务管理规定》《互联网论坛社区服务管理规定》《互联网跟贴评论服务管理规定》《互联网群组信息服务管理规定》《互联网公众账号信息服务管理规定》等①。值得注意的是，在上述十个规章中，前四个规章仅从名称就可看出其是以特定类型的网络平台作为规制对象的，或者与网络平台有着密切的关

① 此外，还有一些属于网络信息内容监管的范围，但并非针对网络平台的，如《互联网文化管理暂行规定》《网络表演经营活动管理办法》《互联网视听节目服务管理规定》《网络出版服务管理规定》《互联网医疗卫生信息服务管理办法》《互联网医疗保健信息服务管理办法》《关于加强互联网地图和地理信息服务网站监管的意见》

联，虽然其并未使用“平台”作为立法用语，而后六个规章则全部都明确地提到了“平台”。众所周知，在网络平台模式下，网络信息内容是由用户或其他第三方提供的，网络平台本身并不制作信息内容，上述规章将网络平台列为监管对象，反映了其欲通过网络平台来监管网络用户的立法思路。

二、网络平台在信息内容监管方面的义务

（一）网络平台对网络信息内容的审查义务

2000 年颁布的《互联网信息服务管理办法》第 15 条明确列举了互联网信息服务提供者不得制作、复制、发布、传播的信息内容，其包括：“（一）反对宪法所确定的基本原则的；（二）危害国家安全，泄露国家秘密，颠覆国家政权，破坏国家统一的；（三）损害国家荣誉和利益的；（四）煽动民族仇恨、民族歧视，破坏民族团结的；（五）破坏国家宗教政策，宣扬邪教和封建迷信的；（六）散布谣言，扰乱社会秩序，破坏社会稳定的；（七）散布淫秽、色情、赌博、暴力、凶杀、恐怖或者教唆犯罪的；（八）侮辱或者诽谤他人，侵害他人合法权益的；（九）含有法律、行政法规禁止的其他内容的。”随后的第 16 条则明确要求：“互联网信息服务提供者发现其网站传输的信息明显属于本办法第十五条所列内容之一的，应当立即停止传输，保存有关记录，并向国家有关机关报告。”值得注意的是，该管理办法第 16 条对于网络平台之类的互联网信息服务提供者的责任进行了限定，即在“发现”其网站传输的信息“明显”属于违法信息时，才负有“立即停止传输，保存有关记录，并向国家有关机关报告”的义务。

2012 年颁布的《全国人民代表大会常务委员会关于加强网络信息保护的决定》第 5 条规定：“网络服务提供者应当加强对其用户发布的信息的管理，发现法律、法规禁止发布或者传输的信息的，应当立即停止传输该信息，采取消除等处置措施，保存有关记录，并向有关主管部门报告。”如果将 2012 年全国人大常委会的决定与《互联网信息服务管理办法》相比较就可发现，前者删除了关于“明显”的表述，并在对违法信息处置措施方面增加了“采取消除等处置措施”。

2016 年颁布的《网络安全法》第 47 条几乎全文复制了 2012 年全国人大常委会的决定中的第 5 条，只不过用“网络运营者”替代了“网络服务提供

者”。同时，《网络安全法》还增加了一个条款，即第48条：“任何个人和组织发送的电子信息、提供的应用软件，不得设置恶意程序，不得含有法律、行政法规禁止发布或者传输的信息。电子信息发送服务提供者和应用软件下载服务提供者，应当履行安全管理义务，知道其用户有前款规定行为的，应当停止提供服务，采取消除等处置措施，保存有关记录，并向有关主管部门报告。”值得注意的是，第48条中未使用“发现”这一用语，而是使用了“知道”。

关于网络平台对于在其平台上传输的信息是否负有事先的一般性的审查或监控义务，我国现行法律、行政法规对此没有明文规定，从法律解释的角度来看，应该得出否定的答案。首先，对于《网络安全法》第47条和《互联网信息服务管理办法》第16条所使用的“发现”一词，有学者认为系指网络平台在用户发布信息之后的发现；[①] 其次，从网络平台发现违法信息后所应采取的措施来看，如停止传输、消除等，都可以理解是在违法信息发布后所采取的措施，如果信息尚未发布是不存在停止传输或消除的问题的。再次，《网络安全法》不仅在第47条使用了“发现”一词，亦在第50条关于国家网信部门和其他网络信息监管部门的义务中使用了“发现”一词，对此亦可佐证“发现”系指在信息发布之后的发现，因为网信监管部门通常很难在信息发布之前就发现该信息系法律、法规禁止发布的信息。最后，《网络安全法》第48条使用了“知道”一词，立法者未对其含义做进一步解释，但是，从其规制的对象（电子信息发送服务提供者和应用软件下载服务提供者）来看，亦应理解为事后知道。立法者并未对“电子信息发送服务提供者”做出界定，但是从其与第47条区分来看，可以理解为第47条规定的系对电子信息的“公开发布”，而第48条的“电子信息发送”应理解为非公开的或针对特定对象的信息发送，此类信息发送往往具有私密性，因此，违法信息难以被发现。而应用软件下载服务提供者所提供的并不是信息发布或传输服务，而是应用软件，因此，亦难以对使用该软件而进行的信息传输进行事先的内容审查。

尽管《网络安全法》并未有明文规定，但是，依据国家网信办制定的有关规章，对于新闻类信息，网络平台负有“信息发布审核”“先审后发”等

---

① 参见赵鹏：《私人审查的界限——论网络交易平台对用户内容的行政责任》，载《清华法学》2016年第3期。另外，值得进一步探讨的是，《反恐怖主义法》第19条是否亦应做相同的解释，该条款规定互联网服务提供者应当“落实网络安全、信息内容监督制度和安全技术防范措施，防止含有恐怖主义、极端主义内容的信息传播”。

义务。[①] 这凸显了我国对于新闻类信息的严格管制。

在信息发布或传输以后，网络平台是否负有审查义务呢，特别是积极主动的审查义务？《网络安全法》第47条第一句规定："网络运营者应当加强对其用户发布的信息的管理"，该法第49条则进一步规定，网络平台应当建立信息安全投诉、举报制度。受理投诉而后对相关信息进行审查可以理解为网络平台的被动审查义务。但是，在国家网信办制定的有关规章中，存在要求网络平台进行"公共信息巡查"的规定，[②] 对此可以理解为网络平台应该按照相关法规要求建立公共信息巡查的机制。

另外，从实践的角度来看，我国的网络监管机关要求网络平台在特定场景下有承担某种程度的积极义务，如果网络平台未履行此种义务，有可能招致行政处罚及至刑事责任。例如，在"快播案"，快播公司曾经因其网络平台上有淫秽信息传播而受到行政处罚并被责令整改，其为达到合规要求而开发出"110"不良信息过滤程序，但是，在刑事案件审理中，法院认定快播公司并未认真运行"110"不良信息过滤程序，而是将其搁置，最终导致大量的淫秽信息传播，快播公司的行为被认定构成犯罪，法院在判决理由中指出："快播公司具备承担网络安全管理义务的现实可能但拒不履行网络安全管理义务……不论是通过专用程序自动审核还是通过专门人员人工审查，快播公司作

---

① 例如，《互联网新闻信息服务管理规定》第12条："互联网新闻信息服务提供者应当健全信息发布审核、公共信息巡查、应急处置等信息安全管理制度，具有安全可控的技术保障措施。"《互联网直播服务管理规定》第7条第2款规定："互联网直播服务提供者应当建立直播内容审核平台，根据互联网直播的内容类别、用户规模等实施分级分类管理，对图文、视频、音频等直播内容加注或播报平台标识信息，对互联网新闻信息直播及其互动内容实施先审后发管理。"《互联网跟帖评论服务管理规定》第5条："跟帖评论服务提供者应当严格落实主体责任，依法履行以下义务：……（三）对新闻信息提供跟帖评论服务的，应当建立先审后发制度。"

② 例如，《互联网新闻信息服务管理规定》第12条："互联网新闻信息服务提供者应当健全信息发布审核、公共信息巡查、应急处置等信息安全管理制度，具有安全可控的技术保障措施。"

《互联网论坛社区服务管理规定》第5条："互联网论坛社区服务提供者应当落实主体责任，建立健全信息审核、公共信息实时巡查、应急处置及个人信息保护等信息安全管理制度，具有安全可控的防范措施，配备与服务规模相适应的专业人员，为有关部门依法履行职责提供必要的技术支持。"

《互联网跟帖评论服务管理规定》第5条："跟帖评论服务提供者应当严格落实主体责任，依法履行以下义务：……

（五）建立健全跟帖评论审核管理、实时巡查、应急处置等信息安全管理制度，及时发现和处置违法信息，并向有关主管部门报告。

（六）开发跟帖评论信息安全保护和管理技术，创新跟帖评论管理方式，研发使用反垃圾信息管理系统，提升垃圾信息处置能力；及时发现跟帖评论服务存在的安全缺陷、漏洞等风险，采取补救措施，并向有关主管部门报告。

……"

为一家网络视频信息服务提供商，应当具备相应的安全管理能力，应当付出必需的经营成本。一般来说，网络视频服务企业难以做到屏蔽所有非法视频，但证据表明，快播公司连行业内普遍能够实施的关键词屏蔽、截图审查等最基本的措施都没有认真落实。快播公司对于信息网络安全管理义务不是没有履行的现实能力，而是没有切实履行的意愿。”① 从法院的判决可以看出，其认为快播公司负有“网络安全管理义务”，而该义务要求快播公司对网络信息内容进行积极主动地审查，而且其还指出“关键词屏蔽、截图审查”已成为互联网视频行业普通实施的基本措施。

（二）网络平台对违法信息的处置义务与执法协助义务

依照《网络安全法》第47条和第48条的规定，网络平台在发现法律、法规禁止发布或传输的信息后，负有以下义务：第一，立即停止传输相关信息或停止相关服务；第二，采取消除等处置措施，防止信息扩散；第三，保存有关记录；第四，向有关主管部门报告。所谓的“消除等处置措施”，在国家网信办制定的有关规章中被得到了细化。例如，《互联网跟帖评论服务管理规定》所规定的处置措施包括“警示、拒绝发布、删除信息、限制功能、暂停更新直至关闭账号等措施”。②

《网络安全法》第50条规定：“国家网信部门和有关部门履行网络信息安全监督管理职责，发现法律、行政法规禁止发布或者传输的信息的，应当要求网络运营者停止传输，采取消除等处置措施，保存有关记录；对来源于中华人民共和国境外的上述信息，应当通知有关机构采取技术措施和其他必要措施阻断传播。”另外，《网络安全法》第28条规定：“网络运营者应当为公安机关、国家安全机关依法维护国家安全和侦查犯罪的活动提供技术支持和协助。”另外，在《保守国家秘密法》中也有类似的规定。③ 而《反恐怖主义法》第18条则更为明确地要求互联网服务提供者应当为公安机关、国家安全机关依法进行防范、调查恐怖活动“提供技术接口和解密等技术支持和协

---

① 参见北京市海淀区人民法院关于“快播案”的一审判决书。

② 《互联网跟帖评论服务管理规定》第8条。

③ 《保守国家秘密法》第28条：“互联网及其他公共信息网络运营商、服务商应当配合公安机关、国家安全机关、检察机关对泄密案件进行调查；发现利用互联网及其他公共信息网络发布的信息涉及泄露国家秘密的，应当立即停止传输，保存有关记录，向公安机关、国家安全机关或者保密行政管理部门报告；应当根据公安机关、国家安全机关或者保密行政管理部门的要求，删除涉及泄露国家秘密的信息。”

助”。基于上述规定，网络平台负有执法协助义务。如果网络平台违反执法协助义务，将会招致法律责任。①

网络平台对违法信息所采取的处置措施的合法性是以存在“法律、法规禁止发布或传输的信息”为前提的，然而，对于哪些信息属于“法律、法规禁止发布或传输的信息”，《网络安全法》和《互联网信息服务管理办法》都只是做出了概括性的规定，而未有公开的具体的判断标准。对于谁有资格来认定、依照何种程序来认定某一信息是否属于“法律、法规禁止发布或传输的信息”，现行法律、法规未有明确规定。在实践中，包括网络平台在内的各类网络服务提供者都在采取对违法信息的处置措施，但是，其判断标准和认定程序在一定程度上缺乏透明，由此会产生许多纠纷，因此，对于网络平台而言，存在被用户起诉的法律风险。

例如，在北京市大兴区人民法院审理的“胡星斗诉北京新网数码信息技术有限公司服务合同纠纷案”中，原告胡星斗与被告北京新网数码信息技术有限公司（以下简称新网公司）签订《用户服务开通通知单》及《用户入网责任书及服务约定》，约定被告向原告提供2年期限国内域名、虚拟主机和邮局服务，原告向被告交纳了两年服务费1370元。双方约定，根据国家政策法规的要求，如果发现入网用户信息内容不符合要求，新网公司有权通知用户更正直至停止通信服务。后来，被告向原告发送电子邮件一封，内容为：“网站存在非法信息，已经关闭网站”。同时，原告使用的网站被关闭。原告坚持认为自己网站上的信息全部符合国家法律、法规和规章的要求，并且，在网站被关闭以前也从未收到被告的更正要求，因此，其认为被告关闭其网站的行为属于违约，从而要求被告承担违约责任。在该案开庭审理时，被告拒不到庭，法院做出了缺席判决。法院认为：原被告之间具有服务合同关系。被告以原告的网站存在非法信息为由终止了服务，但未对其主张的事实提供证据，亦未履行告知原告对信息予以更正的义务，因此，被告应承担违约赔偿责任。②

（三）网络平台对用户的自律管理

在网络信息内容管理方面，网络平台对用户的自律管理发挥着重要的作

---

① 《网络安全法》第69条。

② “胡星斗诉北京新网数码信息技术有限公司服务合同纠纷案”，参见北京市大兴区人民法院（2009）大民初字第5548号民事判决书。

用。网络平台对用户的管理权利来自两个方面，一是合同约定，即网络平台与注册用户签订的服务协议，以及网络平台制定的平台公约，通常情况下，网络平台会通过服务协议要求用户承诺遵守平台公约。二是法律的授权与要求，《网络安全法》和国家网信办制定的一些规章中明确要求网络平台应对其发现的法律、法规禁止传输的信息采取消除等处置措施，并要求其建立信息发布者信用等级管理体系，提供与信用等级挂钩的管理和服务，并且，还要求其建立黑名单管理制度。①

网络平台对用户的管理虽然具有自律性质，但是，这种自律管理可能需要依规进行，其在性质上属于受政府监督的自律。例如，服务协议和平台公约是网络平台对用户进行自律监管的最重要的依据，然而，依照《互联网直播服务管理规定》第 13 条第 2 款的规定："互联网直播服务协议和平台公约的必备条款由互联网直播服务提供者所在地省、自治区、直辖市互联网信息办公室指导制定。"

三、网络平台的行政责任

根据《网络安全法》和《互联网信息服务管理办法》等法律、行政法规的规定，网络平台违反有关法律、行政法规所设定的义务，有可能承担警告、罚款、没收违法所得、暂停相关业务、停业整顿、关闭网站、吊销许可证或者取消备案、吊销营业执照等处罚。

例如，2017 年 8 月，北京市网信办依据《网络安全法》第 68 条就新浪微博对其用户发布传播"淫秽色情信息、宣扬民族仇恨信息及相关评论信息"未尽到管理义务以及百度贴吧对其用户发布传播"淫秽色情信息、暴力恐怖信息帖文及相关评论信息"未尽到管理义务的违法行为，分别作出行政处罚，其中，对新浪微博作出最高罚款的处罚决定，对百度贴吧作出从重罚款的处罚决定。②

---

① 例如，《互联网直播服务管理规定》第 15 条。

② 网信北京：《北京市网信办依据网络安全法对新浪微博百度贴吧作出行政处罚》，载澎湃新闻网，网址：http：//www. thepaper. cn/newsDetail_ forward_ 1805449，访问时间：2017 年 11 月 2 日。

四、对现行制度的检视

（一）网络平台承担的信息管理义务的性质、范围需要清晰、合理地界定

网络平台承担行政责任是以其违反行政法上的义务为前提的，然而，网络平台应当承担的信息管理义务的性质和范围在现行法中欠缺清晰、合理地界定。全国人大常委会制定的《关于加强网络信息保护的决定》和《网络安全法》，国务院制定的《互联网信息服务管理办法》，国家网信办制定的多项规章，均对网络平台施以对用户发布的信息进行管理的义务，在实践中，各大网络平台也切实在发挥着对网络信息进行管理的作用。然而，对于网络平台所实施的网络信息管理行为的性质，却存在许多争议，有学者认为其属于网络平台的自律行为，有学者认为其构成行政授权，也有学者认为既存在行政授权，也存在行政委托。① 更进一步的问题则在于，我国行政法上行政授权的法理存在模糊之处，对于哪些管理事项可以授权给网络平台行使，哪些管理事项不得授权给网络平台行使，哪些管理事项只能通过法律或行政法规的形式予以授权，哪些管理事项可以通过规章的形式予以授权，在现行法律框架中缺乏清晰的指引。② 由此而导致的后果是，在网络信息监管领域，行政机关与网络平台之间的职责划分的合理性往往受到质疑。

通过近年来我国在网络信息监管领域的法律、法规和规章，以及实践中逐步形成的监管模式来看，我国网络行政监管制度的一个发展趋势就是不断强化网络平台的责任，将越来越多的监管责任转移至网络平台，试图通过行政机关监管网络平台、网络平台监管用户的方式来最终实现监管目的。这种制度设计的问题在于，由网络平台这样一个私人机构来承担本应该由公权力机关来承担的监管职责往往难以达到监管目标，并有可能会产生许多副作用。以网络信息内容监管为例，《网络安全法》和《互联网信息服务管理办法》所明确列举的禁止传播的违法信息不仅包括危害国家安全、荣誉和利益，煽

① 参见赵鹏：《私人审查的界限——论网络交易平台对用户内容的行政责任》，载《清华法学》2016 年第 3 期。

② 关于行政授权在我国行政法理中所面临的困境，可参见关保英：《社会变迁中行政授权的法理基础》，载《中国社会科学》2013 年第 10 期。

动颠覆国家政权、推翻社会主义制度，煽动分裂国家、破坏国家统一的信息，也包括宣扬恐怖主义、极端主义、民族仇恨、民族歧视的内容，淫秽、色情、赌博、暴力、凶杀、恐怖或者教唆犯罪的信息，还包括侮辱或者诽谤他人，侵害他人合法权益的信息。上述内容非常宽泛，有一些信息的违法性非常明显而易于做出判断，但也存在大量的对其违法性难以判断的信息，而网络平台不是专业的执法机构，要求对海量的复杂信息的违法性做出准确地判断将是非常困难的。如果网络平台发生误断，有可能使得许多原本合法的信息被误判为违法而被删除、屏蔽等，从而影响到人们的言论自由与正常的信息传播。①

（二）网络平台承担行政责任的范围需要进一步界定

欧盟通过《电子商务指令》为网络平台设置了安全港规则，其不仅适用于民事责任，亦适用于行政责任。然而，我国的《网络安全法》为网络平台规定了多项法律义务，并施以行政责任，但目前缺乏对其责任范围进行限制或免除的相关规定，建议予以完善。我国的《侵权责任法》上的第36条虽然被一些学者解释为其蕴含了免责条件，但是，其适用范围主要是民事领域。正如同我们需要在民事责任领域为网络平台设置免责条件一样，我们也需要在行政责任领域设置免责条件。②。

（三）网络平台履行网络安全保护义务缺乏保障性制度或配套规定

我国的《网络安全法》为网络平台设置了多项严格的网络安全保护义务，同时，这些义务的履行需要相关的保障性制度或配套规定，但是，目前相关的制度或配套规定尚存在缺失。

（四）对于协助执法的程序缺乏具体的法律规定

网络平台负有协助执法的义务，并且有加重的趋势。但是，此种义务的

---

① 参见赵鹏：《私人审查的界限——论网络交易平台对用户内容的行政责任》，载《清华法学》2016年第3期。周辉：《技术、平台与信息：网络空间私权力的崛起》，载周汉华主编：《网络信息法学研究》，中国社会科学出版社2017年版。

② 从欧盟的《电子商务指令》来看，其为网络服务提供者所设定的行政责任的免责范围要较民事责任的免责范围还要宽，如对于为他人提供主机服务（Hosting）的网络服务提供者而言，其免除行政责任的条件之一是对于用户发布的违法信息并非实际知道，而其免除民事损害赔偿责任的条件则不仅要求其并非实际知道，而且还要求其不知道可以明显显现出信息违法性的事实或情况。参见欧盟《电子商务指令》（Directive 2000/31/EC）第14条。

履行会影响到网络平台对用户的保密义务，用户的通信秘密，以及用户获取信息的权利，因此，在许多国家会有专门的立法来对此予以规定，严格其程序，强化对有关国家机关执法权的监督，以避免权力滥用。然而，我国现行法目前对此缺少明确、具体的规定。

第三节　网络平台的刑事责任

一、我国网络平台刑事责任类型

总结我国当前网络平台的刑事责任，大致可以归纳为三种基本类型：一是基于网络平台独立行为单独触发刑事责任；二是基于用户犯罪的帮助行为产生的刑事责任；三是基于协助执法义务触发刑事责任。

（一）基于独立行为触发刑事责任

就网络平台作为独立行为人单独触发刑事责任而言，其行为本质上并未超出传统刑法罪名的基本理论和犯罪构成。例如，《刑法》第 287 条之一规定了三种非法利用信息网络的犯罪形式：其一是设立用于实施诈骗、传授犯罪方法、制作或者销售违禁物品、管制物品等违法犯罪活动的网站、通讯群组；其二是发布有关制作或者销售毒品、枪支、淫秽物品等违禁物品、管制物品或者其他违法犯罪信息；其三是为实施诈骗等违法犯罪活动发布信息。与之相类似的还包括第 285 条的非法侵入计算机系统罪，非法获取计算机信息系统数据、非法控制计算机信息系统罪，提供侵入、非法控制计算机信息系统程序、工具罪，第 286 条规定的破坏计算机信息系统罪、网络服务渎职罪等。

除新型网络犯罪形态以外，网络平台也有可能成为传统犯罪的主体。典型的例子是实施非法集资而设立的 P2P 贷款平台。2011 年银监会专门发布《关于人人贷有关风险提示的通知》，指出“由于行业门槛低，且无强有力的外部监管，人人贷中介机构有可能突破资金不进账户的底线，演变为吸收存款、发放贷款的非法金融机构，甚至变成非法集资”。

（二）基于帮助行为触发刑事责任

网络平台承担刑事责任的第二种情形基于其用户行为而连带产生，此时网络平台虽不是犯罪行为的直接实施者，但其作为或不作为对侵犯法益起到了辅助作用，由此引发刑事责任。原则上，基于“避风港原则”，网络平台对于其用户在实施的违法犯罪行为并不承担连带的法律责任，但该原则不适用于网络平台明知其用户行为仍然予以协助支持的情形。

对于“避风港原则”例外的典型规定，是《刑法》第287条之二的“帮助网络犯罪活动罪”，行为人在“明知他人利用信息网络实施犯罪，为其犯罪提供互联网接入、服务器托管、网络存储、通讯传输等技术支持，或者提供广告推广、支付结算等帮助”，情节严重时即构成犯罪，承担刑事责任。该条以作为的方式对“帮助”行为进行了阐释，但从2010年《最高人民法院、最高人民检察院关于办理利用互联网、移动通讯终端、声讯台制作、复制、出版、贩卖、传播淫秽电子信息刑事案件具体应用法律若干问题的解释（二）》（下文简称《两高解释（二）》）以及“快播案”的判决来看，“帮助行为”同样可以以“放任”的不作为形式进行，此时可能产生帮助犯与不作为的正犯之间的想象竞合，理论上以重罪定罪处罚。①

（三）基于行政执法义务触发刑事责任

网络平台可能承担的第三类刑事责任源于前置于刑法规定的行政执法义务，因此其启动以行政义务的不履行为前提。从当前我国已经出台的法律法规来看，这些前置的行政义务主要表现为对于网络运营及用户行为的管理义务，具体包括三种类型：一是针对网络系统及环境安全所承担的安全认证、检测、风险评估等义务；二是针对平台用户信息的存留、监控、移除、截留、报告等义务；三是具体执法活动中提供技术支持和协助。

需要注意的是，《刑法》第286条之一采用的是“网络服务提供者”这一表述，既区别于网络平台，同时也与《网络安全法》采用的“网络运营者”存在差异，因此这种拒不履行行政义务所引发的刑事责任是否能扩展至全部类型的网络平台，存在进一步解释的空间。此外，所谓“网络安全管理义务”，第286条之一规定了四种具体后果：一是致使违法信息大量传播；二是

① 参见陈兴良：《快播案一审判决的刑法教义学评判》，载《中外法学》2017年第1期，第7～28页。

致使用户信息泄露造成严重后果；三是致使刑事案件证据灭失，情节严重；四是兜底的其他严重情节。从这四种情形来看，网络平台承担的“安全管理义务”基本上可以囊括上述三种前置的行政义务。①

二、对我国网络平台刑事责任制度的检视

纵观我国当前有关网络平台刑事责任领域的规定，我们可以观察到以下三个特征：其一是在总趋势上呈现出扩张态势；其二是相关法律规定在一定程度上缺乏内在体系衔接，存在碎片化的特征；其三是主体—行为—责任三者的类型化程度不高。

（一）刑事责任扩张

从宏观层面来看，在过去十几年的时间里，我国制定了大量关于网络平台的法律法规，其中不乏对其刑事责任的规定，网络平台所承担的刑事责任在立法和司法层面均呈现出扩张的趋势。这主要表现为三个方面：

首先，网络平台作为传统犯罪的行为主体被追究刑事责任的法律适用被激活，进而引发传统犯罪理论如何适用于此类主体的深入的理论探讨，如“快播案”中各方学者分别从正犯与帮助犯、作为犯与不作为犯、纯正不作为犯与不纯正不作为犯、入罪与非罪等角度，对被指控人的行为加以解读。

其次，就网络犯罪中的新类型而言，《刑法修正案（九）》集中规定了一系列新的网络平台单位犯罪，特别是第287条之二将网络犯罪的帮助行为正犯化的规定，是国家在打击网络犯罪过程中将犯罪控制手段向犯罪行为链条上游推进的集中体现。

再次，网络平台刑事责任的扩张尤其体现在以前置行政义务为基础的刑事责任领域。如前所述，《刑法》第286条之一规定的拒不履行信息网络安全管理义务罪，明确了行政义务与刑事责任的连接。更重要的是，该条文通过开放式的后果列举，使得刑事责任可以对接的行政义务范围大幅膨胀。随着低效力层级的行政法规、规章等规范性文件不断丰富网络平台需要承担的行政义务，第286条之一的适用范围可能会进一步扩大。

---

① 参见涂龙科：《网络内容管理义务与网络服务提供者的刑事责任》，载《法学评论》2016年第3期，第66~73页。

（二）法律法规碎片化

网络平台刑事责任在不断扩张的同时，一个相对棘手的问题逐渐凸显出来，即相关规定相对碎片化，条文之间特别是不同部门法之间的衔接存在缺失。这一问题一方面使得《刑法》条文的具体适用面临困难，另一方面也为刑事责任的进一步扩张提供了便利。前者的典型例子是“快播案”中，对于快播公司是否属于“网络内容提供者”的争议，以及在认定“明知”的过程中，《刑法》与《两高解释（二）》在表述上的差异。后者则集中体现在行政法与刑法的衔接问题上，如前文提及的《刑法》第286条之一中规定的“网络服务提供者”，是否属于《网络安全法》第76条规定的“网络运营者”项下的“网络服务提供者”进而排除对“网络所有者、管理者”的适用，还是等同于众多行政法规和规章中涉及的“互联网服务提供者”，目前相关规定言之不详。与之相类似的还包括对“安全管理义务”的界定，仍以《网络安全法》为例，第21条规定了网络运营者的安全保护义务，第48条又单独就“电子信息发送服务提供者”和“应用软件下载服务提供者”的“安全管理义务”进行了规定，两者所指之义务内容是否相同，以及是否均可以对应《刑法》第286条之一的“信息网络安全管理义务”，存在进一步解释的空间。

（三）“主体—行为—责任”类型化缺失

与刑事责任扩张和内部体系碎片化并行的第三个特征是，当前的法律规定尚未从类型化的角度形成刑事责任“主体—行为—责任”的统一。网络空间行为纷繁复杂，参与主体多元，单就商业行为而言，其经营模式、技术架构、业务范围等均存在较大差异。正是在这一前提下，世界范围内各国立法存在一个普遍趋势，即以业务为标准，将网络中的行为主体做类型化区分，与之匹配相应的权利义务以及法律责任。①

从我国当前相关法律法规来看，立法对于网络平台刑事责任的扩张主要是在整体层面展开，具体表现在两个方面。首先，无论是传统犯罪的适用抑或新型犯罪的设定，均未针对不同类型的网络平台行为加以区分。例如，《刑法》第287条之二规定的帮助信息网络犯罪活动罪，其中同时涉及了互联网介入、服务器托管、网络存储、通讯传输、广告推广、支付结算等多种服务

---

① 参见王华伟：《网络服务提供者的刑法责任比较研究》，载《环球法律评论》2016年第4期，第41~56页。

类型，但在责任类型、刑法轻重上并未加以区分。在判断“明知”的程度与识别具体的帮助行为时，不同业务类型均存在差异，但如何以单一条文规定映射司法实务，是该条文绕不开的问题。

其次，类型化的缺失还体现在行政法与刑事法的衔接层面。网络行为从其实施到进入纠纷再进入司法程序，是一个连续且持续的过程，其中任何一个环节的行为均有可能导致《刑法》第 287 条之二的后果。在鼓励支持网络产业发展的大方向上，采用限制责任作为基本原则是必然要求，也正是在这个层面，有必要对不同类型的网络平台在功能上加以区分，对应不同类型的前置行政义务，进而与层次化的刑事责任相勾连。

三、关于网络平台应对刑事责任风险的建议

综合以上关于我国当前相关法律规定的三个特征的讨论，我们可以至少得出两点结论。其一，在未来可以预见的是，这种扩张趋势有可能继续，特别是在协助网络治理方面，借由行政法律规定的内容丰富化，网络平台刑事责任的前置行政义务有可能进一步加重。其二，法律法规内部逻辑结构的搭建、概念体系的统一、责任的类型化和层级化会不断推进，但改进需要时间，因此网络平台仍有必要在现有法律框架下探索如何尽可能地规避刑事责任。

首先，从整体而言，网络平台刑事责任除平台自身专门为犯罪之目的行为外，更多的情形是因其未能积极履行平台管理义务而引发。从这个角度讲，为避免此类刑事责任的触发，网络平台有必要强化平台的事前管理、事中监督和事后纠正，在事前根据相关业务类型制定网络安全管理的内部规范，设立用户举报等多元违法行为监督管理制度；在业务运营过程中，做好用户信息收集存储和用户行为审查监督；在发现违法行为或信息之后，及时采取信息拦截、清除等措施，并及时上报。

其次，鉴于当前法律规定中存在概念不统一且分类不清的现实情况，从单个条文对于行为主体和行为方式的具体表述去划定刑事责任范围，在实践层面难度较大。例如，网络平台难以主张自己不属于《刑法》第 286 条之一规定的“网络服务提供者”来豁免其刑事责任。从这个角度讲，更为稳妥的方式是对于各类网络商业主体可能承担的刑事责任均有所认知。

最后，就相关的传统犯罪和新型网络犯罪而言，网络平台需要对可能触及的犯罪类型之构成要件进行完整且准确的理解，如《刑法》第 363 条规定

的传播淫秽物品牟利罪，需要结合相关司法解释，明确“传播行为”可能包含的不作为形式，以及可能与第 286 条之一产生的竞合关系，避免触犯相关罪名。

这里需要说明的是，以上建议仅从规避刑事责任的法律风险角度出发，并不必然构成网络平台日常运营过程中的最佳模式。首先，强化网络平台对于经营业务的监督管理职能势必会加重其经营成本，这与商主体利润最大化的核心目标存在一定程度上的冲突。其次，网络平台强化监督管理将不可避免地与公民的基本权利特别是个人信息权存在张力，在一定程度上有可能降低其用户体验和信赖关系。由此，网络平台仍需发挥行业的集体能力，在各项价值之间寻求平衡，并尽可能形成与规则制定者的合理对话。

第十章

完善我国网络平台
法律责任制度的建议

基于前述对我国网络平台法律责任制度的现状与存在问题的分析，参考欧美日韩等国的立法经验，本文对于完善我国网络平台法律责任制度提出以下建议。

一、关于网络平台法律责任的定位与功能

欲构建合理的网络平台法律责任制度，首先需要对其定位有一个清晰的认识。在整个网络空间的治理体系中，网络平台法律责任制度仅是其中的一个环节，而且，是一个位置比较靠后的环节，因此，欲实现网络空间的有效治理，需要多种机制共同发挥作用，而不可过分依赖网络平台的法律责任机制。

网络平台法律责任的功能体现为以下两点：一是通过给网络平台施加事后的责任，从而激励其事先采取措施以履行其应负的义务；二是对相关利益主体所遭受的损失进行合理地分配。只有将法律责任设置在一个合理的水平，才能实现有效地激励。过轻的责任水平有可能起不到激励的作用，然而，过重的责任水平将会带来副作用，其不仅会带来过高的实施成本，而且，网络平台有可能向网络用户转移成本。例如，网络平台为了避免招致侵犯他人名誉权的指控而有可能对用户的稍带刺激性的言论都采取严格筛查、屏蔽的措施，从而使得全社会都被迫承担言论自由受到过度限制而产生的成本。另外，不合理的损失分担机制亦有可能导致滥诉的后果。

二、关于合理建构网络平台法律责任体系的建议

目前，我国现行法律制度中关于网络平台法律责任的规定呈现出碎片化的特征。其缺点在于，一方面，在特定领域有可能出现具体规则的缺失，从而构成法律漏洞；另一方面，也有可能出现各项规定之间的冲突。欧盟的《电子商务指令》对网络平台所做的类型划分和提供的免责规定不仅可以适用于民事责任领域，亦可适用于行政责任领域，并且根据英国、德国等成员国的国内法，其还可适用于刑事责任，从而成为网络平台责任的总则性规定。然而，在我国并没有此类规定。另外，在欧美国家，无论是关于网络平台的民事责任还是行政责任，抑或是刑事责任的法律规定，都要受制于宪法上言论自由原则的约束，因而，都有可能接受违宪审查，这也有利于保障平台责

任体系的内在统一性，然而，这在我国却难以做到。

本文建议，可以通过统一立法的方式确立网络平台的法律义务、责任与免责条件的一般性原则和规则，以此作为统率各项具体立法的总则性立法。然后，再从网络平台的类型、所涉及的权利和法益的性质、责任类型出发，构建网络平台法律责任的具体规则，从而组成网络平台法律责任体系。

三、关于网络平台承担法律义务与责任的边界

在通常情况下，网络平台并不是违法信息的制作者或违法行为的直接实施者，而仅仅是扮演着网络中介的角色，因此，其责任应与直接实施违法行为或制作违法信息的人有所区分。立法者和监管机构在对网络平台施加法律义务与责任时，建议注意以下边界：

首先，网络平台承担的法律义务应具有技术上的可行性，不应要求网络平台去达成技术上无法实现的目标，或要求其承担技术上无法完成的对网络信息的监控义务。由于现代信息技术在不断创新和发展，而且有不断的新技术投入各种应用场景中，因此，技术可行性的具体标准并不是一成不变的，而是随着技术的变化而变化的。

其次，网络平台承担的法律义务应具有商业上的可行性。大多数网络平台都是私人经营性企业，商业上的可行性对其至关重要。如果某种义务的履行虽然在技术上具有可行性，但是其成本之高会使得网络平台企业在经济上无法承受，我们可以认为其不具有商业上的可行性。如果某种商业模式已经被社会所认可，并给社会公众带来巨大的利益，那么，立法者在对网络平台施加法律义务时，建议考虑其是否会对平台企业经营成本带来严重影响。

最后，如果立法者对网络平台施加的法律义务会对公民的基本权利与自由产生影响，那么，其应符合比例原则，应对目标的正当性、干涉的必要性以及对相关权益所产生的影响等因素进行权衡，以避免出现有违比例原则的后果。

四、关于完善我国网络平台法律责任制度的具体建议

（一）关于网络平台的民事责任

在网络平台的民事责任方面，本文建议：

第一，建议进一步完善《侵权责任法》第36条的相关规定，借鉴《信息网络传播权保护条例》的规定，对网络平台进行类型化区分，分别为其规定免责条件，从而使其可以适用一般侵权责任。比如，对于基于信息提供平台的不同开放程度而进行区分的开放类平台、非开放类平台和私密平台，由于网络平台服务提供者对平台用户发布的信息或从事行为的管理义务和注意程度不同，应为不同类型平台提供不同的免责条件。

第二，建议明确《侵权责任法》第36条中“知道”的含义，本文认为，其应当包括“实际知道”和“有合理理由认为其知道”两种情形。《侵权责任法》第36条的制定受到了欧盟的《电子商务指令》和美国的《数字千年版权保护法案》的影响，而欧盟法和美国法均将其表述为服务提供者对于违法行为或信息并非“实际知晓”，亦不“知道可以明显显示该行为或信息违法的事实或情况”。[①] 本文认为使用“有合理理由认为其知道”要较“应当知道”更为准确。有合理理由知道相当于推定知道，其本身并不蕴含服务提供者负有调查义务或注意义务，而“应当知道”则容易令人认为服务提供者原本负有某种调查义务或注意义务从而使其有可能知道。

另外，讨论应当知道或推定知道，都会涉及所谓的“红旗规则”。从理论上讲，“知道”一词包括两种情形，即概括性地知道和具体地知道。美国法官在“Viacom诉Youtube案”中认为，网络服务提供者对youtube网站上存在大量侵权视频这一事实的一般性概括知道并不代表每一个侵权视频都已向其“竖起红旗”，构成红旗标准的“应知”必须是针对特定侵权内容的。因此，建议有权机关对法律作出解释，明确规定所谓“知道”应限定为具体地知道而非概括性地知道。

第三，建议通过完善《侵权责任法》第36条，对“通知—移除”规则进行改革和规则细化，从而使其适用于著作权以外的民事责任领域。

由于现实中平台本身不是对相关侵权行为做出判断的专业机构或权威机构，加上实践中也经常出现很多恶意、虚假的投诉[②]，为了更好地平衡权利人、被投诉人以及平台等多方主体的利益以及参照国内外相关立法和网络平

---

① 参见欧盟《电子商务指令》(Electronic Commerce Directive, 2000/31/EC.) 第14条; 17 U.S.C. §512 (c)。

② 据阿里巴巴平台治理部统计，2016年阿里巴巴平台总计发现有恶意投诉行为的权利人账户5862个，近103万商家和超600万条商品链接遭受恶意投诉，造成卖家损失达1.07亿元。参见叶丹:《阿里巴巴首次封杀“知产流氓”向恶意投诉黑色产业宣战》，载中国新闻网，网址: http://finance.chinanews.com/cj/2017/02-07/8142884.shtml，访问时间: 2018年1月2日。

台的实践做法，本文建议，应将“通知—移除”规则修改为“通知—反通知—平台处理”，即网络平台应当在听取权利主张者和被主张者的两方意见之后再进行处理。对于一些复杂情形，如是否构成专利侵权或不正当竞争等复杂情形，在网络平台难以判断的情况下，可以要求权利主张者在提出移除请求前先行获得行政机关或司法机关的裁决或命令。同时，建议可以参照英国《2013年名誉权法案》和《2013年名誉权条例》等相关法规中的关于网络平台名誉权纠纷处理的详细流程、规则以及日本《赔偿责任限制与信息提供法案》中的类似“通知—移除”规则的详细规定，来建立进一步完善、细化我国的“通知—移除”的具体流程规则，以增强权利人、被投诉人以及平台等各方主体的法律预期。

第四，建议对受害人请求网络平台披露涉嫌侵权用户身份信息的事项建立详细具体的制度，应当区分网络平台的类型，分别为其规定网络平台在何种情形下可以披露用户的身份信息，以及相关的程序规则。例如，对于在电子商务平台上注册的商家的信息，平台原则上负有披露商家身份信息的义务，而对于具有保密性的通讯平台和社交平台，则应对平台披露用户的身份信息进行适当限制，可以参照美国《数字千年版权法案》或韩国《信息通讯网法》的相关规定，要求请求人事先获取司法机关的命令或将是否应披露用户身份信息的最终决定权赋予法定的政府机构或独立的公共机构。

第五，建议通过立法或司法解释明确网络平台在一般情况下对于网络信息不负有一般性的审查义务或积极查找侵权活动的义务。

（二）关于网络平台的行政责任

首先，建议通过立法来澄清网络监管机构与网络平台之间的分工和责任分配。在对网络平台进行监管时，监管机构应当保持克制态度，应当减少通过规章的形式扩大网络平台的法律义务，或将本应由监管机构承担的监管职责不适当地转移至网络平台。在涉及对公民的基本权利与自由进行限制时，应当遵循比例原则。

其次，建议区分网络平台的类型，如对于基于信息提供平台的不同开放程度而进行区分的开放类平台、非开放类平台和私密平台，在网络平台的行政责任领域，分别为其设定责任规则和免责条件，为其提供安全港式的保护，并引导其发展方向。

最后，建议提高网络监管中具体政策的程序化、规则化，通过立法来完善协助执法的程序。

（三）关于网络平台的刑事责任

建议有权机关对《刑法》第 286 条之一规定的拒不履行信息网络安全管理义务罪的适用范围和条件作出相关解释，避免因行政规章中所设定的网络平台义务的膨胀而导致网络平台服务提供者承担不适当的刑事责任。

结　语

网络平台治理与法律责任是一个宏大的话题，其所涉及的问题非常繁多复杂，本书所做的研究仅是初步的尝试，对于一些问题已得出初步的研究结论，而对于另外一些问题尚需进一步的深入研究。以下是我们从事此项研究的几点思考与心得，我们将其作为本书的结语，亦是我们从事下一步研究的起点。

一、关于网络平台的法律责任水平的比较及其启示

通过对美国、德国、英国、日本和韩国有关网络平台的法律责任制度的研究，我们发现，就法律责任水平的整体比较而言，美国是最为宽松的，以德国和英国为代表的欧盟国家居中，而日韩相对严格。其中，表现之一，就法律责任形式中最为严厉的刑事责任而言，在美国很难找到网络平台承担刑事责任的判例，在欧盟国家也只有极少数个案，而在韩国则可较为容易发现这方面的判例，而在日本的 Winny 案中，虽然被告最终被日本最高法院认定为无罪，但因刑事诉讼而产生的寒蝉效应依然存在。表现之二，在通过立法对网络平台的法律责任进行限制方面，美国的免责规定是最为宽泛的，其中，以《通信正派法案》第 230 条最为突出。相比较而言，欧盟和日韩的法律所规定的免责的适用范围受到较多限制。表现之三，网络平台对网络信息的监控义务方面，美国是最为宽松的，其受到美国联邦宪法第一修正案的严格限制，多起涉及网络信息过滤的法案被宣告违宪。欧盟过去的监管程度亦较为宽松，但是，德国新近制定的《网络执行法》则显示出加强监管的态势。相比较而言，日本和韩国在网络信息监管方面较为严格，在相关法案中体现得较为明显。表现之四，对个人数据或用户隐私的保护义务方面，美国法律表现得比较宽松，其侧重于网络平台的自律和对隐私政策的披露，而欧盟则最为严格，其对个人数据的利用有着严格的限制，并规定有严厉的处罚措施。

通过立法对网络平台施以法律责任，其会对网络产业的发展、创新活力及市场竞争力产生何种影响，一直存在争议。有美国学者认为：正是由于美国法律为网络平台企业提供了较欧盟、日本、韩国更为宽松的法律环境，才使得美国的互联网企业较之欧盟日韩的企业更具创新活力和市场竞争力，是美国的法律创造了硅谷的奇迹。① 欧盟政府官员则更赞同另一种说法，即对互联网企业施以较为严格的责任，有利于保护消费者的利益，所以使得消费者对其产生信任，从而更有利于互联网行业的发展。例如，欧盟对个人数据保护采取严格的保护政策，会使得消费者对欧盟企业更具信任感，因而，愿意企业获取其个人数据，从而会更有利于欧盟互联网企业的发展。②

截止到今天的事实表明，目前世界十大甚至二十大互联网企业中，美国公司的数量居压倒性多数，这一事实似乎印证了上述美国学者理论，而未出现欧盟政府期待的结果，此种现象值得重视和思考。如果网络平台的法律责任水平确实会对网络产业的发展、创新活力和市场竞争力产生影响，那么，网络平台的法律责任制度就不再是一个纯粹的法律问题，而是一个需要由立法者进行权衡的社会问题；对于网络平台的法律责任水平合理与否的评估，也不应限于法律逻辑的视角，而应从更广阔的社会视角出发。

二、关于网络平台法律责任规则的未来走向

如前所述，以欧美日韩为代表的多数国家中都存在对网络平台的法律责任进行限制的立法，事实上，近年来网络平台企业的快速崛起在一定程度上也受益于上述法律制度，以至于有学者认为，立法者通过立法对互联网企业的法律责任进行限制，实际上是为其提供了一种特殊类型的政策补贴，从而刺激了其发展，其作用相当于 19 世纪工业革命时期的立法者通过限制工业企业的法律责任而促进了工业的发展。③ 由于大众媒体经常将目前正在发生的信息技术革命比作新一代产业革命，因此，相关对比颇受人关注，与此同时，我们还经常听到另一种论调，即在网络产业开始兴起时，对其法律责任进行限制以支持其发展是合理的，但是，今天互联网企业已占据世界大企业的排

---

① Anupam Chander, How Law Made Silicon Valley, 63 Emory Law Journal 639 (2014).

② 参见 Viviane Reding, The European Data Protection Framework for the Twenty – First Century, 2 Int'l Data Privacy L. 119, 129 (2012)。

③ Anupam Chander, How Law Made Silicon Valley, 63 Emory Law Journal 639 (2014).

名前列，因此，不应再对其进行制度上的补贴，而应开始强化其法律责任。[①]由此，我们不得不思考，现在是否已经到了需要取消对网络平台的法律责任限制或需要大力强化网络平台法律责任的时期了。

如果我们从历史的角度来观察，以美国为例，在工业革命前期，司法机关在处理有关工伤事故、产品责任等案件时，往往沿袭工业革命之前的法律规则，即过错责任原则，从而使得大量的工业事故的受害人难以获得救济，但是，它却保护了尚处于幼年时期的工业企业。[②] 一直等到20世纪后半期之后，严格责任才得以树立起来。然而，我们不应当将工业事故的法律责任原则从过失责任原则转向严格责任原则简单地归结为工业行业已从弱小发展到强大，一个不能忽略的事实是，在法律责任原则转向的背后其实是新的责任分散机制的出现。在产品责任走向严格化的背后是责任保险的出现，在工伤事故严格化的背后是工伤保险机制的出现。由此，我们不得不思考，如果我们取消对网络平台的法律责任限制，那么，网络平台企业会采取何种责任风险规避措施？是否会有新的责任风险分散机制出现？新出现的责任风险规避或分散机制会对我们通过网络获取信息、商品或服务产生何种影响？对此，存在极大的不确定性，此种制度改革的风险有可能超出我们的预期。

从欧美等国有关对网络平台的法律责任进行限制的立法来看，虽然法律实施的效果在客观上具有对网络平台行业进行保护的作用，但是，就其立法目的来言，并不在于保护某一行业的利益而在于保护公民的言论自由和获取信息的自由。例如，美国国会通过《通信正派法案》第230条大范围地豁免了网络平台对于用户发布的非法信息的责任，其立法理由就在于，美国国会担心网络平台为了避免自身潜在的法律责任风险而对用户发布的信息进行筛查或过滤，从而会影响公民的言论自由。欧盟在其制定的《电子商务指令》中明确要求各成员国不得制定要求网络服务提供者承担一般性的信息审查义务的法律，其出发点亦是在于保护言论自由和信息传播的自由。从这一角度来看，网络平台行业是否已经发展壮大与其是否应继续享受责任限制并无关系。

---

① 例如，随着网上虚假新闻、仇恨言论的增多，许多人主张加大社交网络平台的法律责任，取消对其法律责任的限制。在美国，有人提出应当废除《通信正派法案》第230条。参见专栏作家拉娜·福鲁哈尔：《收回科技大公司的“免责金牌”》，载英国《金融时报》中文网（2017年9月29日），网址：http：//www.ftchinese.com/story/001074520？full=y，访问时间：2017年12月20日。

② 参见［美］伯纳德·施瓦茨：《美国法律史》，王军等译，中国政法大学出版社1990年版，第69页。

当前，新的信息技术和新兴商业模式仍然不断涌现，网络平台的形态仍处于演化之中，从这一角度来看，网络平台法律责任制度的未来的走向尚有待观察。例如，在网络平台出现早期，其往往扮演消极、中立的第三方，为网络信息的传输或传播提供通道、空间或技术支持，网络平台自身的行为与用户发布的信息或从事行为较为容易区分，网络平台的商业模式也较为简单，然而，现在一些网络平台的商业模式变得越来越复杂，网络平台的自身信息提供行为与用户的信息发布行为难以相互区分，还有一些网络平台开始借助信息技术利用用户发布的信息内容进行营利，或对用户发布的信息进行技术干预，从而使得网络平台的形态变得日趋多样化，由此而导致的后果是，一些形态已经发生变化的网络平台有可能无法满足立法者以网络平台的初始形态为样本而设计的网络平台免责规则的适用条件，从而容易给人留下网络平台的法律责任呈现扩张趋势的印象，但是，网络平台的演变远未停止，其在未来的形态又会发生何种变化，尚不得而知，关于网络平台的法律责任的未来发展趋势，目前尚无法得出确切的结论。

三、网络平台经营者在平台治理中的地位与责任

网络平台的法律责任是本书重点关注的对象，与此同时，我们也认识到，对网络平台施加法律责任只是一种手段，而非目的。我们的最终目的是为了营造一个健康有序的网络空间。网络平台法律责任只是网络空间治理中的环节之一，因此，我们建议应从网络空间治理的宏观视角来审视网络平台，从对平台责任的关注过渡到对平台治理的关注。

在网络平台治理机制中，关于网络平台经营者的地位与责任的问题，是一个亟须研究的问题。网络平台本属于私人的营利性企业，但是，鉴于其在网络空间治理中所发挥的作用日益重要，有些学者认为其实际上承担了公共服务的社会管理职能，处于私人权力主体的地位。① 由此而带来的问题是，在传统的法律建构中，公共领域与私人领域是相互区分的，公权力主体与私权利主体是两种不同性质的主体，其分别适用不同的法律，承担不同的义务与

① 参见薛虹：《论电子商务第三方交易平台——权力、责任和问责三重奏》，载《上海师范大学学报（哲学社会科学版）》2014 年第 5 期；高薇：《互联网时代的公共承运人规制》，载《政法论坛》2016 年第 4 期；周辉：《技术、平台与信息：网络空间私权力的崛起》，载周汉华主编：《网络信息法学研究》，中国社会科学出版社 2017 年版。

责任，在现行法律体系中，除少数有特别法规定的领域外，并无关于对“私权力”主体进行规制的法律。如果我们将网络平台经营者与公权力主体相同对待，那就意味着，网络平台经营者也应遵守行政法上关于行政程序的严格要求并接受司法审查与控制，与此同时，其民事责任也会受到限制；如果我们将网络平台经营者继续看作普通的私人主体，那么，其仅受私法的约束而不受行政法上的正当程序等规则的约束且其所受司法审查的程度很低。

虽然网络空间治理与网络平台的兴起是一个新现象，但是，关于私权力主体地位的问题并不是一个新问题。如果我们拓宽视野就会发现，在网络空间以外的社会治理中亦有类似问题存在。自20世纪90年代以来，在以美国为首的西方国家出现了放松管制、权力下放的现象，有越来越多的私营主体参与到社会治理中，从而出现公共领域与私人领域融合、公私合作、公私相互依赖的现象，于是有学者提出了“私人权力”的概念，并强调应当“认真应对私人权力”。① 与20世纪末学者们讨论私人权力问题相类似，今天学者们在讨论网络平台在网络空间治理中的地位时所担忧的是：由一个以营利为目的私营企业来行使某种类似公共管理的权力是否损害公共利益；在缺乏公法的制约的情况下，私人权力主体是否会滥用其享有的权力；行政机关授权私人主体来行使公共管理权力，是否会导致从公法向私法的逃逸。②

相较于学术界的激进观点，我国司法界在处理与网络平台经营者法律地位相关的法律问题时则相对比较保守，仍坚持将网络平台经营者作为普通的私主体来对待，拒绝对其施以类似承担公共服务职能企业的义务，并克制司法审查的限度。例如，在一起淘宝平台用户起诉淘宝公司的案件中，原告因淘宝公司对其在淘宝平台的账户采取的管控措施不满而向法院提起诉讼，二审法院认为：“淘宝平台虽拥有庞大的用户群体，但仍属提供一般服务性质，显然不属于公共服务企业或准公共服务企业，不可仅据此而要求淘宝公司在平台规则的设立、执行等方面与公共服务企业具有同等或类似的高度注意义务。”并且，法院还认为：“淘宝平台的规则合理与否，乃至其相应程度，应交由淘宝用户予以体验和评价，司法应对此给予足够的尊重和空间，而不应

① ［美］朱迪·弗里曼：《合作治理与新行政法》，毕洪海、陈标冲译，商务印书馆2010年版，第321页。

② 参见［美］朱迪·弗里曼：《合作治理与新行政法》，毕洪海、陈标冲译，商务印书馆2010年版，第313~490页。有学者认为，行政机关将其监管职责交由网络平台企业来行使，会造成对行政法义务的规避，会出现从公法规制向私法的逃逸。参见赵鹏：《私人审查的界限———论网络交易平台对用户内容的行政责任》，载《清华法学》2016年第3期。

强行介入，否则，商事交易主体的私权利内容和处分意志将极大压缩，鼓励交易、尊重交易的司法导向亦将严重褪色。”①

在本文看来，网络平台有多种类型，规模大小不一，商业模式不一，对用户发布的信息或从事的行为的控制能力不一，其在社会中所发挥的作用、影响力不一，因此，是否应将其看作行使公共服务管理职能的企业或学者们所称的私人权力主体，不可一概而论。另外，关于网络平台经营者对用户的管控能力达到何种程度、其社会影响力达到何种程度，方可使其脱离私主体的地位，而将其作为承担公共服务管理职能的企业来对待，仍有待深入的研究，这也是我们将在接下来的著作中论述的主题。

① “蔡振文诉淘宝公司网络服务合同纠纷案”，参见广东省佛山市中级人民法院（2016）粤06民终3872号民事判决书。

后　记

在当今社会，“平台”“网络平台”等语词已成为一个大众流行的概念，它已不再被计算机技术人员所专用，经济学家在谈平台经济学、管理学家在谈平台模式，政府部门喜欢谈平台治理，在各式各样的商业广告和评论报道中也充斥着关于“平台”的话题。突然之间，“平台”已不再是一个枯燥的专业技术概念，而是获得了某种灵性，变得无处不在，就连喜欢网购的大妈们也时常把“平台”挂在嘴边。但是，法律人是喜欢较真的，当“平台”一词进入官方正式的法律文本后，我们便开始思考，从法律的角度应该如何来理解网络平台的概念，如何看待所谓的“平台现象”和各种与网络平台相关的社会问题？

北航法学院在2014年成立了“工业和信息化法治研究院”，并于2015年获批工信部首批重点实验室“工业和信息化法治战略与管理重点实验室”。“法律与科技”，特别是法律与现代信息技术的交叉融合，一直是我们的研究重点，对于网络平台这样一个社会热点问题，我们自然不会放过。2017年年初我们确立了将网络平台治理与法律责任作为该年度的重点研究课题。在拟定研究提纲的过程中，我们感觉这是一个体系庞杂、内容繁多的课题，欲对网络平台的法律责任进行清晰的界定，不仅存在许多理论上需要澄清的问题，也迫切需要了解网络平台在实践中的具体运作模式。为此，我们通过腾讯研究院与腾讯公司法务平台部建立了联系。在一系列的沟通与交流过程中，我们发现三家均对网络平台治理与法律责任问题有着深厚的兴趣，于是，北航法学院、腾讯公司法务平台部和腾讯研究院三方决定共同成立课题组，对这一问题开展合作研究，并最终形成了三十多万字的研究报告。在对研究报告进行适当的编辑、整理后，我们愿意通过公开出版的方式与读者们共同分享这一研究成果。

本项课题的一项重要任务是对美德英日韩五个国家、地区的网络平台治理与法律责任问题展开国别研究。在课题进行中，发生了英国“脱欧”事件，英国法律会在多大程度上偏离欧盟法尚存在很大的不确定性，因此，我们在对欧盟法进行研究时，选取了德国和英国两个国家作为典型代表。为了保障研究的精准，我们在组建研究团队时立下一项原则，即每个国别研究的团队中都应有熟悉该国语言、能够使用第一手研究资料进行研究的研究成员。北航法学院的泮伟江副教授、杨登杰副教授均有在德国名校学习的经历，另外，我们还邀请了中国政法大学中德法学院的黄河博士加入到研究团队。课题研究期间恰逢李昊副教授正在德国明斯特大学访学，通过李昊副教授我们又邀请到了从明斯特大学毕业回国的查云飞博士，以及目前正在德国攻读博士学位的杜志浩和傅宇，另外，北航法学院的王天凡博士亦对德国网络平台法部分有所贡献。在美国法和英国法研究团队中，我们有从美国圣玛丽大学访学归来的丁海俊副教授、刚从荷兰和英国留学回国的裴炜副教授、毕业于美国印第安那大学的法学博士（SJD）且目前正在北航法学院做博士后研究的徐实，另外，东北师范大学的张凌寒副教授也对本课题有所贡献。在日本法研究团队中，从日本中央大学毕业回国来北航法学院任教的刘颖副教授将日本最新的《个人信息保护法》翻译成了中文，促进了本课题的研究。在韩国法研究团队中，中央财经大学的董新义副教授对于韩国法问题的精准掌握令人印象深刻。

网络平台治理与法律责任是一个近年来出现的新问题，其不仅仅是一个理论问题，更是蕴含了许多具体的实务问题，因此，在课题进行中，我们召开了多次研讨会，每每与腾讯公司法务平台部和腾讯研究院的合作伙伴一起就相关问题进行探讨时，都会受益良多。腾讯公司法务平台部的谢兰芳总经理、冯明杰副总经理多次亲自主持研讨会，对课题研究提出许多指导意见。在课题研讨中，腾讯公司法务平台部的王喆、黄嘉慧、孟春婷、杨静、黄汉章、付强，腾讯研究院的张钦坤、蔡雄山、杨乐、柳雁军、曹建峰、孙那都提出了许多真知灼见，丰富了课题研究的内容，提升了研究深度。

感谢北航法学院院长龙卫球教授、王琪全书记和腾讯公司法务平台部谢兰芳总经理、冯明杰副总经理，以及腾讯研究院的司晓院长对研究课题的悉心指点与大力支持。感谢腾讯研究院法律研究中心首席研究员蔡雄山、腾讯公司法务平台部高级法律顾问王喆和北航法学院的裴炜副教授为本课题的协调工作所做出的努力与付出。

周学峰　李平

于北京航空航天大学如心楼

2018 年 1 月 28 日

图书在版编目（CIP）数据

网络平台治理与法律责任 / 周学峰，李平主编 .—北京：中国法制出版社，2018.7

ISBN 978-7-5093-9368-0

Ⅰ.①网… Ⅱ.①周…②李… Ⅲ.①计算机网络管理-法律责任-研究-中国 Ⅳ.①D922.174

中国版本图书馆 CIP 数据核字（2018）第 057026 号

策划编辑/责任编辑：韩璐玮　　封面设计：李宁

网络平台治理与法律责任

WANGLUO PINGTAI ZHILI YU FALÜ ZEREN

主编/周学峰　李平

经销/新华书店

印刷/三河市紫恒印装有限公司

开本/710 毫米×1000 毫米　16 开　　印张/26.75　字数/371 千

版次/2018 年 7 月第 1 版　　2018 年 7 月第 1 次印刷

中国法制出版社出版

书号 ISBN 978-7-5093-9368-0　　定价：118.00 元

北京西单横二条 2 号

邮政编码 100031　　传真：010-66031119

网址：http：//www.zgfzs.com　　**编辑部电话：010-66070084**

市场营销部电话：010-66033393　　**邮购部电话：010-66033288**

（如有印装质量问题，请与本社印务部联系调换。电话：010-66032926）